“十四五”职业教育国家规划教材

“十四五”职业教育河南省规划教材

新编21世纪高等职业教育精品教材·法律类

社区矫正理论与实务

（第二版）

主　编◎连春亮
副主编◎吴艳华　陈书成
参　编◎刘　毅　李明宝
张志强　师玮玮
王天瑞

中国人民大学出版社
·北京·

图书在版编目（CIP）数据

社区矫正理论与实务 / 连春亮主编. --2 版.
北京：中国人民大学出版社，2025.5. --（新编 21 世纪高等职业教育精品教材）. --ISBN 978-7-300-33975-7

Ⅰ. D926.7

中国国家版本馆 CIP 数据核字第 2025JQ9094 号

“十四五”职业教育国家规划教材
“十四五”职业教育河南省规划教材
新编 21 世纪高等职业教育精品教材·法律类
社区矫正理论与实务（第二版）
主　编　连春亮
副主编　吴艳华　陈书成
参　编　刘　毅　李明宝　张志强　师玮玮　王天瑞
Shequjiaozheng Lilun yu Shiwu

出版发行	中国人民大学出版社		
社　址	北京中关村大街 31 号	邮政编码	100080
电　话	010－62511242（总编室）		010－62511770（质管部）
	010－82501766（邮购部）		010－62514148（门市部）
	010－62511173（发行公司）		010－62515275（盗版举报）
网　址	http://www.crup.com.cn		
经　销	新华书店		
印　刷	北京溢漾印刷有限公司	版　次	2021 年 3 月第 1 版
开　本	787 mm×1092 mm　1/16		2025 年 5 月第 2 版
印　张	19	印　次	2025 年 5 月第 1 次印刷
字　数	433 000	定　价	48.00 元

第二版前言

我国社区矫正工作从2003年开始试点，2005年扩大试点范围，2009年在全国试行，2012年在全国实行，2014年在全国推行。短短二十多年时间，已初步形成了中国特色的和监禁刑相对应的非监禁刑罚制度。由此，我国社会的管理结构、法律制度、教育内容等也发生了相应的变化。

第一，社区矫正工作是我国社会治理改革创新的重要举措，中央层面给予了高度重视。2013年11月，党的十八届三中全会通过《中共中央关于全面深化改革若干重大问题的决定》，明确提出要“健全社区矫正制度”；2014年10月，党的第十八届四中全会通过《中共中央关于全面推进依法治国若干重大问题的决定》，明确提出“制定社区矫正法”。可以看出，建立社区矫正制度是深化社会治理制度改革和全面推进依法治国的重大内容。

第二，随着社区矫正工作的快速发展，我国不仅对相关法律进行了修订和制定，而且制定了关于社区矫正的规范性指导文件，最具有代表意义的是《刑法修正案（八）》和修订后的《刑事诉讼法》《监狱法》《社区矫正法》，以法律的形式确立了社区矫正制度。特别是最高人民法院、最高人民检察院、公安部、司法部2012年联合发布的《社区矫正实施办法（修订稿)》，2016年联合发布的《关于进一步加强社区矫正工作衔接配合管理的意见》，以及最高人民法院、最高人民检察院、公安部、司法部、国家卫生计生委关于《暂予监外执行规定》（司发通〔2014〕112号）等规范性指导文件的贯彻执行，进一步促进《最高人民法院关于办理减刑、假释案件具体应用法律若干问题的规定》《最高人民法院关于减刑、假释案件审理程序的规定》《关于对判处管制、宣告缓刑的犯罪分子适用禁止令有关问题的规定（试行)》《人民检察院刑事诉讼规则》等一系列法律法规的修订、制定。这就使得社区矫正工作进一步规范化和法治化，社区矫正制度作为一项法律制度被建立起来。

第三，2019年6月25日，十三届全国人大常委会第十一次会议首次提请全国人大常委会审议《中华人民共和国社区矫正法（草案)》，标志着社区矫正法草案已正式进入最高立法机关审议阶段。按照2019年12月28日全国人大常委会通过的《社区矫正法》的立法精神，我们于2015年以前编写出版的《社区矫正理论与实务》已不能适应社区矫正工作和教学的需要，需要编写新的教材。

第四，社区矫正制度的建立，丰富和完善了我国刑事执行制度，使原有的刑事法律体系发生了重大变化。在这种情况下，为了适应社区矫正实务工作的需要，部分高校开设了“社区矫正理论与实务”课程，大多司法警官类院校设立了社区矫正专业，与此同时，从事社区矫正工作的实务部门也急需相应的理论对实务工作进行指导，这就促使相关高校在师资优化、专业设置、课程设置和教学内容上不断进行探索、调整和完善。

本教材2021年出版，2022年被评为“十四五”职业教育河南省规划教材；2023年被评为“十四五”职业教育国家级规划教材。自出版以来，本教材深受使用院校好评。为进一步提高教材质量，启动了对本教材的修订工作。与此同时，在对本教材进行修订过程中，紧密结合党的二十大报告中所提出的“统筹职业教育、高等教育、继续教育协同创新，推进职普融通、产教融合、科教融汇，优化职业教育类型定位”的要求，对本教材应具有的高职高专教材特色进行了完善，增加了中华优秀文化对社区矫正对象的教育内容和部分典型个案，使教材更贴近实务和具有活力，最大限度地满足高等院校作为教材或辅助教材的需求。

本次修订过程中，我们对教材体系和教材内容进行了重新论证、规划和设计，对教材的整体结构进行了调整，并确立了以下修订原则：一是必须围绕理论和实务的中心内容撰写。二是以《社区矫正法》等法律法规和规范性文件为准则，保持通用性专业教材的规范性。三是及时反映相关立法情况。2021年8月，第十三届全国人民代表大会常务委员会第三十次会议通过了《中华人民共和国法律援助法》；2021年12月，最高人民法院、最高人民检察院、公安部、司法部联合印发了《关于加强减刑、假释案件实质化审理的意见》等诸多法律法规和规范性文件，这些文件中都涉及与社区矫正相关的内容，对此，本教材在修订中对相关内容予以增加。

本教材由河南司法警官职业学院连春亮教授任主编，河北司法警官职业学院吴艳华教授、河南司法警官职业学院陈书成副教授任副主编。全书在编写过程中，由连春亮拟定编写大纲、审查初稿内容、修订协调结构体系，对部分作者的撰写内容进行了技术调整。本教材撰写分工如下：江苏司法警官高等职业学校副教授刘毅撰写了第一章；河南司法警官职业学院教授连春亮撰写了第二章和第五章；河北司法警官职业学院教授李明宝撰写了第三章；河南司法警官职业学院讲师张志强撰写了第四章和第六章；河南司法警官职业学院讲师王天瑞撰写了第九章；河北司法警官职业学院教授吴艳华撰写了第七章和第八章；河南司法警官职业学院副教授陈书成撰写了第十章；河南司法警官职业学院讲师师玮玮撰写了第十一章、第十二章和第十三章。本教材案例由敖翔等人提供，在此对他们致以诚挚的谢意。

编者

2025年3月

目 录

第一章　导　论

学习目标

1. 掌握社区矫正的概念；
2. 掌握社区矫正的基本特征，并了解其基本理念；
3. 掌握社区矫正的基本原则，了解其研究方法；
4. 了解社区矫正的功能、目的和任务。

引入案例

周某，男，1978 年出生，汉族，初中文化，因犯敲诈勒索罪被判处有期徒刑三年，缓刑四年。

周某性格暴戾，从小就混迹不良圈子，由于缺乏管束，沾染了赌博、吸毒的恶习。周某被判处缓刑后，并未有明显改观，依然自我放纵。在其社区矫正期间，多次触犯法律：在该区一住宅楼内，采用烤吸的方式吸食冰毒，被区公安分局民警查获，予以行政拘留十天的处罚；因殴打拆迁执法人员被区公安分局立案。对此，区司法局经过集体评议，向原审人民法院提请收监执行，原审人民法院最终作出了撤销周某缓刑，执行原判决有期徒刑三年的裁定。

问题：

1. 该案中涉及的相关社区矫正机关有哪些？
2. 社区矫正在刑事执行中的定位是什么？

社区矫正制度在很多国家被作为社区刑事执行制度，并被以法律的形式确立下来。我国的社区矫正工作虽然只有二十多年的历史，但是发展很快，已经成为我国刑事执行制度的重要组成部分。

第一节　社区矫正概述

一、社区的概念

“社区”一词源于拉丁语，意思是“共同的东西”或“亲密的伙伴关系”。1881 年，德国社会学家斐迪南·滕尼斯将“Gemeinschaft”一词用于社会学领域，并在 1887 年出版的《社区与社会》一书中做了初步阐述。费孝通先生在翻译美国社会学家帕克的社会学论文时将英文的“Community”译成中文“社区”一词，后形成通用术语。

目前理论界存在的关于社区的概念有一百多种，成为社会学理论中概念最复杂、歧义最多的词。第一次给下“社区”定义的美国芝加哥大学社会学家罗伯特·E. 帕克（Robert Ezra Park）认为，社区是“占据在一块被或多或少明确地限定了的地域上的人群汇集”，“一个社区不仅仅是人的汇集，也是组织制度的汇集”。这从地域和功能两个角度对社区进行了界定。随着研究的深入，目前被学界广泛认同的观点主要有两类：一类强调精神层面，即人群的共同体，如成员必须具有共同的传统价值等；另一类强调地域的共同体，即具有共同的居住地，“在一个地区内共同生活的人群”。

在我国，“社区”一词虽然引进较早，但真正在官方文件中使用“社区”一词是在 21 世纪以后。为了对当时行政管理性质过浓的居民委员会进行职能转变，2000 年 11 月 19 日《中共中央办公厅、国务院办公厅关于转发〈民政部关于在全国推进城市社区建设的意见〉的通知》（中办发〔2000〕23 号）指出：“社区是指聚居在一定地域范围内的人们所组成的社会生活共同体。”“目前城市社区的范围一般是指经过社区体制改革后作了规模调整的居民委员会的辖区。”由此，我国城市社区的范围被界定为经过社区体制改革后作了规模调整的居民委员会的辖区。2016 年国务院印发《关于深入推进新型城镇化建设的若干意见》（国发〔2016〕8 号），明确指出：“以人的城镇化为核心，以提高质量为关键，以体制机制改革为动力，紧紧围绕新型城镇化目标任务，加快推进户籍制度改革，提升城市综合承载能力，制定完善土地、财政、投融资等配套政策，充分释放新型城镇化蕴藏的巨大内需潜力，为经济持续健康发展提供持久强劲动力。”从而明确了农村地区新型社区建设的方向。因此可以确定，我国的社区是以一定地域为基础的关系密切的社会生活群体或社会生活共同体。这是目前对“社区”概念的官方界定。

二、社区矫正的概念

社区矫正是一个“舶来品”，其产生与发展深受早期启蒙思想家和近代刑事新派理论的影响。20 世纪 80 年代，“社区矫正”一词始译成中文。学者龙学群在翻译美国犯罪学家克莱门斯·巴特勒斯的《罪犯矫正概述》中论述了“以社区为基础的矫正”，并使用“社区矫正”一词。2003 年 7 月，最高人民法院、最高人民检察院、公安部、司法部联合印发了《关于开展社区矫正试点工作的通知》(司发〔2003〕12号),确定在北京、上海、天津、江苏、浙江和山东六个省(直辖市)开展社区矫正试点工作,拉开了我国开展社区矫正工作的序幕。同时将社区矫正界定为:社区矫正是与监禁矫正相对的行刑方式,是指将符合社区矫正条件的罪犯置于社区内,由专门的国家机关在相关社会团体、民间组织以及社会志愿者的协助下,在判决、裁定或决定确定的期限内,矫正其犯罪心理和行为恶习,并促进其顺利回归社会的非监禁刑罚执行活动。2011年2月,《刑法修正案(八)》规定,对判处管制、缓刑以及假释的罪犯,依法实行社区矫正。2012年1月,最高人民法院、最高人民检察院、公安部、司法部联合颁发了《社区矫正实施办法》,同年3月、10月,全国人大常委会还对《刑事诉讼法》《监狱法》相关条款进行了修订,以理顺其衔接机制。2019年12月28日,第十三届全国人大常委会第十五次会议通过了《中华人民共和国社区矫正法》(以下简称《社区矫正法》),自2020年7月1日起施行。该法第1条规定:"为了推进和规范社区矫正工作,保障刑事判决、刑事裁定和暂予监外执行决定的正确执行,提高教育矫正质量,促进社区矫正对象顺利融入社会,预防和减少犯罪,根据宪法,制定本法。"该条规定明确将社区矫正界定为刑事执行制度。2020年最高人民法院、最高人民检察院,公安部、司法部(以下简称"两院两部")联合发布《社区矫正法实施办法》。据此,本书将社区矫正的概念界定为:社区矫正是指将符合条件的社区矫正对象置于社区内,由专门的国家机关在相关社会团体和民间组织以及社会志愿者的协助下,在判决、裁定或决定确定的期限内,矫正其犯罪心理和行为恶习,并促进其顺利回归社会的非监禁刑事执行活动和制度。

三、社区矫正工作的定位

社区矫正是一种刑事执行制度,但它到底是怎样一种刑事执行制度,其与监禁刑有怎样的本质差别,对其定位就显得尤其重要。

(一)社区矫正工作是一项刑事执行活动

社区矫正的对象包含缓刑、假释、管制和暂予监外执行这四类罪犯,其中,缓刑和暂予监外执行的罪犯占多数。对于这些人员来说,是以刑事执行为前提的。对于罪犯在社区矫正期间违反法律法规或者监督管理规定,符合收监条件的,就会收到监狱服刑。因此,对社区矫正对象的监督管理活动,在法律属性上是刑事执行活动。

(二)社区矫正工作是以社区为基础的工作

在我国,社区矫正是以社区为单位的,这是其区别于监狱行刑最重要的方面。监狱行刑没有地域限制,而社区矫正的执行地点是社区矫正对象的居住地,这样的设置不仅为社区矫正对象提供了熟悉的矫正环境,使其更快地适应社会,实现再社会化,而且通过社区的矫正教育修复被其损害的社会关系,修复其对被害人或被害群体造成的伤害,缓和因此而形成的社区矛盾和冲突。除此之外,社区矫正还可以充分利用社区资源协助社区矫正执行机构更好地行使教育帮扶职能。

（三）社区矫正工作是一种矫正教育工作

社区矫正工作在其价值追求上，自始至终都贯彻着矫正教育理念。社区矫正设置的初始目的就是对那些危险程度比较低，或者社会危害性较小的罪犯，实行非监禁刑罚措施，在社区环境中，通过社会公众和社会团体的广泛参与，使社区矫正对象得到矫正教育，转变其不良习惯和错误的思想，使其能顺利回归和融入社会。因此，矫正教育既是显性的，也是隐性的，是整个社区矫正工作的核心和灵魂所在。

四、社区矫正研究的基本范畴

（一）研究社区矫正的基本理论问题

社区矫正的基本理论包括：社区矫正的概念和定位；社区矫正的功能和目的；开展社区矫正工作的意义；社区矫正的立法问题；社区矫正的研究对象；社区矫正的基本原理；社区矫正的动力基础；社区矫正的原则、任务和研究方法；社区矫正机制与队伍建设；社区矫正的价值；我国社区矫正存在的问题和发展方向等。

（二）研究社区矫正的基本程序、内容和制度

社区矫正的基本程序包括对社区矫正对象的接收、日常监督管理、社区矫正的解除等。社区矫正的基本内容包括对社区矫正对象进行形势政策教育、法律与道德教育、行为矫正、社会适应性训练与指导等。社区矫正的基本制度包括矫正前调查评估制度、社区矫正工作制度、社区矫正管理制度、社区矫正救济制度等。

（三）研究社区矫正的基本矫正技术

社区矫正的基本矫正技术包括：组织社区矫正对象参加公益活动、培育社区矫正对象社会责任感等；个案矫正技术中的人身危险性分类技术；与社区矫正对象的交流沟通技术、交流沟通中的影响技术、沉默与多话的应对技术；心理矫正技术中的心理健康教育、心理矫治技术等。

（四）研究特定的社区矫正对象

研究特定的社区矫正对象主要是指研究未成年社区矫正对象、老年社区矫正对象、女性社区矫正对象、病残型社区矫正对象、吸毒成瘾型社区矫正对象、智障型社区矫正对象、艾滋病社区矫正对象等的社区矫正问题。

（五）研究社区矫正的评估问题

研究社区矫正的评估问题主要包括：社区矫正评估的类型和特征；社区矫正评估的原则；社区矫正评估的功能和作用；社区矫正评估方案；社区矫正评估的基本内容；社区矫正评估的指标体系；社区矫正评估的技术和方法等。

（六）研究社区矫正中现代技术的应用问题

随着现代信息技术的发展，社区矫正工作如何借助现代科技提高管理水平，促进社区矫正工作信息化、科技化、智慧化建设是社区矫正需要研究的问题。

第二节 社区矫正的基本理念和性质

一、社区矫正的基本理念

综观国内外社区矫正的演变过程，社区矫正的兴起是刑罚轻缓化和人道主义在非监禁刑领域的重要体现，也是刑罚从野蛮走向文明的重要转折，更是行刑社会化的最好诠释。由此可以推断，社区矫正的基本理念包含了刑罚人道主义、行刑社会化思想、行刑效益理念和行刑文明化观念等。

（一）刑罚人道主义

“人道主义”一词源于拉丁文 Humanistas，本意是一种能够促使个人的才能得到最大限度发展的具有人道精神的教育制度[①]，具有尊重人、善待人、关怀人的价值追求。这种思想始于欧洲文艺复兴时期，各学派观点不一，也未形成一个统一的概念。随着历史的发展，人道主义思想逐渐具体化为对自由、平等、博爱、人权的价值追求，体现在刑事执行领域，是近代西方进步思想家对罪刑擅断、滥施酷刑、监狱黑暗等种种反人道现象的批判和反思。1764 年，意大利著名法学家贝卡里亚在他的论著《论犯罪与刑罚》中构建了罪刑法定原则、罪刑均衡原则和刑罚人道主义原则三大公理性原则，奠定了现代刑罚文明的理论基础，也为社区矫正刑罚人道主义提供了理论来源。

刑罚人道主义，是贝卡里亚竭力提倡的刑法原则。西方中世纪以前的刑罚是野蛮的，允许刑讯逼供以获取犯罪事实和同案犯，数百种罪行几乎都适用死刑。审前关押的时间很长，甚至根本不审判，凡被监禁的人就推定为有罪。[②]“纵观历史，目睹由那些自命不凡、冷酷无情的智者所设计和实施的野蛮而无益的酷刑，谁能不触目惊心呢？目睹帮助少数人、欺压多数人的法律有意使或容忍成千上万的人陷于不幸，从而使他们绝望地返回到原始的自然状态，谁能不毛骨悚然呢?”[③] 贝卡里亚从人道主义出发，坚定地主张刑法的宽和。

在国内外强调罪犯人权，推行刑罚轻缓化、人道化的今天，刑罚人道化得到进一步的诠释。通常认为，刑罚人道主义包含三重含义：[④]

---

① 吴宗宪. 社区矫正导论［M］. 北京：中国人民大学出版社，2011：43.

② 陈兴良. 刑法的启蒙［M］. 北京：法律出版社，2007：52.

③ 切萨雷·贝卡里亚. 论犯罪与刑罚［M］. 黄风，译. 北京：中国大百科全书出版社，1993：42.

④ 吴宗宪. 社区矫正导论［M］. 北京：中国人民大学出版社，2011：43.

第一，尊重和保护犯罪人的人格，即犯罪人首先是人，然后才是犯罪的人，所以犯罪人作为一个公民所享有的基本权利理应得到保护。

第二，禁止把人当作实现刑罚目的的工具，即犯罪人在刑事司法中是作为伦理道德上独立自主的人格主体而存在的，并非作为惩戒社会公众的先例而受刑罚的。

第三，禁止使用残酷而不人道的，即蔑视人权的刑罚手段，对犯罪人处以刑罚制裁并非将其作为刑罚的客体，而是以积极的态度对其予以教育或矫治，使其回归社会。

社区矫正是刑罚轻缓化在行刑领域的有效探索，对危险性较低，不至于危害社会的罪犯采取社区矫正的方式，使其不脱离原来的生活，满足其自然需求和社会需求，更是体现了刑罚的人道和宽和。因此，从制度本身来说，社区矫正是刑罚人道化的极佳体现；从其实施角度来说，在行使监督管理、教育帮扶的职能时，更应当注意执法的人道化，以有益于矫正其违法行为为原则，尊重和保护罪犯的人格，给予其人性化关怀。

（二）行刑社会化思想

社会化本属于社会学的范畴，费孝通先生曾对其做这样的阐述：社会化是个人取得社会资格、发展自我的过程，即个人努力融入社会，实现社会化的过程。行刑社会化是在行刑领域增加监狱与社会互动的机会，是罪犯从监狱走向社会的过渡手段。由此可见，行刑社会化最初的视角起源于监狱，是罪犯从“监狱人”走向“社会人”的蜕变过程。

行刑社会化思想主要包含两方面内容：一方面是监狱行刑的社会化，帮助罪犯快速融入社会；另一方面是刑罚的非监禁化，即通过非监禁的方式对罪犯进行教育矫正。社区矫正正是在此理念下产生的，是行刑社会化的必然结果。

从理论上来说，行刑社会化更倾向于行刑，以行刑为重，因而国内对行刑社会化的研究以监狱行刑居多。行刑社会化与社区矫正有着密切的联系，具体如下：

（1）行刑社会化是社区矫正形成的根本原因。

刑罚执行的目的是矫正罪犯的不良行为，从而完成罪犯再社会化的过程，使其顺利回归社会。但是，罪犯在监禁期间，由于自由被剥夺，因而与社会的接触较少，缺乏社会环境、社会关系等。行刑社会化大多体现在社会力量的参与及出狱前的社会化训练，而真正与社会化紧密结合的是非监禁刑，通过社会力量的参与，利用社会资源帮助罪犯服刑，从而实现从“犯罪人”到“社会人”的过渡。

（2）社区矫正促进行刑社会化的发展。

如前所述，行刑社会化促进了社区矫正的形成，“社区矫正”是行刑社会化在非监禁刑领域的拓展。社区矫正对象是危险程度较低的罪犯，他们以地域为单位，在居住地通过接受矫正教育和参与社会公益活动来修复业已损害的社会关系。这是减少社会矛盾、促进社区良性发展、增强罪犯与社会互动的一种刑事执行方式。同时，由于矫正场所的开放性，矫正方式的人性化，社会力量的参与性，其重新犯罪率要远远低于监禁行刑，因此社区矫正在加强行刑社会化进程中起到重要的促进作用。

（三）行刑效益理念

效益最初是一个经济学概念，指效果和利益，即投入与产出、成本与效益之间的关系。随着法经济学的发展，人们开始使用经济分析的方法研究监狱行刑，“效益”一词逐渐进入刑罚执行领域。马克昌认为，“在刑罚执行过程中，力求以最小的投入来获得有效地预防和控制犯罪的最大社会效益，以不执行、减少执行及不实际执行刑罚来达到刑罚执行的效果，寻求刑罚执行的多效益”①。即以最低的成本获得最好的行刑效果。

行刑效益起源于刑事古典学派早期的经济思想。杰里米·边沁认为刑罚是一种恶，并创造性地提出了五个具体操作的规则：第一，刑罚之苦必须超过犯罪之利；第二，刑法的确定性越小，其严厉性就该越大；第三，当两个罪行相联系时，严重之罪应适用严厉之刑，从而使罪犯有可能在较轻阶段停止犯罪；第四，罪行越重，适用严厉之刑以减少其发生的理由就越充足；第五，不应该对所有罪犯的相同之罪适用相同之刑，必须对可能影响感情的某些情节予以考虑。② 这种功利主义刑罚观是计算结果的，从而促进了经济分析法学的发展。20 世纪中叶，以理查德·艾伦·波斯纳（Richard Allen Posner）为代表的法经济学家开始用经济分析的方法分析监禁成本，从而提出了反对监禁刑。受此影响，适用替代刑罚、减少监禁刑的适用成为各国刑罚执行的新潮流，进而确立了行刑效益理论。

与监禁刑相比，社区矫正的运行成本要减少很多。监禁刑的行刑成本是非常高的，波斯纳认为，“建筑、维修、管理监狱存在着成本花费（而其中只有部分可以通过罪犯不在监狱时引起的生活费用以外的节省而得以弥补），还存在着被监禁的个人在监狱期间的合法生产（如果有的话）损失、监禁期间对他产生的负效用（这也不会与罚金一样对国家产生相应的收益）和他获释后合法活动生产率的减弱”③。也就是说，监狱的运行成本除了可见的监狱本身的硬软件设施等直接成本外，还包含着间接成本，包括由于罪犯被监禁而对原来工作单位造成的损失、与罪犯家属有关的资源耗费、与社会贡献率的减弱有关的资源耗费等。④ 与之相比较，社区矫正的运行成本明显降低，不仅不需要建造大规模的监禁场所，而且人员配备、罪犯的生活费用，甚至间接成本都大幅度减少。根据司法部基层司提供的数据，一名社区矫正对象的年矫正经费仅为监狱服刑罪犯监管经费的 1/10。⑤ 也正因如此，非监禁刑越来越盛行，社区矫正也因其行刑经济而成为各国最重要的刑事执行活动。

（四）行刑文明化观念

社会在不断向文明化方向发展，与社会的发展相适应，行刑的文明化趋向也是十分明显的。

刑罚的产生意味着同态复仇观念的确立，报复刑即是这种观念的延续与演变。几千年来，古今中外都经历过在报复刑观念主宰下对犯罪人的野蛮行刑的阶段。从统治者到

---

① 马克昌. 刑罚通论［M］. 武汉：武汉大学出版社，1999：497-498.

② 杰里米·边沁. 论道德与立法的原则［M］. 程立显，宇文利，译. 西安：陕西人民出版社，2009：130，142.

③ 理查德·A. 波斯纳. 法律的经济分析：上［M］. 蒋兆康，译. 北京：中国大百科全书出版社，1997：297-298.

④ 吴宗宪，陈志海，叶旦生，等. 非监禁刑研究［M］. 北京：中国人民公安大学出版社，2003：96-97.

⑤ 王比学. 改造在高墙之外，矫正不只是监管［N］. 北京：人民日报，2009-11-02.

普通民众，皆认为犯罪人侵犯了国家、社会或者个人的权益，对他们就应当实行严刑峻法，使其在经过行刑所带来的肉体和精神的极大痛苦之后，反思自己的罪行。

鉴于历代统治者在行刑方式上的野蛮和残酷，资产阶级革命时期才提出“刑罚人道主义”的响亮口号，并成为资产阶级重要的刑法基本原则之一。刑罚人道主义这一原则所具有的重要的进步意义是显而易见的，它对根深蒂固的报复刑理论提出了挑战。总的来看，行刑人道化、文明化既是资产阶级在同封建阶级作斗争时提出的响亮口号，同时也是历史发展的必然趋向。1955 年第 1 届联合国预防犯罪和罪犯待遇大会通过了《囚犯待遇最低限度标准规则》；1975 年第 5 届联合国预防犯罪和罪犯待遇大会又通过了《保护人人不受酷刑和其他残忍、不人道、有辱人格的待遇或处罚的宣言》。这些都表明了在世界范围内文明行刑已经成为不可逆转的潮流。

我国 1954 年颁布的《劳动改造条例》、1982 年颁布的《监狱、劳改队管教工作细则》及 1994 年颁布的《监狱法》，都贯穿着文明行刑的主导思想。几十年来，我们之所以能成功地改造大批形形色色的刑事犯，使他们与过去的自我彻底决裂，除了其他各种因素之外，文明行刑也是一个非常重要的原因。[①] 我国自 2003 年起倡导的创建现代化文明监狱活动，就是行刑文明化的重要表现。

随着社会的文明化程度不断提高，行刑的文明化程度也会不断提高，社区矫正就是基于这样的国际趋势和背景而诞生的。

二、社区矫正的性质

性质是考量特征的重要因素。关于社区矫正的性质，不同的学者有不同的看法，目前国内研究社区矫正的学者趋向于两派：一派以法学研究为基础的刑事法学者和地方实务工作者为代表，他们倾向于社区矫正的惩罚性质，即刑事制裁性，认为社区矫正是非监禁性的刑罚执行方式，惩罚性是其重要的属性；另一派是以具有社会学背景的学者为代表，他们更强调社区矫正的社会服务性质，而弱化惩罚的属性。从国内社区矫正二十多年的发展来看，我国的社区矫正工作已不再是仅仅借鉴西方经验，而是更多地融入了本土的内容，因而既不能仅仅强调我国传统的刑罚惩罚理念而忽视社会属性，也不能全盘照抄西方做法完全成为一种社会工作。它是兼具刑事制裁、社区参与、社会服务等特性的一种非监禁刑事执行方式。

（一）刑事制裁性

社区矫正是对罪行轻微或经过一定刑期的执行后不需要继续在监狱服刑的罪犯实施的非监禁性的刑事执行方式。我国《社区矫正法》第 2 条对社区矫正的适用范围作了明确规定：“对被判处管制、宣告缓刑、假释和暂予监外执行的罪犯，依法实行社区矫正。对社区矫正对象的监督管理、教育帮扶等活动，适用本法。”由此可见，社区矫正的刑事制裁性体现在两个方面：一方面，社区矫正的对象是罪犯，这就决定了其必须具有惩

① 邵名正. 监狱学［M］. 北京：法律出版社，1996：119－120.

罚的属性；另一方面，社区矫正是进行监督管理、帮扶教育的活动，监督是限制自由的活动，本身就具有刑事制裁性质。

（二）非监禁性

社区矫正的历史演变源于接受监禁刑罚的人满为患，为了解决这一问题，西方国家探索适用假释、缓刑等制度，以期缓解监禁压力。社区矫正应运而生，形成在社区进行矫正教育的矫正模式。与传统的监狱服刑不同，这种不采取监禁服刑的方式，罪犯不需要与社会隔离，仍然可以生活在自己的家庭之中，享受较大的自由，工作和日常生活也不会因为受到刑事处罚而受到很大干扰。因此，非监禁性是其最重要的属性，也是区别于监狱服刑的重要特征。

（三）社区参与性

社区矫正的基本特点是立足于社区、依赖于社区，强调社会力量对矫正教育活动的参与，使罪犯在不与社会隔离的环境中实现再社会化。这种与社区高度融合的特点凸显了社区的参与性。这是一种双向互动的过程，一方面社区矫正对象参与社区活动，即社区矫正对象积极参与所在的社区中的各项公益活动，修复社会关系；另一方面社区矫正机构通过广泛利用社区资源开展对社区矫正对象的教育帮扶，实现其再社会化。

（四）社会福利性

社区矫正与社会福利既有历史的渊源，又有现实的联系。从历史渊源来看，社区矫正思想崛起的理论根基之一就是 20 世纪 60 年代盛行的“大社会观念”和社会福利思想。就现实联系而言，社区矫正的目标是通过和社区矫正对象一起解决他们面临的各种问题，恢复他们受损的社会功能，使之顺利融入社会，实现社区矫正对象的自我发展。这一目标客观上要求在实施社区矫正时，国家必须以福利的方式在社区矫正对象的生存和生活方面予以帮助。

第三节 社区矫正的功能、目的和任务

一、社区矫正的功能

《现代汉语词典》对“功能”一词做了“所发挥的有力作用”的表述，因而，功能即“效能、功效”之意，重在强调其积极作用。社区矫正的功能，亦是社区矫正的效用，即社区矫正的积极作用。具体而言，从社区矫正立法的脉络看，社区矫正是对社区矫正对象进行监督管理、教育帮扶等活动，由此明确了社区矫正对社区矫正对象的规训功能，对社会、受害人的损害修复功能，加之其固有的刑罚替代功能，共同构成了社区矫正的功能体系。

(一)刑罚替代功能

如前所述，社区矫正是在行刑社会化的基础上建立起来的，是刑罚经济的必然产物。因而，自产生就承担着刑罚替代的功能，具体而言，是指社区矫正替代监禁刑，对被判处管制、宣告缓刑、假释或者暂予监外执行的罪犯在社区实行监督管理和教育帮扶，从而避免了监禁所带来的监狱化、标签化和高成本化等不利后果。

1. 避免监狱化

“监狱化”一词是由美国社会学家唐纳德·克莱默在其1940年出版的《监狱社会》一书中首先提出的。他认为，监狱化是指罪犯对监狱文化的学习和内化过程，罪犯“或多或少地沾染上监狱的生活方式、习惯和一般文化”①。监狱化的表现主要有：(1) 对罪犯群体内部的非正式规则和制度的学习与接受；(2) 对监狱当局制定的正式规则和制度的学习与接受；(3) 对监狱普通文化的学习与内化。克莱默断言，几乎所有罪犯都会在不同程度上经历监狱化的过程，刑期越长，监狱化程度越深。我国台湾地区学者蔡墩铭认为，对于一个监狱化了的罪犯来说，其人格会发生下列变化：依赖性增强、受暗示性强、思考能力下降、惰性增强。② 由此形成的罪犯人格是不利于罪犯出狱后顺利回归社会的。

因此，社区矫正的设置避免了将罪犯监禁在与社会隔离的场所带来的监狱化，虽然限制了罪犯的部分行为自由，但罪犯不再是一个监狱人，而是与社会有着正常的互动与交往，并通过教育帮扶完成再社会化过程的人。

2. 避免标签化

犯罪社会学的标签理论萌芽于20世纪上半叶的美国，是一组试图说明人们在初次的越轨或犯罪行为之后为什么会继续进行越轨或犯罪行为，从而形成犯罪生涯的理论观点。③ 标签理论从对行为解释角度来认识罪犯，认为人的行为并不取决于事物内在性质，而是取决于社会解释方式，即它们被称作什么以及由其名称所引起的含义；任何行为本身都不是有罪的，而是社会把某些行为确定为犯罪行为，并给它们贴上犯罪的标签。④ 也就是说，罪犯被贴上标签，源于社会的看法。

与监禁行刑不同，社区矫正对象特别是被宣告缓刑、被判处管制及暂予监外执行的罪犯，虽然同为罪犯，但由于其依然在社区生活，社会关系未曾中断，这些社区矫正对象并没有像监禁刑的罪犯那样，贴上罪犯的标签。因而也不会被监狱交互感染产生再犯的心理，重新犯罪率较低。

3. 避免高成本

监狱的运作需要高成本，社区矫正的运作不仅缓解了监狱人满为患，警力严重不足的现状，更是从刑罚经济的角度，降低了行刑成本，通过依托社会力量，矫正教育罪

---

① 理查德·霍金斯，杰弗里·P. 阿尔珀特. 美国监狱制度 [M]. 孙晓雳，林遐，译. 北京：中国人民公安大学出版社，1991：276.

② 章恩友. 罪犯心理矫治技术 [M]. 北京：中国物价出版社，2002：16.

③ 吴宗宪. 西方犯罪学史：第四卷 [M]. 北京：中国人民大学出版社，2010：1 174.

④ 许章润. 犯罪学 [M]. 4版. 北京：法律出版社，2016：34.

犯，使其成为守法公民，成为当下替代监狱行刑的最广泛使用的刑事执行活动。

（二）规训功能

尽管社区矫正是一种社会化的刑事执行方式，但不可否认的是社区矫正的前提是刑罚执行，在法律属性上具有惩罚功能。《社区矫正法》第28条规定："社区矫正机构根据社区矫正对象的表现，依照有关规定对其实施考核奖惩。社区矫正对象认罪悔罪、遵守法律法规、服从监督管理、接受教育表现突出的，应当给予表扬。社区矫正对象违反法律法规或者监督管理规定的，应当视情节依法给予训诫、警告、提请公安机关予以治安管理处罚，或者依法提请撤销缓刑、撤销假释、对暂予监外执行的收监执行。对社区矫正对象的考核结果，可以作为认定其是否确有悔改表现或者是否严重违反监督管理规定的依据。"同时《社区矫正法实施办法》对刑罚惩罚问题进行了详细的规定，对于违规的社区矫正对象，要给予相应的处罚，这就是惩罚职能。《社区矫正法实施办法》第35条规定，被判处管制、宣告缓刑或者暂予监外执行的社区矫正对象具有下列情形之一，执行地县级社区矫正机构应当给予警告：（1）违反人民法院禁止令，情节轻微的；（2）不按规定时间报到或者接受社区矫正期间脱离监管，超过十日的；（3）违反关于报告、会案、外出、迁居等规定，情节严重的；（4）保外就医的社区矫正对象无正当理由不按时提交病情复查情况，经教育仍不改正的；（5）受到社区矫正机构两次训诫，仍不改正的；（6）其他违反监督管理规定，情节严重的。

1975年米歇尔·福柯出版的《规训与惩罚》中，使用了英文"discipline"一词，刘北成将其翻译成中文"规训"，其有"纪律、教育、训练、训诫"的含义。中文的译文遵循作者原意，将其译为"规范化训练"之意，较之单纯的训练更加契合监禁行刑的状态。监禁行刑为了实现惩罚的目的，将规训作为一种新的权力运行方式。福柯认为，规训有四种方式：第一，分配技术。将每个人分配到闭锁的独立空间，通过"一览表"使全体人员组织化。第二，活动管制。将身体的行动按时间细分，使动作周密而规范化。第三，阶段形成的编排。将晋级过程分成阶段或系列，并配上相应的训练。第四，各种力量的组装。将身体各要素进行组合，将其当成作品纳入一个复合装置。①

社区矫正和监狱矫正有类似的地方，虽然并没有将罪犯分配到闭锁的独立空间，但是其人身自由受到相应的限制，并有定期的矫正教育与公益活动。通过监督、规范化检查来完成规训。两者不同的是，监禁通过限制物理空间的形式，利用狱警对囚犯、囚犯对囚犯、囚犯对自身的监视，达到对规训对象全方位无死角的控制；社区矫正则将物理空间扩大到整个社区，利用现代技术设备随时掌控社区矫正对象的活动轨迹，司法人员不定期到访监视，同时社会力量加入规训过程，实施监视。② 除此之外，虽然没有监狱劳动那样的高强度训练，但定期的教育与公益活动也成为规训的重要手段。

（三）损害修复功能

损害修复源于恢复性司法理念。20世纪后叶非监禁刑发展迅猛，与传统的报应刑不

---

① 张凤阳. 政治哲学关键词［M］. 南京：江苏人民出版社，2006：356.

② 曹小明. 社区矫正功能的再认识［J］. 武汉：湖北经济学院学报（人文社会科学版），2018（6）：25.

同，非监禁刑倡导的是刑罚的宽和和谦抑。犯罪行为是非正义的，它不仅违反了法律，而且在大多数情况下也给被害人和社区造成了实际的损害，犯罪人与被害人、犯罪行为和社区的关系极为密切。因此，要伸张社会正义，必须修复犯罪行为对被害人和社区造成的损害。这就要求在处理犯罪人和犯罪行为的过程中，应当考虑被害人和社区的需要。[①] 这就是恢复性司法兴起的缘由。

1990 年，美国学者凡尼斯在一篇题为《恢复性司法》的文章中，论述了恢复性司法的基本信念，主要包括三个方面：

（1）犯罪造成对被害人、犯罪人本身和社区的伤害。

（2）不仅政府，而且被害人、犯罪人和社区都应当积极地参与到刑事司法过程中。

（3）在促进正义的过程中，政府应当担负起维护秩序的责任，而社区应当担负起建立和平的责任。[②]

后来诸多学者对恢复性司法有不同的概念界定。不能否认的是，虽然我国并没有恢复性司法制度，但社区矫正的设置完全符合恢复性司法的基本信念，特别是对犯罪所造成的对被害人及其亲属以及社会的伤害，通过社区矫正来进行修复，是促使其顺利回归社会、最大限度降低重新犯罪率的最优方案。人在本质上是一切社会关系的总和，修复犯罪人与社会的全方位联系，也是增强其适应社会的心理和行为能力的最佳方式。

二、社区矫正的目的

无论是西方国家还是中国刑法理论界，对刑罚目的的研究有很多，观点纷纭，主要有报应主义、相对主义（一般预防、特殊预防、一般预防和特殊预防）、折中主义等。社区矫正作为一种刑事执行活动，其目的必然包含报应、一般预防、特殊预防等刑罚目的。

（一）直接目的

社区矫正的直接目的是恢复与发展社区矫正对象的社会功能，矫正其社会人格，使其能顺利回归社会。与监禁刑不同，社区矫正适用的对象是罪行较轻，主观恶性不大，社会危害性相对较小，经过教育改造后不再危害社会或已经丧失了危害社会能力的犯罪分子，将其放置于开放性的社区而非封闭的监狱，不割断其与社会的联系，依然保持其比较完善的社会人属性，对其在社会中进行矫正教育，利用社会资源和社会力量实施矫正，最大可能地消除社区矫正对象回归社会的心理障碍和行为障碍，加速其再社会化进程。

（二）间接目的

社区矫正的间接目的是增强社区公民的法律意识和社会责任感，实现一般预防的目的。一般预防在于预防社会上一般人犯罪的发生。犯罪大多起源于贪念，制刑、量刑、

---

① 吴宗宪．吴宗宪文集［M］．北京：中国法制出版社，2016：496．

② 同①500．

行刑的目的在于使人们知道受刑之苦，进而有所敬畏。社区矫正虽然没有监禁刑那样的警戒和心理强制作用，但社区矫正对象毕竟是罪犯，虽然行刑不影响其日常生活，但是与普通公民依然存在差别，行动自由依然受到限制。如此产生的痛苦对其本人来说是预防再犯，对其家人及社区居民来说，通过积极参与对社区矫正对象的教育改造和监督管理，起到了一般预防的效果，使之不敢也不愿意触犯刑法，同时增强了社区居民的社会责任感，加强居民的法律意识。

（三）根本目的

社区矫正的根本目的是预防犯罪和减少犯罪。《社区矫正法》第 1 条对社区矫正的目的做了详尽诠释，明确了立法目的："为了推进和规范社区矫正工作，保障刑事判决、刑事裁定和暂予监外执行决定的正确执行，提高教育矫正质量，促进社区矫正对象顺利融入社会，预防和减少犯罪，根据宪法，制定本法。"一方面是预防一般人犯罪的发生，另一方面是预防已被科处刑罚的人再次犯罪。简言之，即通过对罪犯适用社区矫正，消除其继续犯罪的可能，并通过社会力量的参与，矫正其不良心理及行为，将其矫正教育为守法公民，顺利回归社会，减少重新犯罪。

三、社区矫正的任务

《社区矫正法》第 2 条第 2 款规定："对社区矫正对象的监督管理、教育帮扶等活动，适用本法。"由此可以看出，社区矫正工作的任务包括执行刑罚、监督管理、矫正教育和适应性帮扶。在这里，虽然没有列明"执行刑罚"，但是社区矫正对象是罪犯的法律属性决定了"执行刑罚"任务属性。

本书认为社区矫正的基本任务至少可以细化为六个方面：执行刑罚、监督管理、矫正教育、危机干预、社会救助和恢复秩序。

（一）执行刑罚

执行刑罚不仅是社区矫正存在的依据和保证，而且也是社区矫正工作的首要任务。这是因为，目前我国社区矫正对象的范围还很有限，社区矫正对象均为法律意义上的罪犯，因此，对社区矫正对象而言，刑罚的惩罚性仍然是其最主要的特性，作为社区矫正对象的罪犯必须服完法定的刑期或缓刑考验期，必须承受法定的身份，必须履行法定义务。执行刑罚是社区矫正的首要任务，这一权限只能由执法主体和具有行刑权的机关和人员来行使。

（二）监督管理

监督管理包括两个层面：一是执行刑罚的监督管理，是对社区矫正对象在履行法定义务方面的监督管理，严格说来，属于执行刑罚的一部分。作为没有刑罚执行权的社区矫正机构和社区矫正工作人员，在履行这部分监督管理权时，只能是辅助执行。二是依据社区矫正工作规范对社区矫正对象的监督管理，是依照社区矫正的有关规定，社区矫正工作者所共同行使的一项权能。

（三）矫正教育

将社区矫正对象置于社区中进行矫正，是为了有效利用社区的资源，让更多的人参与进来，为社区矫正对象创造更为宽松的矫正环境，更有利于教育感化社区矫正对象。因此，教育改造社区矫正对象是社区矫正的根本任务，最终使社区矫正对象悔过自新、弃恶从善，成为守法公民，顺利回归社会。

（四）危机干预

社区矫正对象在社区矫正的条件下会遭遇各种各样的危机，及时地对这些危机进行干预是社区矫正的任务之一。

危机干预是对处于危机状态中的社区矫正对象“提供帮助”，以恢复或维持社区矫正对象的“安全”，并由此保障社区的安全。从危机干预的这一性质出发，社区矫正对象的焦虑、丧失和哀痛等危机状态也理所当然地成为恢复或维持社区矫正对象“安全”所要解决的重要方面，因为这些状态不仅对个体身心有极大的伤害，而且也成为自杀、愤怒等破坏性行为的促成因素或转移性后果。

（五）社会救助

社区矫正对象在社区矫正中是社会中的弱势群体，会遇到各种各样的问题，会遭遇各种各样的挫折，这些都直接影响到社区矫正对象的矫正教育，为此，社区矫正工作者要帮助社区矫正对象解决在就业、学习、人际交往等方面所遇到的困难，为社区矫正对象提供力所能及的服务，是提高矫正质量的保障，其本身也是一种矫正教育活动。

社区矫正的社会救助是在社区矫正目的之上派生出来的，社区矫正的目的之一就是要帮助社区矫正对象增强社会适应性，与社会重新结合，那么，对社区矫正对象这个弱势群体而言就有必要建立社会救助制度，对社区矫正对象实施救助。要实现对社区矫正对象的社会救助，主要靠建立社区扶助制度、法律援助制度、社会保障制度等来实现。

（六）恢复秩序

恢复秩序是指基于恢复性司法的理念，在社区矫正过程中，立足于被害人权益的保障，旨在通过被害人、社区及其他人员的主动参与，来恢复因犯罪行为而被破坏的社会秩序。因此，“对恢复任务的实现，已成为在世界范围内社区矫正任务中一个更高层次的追求”[①]。

在恢复性司法看来，刑罚不是以简单的报应或教育为归趋，而是致力于犯罪人人格的完善和社会角色的回归，致力于社会关系的修复。恢复秩序包括四个方面：一是对社区矫正对象的再社会化；二是对社区矫正对象社会谋生技能的训练或修复；三是社区矫正对象健全人格的修复和教育；四是社会道德与良知的恢复和社会安全机制的营造。

---

① 刘强．社区矫正制度研究［M］．北京：法律出版社，2007：74.

第四节　社区矫正的原则和研究方法

一、社区矫正的指导思想

社区矫正的研究虽然是微观的、社会机制的研究，但它离不开社会的视野与宏观的指导，尤其离不开马克思主义哲学所揭示的事物普遍规律及其方法论的指导。对于我国的社区矫正工作，更要从历史、文化背景、法治氛围和社会关系上来认识社会公众及社区矫正对象的心理，不能孤立地从抽象的人性上来认识；在研究方法上，要综合运用社会科学的调查研究、经验总结方法与自然科学的实验方法，不能片面强调实验室研究和停留在浅层次的个别现象研究上。

对社区矫正对象实行社区矫正，是维护社会稳定、构建社会主义和谐社会、保障社会主义经济建设的重要举措，因此，社区矫正工作在根本上必须坚持马克思列宁主义、毛泽东思想、邓小平理论、“三个代表”重要思想、科学发展观、习近平新时代中国特色社会主义思想，这是社区矫正工作的根本指导思想。

二、社区矫正的原则

社区矫正的原则，是指社区矫正中应当遵循的工作准则。它是社区矫正工作所特有并贯穿于社区矫正工作的基本准则。由于社区矫正法律制度的创建是我国刑罚执行制度改革的重要举措，是一项非常严肃的刑事执行活动，社区矫正工作政策性强，涉及面广，社会影响大，因此必须遵循统一的原则，以确保社区矫正工作健康开展，达到预期效果。

《社区矫正法》第 3 条规定：“社区矫正工作坚持监督管理与教育帮扶相结合，专门机关与社会力量相结合，采取分类管理、个别化矫正，有针对性地消除社区矫正对象可能重新犯罪的因素，帮助其成为守法公民。”第 4 条第 2 款规定：“社区矫正工作应当依法进行，尊重和保障人权。”从这些规定看，社区矫正工作的原则包括：监督管理与教育帮扶相结合原则；专门机关与社会力量相结合原则；尊重和保障社区矫正对象合法权益原则；人道主义原则；刑事执行个别化原则等。

（一）监督管理与教育帮扶相结合原则

在执行刑罚的前提下，监督管理、矫正教育和适应性帮扶是社区矫正工作的三大任务。监督管理是社区矫正工作对存在一定危险性的社区矫正对象的控制行为，这是保障社会安全的法定手段和措施。矫正教育是社区矫正工作的主导价值追求，也是社区矫正工作的主要内容，只有通过矫正教育，消除社区矫正对象的犯罪心理和行为恶习，并养成社会所倡导的善的行为习惯，才能使社区矫正对象成为符合社会要求的守法公民，真正实现回归社会的目的。适应性帮扶是对社区矫正对象所存在的问题和困难的“救助行为”或者“救济行为”，这一行为可以是公力的，也可以是私力的。社区矫正的这三项工作是既相对独立又相互协作的，但是，在实际工作中，只有三者相结合才能效益最大化。

（二）专门机关与社会力量相结合原则

在社区矫正机制建构中，政府的主要作用是主导和指导社区矫正工作，审查和督导社区矫正对象的矫正过程和矫正效果，维护社会的公平和正义。

在社区矫正领域，国家权能是有边界的，而且所拥有的资源也是有限的，不可能渗透到社区矫正的各个领域。政府“提供公共服务”的形式必须选择多元化途径，将矫正教育服务项目的“购买者”与“提供者”分开，从原来的“划桨者”转向“掌舵者”，才能满足社区矫正的需要，才是科学配置资源的明智选择。在这里，社区矫正机构是国家社区矫正工作的专门机关，代表政府负责制定社区矫正基本政策和矫正教育的基本准则，动员社会多方力量，协调各方矛盾。

在社区矫正工作中，社会力量与政府的司法行政部门共同组成社区矫正的主体。专门机关与社会力量相结合原则体现在：政府应是“掌舵者”，是社区矫正政策的制定者、资金的提供者，司法行政机关行使的是管理职能；社会力量是社区矫正政策实施的“划桨者”，社会力量参与到对社区矫正对象的矫正教育之中，改变了传统的刑事执行方式的格局，使社会的人力资源、组织资源、物质资源、环境资源、文化资源、技术资源等成为社区矫正的有力支撑。

（三）尊重和保障社区矫正对象合法权益原则

保障社会公共安全是刑事执行的本质属性，也是社会公平正义的必然要求；维护社区矫正对象合法权益是现代刑事执行的内在品质，也是刑罚文明化、谦抑性的重要标志。在现代刑罚框架下，常常出现保障社会公共安全和维护社区矫正对象合法权益之间的矛盾冲突。因此，社区矫正工作既要求保障社会公共安全，也要求维护社区矫正对象合法权益。保障社会公共安全是社区矫正工作的前提和本质要求，没有社会安全作为保障，社区矫正工作就失去了合法性和合理性。

在我国法治国家、法治社会、法治政府一体化建设中，尊重和保护人的自由与尊严始终是其重要的价值目标和原则。在社区矫正工作中，保障社区矫正对象的权利，是立足于以下三方面的逻辑预设：一是保障社区矫正对象的权利是由社区矫正对象是人这样一个基本客观事实决定的，是刑法人道主义的内在要求。二是社区矫正对象的权利源自现代法律的确认和设定，保障社区矫正对象的权利是对社区矫正工作的法定要求，也是社区矫正工作的法定职责，任何侵害社区矫正对象合法权益的行为，都是法律所不容的。三是刑罚人权理念，首先是对罪犯合法权益的保护。在社区矫正对象接受应有惩罚的基础上，应充分考虑刑罚的方法和种类、刑罚量的调整、刑罚执行方式等方面，有利于社区矫正对象回归社会，适应社会，与社会相结合，以巩固改造成果。所以，保障社会公共安全和维护社区矫正对象合法权益的有机结合是社区矫正工作必须坚守的原则。

（四）人道主义原则

我国始终坚持以马克思列宁主义、毛泽东思想、邓小平理论、“三个代表”重要思想、科学发展观、习近平新时代中国特色社会主义思想作为刑罚制度改革的指导思想，同时也始终坚持“大胆吸收和借鉴人类社会创造的一切文明成果，吸收和借鉴当今世界各国包括资本主义发达国家的一切反映现代社会化生产规律的先进经营方式、管理方法”①。由此，社区矫正所坚持的人道主义原则包括以下四个方面内容：一是在内涵上，刑罚人道主义是社区矫正工作的统领，是社区矫正制度民主性、科学性、进步性和时代性的标志。只有确立人道主义原则，才能彰显社区矫正工作的文明、人性和宽容。二是在理论上，我们反对西方人道主义者脱离社会历史的发展孤立地谈论人、人的本质、人的权利，主张用社会的、具体的、现实的、实践的观点看待刑罚实践中的人道主义和人权问题。三是在观念和方式上，尊重社区矫正对象的人格，摒弃残酷野蛮的刑罚制度，关注社区矫正对象的安居、就业等生存问题。四是在社区矫正工作中，大胆吸收西方刑罚人道主义的合理思想成分，主张在维护法律尊严及与整个社会发展水平相协调的基础上，实施刑罚人道主义，并充分利用社会力量对其进行帮教，提高对社区矫正对象的矫正教育质量，使社区矫正对象的人格得到改造并健康发展，实现其作为人的价值。

（五）刑事执行个别化原则

个别化原则简单来说就是指承认和尊重人的差异性。有学者也将刑事执行个别化称为刑罚个别化、行刑个别化、矫正个别化或处遇个别化，是刑事执行机关对罪犯的矫正和处遇个别化。这里需要注意的是：刑罚个别化是从行刑机构的国家权力属性涉指的刑罚实现的个别化；行刑个别化则突出了刑罚实现方式的个别化；矫正和处遇个别化，则是刑罚实现的内容和目的上的个别化。但矫正个别化和处遇个别化有所不同，前者更强调对犯罪人的治疗个别化，后者尽管也有治疗之意，但更强调对犯罪人采取的各种处理和对待措施的个别化。

刑事执行个别化是在尊重和维护社区矫正对象个性的基础上，在矫正教育中以社区矫正对象为中心，以个性化需求为目标，关注社区矫正对象的潜能开发和个性发展，开展适应性教育，培育社区矫正对象适合现代社会的健康人格。

三、社区矫正的研究方法

（一）调查法

调查法是社区矫正中使用最广泛的一种资料收集的方法。社区矫正的审前调查评估制度、个案管理都离不开调查。一般而言，调查法可分为访问法和问卷法两种。访问法是由社区矫正工作人员或者社会工作者以口头方式面对面或经由电话把问题提出，社区

---

① 邓小平．邓小平文选：第 3 卷［M］．北京：人民出版社，1993：373．

矫正对象回答。问卷法则是在特定的时间和地点，在社区矫正工作人员的协助下，完成问卷上的问题。访问法与问卷法最主要的区别在于：前者有社区矫正工作人员的引导，访问时有问有答，不清楚时可以提供解说；后者是由社区矫正对象自己完成。

调查问卷中所提问题的结构有两种：结构式问题和无结构式问题。前者类似选择题，有固定的几个答案让社区矫正对象从中挑选一项或多项。后者则以开放式的问题由社区矫正对象凭自己的经验、想法、意愿充分自由地回答。结构式问题的特点是项目清楚，容易计量处理，但不够深入。无结构式问题较能深入，但答案可能比较琐碎。因此二者相结合的调查问卷法是目前社区矫正机构正在使用的有效方法，既避免了不够深入，又能够计量处理。

由于具有研究数量易控制、被访问者对问题的误解机会较小、能对样本进行追踪的优点，访问法成为目前社区矫正工作中经常使用的研究方法。当然，访问的时候要注意访问语气和态度，因为这些因素也可能影响受访社区矫正对象的答案。

（二）观察法

观察法是指调查者以亲自观察的结果作为研究载体，并加以分析的方法。观察可以分为参与观察和非参与观察。前者是指调查者亲身参与研究的一切活动，以“局内人”的角度观察。后者是指观察者并不亲身参与，而是以“局外人”的角度来观察。

观察法是社区矫正工作中最常用的一种方法，特别是在对社区矫正对象进行教育管理的过程中，社区矫正工作者是以一种“局外人”的身份进行观察，也就是非参与观察。参与观察仅仅存在于学者的纯学术研究（譬如某学者通过以“罪犯”的身份参与社区矫正进行观察）。非参与观察的最大优点在于可以把当场发生的事件或行为实时描述出来以供参考，但它也有以下缺点：第一，研究者个人的喜好偏见可能影响观察对象的选择与观察结果。社区矫正工作人员的工作身份，不可避免地会因为事先进行了调查而对社区矫正对象有先入为主的看法，这种看法很大可能影响其对社区矫正对象观察结果，甚至可能影响其矫正计划与矫正方案。有些地方采用了民间社会力量介入的方式，通过第三方机构来进行观察，效果要优于执法人员亲自管理。第二，研究者只能观察少数社区矫正对象，可能以偏概全，导致错误的报告。每个基层社区矫正机构管理的社区矫正对象数量是各不相同的，有的地区数量较多，特别是那些建立社区矫正中心，实行队建制管理的社区矫正机构，管理的社区矫正对象相对较多，集中观察的也只能是部分社区矫正对象，对于大部分社区矫正对象，还是会有观察疏漏之处，影响判断结果。由此对社区矫正工作人员的数量和管理体制提出了更高的要求。

（三）实验法

实验法是心理学的主要研究方法。社会心理学家对小团体的研究大多会采用此方法。在社区矫正工作的探索中，特别是在对社区矫正对象进行个案管理的过程中，这种方法是经常被使用的。实验法一般会依据一定的标准对社区矫正对象进行筛选，并对筛选后的社区矫正对象进行分组：一组是实验组，另一组是对照组。被研究的、特定的矫正方案加诸实验组，而对照组则无。经过一段时间的风险评估、需要评估，制订矫正计划、实施矫正方案，再比较两组在行为或心理上是否因矫正项目的介入而有所改变。实验法确实对矫正工作有很大的帮助，也确实起到较好的效果，但是这种实验对人数的要求非常严格，数量不可能很多。同时对研究者的要求也非常高，需要花费大量的时间和精力来实施矫正项目。因而，这种方法仅仅在部分地区针对部分社区矫正对象实施。

（四）个案研究法

个案研究法是对某一事件、行为、事务或个人做彻底的研究分析，这种方法在社区矫正研究中是一种常见方法，是根据每个社区矫正对象的具体情况而采用的方法。

1. 个案评估

个案评估是通过恰当的方法了解社区矫正对象的有关情况并作出评价的工作。个案评估主要包括风险评估和需求评估。风险评估是指对社区矫正对象进行危险性评估，判断其是否具有再犯的风险。评估的方法主要采用量表测试、功能问卷调查、结构化与半结构化面谈等。需求评估主要是对社区矫正对象的个人需求进行系统性的评价，主要采取观察法、调查法、谈话法、需求评估量表测试等方式进行。

2. 制订矫正计划

制订矫正计划是建立在对社区矫正对象的犯因性问题分析基础之上的，通过对社区矫正对象自身的情况进行分析，了解其犯罪的动因，从而制订个别化的矫正计划。在制订的矫正计划中，应当包含社区矫正对象的基本情况（人口统计学信息、犯罪与刑罚、其他相关信息）、社区矫正工作人员的基本情况（矫正负责人、矫正小组）、社区矫正对象的问题和需求、具体实施矫正计划。

3. 实施矫正方案

实施矫正方案是根据已制订的矫正计划进行分步骤实施，具体应涵盖对社区矫正对象依据危险等级的不同而制定的不同行为监督方案、教育矫正方案和帮困扶助方案。在实施的过程中，可以根据社区矫正对象的情况进行矫正计划的修正与更改。通过后测与前测的对比，对危险程度降低的社区矫正对象，修改矫正计划，减少管控的力度，对危险程度有所提高的社区矫正对象，要加大行为监督的力度。

典型案例

拒不入矫被撤销缓刑

2020 年 9 月 27 日，江华人民法院与江华社区矫正管理局就蒋某醉驾入刑后拒不入矫被撤销缓刑一案进行了法律文书交接。《刑事裁定书》载明：蒋某被依法撤销缓刑，执行原判拘役四个月。

2020 年 9 月某晚，蒋某酒后执 E 型驾驶证驾驶无牌普通二轮摩托，被执勤交警查获。现场呼气式酒精测试结果为 159mg/100ml；抽血鉴定，当晚体内血液乙醇含量为 172.91 mg/100ml，属醉酒驾驶机动车行为。2022 年 7 月，蒋某被江华人民法院依法“判处拘役四个月，缓刑五个月，并处罚金人民币七千元”。

判决生效后，蒋某应当在法定时间内到江华社区矫正管理局办理入矫登记手续，并依法接受社区矫正。蒋某在法定时间内未到江华社区矫正管理局报到，根据《中华人民共和国社区矫正法》相关管理规定，江华社区矫正管理局工作人员多次与蒋某电话联系，敦促其报到，办理入矫手续。但是，蒋某仍不报到入矫，依法应当承担相应法律后果。

2022年9月23日，经江华人民法院裁定：罪犯蒋某的行为违反了《中华人民共和国社区矫正法实施办法》第四十六条第（二）款和《湖南省社区矫正实施细则》第一百八十三条第（三）款之规定，依法对其"撤销缓刑五个月的执行部分""执行原判拘役四个月"。

引例分析

本案例是社区矫正对象因在社区矫正期间违反规定被收监执行的典型案例，也是社区矫正工作中常见的情形。

《社区矫正法》第46条规定：社区矫正对象具有刑法规定的撤销缓刑、假释情形的，应当由人民法院撤销缓刑、假释。对于在考验期限内犯新罪或者发现判决宣告以前还有其他罪没有判决的，应当由审理该案件的人民法院撤销缓刑、假释，并书面通知原审人民法院和执行地社区矫正机构。对于有第二款规定以外的其他需要撤销缓刑、假释情形的，社区矫正机构应当向原审人民法院或者执行地人民法院提出撤销缓刑、假释建议，并将建议书抄送人民检察院。社区矫正机构提出撤销缓刑、假释建议时，应当说明理由，并提供有关证据材料。

由此可见，在引例中，涉及的社区矫正相关机关包括社区矫正机构、原审人民法院和所在地人民检察院。社区矫正的定位是一种刑事执行活动，主要承担着对社区矫正对象监督管理和教育帮扶的工作。

思考练习

1. 社区矫正的原则有哪些？
2. 社区矫正的工作任务有哪些？

第二章　社区矫正法

学习目标

1. 了解社区矫正的立法进程；
2. 深刻领会《社区矫正法》出台的价值和意义。
3. 掌握社区矫正的法律关系。

引入案例

社区矫正对象李军被判管制一年，2020 年 9 月 1 日期满。2020 年 6 月 30 日，司法所通知李军必须参加公益劳动，否则将按照违犯《社区矫正实施办法》的有关规定处理，李军认为，《社区矫正法》和《社区矫正法实施办法》已经颁布，依照新的规定，公益劳动不具有强制性，自己可以不参加公益劳动。

问题：

李军对《社区矫正法》和《社区矫正法实施办法》的理解对吗？

2019 年 12 月 28 日，《中华人民共和国社区矫正法》（以下简称《社区矫正法》）在第十三届全国人大常委会第十五次会议上通过并于 2020 年 7 月 1 日正式实施。《社区矫正法》的出台是对十几年来社区矫正工作成果的立法总结，是社区矫正工作发展中的标志性事件。《社区矫正法》成为我国社区矫正工作法治化的逻辑起点，是尊重和保护社区矫正对象人权的法律依据，开启了我国社区矫正工作法治化新时代。

第一节　《社区矫正法》出台的意义和主要特征

《社区矫正法》的颁布是社区矫正工作进入法治化轨道的重要标志。可以说，《社区矫正法》的出台，在中国的社区矫正历史上，既具有里程碑的划时代意义，也是新时代中国特色刑事执行制度建设史上的重大事项。

一、《社区矫正法》出台的意义

（一）我国历史上首部《社区矫正法》，具有划时代意义

《社区矫正法》的颁布实施，是新时代中国特色社会主义法治建设史上的一件大事，是社区矫正发展史上的里程碑，为推进国家治理体系和治理能力现代化建设注入了新的活力。

《社区矫正法》是我国十几年来社区矫正工作成就的结晶，是中外社区矫正工作历史经验的科学概括和总结，凝聚着从事社区矫正理论研究工作者的科研成果和实务工作者积累的丰富经验和聪明才智。《社区矫正法》的实施，是我国社区矫正工作进入法治化时代的标志。

（二）《社区矫正法》是社区矫正法治化时代的标志

“法治最基本的前提是有法之治”①，规则之治，“良法”“善治”，仅有社区矫正法治的理念，没有实在法的确认；仅有依法社区矫正的要求，没有严格的程序规范；仅有保障和尊重社区矫正对象人权的意识，没有法律的宣言，那么，这一切都是枉然。②

《社区矫正法》的颁布为社区矫正工作提供了实在法的依据，使社区矫正工作摆脱了十几年以来无法可依的尴尬局面。《社区矫正法》确认了社区矫正法治化的理念，不仅是社区矫正实体公正的法，也是程序公正的法，为社区矫正工作提供了法律上的保障，更是尊重与保护社区矫正对象人权的“良法”和“善法”。因此，它是社区矫正进入法治化时代的标志，是社区矫正工作经验的总结与升华，为社区矫正工作者开展对社区矫正对象的执行刑罚、监督管理、危险控制和矫正教育等提供了明确而又具体的法律依据，使整个社区矫正工作有法可依、有章可循。具体体现：一是树立社区矫正工作权威。《社区矫正法》是建立在法律和法律授权基础上的权威，天然具有法理型权威的强制力。二是整合社区矫正工作的价值追求。由于社区矫正工作参与主体多元化，价值取向多元化，利益诉求多元化，矛盾和冲突在所难免。《社区矫正法》就成为培育价值取

① 周介昆，陈柏安. 监狱法的法律地位及价值评估［EB/OL］.（2005－04－19）［2025－04－22］. http：//www. law-lib. com/LW/lw_view. asp?no=5121.

② 同①.

向、调和价值冲突、达成价值共识的价值引导。三是协商对话参与主体，使得社区矫正参与各方权利与义务对等，责任与风险共担，共同追求社区矫正效益最大化。四是领悟社区矫正法治的内涵。社区矫正法治化“是一个内涵民主、自由、平等、人权、理性、秩序、正义、效益与合法性等诸多社会价值的综合观念”[①]。

（三）《社区矫正法》的制定和实施完善了我国刑事立法与司法体系

首先，在立法层面弥补了我国社区矫正刑事执行法的空白，形成了以《刑法》《刑事诉讼法》《监狱法》《社区矫正法》为代表和主体的较为完整的刑事法律体系。一般来说，一个国家的刑事法律体系由三大部分组成：以《刑法》为主体，规定犯罪与刑罚的刑事实体法；以《刑事诉讼法》为主体，确保程序公正的程序法；以《监狱法》和《社区矫正法》为主体，规范刑事执行活动的刑事执行法。以前我国的刑事法律体系中有《刑法》《刑事诉讼法》《监狱法》，但没有统一规范社区刑事执行的《社区矫正法》，使在社区执行的管制犯、拘役犯、暂予监外执行犯长期没有规范的法律进行规制，成为我国刑事法律体系的盲点。《社区矫正法》的颁行可以说是弥补了我国刑事执行体系存在的法律缺陷，并成为我国社区矫正工作的法律支撑。

其次，在运作机制方面确立了社区矫正机构独立的主体地位，以法律形式宣告了中国也有专门的社区矫正执行机关，实现了刑事执行权能较为合理的专业化分工。应当说《社区矫正法》的颁布和实施远远超出了其本身的独立意义，而且直接地表现为其对刑事立法和刑事司法的重大作用。

总之，《社区矫正法》使中国刑事法律建构起了以刑事实体法、刑事程序法和刑事执行法为基本框架的刑事法律体系；这些法律的全面实施使中国的刑事司法开始进入整体或全体性的法治状态。

（四）《社区矫正法》是尊重和保护社区矫正对象人权的法律依据

《社区矫正法》的制定和实施有利于保障社区矫正对象的人权，促进社区矫正对象的矫正教育。社区矫正对象的人权也同样应受到法律的尊重与保护，在司法界已经形成了现代人权共识：“犯人首先是一个人，然后才是一个犯人。”作为一个人的本性和本质，也必然享有应有的权利，“法律也应当尊重其作为人本身的价值，尊重其语言、交流、观察、推理、想象和创造的能力”[②]。《社区矫正法》规定了社区矫正对象享有没有被法律剥夺或者限制的所有权利，并以法律监督的形式使之得以实现。

二、《社区矫正法》的主要特征

就《社区矫正法》的框架结构而言，这次立法把社区矫正的立法目的、立法总体思

---

① 张文显．法哲学通论［M］．沈阳：辽宁人民出版社，2009：370．

② 周介昆，陈柏安．监狱法的法律地位及价值评估［EB/OL］．（2005－04－19）［2025－04－22］．http：//www．law-lib．com/LW/lw_view．asp?no＝5121．

路、工作原则、社区矫正工作的体制机制、社区矫正工作程序，以及对未成年人社区矫正的特别规定等主要内容都作了具体规定。其主要特征表现在以下方面。

（一）立法目的明确

《社区矫正法》第 1 条规定了立法目的和立法依据。从这一规定所蕴含的精神实质来分析，《社区矫正法》所确立的社区矫正制度，在性质上是刑事执行制度，而非立法之前在学术界和实务界争议较大的刑罚执行制度。这就意味着社区矫正工作的重心不在于以前所强调的以安全和秩序为价值取向的刑罚执行，而是以社会潜在的危险管控和社区矫正对象的矫正教育为主导性工作要求。很明显，这是经过十几年的社区矫正实践，在各地经验归纳总结的基础上，契合我国国家治理体系与治理能力现代化建设，是社区矫正工作的价值转向和新的定位。

（二）立法总体思路明晰

在《社区矫正法》二次审议时，就提出了社区矫正立法要关注未来“大矫正”制度建设之间的关系协调。这次出台的《社区矫正法》体现了这一精神。一是确立社区矫正刑事执行制度与“大矫正”制度的发展创新构建空间关系。明确社区矫正的性质是刑事执行，而不是刑罚执行或社区刑罚执行，为今后扩大适用社区矫正对象留下了空间。我国的社会危险管理问题已经成为社会治理的重要内容，而社区矫正作为社会危险管控的新型社会治理制度，代表着新时代预防犯罪、控制犯罪、教育改造罪犯的发展方向。实践证明，我国传统的重刑主义打击犯罪、惩罚犯罪的治理理念，不能够真正保卫社会。而矫正教育犯罪者，使犯罪者回归社会，并修复被犯罪所破坏的社会关系才能够真正地维护社会安全和秩序。因此，在“大矫正”思想主导下，构建充满柔性的社区矫正制度成为大势所趋。二是社区矫正法与刑事基本法律之间的关系。在目前的刑事法律建构中，《社区矫正法》必须严格与《刑法》《刑事诉讼法》中规定的社区矫正适用范围保持一致，明确社区矫正的适用范围为管制、缓刑、假释、暂予监外执行 4 类罪犯，将试点和试行时已经纳入社区矫正范围的剥夺政治权利的罪犯排除在外，这是社区矫正制度建设的法定要求。三是坚持问题导向，注重解决社区矫正工作中的突出问题。在这次立法中，对社区矫正工作中反应比较强烈的各部门之间的衔接配合、工作要求、工作程序、权责义务等问题都作出了明确规定，自此，社区矫正工作真正做到有法可依。

（三）明确规定了社区矫正的工作原则

《社区矫正法》第 3 条和第 4 条规定了社区矫正工作的四条原则：一是坚持尊重和保障人权原则；二是坚持监督管理与教育帮扶相结合原则；三是坚持专门机关与社会力量相结合原则；四是坚持分类管理与个别化矫正原则。在这四项原则中，尊重和保障人权是总要求，是现代法治的基本精神，也是社区矫正工作的前提和保证；监督管理与教育帮扶相结合是社区矫正工作的基本内容，也是社区矫正工作的价值取向；专门机关与社会力量相结合是社区矫正工作本质特征和基本模式，体现了社区矫正工作的政府主导性与多元开放性特征；分类管理是对社区矫正对象在管理措施上的宏观设计，个别化矫正是社区矫正工作在具体方法上的要求。这四条原则成为社区矫正工作的基本规范。

（四）确立了社区矫正的体制机制

《社区矫正法》第 8 条和第 9 条对社区矫正工作机制和机构设置进行了规定。从宏观设计上，构建了党委政府统一领导、司法行政部门组织实施，公安机关、检察机关、审判机关、监狱机关等部门密切配合，社会力量广泛参与的社区矫正工作体系，明确了社区矫正工作的管理体制和工作机制。明确规定国务院司法行政部门主管全国的社区矫正工作；县级以上地方人民政府司法行政部门主管本行政区域内的社区矫正工作；地方人民政府根据需要设立社区矫正委员会，负责统筹协调和指导本行政区域内的社区矫正工作；司法所根据社区矫正机构的委托，承担社区矫正相关工作。相较于 2012 年“两院两部”制定的《社区矫正实施办法》，这一规定更为明晰，尤其是对司法所在社区矫正中的定位更为准确。

（五）规范了社区矫正程序

《社区矫正法》是程序法和实体法的结合体。为增强实务工作中的可操作性，《社区矫正法》细化了社区矫正的程序性规则，特别是各部门衔接配合的内容，明确了社区矫正的实施程序。从《社区矫正法》规定的整个工作流程来看，对社区矫正程序的规范设计可以分为三个阶段：一是社区矫正前期。《社区矫正法》第 17 条至第 22 条，从矫正对象执行地的认定到矫正对象的委托调查评估，再到法律文书的送达、报到移送，直到接收宣告，都进行了规范。二是社区矫正中期。《社区矫正法》第 23 条到第 34 条，规定了矫正小组的成立、分类教育、日常管理、执行地变更、考核奖惩的种类和条件、电子定位、脱管处理、禁制令执行、减刑等。三是社区矫正后期。《社区矫正法》第 44 条到第 51 条，规范了解除矫正、撤销缓刑假释的程序、逮捕的条件和程序、收监执行的程序、追逃、矫正终止和死亡处理。通过这三个阶段的规范设计，基本实现了各个程序和各个环节的无缝对接。

（六）对未成年人社区矫正作了特别规定

未成年人是一个特定的社会群体，按照国际规则和国际惯例，对未成年人的社区矫正必须予以特别的规定。从《社区矫正法》的规定看，其特性表现在：一是拓展了规定范围。《社区矫正法》由一审稿的 4 条拓展到最后的 7 条；由限定在未成年人拓展到准未成年人，即第 58 条规定：“未成年社区矫正对象在社区矫正期间年满十八周岁的，继续按照未成年人社区矫正有关规定执行。”这保证了对未成年人社区矫正保护的连续性。二是丰富了规定的内容。《社区矫正法》从对未成年人社区矫正的工作要求、监护责任、保密义务、义务教育与就业帮扶、辅助机构、权利保护、特殊规定等方面进行了全面规定，内容涵盖了未成年人社区矫正的各个层面。三是对未成年人社区矫正参与者的义务、责任、职责等作出了硬性规定，第 52 条至第 57 条的规定中都使用了“应当”，而没有使用具有可选择性的“可以”。这样，相关主体就必须履行法律规定的责任和义务。四是在社区矫正措施和方法上进行了特殊规定。《社区矫正法》第七章特别规定，应当根据未成年社区矫正对象的年龄、心理特点、发育需要、成长经历、犯罪原因、家庭监护教育条件等情况，采取针对性的矫正措施；矫正小组应当吸收熟悉未成年人身心特点的人员参加；对未成年人的社区矫正，应当与成年人分别进行；对未成年社区矫正对象要给予身份保护，对其宣告不公开进行，其矫正档案应当保密；督促未成年社区矫正对象的监护人履行监护职责，承担抚养、管教等义务；协调有关部门为其完成义务教育提供条件等，这在立法层面将未成年人社区矫正相关重要制度予以固定和明确，对于健全防范未成年人犯罪制度体系起到积极推动作用。

三、《社区矫正法》的基本定位

首先，《社区矫正法》具有独立于《刑法》《刑事诉讼法》《监狱法》的法律地位。《社区矫正法》是依据宪法制定的法律，和《刑法》《刑事诉讼法》没有派生关系，只有衔接关系。调整的对象是刑事执行法律关系，调整的内容是监督管理、矫正教育和社会帮扶。从法的性质和任务来看，《社区矫正法》是刑事执行法。

其次，《社区矫正法》是刑事执行法的有机组成部分，也是我国刑事法律体系的重要组成部分。从《社区矫正法》所具有的刑事执行法的实际意义来考察，确保刑罚实施和实现的刑事执行法，它与《监狱法》一起应当成为与刑事实体法和刑事程序法相同的国家基本部门法。以《社区矫正法》和《监狱法》为主体，共同构成了我国的刑事执行法律体系。

最后，《社区矫正法》是我国刑事执行双轨制的法律依托。传统上，我国的刑事执行制度是以监禁刑为主导的单一制。在历史发展过程中注重监禁刑的社会价值，而非监禁刑事执行常常被忽略。《社区矫正法》的颁布实施，使社区矫正制度以法律的形式固定下来，这既是历史的必然，也是我国社会管理制度创新在刑事执行制度层面的体现。自此，从法律意义上，我国刑事执行制度就形成了监狱监禁执行和社区矫正的双轨制。《社区矫正法》成为社区矫正这一刑事执行方式的法律依托和支撑。

四、执行中应该注意的问题

（一）社区矫正的性质问题

社区矫正性质直接牵涉到整个制度设计。在《社区矫正法》出台之前其性质问题是争议的核心问题，学者们从不同的视角、不同的价值取向、不同的学科基础等方面考虑，曾经有不同的定性，有单一性质的刑罚执行说、社区刑罚说、社区刑罚执行说、社会处遇说、社区制裁说、教育说、监督救助说等，也有多重性质的刑罚执行和社区活动说、刑罚执行活动和矫正教育活动说、刑罚执行属性和社会工作属性说、刑罚性和恢复性并重说、矫正和社会福利性质说、混合说等。2003 年 7 月 10 日，最高人民法院、最高人民检察院、公安部、司法部《关于开展社区矫正试点工作的通知》（司发〔2003〕12 号）中提到“社区矫正是与监禁矫正相对的行刑方式，是指将符合社区矫正条件的罪犯置于社区内，由专门的国家机关在相关社会团体和民间组织以及社会志愿者的协助下，在判决、裁定或决定确定的期限内，矫正其犯罪心理和行为恶习，并促进其顺利回归社会的非监禁刑罚执行活动”。其中，关于对缓刑犯如何定性成为社区矫正是否是非监禁刑罚执行活动的关键问题。依照我国法律规定，被宣告缓刑的罪犯，由公安机关交所在单位或者基层组织予以考察。缓刑考验期满，如果没有再犯新罪或者未被发现有漏罪或者没有违反法律、法规及有关规定或者没有违反人民法院判决书中的禁止令的，原判刑罚就不再执行的一种刑罚制度。缓刑不是独立的刑种，理论界有学者称其为“有条件的不执行”。也就是说，缓刑考验期不是刑罚执行活动，也不是非监禁刑罚执行方式。《社区矫正法》将社区矫正定性为刑事执行方式是准确的，特别是 2020 年 1 月 17 日，最高人民法院、最高人民检察院已经作出司法解释：被判处有期徒刑宣告缓刑的犯罪分子，在缓刑考验期满后 5 年内再犯应当判处有期徒刑以上刑罚之罪的，因前罪判处的有期徒刑并未执行，不具备《刑法》第 65 条规定的“刑罚执行完毕”的要件，故不应认定为累犯，这就从法律层面确认缓刑的社区矫正对象不是刑罚执行。因此，社区矫正制度就界定为具有中国特色的刑事执行制度。显然，刑事执行制度外延更大，包含了刑罚执行。

（二）社区矫正对象称呼问题

自开展社区矫正工作以来，官方文件对于社区矫正对象的界定不确定，先后使用过“罪犯”“社区服刑人员”“社区矫正人员”等概念。不同的名称内含着社区矫正的价值取向和社会公众对于社区矫正文化的追求。其实，名称就是社区矫正的文化符号，昭示着社区矫正的发展方向。对于管制犯、拘役犯、暂予监外执行犯是社区服刑人员，在学界基本没有争议，但是，缓刑犯是否属于社区服刑人员争议很大。《社区矫正法》采纳了更为中性的、不具有标签效应的“社区矫正对象”这一名称，就表明社区矫正的价值取向更为强调追求个别正义，与社区矫正的矫正教育、社会帮扶、回归社会、恢复性司法等价值追求高度契合。2020 年 1 月 17 日《最高人民法院、最高人民检察院关于缓刑犯在考验期满后五年内再犯应当判处有期徒刑以上刑罚之罪应否认定为累犯问题的批复》（高检发释字〔2020〕1 号）确认被判处有期徒刑宣告缓刑的罪犯，因判处的有期徒刑并未执行，所以，缓刑考验期不属于“刑罚执行”范畴，彻底否定了缓刑犯的“社区服刑”性质。

（三）社区矫正的执行地认定的规范问题

按照原来的社区矫正工作规定，社区矫正对象的居住地是社区矫正的执行地，也就是说社区矫正对象在居住地接受社区矫正。但是，如何认定社区矫正对象的居住地，出现了诸多困惑和冲突。原有社区矫正规则规范中关于“居住地”的确认问题没有具体的规定，因此在实际工作中存在的问题较多。特别是随着我国社会经济的发展，社会人口的流动加剧，人们所拥有的居住场所较多，出现了户籍地、工作地、临时居住地、经常居住地等与居住地相类似的概念，同时，有的社区矫正对象还有多个居住地，这就使得对“居住地”的界定非常困难。同时，在涉及跨省（区）的社区矫正对象的居住地认定上，社区矫正决定机关在判决、裁定、决定社区矫正时都比较保守。社区矫正的接收地常常由于监督管理上的困局而不愿接收社区矫正对象，使社区矫正对象因此不能受到法律上的宽容对待。

《社区矫正法》第 17 条对社区矫正对象执行地认定的规定相对比较具体：“社区矫正决定机关判处管制、宣告缓刑、裁定假释、决定或者批准暂予监外执行时应当确定社区矫正执行地。社区矫正执行地为社区矫正对象的居住地。社区矫正对象在多个地方居住的，可以确定经常居住地为执行地。社区矫正对象的居住地、经常居住地无法确定或者不适宜执行社区矫正的，社区矫正决定机关应当根据有利于社区矫正对象接受矫正、更好地融入社会的原则，确定执行地。”即使如此，社区矫正执行地问题在实际操作中，仍有诸多不易克服的障碍。所以，至少有两个问题有必要细化：一是在省、自治区、直辖市范围内，应当统一对社区矫正执行地的认定标准。二是对社区矫正执行地存在争议的，由省、自治区、直辖市社区矫正机构负责协调。

（四）信息化建设问题

信息化建设是我国国家治理体系和治理能力现代化的重要举措和标识。《社区矫正法》第 5 条对信息化建设和共享作出了规定：“国家支持社区矫正机构提高信息化水平，运用现代信息技术开展监督管理和教育帮扶。社区矫正工作相关部门之间依法进行信息共享。”在原有的公、检、法、司等参与主体信息化建设中，各个主体自成体系，互设壁垒，严重阻碍了信息的互联互通，导致实务工作中相互扯皮，效率低下。《社区矫正法》的这一规定从法律层面打破了原有的信息化格局，为信息化建设和共享奠定了法律基础。但是，我们必须看到，参与主体的惯性思维在相当长的时期内还会成为信息化建设和共享的障碍，因此，建议对社区矫正的信息化建设应进一步细化，成为各个参与主体的刚性规定。

（五）参与主体分工协调问题

首先，《社区矫正法》在关于职责、权利、义务的规定中特别强调：一是《社区矫正法》是规范司法行政部门开展社区矫正工作的法。它不仅仅是“管社区矫正的法”和“管社区矫正工作人员的法”，同时也是“保障社区矫正依法开展的法”和“保护社区矫正机构公正执法的法”。客观实践证明，只要我们的社区矫正机构和社区矫正工作人员切实地按照《社区矫正法》的要求行使自己的权利和履行自己的义务，就会受法律的保护。二是《社区矫正法》是规范所有参与者的法。司法行政部门主管社区矫正工作，人民法院、人民检察院、公安机关和其他有关部门依照各自职责，分工负责、相互配合、相互制约，依法开展社区矫正工作。三是在社区矫正实施程序中明确了社区矫正执行地，明确了调查评估程序，对法律文书送达、社区矫正对象报到和接收等程序做了细化规定。四是明确规定了对社区矫正对象实施考核奖惩，以及提请减刑、撤销缓刑、撤销假释、执行收监等情形时的衔接配合程序。五是在监督管理中，明确了社区矫正机构、公安机关和有关单位和个人的衔接配合。

其次，关于衔接配合的新内容。一是逮捕。《社区矫正法》第 47 条规定：“被提请撤销缓刑、假释的社区矫正对象可能逃跑或者可能发生社会危险的，社区矫正机构可以在提出撤销缓刑、假释建议的同时，提请人民法院决定对其予以逮捕。人民法院应当在四十八小时内作出是否逮捕的决定。决定逮捕的，由公安机关执行。逮捕后的羁押期限不得超过三十日。”这是收监执行之前最严厉的强制措施。二是设立社区矫正委员会。《社区矫正法》第 8 条第 3 款规定：“地方人民政府根据需要设立社区矫正委员会，负责统筹协调和指导本行政区域内的社区矫正工作。”设立的目的是组织、协调、指导本行政区域内的社区矫正工作，它是地方人民政府设立的、由社区矫正相关部门负责人参加的综合协调机构。本书认为社区矫正委员会应由本级人民政府有关负责人，人民法院、人民检察院、公安、司法行政、财政、民政、教育、人力资源和社会保障等部门，工会、共青团、妇联等单位代表组成，负责制定社区矫正工作规划，研究解决社区矫正工作的重大问题。三是禁止令的执行。《社区矫正法》第 31 条关于禁止令执行的规定，具有较强的可操作性。社区矫正机构根据执行禁止令的需要，可以要求有关的部门、单位、场所协助配合执行禁止令。同时，《社区矫正法实施办法》第 39 条做了例外规定：对人民法院禁止令确定需经批准才能进入的特定区域或者场所，矫正对象确需进入的，应当经县级社区矫正机构批准，并通知原判人民法院和执行地县级人民检察院。四是社区矫正机构进一步在法律层面固定下来，使司法行政机关的“社区矫正中心”或“社区矫正管理局”成为社区矫正机构的法定符号。

（六）社区矫正对象权利和义务保障问题

《社区矫正法》第 4 条和第 34 条等规定了社区矫正对象的权利和义务，把尊重和保障人权作为社区矫正工作的基本原则。

在这里，在社区矫正对象的权利和义务理解上，还应该在更高的层面上和宪法、民法、知识产权法等法律法规结合起来。从理论上讲，社区矫正对象的法定权利包括两大部分：一是社区矫正对象的一般权利，包括生命健康权、人身自由权、人格权、住宅权、通信权、婚姻家庭权、财产权、继承权、知识产权、政治权利、宗教信仰自由、获得国家赔偿权、获得物质帮助权，以及批评、建议、申诉、控告、检举的权利等。除此之外，社区矫正对象依照宪法和法律还享有劳动的权利、教育的权利、文化娱乐的权利，以及各种诉讼的权利等。总之，凡是社区矫正对象未被依法剥夺或者限制的权利都是其应该享有的权利。二是社区矫正对象的特殊权利，是指社区矫正对象在社区矫正过程中特别享有的权利，包括社区矫正对象享有依法接受刑事处罚的权利、在社区矫正过程中的知情权和有依法获得减刑的权利。[①] 在这里特别强调的是社区矫正对象的辩护权、就学和就业权、享受社会保障权、不受歧视权、依法获得减刑权、未被依法剥夺或者限制的权利等。

（七）关于时效的规定

由于《社区矫正法》是刑事执行中实体法和程序法的统一，因此，社区矫正工作的

---

① 吴宗宪. 社区矫正导论. 北京：中国人民大学出版社，2011：139 - 140.

各个环节就必然涉及时效的规定。在《社区矫正法》出台之前，关于社区矫正时效的规定特别混乱，不仅存在着省、自治区、直辖市规定的不一致，也存在着地方文件的规定与最高人民法院、最高人民检察院、公安部、司法部的规定相冲突的情况，在具体执行中，常常产生矛盾甚至各行其是。《社区矫正法》对此统一进行了规范，这也是《社区矫正法》的亮点之一。《社区矫正法》第 20 条规定："社区矫正决定机关应当自判决、裁定或者决定生效之日起五日内通知执行地社区矫正机构，并在十日内送达有关法律文书，同时抄送人民检察院和执行地公安机关。"第 21 条将社区矫正对象报到、移送的时效规定为十日内；第 33 条将人民法院裁定是否减刑的时效规定为三十日内；第 47 条规定人民法院对提请逮捕的社区矫正对象作出是否逮捕的决定是四十八小时内，逮捕后的羁押期限不得超过三十日；第 48 条规定了人民法院对于撤销缓刑、假释作出裁定的时间是三十日；第 49 条规定了社区矫正决定机关对于暂予监外执行的社区矫正对象作出决定的时间是三十日内等。这些规定对社区矫正参与主体起到了统一的规范作用。

（八）关于电子定位的限制性规定

《社区矫正法》第 29 条对社区矫正对象需要电子定位的五种情形、装置的期限、电子定位的程序、信息保密等进行了规定。和《社区矫正法》出台前相比，出现了新的变化：一是由过去电子定位对社区矫正对象的普及化控制，转变为限制性、选择性控制。二是规定了电子定位适用的条件、批准程序和期限等情形。在规定的使用电子定位的五种情形中，使用时必须经县级司法行政部门负责人批准，对于期限届满后，经评估仍有必要继续使用的，经过批准，期限可以延长，每次不得超过三个月。三是电子定位的限制性，昭示着《社区矫正法》在法律的价值目标上，主要方向趋向于柔性的监督管理和矫正教育，以及恢复被犯罪所破坏的社会关系，而不是单纯的刑罚执行，或者在刑罚执行中的教育改造。同时电子定位是限制人身自由措施，按照《立法法》规定只有立法机关才有权规定，如果在《社区矫正法》中规定，虽未违反《立法法》，但是和全国人大制定的前位法《刑法》和《刑事诉讼法》相冲突。在前位法没有相关规定的前提下，电子定位的普遍使用，势必违背罪刑法定的原则，大有法外加刑之嫌。

当然，这一规定还存在诸多漏洞，会对社区矫正对象的人身控制方面带来新的问题。一是对于期限届满后，经评估仍有必要继续使用的，经过批准，期限可以延长，每次不得超过三个月。那么，由谁来评估，评估的依据和指标体系是什么？二是电子定位有哪些电子设备？就目前来看，除了腕带定位之外，是否包括手机信号定位？如果包括，那么，《社区矫正法》第 26 条中的"通信联络、信息化核查"是否也包括手机定位模式？三是将给社区矫正工作对社区矫正对象的有效管控带来新的冲击。《社区矫正法》出台前，一直追求电子定位率达到 100%，也确实使社区矫正的管控工作落到了实处。但是，《社区矫正法》的这一新的规定，对社区矫正的管控工作提出越来越高的工作要求，社区矫正机构将不得不投入更多的人力资源来对社区矫正对象进行联系、走访，以确保不出现脱管失控，甚至重新犯罪的情形。

基于我国国家治理体系和治理能力现代化建设的需要，社区矫正工作在《社区矫正法》的规范之下，总的发展目标必然是社区矫正工作现代化，构建社区矫正治理体系，提升社区矫正治理能力，这将是社区矫正工作的核心任务，也是社区矫正工作深化改革和转型提质的要求。在《社区矫正法》的规范和主导下，以社区矫正法治化为目标，构建“党委领导、政府主导、多元合作”的参与主体间的合作共治共享的结构体系，构建法律规则和道德规范相结合的社区矫正教育方法体系，构建以法治化为核心的社区矫正功能体系、制度体系、运行体系和监督体系，将成为社区矫正工作的主要任务。

第二节　社区矫正法律关系

社区矫正法律关系属于社会关系中法律关系的范畴。法律关系是法律规范在确认和调整人们行为的过程中所形成的具有权利义务内容的社会关系，包括法律关系的主体、法律关系的内容、法律关系的客体三大要素。其中，法律规范和法律事实是决定法律关系形成、变更和消失的主要条件。法律规范是法律关系形成、变更和消失的法律依据；法律事实是法律规范所规定的、能够引起法律关系形成、变更和消失的客观条件。因此，研究社区矫正的法律关系必须明确一般法律关系的概念。

一、社区矫正法律关系的概念和特点

（一）社区矫正法律关系的概念

社区矫正法律关系是指社区矫正法律法规所调整和规范的社区矫正主体之间的权利义务关系。它包括社区矫正机构因社区矫正活动而形成的社区矫正机构与社区矫正对象之间、社区矫正机构与其他机关之间、社区矫正机构与其他组织或公民之间的权利义务关系。由此可以看出，社区矫正法律关系包括：第一，社区矫正法律关系是社区矫正法律法规所调整和规范的社会关系，即根据社区矫正法律规范而产生的主体之间的特定的权利义务关系。第二，社区矫正法律关系是基于社区矫正主体对社区矫正对象主体执行刑罚、监督管理、矫正教育、社会帮扶等活动而产生的社会关系。第三，社区矫正法律关系是社区矫正机构与社区矫正对象、其他机关、其他组织或公民之间产生的社会关系。

（二）社区矫正法律关系的特点

1. 参与主体的多元化

社区矫正法律关系包含着多重法律关系，参与主体十分广泛。首先，社区矫正法律规范所调整的法律关系的参与者在政府机构和法律机构层面涵盖面广，包括社区矫正机构、司法行政机关、人民法院、公安机关、监狱、人民检察院，以及相关的财政、教育、卫健委等政府机构。其次，从社会支持系统来看，参与主体也具有多元化，包括社区矫正对象亲属、基层组织、社会团体、社会组织、企事业单位、社会志愿者等。再次，社区矫正对象是作为社区矫正法律关系的当然一方参与进来。在这些众多的主体之

间，彼此形成了多重的、具有主次地位序列的法律关系的统一体。《社区矫正法》将社区矫正机构工作人员、居民委员会、村民委员会、社区矫正对象的监护人和家庭成员、矫正对象所在单位或者就读学校、社会工作者、志愿者、企事业单位、社会组织等，都列入了社区矫正参与者的范畴。

2. 性质的双重性

从社区矫正的性质来看，并不是单一的刑事执行活动，是兼具刑事执行和行政管理的双重属性，因而社区矫正法律关系既具有刑事执行的刑事法律关系，也具有监督管理和矫正教育的行政法律关系。其中，社区矫正刑罚执行主体和社区矫正对象之间由于刑罚执行活动而产生的法律关系属于刑事法律关系；由于社区矫正中以管理、教育和帮扶活动而产生的法律关系属于行政法律关系。社区矫正活动是两种性质不同的法律关系的有机统一。

3. 位阶的层次性

社区矫正法律关系内部存在着多重具体的法律关系，但是，这些具体的法律关系在社区矫正中的地位是有主次之分的，最重要的法律关系是特定的，即社区矫正主体与社区矫正对象之间依照社区矫正法律法规而产生的以执行刑罚、监督管理、矫正教育、社会帮扶等为主要内容的具体的法律关系，才是第一性的社区矫正法律关系，其他的法律关系都是由此而衍生出来的保障社区矫正机构顺利实现社区矫正目标而产生的。所以，在社区矫正法律关系中，主导型法律关系是特定的，是指社区矫正主体与社区矫正对象之间基于社区矫正法律法规所产生的权利义务关系，它不依赖于其他法律关系而存在，并在诸多法律关系中居于支配地位，是社区矫正法律关系中最基础、最主要的法律关系。

二、社区矫正法律关系的种类

社区矫正法律关系的种类取决于社区矫正主体的性质和职能。社区矫正法律关系是由多重法律关系共同构成的，依照不同的标准，可分为不同的类型。

（一）按照社区矫正法律法规规定的基本任务进行分类

按照社区矫正法律法规规定的基本任务的不同，社区矫正法律关系可以分为社区矫正行刑关系、监督管理关系、矫正教育关系、社会帮扶关系、组织管理关系等。

1. 社区矫正行刑关系

社区矫正行刑关系是指社区矫正刑罚执行机构依照刑事判决或者裁定、决定，对社区矫正对象执行刑罚过程中所产生的权利义务关系。执行刑罚是社区矫正法律关系产生的法律前提，社区矫正法律关系中的多重法律关系基本都是围绕社区矫正刑罚执行机构的刑罚执行活动而发动、开展、变化、变更和消灭的。其中主要包括：因适用假释、缓刑、暂予监外执行等而形成的社区矫正刑罚执行机构与社区矫正对象之间的权利义务关系；因社区矫正对象的接收所形成的社区矫正机构与监狱机关、人民法院、人民检察院、公安机关、社区矫正对象等之间的权利义务关系；因社区矫正对象违规违纪、再犯罪、有余罪和出现法定事由需要收监执行而形成的社区矫正刑罚执行机构与社区矫正对象之间的权利义务关系；因处理社区矫正对象申诉、控告、检举及减刑等而形成的社区矫正机构与监狱机关、人民法院、人民检察院、公安机关、社区矫正对象等之间的权利义务关系；因社区矫正对象回归社会而形成的社区矫正机构与公安机关、当地政府和社区矫正对象等之间的权利义务关系；因禁止令的执行而形成的社区矫正刑罚执行机构与社区矫正对象之间的权利义务关系。

2. 监督管理关系

监督管理关系是社区矫正中的主导关系之一，是指社区矫正机构对社区矫正对象实施监督管理行为而形成的、与参与各方之间的权利义务关系。监督管理是社区矫正工作中最基本的工作方式，贯穿于社区矫正对象社区矫正的始终，其在地位上是刑罚执行和矫正教育的中间媒介，体现于社区矫正工作的各个方面。监督管理活动主要包括社区矫正宣告、设立矫正小组、建立矫正档案、日常检查与定期走访、学习管理、请假与销假、迁居管理、会客管理、考核奖惩、报告与审批、信息通报、危险控制、公益活动、禁止令执行等。社区矫正机构在日常监督管理活动中和社区矫正对象，以及其他参与者依法形成的权利义务关系，都属于监督管理关系范畴。

3. 矫正教育关系

矫正教育关系是指社区矫正机构对社区矫正对象实施矫正教育行为而形成的、与参与各方之间的权利义务关系。社区矫正的核心价值就在于将社区矫正对象置于社区之内，广泛应用丰富的社区资源，对社区矫正对象开展全方位的矫正教育，以实现社区矫正的目的。所以，矫正教育是社区矫正工作的主导内容，在社区矫正法律关系中居于支配地位。社区矫正的矫正教育活动主要包括形势政策教育、法律教育、道德教育、行为矫正、心理矫治、个案矫正、社会态度教育、社会技能培训、就业指导与设计、社会生活指导、危机干预等。社区矫正机构在矫正教育活动中所形成的与社区矫正对象以及其他参与主体之间的权利义务关系，都属于矫正教育关系的范畴。

4. 社会帮扶关系

社会帮扶关系是指社区矫正机构对社区矫正对象实施社会帮扶行为而形成的、与参与各方之间的权利义务关系。社会帮扶是对社区矫正对象的救济行为，目前主要有法律帮助、就业就学帮助、医疗救助、生活救助、社会保障、危机干预、社会生活指导等。社区矫正机构在社会帮扶活动中所形成的与社区矫正对象以及其他参与主体之间的权利义务关系，都属于社会帮扶关系范畴。

5. 组织管理关系

组织管理关系主要是指社区矫正机构与参与社区矫正工作的相关国家机构之间的关系；社区矫正机构内部之间的层级管理关系；社区矫正机构平级之间的横向协调关系；社区矫正机构与行使刑罚执行权的部门之间的关系；社区矫正机构与社区矫正工作者之间的行政隶属关系等。

（二）按照参与主体的社会形态进行分类

按照参与主体的社会形态的不同，社区矫正法律关系可分为职业型法律关系、职能型法律关系、志愿型法律关系、互利型法律关系等。

1. 职业型法律关系

职业型法律关系主要是指政府聘用的社会工作者，或者是政府购买服务参与社区矫正工作的社会工作者，与社区矫正机构和社区矫正对象之间所形成的权利义务关系。这类主体从事社区矫正工作是以实现职业理想为目的。

2. 职能型法律关系

职能型法律关系主要是指依附于政府参与社会管理活动的社会组织和社会团体在社区矫正活动中，与社区矫正机构和社区矫正对象之间所形成的权利义务关系。目前，我国职能型基层组织包括村（居）民委员会、企事业单位、司法所法律服务机构的法律工作者、人民调解机构的调解员、关心下一代协会等。

3. 志愿型法律关系

志愿型法律关系主要是指以志愿者身份参与社区矫正的社会力量，在社区矫正活动中与社区矫正机构和社区矫正对象之间所形成的权利义务关系。

4. 互利型法律关系

互利型法律关系是指以互利共赢为目的的参与社区矫正的社会力量，在社区矫正活动中与社区矫正机构和社区矫正对象之间所形成的权利义务关系。如社区矫正对象家属、参与社区矫正的企业、对社区矫正对象实施法律援助的律师等。

（三）按照参与主体构成进行分类

从当前我国社区矫正法律法规所调整的社区矫正参与主体间的权利与义务关系的整体状况看，我国的社区矫正以社区矫正机构为主导，社会力量多元主体参与，彼此之间所形成的法律关系复杂多样。

按照参与主体构成的不同，社区矫正法律关系可分为依附型法律关系、自治型法律关系、单元型法律关系、多元型法律关系等。

1. 依附型法律关系

依附型法律关系是指社会力量参与主体和社区矫正机构之间所形成的法律关系。在享有的权利和应履行的义务上，社区矫正机构居于法律关系的主导地位，而社会力量参与主体则处在依附地位，是依附于社区矫正机构的权利与义务关系而存在。

2. 自治型法律关系

自治型法律关系是指参与社区矫正的社会自治组织之间所形成的法律关系。它们在享有的权利和应履行的义务上不具有法定性。

3. 单元型法律关系

单元型法律关系是指参与社区矫正的社会力量主体和社区矫正机构的法律关系。它们的关系是单元型的法律关系。

4. 多元型法律关系

多元型法律关系是指以社区矫正机构为主导的社区矫正参与主体与其他参与主体之间所形成的法律关系，它们之间是多元型的法律关系。

（四）按照主要参与主体和行刑主体进行分类

按照主要参与主体和行刑主体的不同，社区矫正法律关系可分为平权型法律关系、合同型法律关系、惩治型法律关系、隶属型法律关系和融入型法律关系等类型。[①]

1. 平权型法律关系

平权型法律关系中各行为主体间的地位平等，相互之间并没有基于权力规定的服从或隶属关系，主要体现为社区矫正机构与平级的人民法院、人民检察院、监狱机关、公安机关、民政、人力资源与社会保障等部门之间，以及跨区域的同级社区矫正机构之间的关系。在这种法律关系中，各个主体都代表国家利益，并依法行使一定的公权力。但是，平等的公权力主体各方所行使的权力相互间并无对应关系，即一方要求另一方履行的责任，若对方不履行，其往往缺乏及时有效的应对手段或措施。除同一辖区内各公权力主体之间存在的平权型法律关系外，在社区矫正工作实践中，还存在跨区域的社区矫正机构之间的平权型法律关系。跨区域平权型社区矫正法律关系又包含两种类型，即同一省（自治区、直辖市）内地级、县级社区矫正机构之间的平权型法律关系和跨越省（自治区、直辖市）之间的平权型社区矫正法律关系。

2. 合同型法律关系

合同型法律关系又称合作型法律关系，是指社区矫正机构与企事业单位、社会组织、社会志愿者等社会力量之间的合同（合作、协助）型法律关系，是行刑社会化与人本化的具体体现。这种法律关系的行动主体往往通过政府购买社会服务或自愿承担社会责任的方式，以合同或帮教协议的形式建立起相应的民事法律关系，并在合同或协议规定的条款范围内享有相应的权利并承担一定的义务，主要体现为县级社区矫正机构与社会组织间的合同关系、社区矫正机构与矫正小组、社区矫正志愿者间的帮教协议关系等。这是一种平等主体间的法律关系，在这种法律关系中，权利与义务的规定往往比较具体，这种法律关系的双方通常依照合同等形式对双方形成约束，以实现自身的利益或目的。在实践中，这种法律关系以民事法律关系为主，主要表现为平权私法主体间相互约束的权利与义务关系。

3. 惩治型法律关系

惩治型法律关系主要依据人民法院等裁决机关的生效法律文书而产生，并从属于将社区矫正对象改造成守法公民的目的，兼具惩罚、矫正、帮扶等内容，主要表现为县级社区矫正刑罚执行机构与社区矫正对象之间的刑罚执行法律关系。从性质上说，两者之间的关系是不平等主体间的法律关系。在这种关系中，通常一方代表国家利益而在立法、司法、执法过程中都处于强势地位，另一方依照法律规定要履行相应的义务或遵守相应的禁止性规定。虽然社区矫正对象在接受矫正的过程中仍享有不被剥夺或限制的部分权利与自由，但在刑罚执行法律关系中的双方处于明显的不对等地位。

4. 隶属型法律关系

隶属型法律关系中的行为主体在社区矫正的业务上存在管理与被管理、命令与服

---

① 哈洪颖．试论我国社区矫正法律关系的结构性元素［J］．贵州师范大学学报（社会科学版），2018（5）：37－46．

从、监督与被监督的关系，主要体现为中央、省、市、县四级司法行政机关之间的业务指导与管理关系。各级社区矫正机构在具体工作中既离不开上级主管部门的业务指导，又必须依赖当地党委、政府及相关部门在人、财、物等诸多方面的支持。

5. 融入型法律关系

融入型法律关系体现为社会力量帮扶社区矫正对象，使之顺利回归社会、融入社会的过程。这种法律关系具有社会力量参与的多元性、社区矫正对象的主体性与互动性、融入关系的平等性等特征。专业社会工作者、社会志愿者、社会团体、各类民间组织和企事业组织等社会力量参与社区矫正工作不仅具有法律的依据，而且契合了这项工作的人本化、人性化与社会化的演化趋势。

三、社区矫正法律关系的构成及变动

（一）社区矫正法律关系的构成

社区矫正法律关系是由主体、客体和内容三个要素构成的。在这一结构关系中，主体表达社区矫正决定、执行和参与社区矫正的行刑、管理、教育、帮扶等社会治理关系，是社区矫正法律关系的主要承载者；客体是社区矫正权利义务关系所指向的对象；内容是指社区矫正法律关系中权利义务的总和。

1. 社区矫正法律关系的主体

社区矫正法律关系的主体是指社区矫正法律关系的参与者，即社区矫正法律规范所确定的权利的享有者和义务的承担者。就类别而言，社区矫正法律关系的主体可以分为三大层次：国家机关、社会力量和社区矫正对象。

(1) 国家机关。

第一，社区矫正机构。社区矫正机构依据国家法律法规或授权对社区矫正对象执行刑罚、监督管理、矫正教育、社会帮扶、危机干预、恢复司法等。在实际执行中，具体来说是社区矫正机构工作的公职人员，即社区矫正工作中的直接领导者、管理者和参与者。这一类人员实质就是指狭义的社区矫正工作者，其身份具有法定性，按照法律法规和政策的规定享有权利的同时，必须履行法定义务。《社区矫正法》第 8 条、第 9 条、第 10 条规定了社区矫正机构和社区矫正机构工作人员。

第二，公安机关。公安机关是对看守所、拘役所关押罪犯适用暂予监外执行提出意见的机关。依照《刑法》《刑事诉讼法》《监狱法》《社区矫正法》《社区矫正法实施办法》等的规定，公安机关履行以下职责：对看守所留所服刑罪犯拟暂予监外执行的，可以委托开展调查评估；对看守所留所服刑罪犯拟暂予监外执行的，核实并确定社区矫正执行地；对符合暂予监外执行条件的，批准暂予监外执行；对符合收监执行条件的，作出收监执行的决定；对看守所留所服刑罪犯批准暂予监外执行的，进行教育，及时通知并送达法律文书；依法将社区矫正对象交付执行；对社区矫正对象予以治安管理处罚；到场处置经社区矫正机构制止无效，正在实施违反监督管理规定或者违反人民法院禁止令等违法行为的社区矫正对象；协助社区矫正机构处置突发事件；协助社区矫正机构查找失去联系的社区矫正对象；执行人民法院作出的逮捕决定；被裁定撤销缓刑、撤销假释和被决定收监执行的社区矫正对象逃跑的，予以追捕；对裁定撤销缓刑、撤销假释，或者对人民法院、公安机关决定暂予监外执行收监的社区矫正对象，送交看守所或者监狱执行；执行限制社区矫正对象出境的措施；其他依法应当履行的职责等。

第三，人民法院。人民法院是对社区矫正对象实施社区矫正的主要决定机关。依照《刑法》《刑事诉讼法》《监狱法》《社区矫正法》《社区矫正法实施办法》等的规定，人民法院履行以下职责：拟判处管制、宣告缓刑、决定暂予监外执行的，可以委托社区矫正机构或者有关社会组织对被告人或者罪犯的社会危险性和对所居住社区的影响，进行调查评估，提出意见，供决定社区矫正时参考；对执行机关报请假释的，审查执行机关移送的罪犯假释后对所居住社区影响的调查评估意见；核实并确定社区矫正执行地；对被告人或者罪犯依法判处管制、宣告缓刑、裁定假释、决定暂予监外执行；对社区矫正对象进行教育，及时通知并送达法律文书；对符合撤销缓刑、撤销假释或者暂予监外执行收监执行条件的社区矫正对象，作出判决、裁定和决定；对社区矫正机构提请逮捕的，及时作出是否逮捕的决定；根据社区矫正机构提出的减刑建议作出裁定；其他依法应当履行的职责等。

第四，监狱机关。监狱机关包括监狱管理机关和监狱执行机关。监狱管理机关是对监狱关押罪犯适用暂予监外执行的决定机关。监狱管理机关以及监狱执行机关依法履行以下职责：对监狱关押罪犯拟提请假释的，应当委托进行调查评估；对监狱关押罪犯暂予监外执行的，可以委托开展调查评估；对监狱关押罪犯拟暂予监外执行的，监狱管理机关依法核实并确定社区矫正执行地；对符合暂予监外执行条件的，作出暂予监外执行决定；监狱管理机关对监狱关押罪犯批准暂予监外执行的，进行教育，及时通知并送达法律文书；监狱依法将社区矫正对象交付执行；监狱管理机关对暂予监外执行罪犯决定收监执行的，原服刑或者接收其档案的监狱应当立即将罪犯收监执行；其他依法应当履行的职责等。

第五，检察机关。依据《社区矫正法》《社区矫正法实施办法》《人民检察院刑事诉讼规则》的规定，人民检察院对社区矫正各执法环节实行法律监督。检察机关应当健全工作机制，明确工作机构，配备专门工作人员，落实工作经费，切实加强对社区矫正执法工作的法律监督。检察机关作为社区矫正法律关系的主体，主要是行使法律监督的职权，对社区矫正活动是否合法依法实施监督，保障社区矫正工作依法、公正进行，这是宪法和法律赋予检察机关的重要职责。监督的范围主要有：一是交付执行法律监督，即人民检察院对判处管制、宣告缓刑、裁定假释和决定暂予监外执行的法律文书送达情况和对人民法院、监狱、看守所交付执行活动的监督。二是监管活动法律监督，即人民检察院对社区矫正机构监督管理社区矫正对象的执法活动是否合法实行的监督。三是对社区矫正对象及其亲属的申诉、控告、检举进行受理，并进行处理。四是对社区矫正对象的又犯罪提起公诉。五是对社区矫正公职人员职务犯罪案件实施侦办等。

第六，其他国家机关。在我国社区矫正工作的具体操作中，其他机构也参与到社区矫正工作中，比如全国人大通过制定、修改法律的形式对社区矫正活动予以规范、确认和限制，地方人大制定涉及社区矫正的地方性法规和规章等。有些机构虽然没有直接参与社区矫正的具体实践，但在间接地参与社区矫正的整个过程。这些机构主要有：[①] 一是民政部门。民政部门需要对家庭特别困难的社区矫正对象开展救济等工作。同时，民政部门还要解决非政府社区矫正组织和团体成立时的登记注册问题，为完善社区矫正的组织体系开展工作。二是人力资源和社会保障部门。人力资源和社会保障部门需要解决社区矫正对象在社会保障、职业技能培训、劳动报酬支付、劳动争议解决等方面的问题，还要在推荐社区矫正对象就业方面开展工作。三是医疗卫生部门。医疗卫生部门需要解决社区矫正对象的卫生防疫、疾病治疗等方面的问题。四是教育部门。教育部门需要解决社区矫正对象的学历教育和其他教育等方面的问题，特别是要解决从监狱中释放的符合条件的假释犯的就学等问题。教育部门还需要解决对社区矫正对象进行文化教育和职业技能培训中的质量监督等问题。五是市场监督管理部门。市场监督管理部门在社区矫正中要从事多方面的工作，例如，为社区矫正对象从事工商活动颁发营业执照，监督他们开展合法的经营活动；为非政府性社区矫正组织和团体开展经营性活动提供执照，对经营活动进行日常监督和年度审核等工作。

总之，在社区矫正实施过程中，社区矫正机构负责指导管理、组织实施社区矫正工作；人民法院对符合社区矫正适用条件的被告人、罪犯依法作出判决、裁定或者决定；人民检察院对社区矫正各执法环节依法实行法律监督；公安机关对违反治安管理规定和重新犯罪的社区矫正对象及时依法处理。这就要求各级人民法院、人民检察院、公安机关、社区矫正机构加强对社区矫正工作的组织领导，健全工作机制，明确工作机构，配备工作人员，落实工作经费，各司其职，分工合作，保障社区矫正工作的顺利开展。

（2）社会力量。

依照《社区矫正法》的规定，社会力量包括社区矫正工作人员、社会工作者、社会志愿者、企事业单位、有关部门、村（居）民委员会、社区矫正对象所在单位、社区矫正对象就读学校、社区矫正对象的家庭成员或者监护人等，这些社会力量协助社区矫正机构开展社区矫正工作。

（3）社区矫正对象。

社区矫正对象是社区矫正法律关系的主要参加者，是社区矫正法律关系的主体之一。在我国社区矫正历史上，对“社区矫正对象”这一概念，还使用过“犯罪分子”“罪犯”“社区服刑人员”“社区矫正人员”等名称。《社区矫正法》中使用了“社区矫正对象”这一名称。从名称的性质来看，具有“中和”特质，试图平衡各种名称所产生的争议。

2. 社区矫正法律关系的客体

社区矫正法律关系的客体是指社区矫正法律关系主体的权利义务共同指向的对象，是社区矫正法律关系发生和存在的前提，主要包括行为、物和精神财富三种。具体到社区矫正工作，主要包括刑罚、犯罪心理与行为恶习、特定行为结果等方面的内容[②]。

（1）行为。

社区矫正法律关系主体的权利义务大多是通过一定的行为来实现的，所以行为是社

---

① 吴宗宪．论中国社区矫正中服刑人员处遇的协调与参与机构［J］．法律适用，2005（10）：4-7.

② 哈洪颖．试论我国社区矫正法律关系的结构性元素［J］．贵州师范大学学报（社会科学版），2018（5）：37-46.

区矫正法律关系最主要的客体。在社区矫正法律关系中，由于其主体具有法定性和特定性，致使行为也有特定性和特殊性，即互为义务人的社区矫正主体和社区矫正对象完成其行为所产生的能够满足互为权利人利益要求的结果。这个过程带有法定性和强制性。

依据不同的标准，行为有不同的分类。按照行为表现样态的不同，行为可以分为作为和不作为。作为，是一种积极主动的行为，即社区矫正法律关系主体按照法律规范的要求去实施一定的行为。这是社区矫正法律关系主体实现权利义务的最基本的形式。如社区矫正主体对社区矫正对象的矫正教育、组织社区矫正对象从事社区服务等。不作为，是一种消极的、抑制的行为，或者称禁止的行为，即社区矫正法律关系主体按照法律规范的要求不得实施的行为。如社区矫正工作者不得实施侮辱社区矫正对象人格的行为，社区矫正对象不得实施违反社区矫正纪律的行为或者拒绝接受矫正教育的行为。按照社区矫正法律关系主体的不同，行为可分为社区矫正机构的行为和社区矫正对象的行为。按照行为性质的不同，行为可分为合法行为和违法行为。按照行为法律属性的不同，行为可分为刑事法律行为和行政法律行为。总之，社区矫正法律关系客体中的行为是主体按照社区矫正法律规范的规定实施的有意识、有目的行为，违法行为是社区矫正法律规范所抑制的行为，违法行为不可能实现社区矫正法律关系主体的权利和义务，所以，违法行为不属于社区矫正法律关系的客体。

社区矫正主体的行为包括刑罚执行行为、监督管理行为、矫正教育行为、危机干预行为、社会帮扶行为、恢复性司法行为等。社区矫正对象的行为是和社区矫正机构的行为相对应的，二者构成对称关系。

（2）物。

物，是指社区矫正工作中可以作为社区矫正法律关系主体权利义务指向的对象的物品和其他物质财富。这是因为社区矫正刑罚执行机构对社区矫正对象的执行刑罚、社区矫正机构对社区矫正对象的监督管理和矫正教育等活动，需要依赖一定的物质基础，否则，社区矫正的职能就无法实现。因此，社区矫正机构在工作中的执法开支、矫正教育经费、办公设备、通信设备、远程监控设备、交通工具等，都是社区矫正法律关系主体权利义务共同指向的对象，即社区矫正法律关系的客体。

（3）精神财富。

精神财富，主要是指从事智力活动所取得的成果，又称智力成果，如著作权、发明权。社区矫正对象的智力成果，经过社区矫正法律规范的调整，也可以成为社区矫正法律关系的客体。社区矫正法律关系客体中的智力成果主要是社区矫正对象在社区矫正期间的智力活动和发明创造所获得的智力成果，主要是通过民法、专利法、著作权法、商标法等民事法律来保护。社区矫正机构应当保护社区矫正对象的智力成果以及相应的合法财产权益。

3. 社区矫正法律关系的内容

社区矫正法律关系的内容，是指社区矫正法律关系主体的权利义务的总和。它包括社区矫正参与者的权利与义务、社区矫正对象的权利与义务。社区矫正法律关系主体的权利，是主体依法享有的实现愿望和利益的可能性。享有权利的主体为实现愿望和利益可以自己作出或者不作出一定行为，也可以要求他人作出或者不作出一定行为。社区矫正法律关系主体的义务，是社区矫正法律规范要求主体为一定行为，或不为一定行为，或抑制一定的行为。一般情况下，社区矫正法律关系主体双方的权利和义务是相对应的，在享有权利的同时，就必须承担相应的义务。其中，主要体现在社区矫正执行机构和社区矫正对象的权利义务总和。依据《社区矫正法》的规定，社区矫正执行机构包括社区矫正刑罚执行机关和社区矫正机构。社区矫正刑罚执行机关包括公安机关、人民法院、人民检察院、监狱机关等。这里所讲的社区矫正执行机构特指社区矫正机构。

（1）社区矫正机构的权利。

社区矫正机构所拥有的权利是一种公权力，主要是基于职权法定而产生。这里特指社区矫正机构依法享有的权利：第一，刑罚执行协助权，包括对判处管制、宣告缓刑、裁定假释和决定暂予监外执行的法律文书的核查权；社区矫正宣告权；禁止令审批权；居住地变更审批权；撤销缓刑与假释的建议权；暂予监外执行收监执行建议权；缓刑与假释的收监执行建议权；减刑建议权；提请逮捕权；社区矫正的解除宣告权。第二，监督管理权，包括：调查评估权；对社区矫正对象的监管权；免除社区服务等批准权；管理等级调整权；办理接收权；考核权；表扬权；警告权；治安管理处罚建议权等。第三，矫正教育权，包括：形势与政策教育权、法律教育权、道德教育权、行为矫正权、心理矫治权、个案矫正权、社会态度教育权、社会技能培训权、就业指导与设计权、社会生活指导权等。第四，社会帮扶权，包括：危机干预权、生活救济权、法律帮助权、就业就学帮助权、社会保障救助权等。

（2）社区矫正机构的义务。

社区矫正机构的义务主要有：正确执行人民法院判决或者裁定的义务；依法协助执行刑罚和监督管理社区矫正对象的义务；依法矫正教育社区矫正对象的义务；维护社区矫正对象合法权利，给予社区矫正对象人道待遇的义务；为社区矫正对象提供帮扶的义务；服从上级机关领导和管理的义务；接受检察机关法律监督的义务；接受相关国家机关和社会公众监督的义务等。

（3）社区矫正对象的权利。

我国《宪法》第13条、第33条至第41条、第45条、第49条规定了社区矫正对象作为公民应该享有的一般权利。在这里我们重点介绍社区矫正对象在社区矫正中的特殊权利。依据《社区矫正法》的规定，社区矫正对象的权利包括：人格不受侮辱权、人身安全不受侵犯权、合法财产不受侵犯权、辩护权、申诉权、控告权、检举权、就学和就业权、享受社会保障权、不受歧视权、受教育权、劳动权、休息权、依法获得减刑权、未被依法剥夺或者限制的权利等。

（4）社区矫正对象的义务。

社区矫正对象的义务可以概括为10项内容：1）遵守国家法律、行政法规的义务；2）履行判决、裁定、暂予监外执行决定等法律文书确定的义务；3）遵守国务院司法行政部门关于报告、会客、外出、迁居、保外就医等监督管理规定，服从社区矫正机构管理的义务；4）履行佩戴电子定位装置的义务；5）参加教育学习，接受思想、法治、道德、技术教育的义务；6）根据个人特长，参加公益活动的义务。7）爱护国家财产，保护公共设施的义务；8）维护正常矫正教育秩序，自觉接受改造的义务；9）检举违法犯罪活动的义务；10）法律法规规定的其他义务，如管制犯和缓刑犯，如果被法院发出了禁止令，在社区矫正期间还有遵守禁止令规定的义务。

（二）社区矫正法律关系变动

1. 社区矫正法律关系的发生

社区矫正法律关系的发生，一是取决于法律关系的主体和客体；二是具有法律依据；三是具有相应的法律事实。社区矫正法律规范是引起社区矫正法律关系发生、变更和消灭的前提条件。社区矫正法律事实是基于法律事实而产生的，是法律规范与法律关系的媒介，包括法律行为和法律事件，是能够引起社区矫正法律关系发生、变更或者消灭的客观情况或者现象。社区矫正法律事实是法律事实的一种表现形式，是由社区矫正法律规范所确认和调整的，一旦社区矫正的法律法规对社区矫正进行确认和调整，社区矫正法律事实就形成了。法律行为是指人的有意识的活动；法律事件是指社区矫正活动中出现的客观现象，如社区矫正对象患有严重疾病、死亡等，就属于法律事件。在社区矫正法律关系中，社区矫正执行机构和社区矫正对象的行为是引起社区矫正法律关系发生的主要因素，如社区矫正对象的接收、监督管理、考核奖惩、脱管漏管、矫正教育、公益活动、电子监控等，能够导致主体之间一系列权利义务的发生。在此需要说明的是，引起社区矫正法律关系发生的行为可以是合法行为，也可以是非法行为。

2. 社区矫正法律关系的变更

社区矫正法律关系的变更，是指社区矫正法律关系的要素或法律事实发生变化，包括主体变更、内容变更和客体变更。如社区矫正对象在社区矫正过程中违法犯罪，被判刑后收监执行，就会引起社区矫正法律关系主体、内容和客体的变更，主体的权利和义务也会产生相应的变化。

3. 社区矫正法律关系的消灭

社区矫正法律关系的消灭包括主体的消灭和权利义务的消灭。如社区矫正对象的死亡或者社区矫正期满解除社区矫正，就会使社区矫正法律关系归为终止。

典型案例

社区矫正对象又违法　撤销假释再入狱

李×飞，男，因犯组织卖淫罪于2019年4月8日被浙江省武义县人民法院判处有期徒刑5年，2021年6月15日经浙江省衢州市中级人民法院裁定假释。假释期间，李×飞按规定在石首市社矫局报到后，在户籍所在地调关司法所进行社区矫正。2021年11月26日，李×飞又因吸食毒品被石首市公安局查获，并被处以行政拘留13天。

李×飞的行为违反了法律规定，符合《社区矫正法》第46条规定中撤销假释的相关情形。石首市社区矫正工作管理局收集相关证据材料后，逐级向荆州市社区矫正局汇报，并向荆州市中级人民法院提出了撤销假释建议。荆州市中级人民法院收到建议书等材料后，迅速依法裁定撤销李×飞假释。2022年1月6上午，荆州市中级人民法院、石首市人民检察院、石首市公安局、石首市司法局联合对假释对象李×飞进行收监，荆州市中级人民法院在调关司法所向李×飞宣读了撤销假释裁定书后，石首市社矫局当场将李×飞移交给石首市公安局执行收监。

社矫对象李×飞在矫正期间，违反国家的法律法规，放纵自身行为，最终以身试法，重返监狱，失去自由。这个案例充分体现了社区矫正工作的严肃性和法律的威严，石首市社矫局也把此案作为典型案例，及时向辖区内在矫对象进行宣讲，真正起到了警示教育的作用。此次撤矫收监依法办理、程序清晰、行动迅速，收到了良好的法律效果和社会效果，对该市社区矫正对象起到了震慑和警示作用，社区矫正对象纷纷表示要严格遵守法律法规和社区矫正监管规定，珍惜监外执行的改造机会，从而进一步提升了教育矫正效果，有效杜绝重新违法犯罪，切实维护社会和谐稳定。

延伸阅读

1.《中华人民共和国社区矫正法》（2019 年 12 月 28 日第十三届全国人民代表大会常务委员会第十五次会议通过，自 2020 年 7 月 1 日起施行）

2.《中华人民共和国社区矫正法实施办法》（2020 年最高人民法院、最高人民检察院、公安部、司法部联合颁布）

3.《关于加强减刑、假释案件实质化审理的意见》（2021 年 12 月最高人民法院、最高人民检察院、公安部、司法部联合颁布）

4.《人民检察院刑事诉讼规则》（2019 年 12 月 2 日最高人民检察院第十三届检察委员会第二十八次会议通过，自 2019 年 12 月 30 日起施行）

5.《暂予监外执行规定》（2014 年最高人民法院、最高人民检察院、公安部、司法部、卫生计生委联合制定）

6. 最高人民法院《关于办理减刑、假释案件具体应用法律的规定》（2016 年 9 月 19 日最高人民法院审判委员会第 1693 次会议通过，自 2017 年 1 月 1 日起施行）

引例分析

社区矫正对象李军对《社区矫正法》和《社区矫正法实施办法》的理解是错误的，因为虽然《社区矫正法》和《社区矫正法实施办法》已经颁布，但 2020 年 7 月 1 日起才施行，也就是说在 2020 年 6 月 30 日《社区矫正法》和《社区矫正法实施办法》还未正式生效，因此李军必须按照司法所的要求参加公益劳动。

思考练习

1.《社区矫正法》出台的意义有哪些？

2.《社区矫正法》有哪些主要特征？

3. 执行《社区矫正法》的过程中应该注意哪些问题？

第三章　社区矫正对象及其法律地位

学习目标

1. 掌握社区矫正对象的概念；
2. 熟悉社区矫正对象的类型；
3. 掌握社区矫正对象法律地位；
4. 了解社区矫正对象应享有的权利和义务。

引入案例

钱某于1970年8月出生在一个贫困家庭，小学文化程度。他从小教育缺失，没有得到相应的文化教育，更谈不上对国家法律、法规的了解和掌握，道德素质差，好逸恶劳、不劳而获的思想为其犯罪埋下伏笔。1991年他因抢劫罪被首次判刑，在某监狱服刑。1995年出狱后，钱某与杨某结婚，并于2001年育有一女。有过一次深刻教训的钱某本该思过悔改，老老实实重新做人，但他不务正业且交友不慎，经不起诱惑，2018年11月20日，因赌博罪被人民法院判处有期徒刑8个月，缓刑1年。2019年1月15日钱某在某社区接受社区矫正。

问题：

1. 钱某因被判缓刑而成为一名社区矫正对象，他是否还是中华人民共和国公民？
2. 钱某在社区矫正期间享有哪些权利，应履行哪些义务？

2011年2月25日通过公布的《刑法修正案（八）》和2018年10月26日通过公布的第二次修正的《刑事诉讼法》，都对社区矫正对象做了明确规定。尤其是《刑事诉讼法》第269条规定："对于被判处管制、宣告缓刑、假释或者暂予监外执行的罪犯，依法实行社区矫正，由社区矫正机构负责执行。"2019年12月28日通过的《社区矫正法》

第 2 条规定："对被判处管制、宣告缓刑、假释或者暂予监外执行的罪犯，依法实行社区矫正。"这是法定的社区矫正的适用范围。

第一节　判处管制的罪犯

一、管制的概念

《刑法》将管制规定为主刑的一种，作为一种限制一定人身自由的刑罚方式属我国首创，在我国刑罚体系中发挥着重要的作用。管制是指对罪犯不予关押，但限制其一定自由，依法实行社区矫正的一种刑罚种类。

二、管制的适用对象

根据《刑法》的有关规定，管制的适用对象是犯罪情节轻微，社会危害不大，必须进行惩处而又无须关押的犯罪分子。

（一）罪行性质轻、社会危害小

我国《刑法》分则规定可以适用管制的犯罪主要集中在妨害社会管理秩序罪和妨害婚姻家庭罪中，这些犯罪的共同特点是罪行性质较轻，社会危害性较小。

（二）人身危险性较小

管制并不剥夺犯罪人的人身自由，而是在一定程度上限制其人身自由，所以，适用管制刑的犯罪分子必须是人身危险性较小者，如果犯罪分子的人身危险性非常大，管制将难以达到预防犯罪的目的。

三、管制的期限

根据《刑法》第 38 条、第 41 条、第 69 条的规定：管制的期限为三个月以上二年以下，数罪并罚时不得超过三年；管制的刑期，从判决执行之日起计算；判决执行以前先行羁押的，羁押一日折抵刑期二日。管制刑期的上限虽然比拘役长，但由于管制只是限制人身自由，而拘役是剥夺人身自由，因而从性质上讲，管制仍轻于拘役。

四、管制的执行

根据《刑法》第 38 条第 3 款的规定，对判处管制的犯罪分子，依法实行社区矫正。《刑法》第 40 条规定："被判处管制的犯罪分子，管制期满，执行机关应即向本人和其所在单位或者居住地的群众宣布解除管制。”

五、对管制犯实施社区矫正的意义

对管制犯实施社区矫正的意义主要是：可以有效降低刑罚执行成本；加强对管制犯的监督管理，防止出现脱管、漏管现象；再犯罪率低，有助于提高改造质量；有助于促进社区矫正对象的再社会化。

第二节　宣告缓刑的罪犯

一、缓刑的概念

我国刑法中的缓刑，是指对于被判处拘役、三年以下有期徒刑的犯罪分子，符合一定的条件，在一定考验期内，如果没有再犯新罪或者未被发现有漏罪或者没有违反法律、法规及有关规定或者没有违反人民法院判决书中的禁止令的，缓刑考验期满，原判刑罚就不再执行的一种刑罚制度。缓刑不是独立的刑种，理论界有学者称其为“有条件的不执行”。

二、缓刑的适用条件

缓刑分为一般缓刑和战时缓刑两种。

（一）一般缓刑

一般缓刑是指人民法院对于被判处拘役、三年以下有期徒刑的犯罪分子，根据其犯罪情节较轻、有悔罪表现、没有再犯罪的危险、宣告缓刑对所居住社区没有重大不良影响的，规定一定考验期，暂不执行原判刑罚的制度。一般缓刑的适用，应当具备以下条件：

（1）犯罪分子被判处的刑罚是拘役、三年以下有期徒刑。这是适用一般缓刑的前提条件。这里的刑罚，指的是宣告刑。

（2）犯罪分子同时符合犯罪情节较轻、有悔罪表现、没有再犯罪的危险、宣告缓刑对所居住社区没有重大不良影响四个条件，这是适用一般缓刑的实质条件。有的犯罪分子虽然被判处拘役或者三年以下有期徒刑，但犯罪情节恶劣，或者没有悔罪表现，或者有再犯罪的危险，或者宣告缓刑对所居住社区有重大不良影响的，仍然不能宣告缓刑。犯罪情节较轻，是指犯罪人的行为性质不严重、犯罪情节不恶劣。有悔罪表现，是指犯罪人对于其犯罪行为能够认识到错误，真诚悔悟并有悔改的意愿和行为，比如积极向被害人道歉、赔偿被害人的损失、获取被害人的谅解等。没有再犯罪的危险，是指对犯罪人没有再犯罪的可能，这是对犯罪分子将来再犯的预测，可根据其罪前的一贯表现，罪中的犯罪情节，罪后的认罪、悔罪表现，综合判断其社会危险性。宣告缓刑对所居住社区没有重大不良影响，是指对犯罪人适用缓刑不会对其所居住的社区的安全、秩序和稳定带来重大的、现实的不良影响，具体情形由法官根据个案情况来判断。适用缓刑的上述四个条件必须同时具备，缺一不可。

（3）犯罪分子不是累犯和犯罪集团的首要分子。这是适用缓刑的排除条件。罪犯屡教不改，主观恶性较深，有再犯可能性，适用缓刑难以防止其再危害社会。犯罪集团的首要分子，是指在犯罪集团中起组织、策划、指挥作用的犯罪分子，没有首要分子，也就不可能有犯罪集团，所以首要分子的社会危害性极大，是我国刑法打击的重中之重，排除适用缓刑。

（4）对宣判时不满十八周岁的人、怀孕的妇女和已满七十五周岁的人，只要符合缓刑条件的，应当宣告缓刑。这是《刑法修正案（八）》第 11 条的补充规定，其目的是发扬人道主义精神，更好地保护未成年人、怀孕的妇女和老年人的利益。这是硬性规定，只要以上三类人符合缓刑的条件，就必须适用缓刑，无一例外。

（二）战时缓刑

战时缓刑是指在战时，对被判处三年以下有期徒刑没有现实危险宣告缓刑的犯罪军人，允许其戴罪立功，确有立功表现时，可以撤销原判刑罚，不以犯罪论处的制度。

适用战时缓刑，必须具备以下条件：

（1）时间条件。必须是在战时适用。战时，是指国家宣布进入战争状态、部队领受作战任务或者遭敌突然袭击时，以及部队执行紧急状态任务或者处置突发性暴力事件时。

（2）对象条件。只能是被判处三年以下有期徒刑的犯罪军人。不是犯罪军人，或者虽是犯罪军人，但被判处的刑罚为三年以上有期徒刑的，不能适用战时缓刑。

（3）实质条件。必须是在战争条件下没有现实危险。是否有现实危险，应根据犯罪军人所犯罪行的性质、危害程度、情节，以及犯罪军人的悔罪表现和一贯表现综合评判。

三、缓刑的考验期限

根据《刑法》第 73 条的规定，拘役的缓刑考验期限为原判刑期以上一年以下，但是不能少于二个月。有期徒刑的缓刑考验期限为原判刑期以上五年以下，但是不能少于一年。缓刑考验期限，从判决确定之日起计算。此处的“判决确定之日”是指判决发生法律效力之日。判决前先行羁押的日期不能折抵缓刑考验期。《刑法》对战时缓刑没有规定缓刑考验期。

四、对缓刑犯的考察和处理

（一）对缓刑犯的考察

司法行政机关对宣告缓刑的犯罪分子，在缓刑考验期内，依法实行社区矫正。在社区矫正期间，被宣告缓刑的犯罪分子，应当遵守下列规定：

（1）遵守法律、行政法规，服从监督。

（2）按照考察机关的规定报告自己的活动情况。

（3）遵守考察机关关于会客的规定。

（4）离开所居住的市、县或者迁居，应当报经考察机关批准。

对被宣告缓刑的犯罪分子，人民法院根据犯罪情况，可以宣告禁止令。从促进犯罪分子教育矫正、有效维护社会秩序的需要出发，确有必要禁止其在缓刑考验期限内从事特定活动，进入特定区域、场所，接触特定人的，可以根据《刑法》第38条第2款、第72条第2款的规定，同时宣告禁止令。最高人民法院、最高人民检察院、公安部、司法部于2011年4月28日颁布了《关于对判处管制、宣告缓刑的犯罪分子适用禁止令有关规定（试行)》。

（1）人民法院宣告禁止令，应当根据犯罪分子的犯罪原因、犯罪性质、犯罪手段、犯罪后的悔罪表现、个人一贯表现等情况，充分考虑与犯罪分子所犯罪行的关联程度，有针对性地决定禁止其在缓刑考验期限内“从事特定活动，进入特定区域、场所，接触特定的人”的一项或者几项内容。

（2）人民法院可以根据犯罪情况，禁止判处宣告缓刑的犯罪分子在缓刑考验期限内从事以下一项或者几项活动：1）个人为进行违法犯罪活动而设立公司、企业、事业单位或者在设立公司、企业、事业单位后以实施犯罪为主要活动的，禁止设立公司、企业、事业单位；2）实施证券犯罪、贷款犯罪、票据犯罪、信用卡犯罪等金融犯罪的，禁止从事证券交易、申领贷款、使用票据或者申领、使用信用卡等金融活动；3）利用从事特定生产经营活动实施犯罪的，禁止从事相关生产经营活动；4）附带民事赔偿义务未履行完毕，违法所得未追缴、退赔未到位，或者罚金尚未足额缴纳的，禁止从事高消费活动；5）其他确有必要禁止从事的活动。

（3）人民法院可以根据犯罪情况，禁止判处宣告缓刑的犯罪分子在缓刑考验期限内进入以下一类或者几类区域、场所：1）禁止进入夜总会、酒吧、迪厅、网吧等娱乐场所；2）未经执行机关批准，禁止进入举办大型群众性活动的场所；3）禁止进入中小学校区、幼儿园园区及周边地区，确因本人就学、居住等原因，经执行机关批准的除外；4）其他确有必要禁止进入的区域、场所。

（4）人民法院可以根据犯罪情况，禁止判处宣告缓刑的犯罪分子在缓刑考验期限内接触以下一类或者几类人员：1）未经对方同意，禁止接触被害人及其法定代理人、近亲属；2）未经对方同意，禁止接触证人及其法定代理人、近亲属；3）未经对方同意，禁止接触控告人、批评人、举报人及其法定代理人、近亲属；4）禁止接触同案犯；5）禁止接触其他可能遭受其侵害、滋扰的人或者可能诱发其再次危害社会的人。

（5）禁止令的期限，既可以与缓刑考验的期限相同，也可以短于缓刑考验的期限，但判处宣告缓刑的，禁止令的期限不得少于二个月。禁止令的执行期限，从缓刑执行之日起计算。

（6）禁止令由司法行政机关指导管理的社区矫正机构负责执行。

（7）人民检察院对社区矫正机构执行禁止令的活动实行监督，发现有违反法律规定的情况，应当通知社区矫正机构纠正。

（二）对缓刑犯的处理

（1）根据缓刑犯在缓刑考验期内的不同表现，对其作出不同处理。

被宣告缓刑的犯罪分子，在缓刑考验期内，犯新罪或者发现判决宣告以前还有其他罪没有判决的，应当撤销缓刑，对新犯的罪或者新发现的罪作出判决，把前罪和后罪所判处的刑罚，依照《刑法》第 69 条的规定，数罪并罚决定执行的刑罚。

被宣告缓刑的犯罪分子，在缓刑考验期限内，违反法律、行政法规或者国务院有关部门关于缓刑的监管规定，或者违反人民法院判决中的禁止令，情节严重的，应当撤销缓刑，执行原判刑罚。

被宣告缓刑的犯罪分子，在缓刑考验期内，没有上述情形，缓刑考验期满，原判的刑罚不再执行，并公开予以宣告。战时缓刑考验的犯罪军人戴罪立功，确有立功表现时，可以撤销原判刑罚，不以犯罪论处。

这里应当注意的是，缓刑的效力只及于主刑。《刑法》第 72 条第 3 款规定，被宣告缓刑的犯罪分子，如果被判处附加刑，附加刑仍须执行。

（2）被宣告缓刑的犯罪分子违反禁止令的处理。

被宣告缓刑的犯罪分子违反禁止令尚不属情节严重的，由负责执行禁止令的社区矫正机构所在地的公安机关依照《中华人民共和国治安管理处罚法》第 60 条的规定处罚。

被宣告缓刑的犯罪分子违反禁止令，情节严重的，应当撤销缓刑，执行原判刑罚。原作出缓刑裁判的人民法院应当自收到当地社区矫正机构提出的撤销缓刑建议书之日起一个月内依法作出裁定。人民法院撤销缓刑的裁定一经作出，立即生效。

这里应当认定为“情节严重”的情形包括：三次以上违反禁止令的；因违反禁止令被治安管理处罚后，再次违反禁止令的；违反禁止令，发生较为严重危害后果的；其他情节严重的情形。

五、缓刑犯适用社区矫正的意义

对缓刑犯适用社区矫正，充分体现了我国刑罚宽严相济的刑事政策；提升对犯罪分子的改造效果，减轻改造罪犯的成本；可以通过犯罪分子的劳动收入对受害人进行适当经济补偿；可以使犯罪分子不脱离原生活、工作环境，解除刑罚后尽快适应和融入社会。

第三节　裁定假释的罪犯

一、假释的概念

我国刑法中的假释，是指对被判处有期徒刑、无期徒刑的犯罪分子，在执行一定刑期之后，因其遵守监规，接受教育和改造，确有悔改表现，不致再危害社会，而附条件地将其予以提前释放的制度。理论界有学者称其为“有条件的提前释放”。

二、假释的适用条件

我国《刑法》第 81 条，《刑法修正案（八）》，《关于办理减刑、假释案件具体应用法律的规定》（法释〔2016〕23 号），《最高人民法院关于办理减刑、假释案件具体应用法律的补充规定》（法释〔2019〕6 号），2021 年 12 月最高人民法院、最高人民检察院、公安部、司法部联合发布的《关于加强减刑、假释案件实质化审理的意见》（法发〔2021〕31 号），规定了几种情况下假释的适用必须遵守的条件。

（一）一般的假释条件

1. 对象条件

假释只适用被判处有期徒刑或者无期徒刑的犯罪分子，并不是所有的罪犯都可以适用假释。根据我国《刑法》的规定，被判处有期徒刑的犯罪分子、被判处无期徒刑的犯罪分子可以假释。

2. 时间条件

假释只适用于已经执行了一定期限刑罚的犯罪分子。《刑法》第 81 条第 1 款规定：“被判处有期徒刑的犯罪分子，执行原判刑期二分之一以上，被判处无期徒刑的犯罪分子，实际执行十三年以上，如果认真遵守监规，接受教育改造，确有悔改表现，没有再犯罪的危险的，可以假释。”为体现灵活性，该款同时规定：“如果有特殊情况，经最高人民法院核准，可以不受上述执行刑期的限制。”根据 2017 年施行的《最高人民法院关于办理减刑、假释案件具体应用法律的规定》第 24 条：“刑法第八十一条第一款规定的‘特殊情况’，是指有国家政治、国防、外交等方面特殊需要的情况。”

3. 实质条件

假释只适用于认真遵守监规、接受教育改造，确有悔改表现，没有再犯罪危险的犯罪分子。这是适用假释的关键性条件。2017 年施行的《最高人民法院关于办理减刑、假释案件具体应用法律的规定》第 22 条规定：“办理假释案件，认定‘没有再犯罪的危险’，除符合刑法第八十一条规定的情形外，还应当根据犯罪的具体情节、原判刑罚情况，在刑罚执行中的一贯表现，罪犯的年龄、身体状况、性格特征，假释后生活来源以及监管条件等因素综合考虑。”第 26 条规定：“对下列罪犯适用假释时可以依法从宽掌握：（一）过失犯罪的罪犯、中止犯罪的罪犯、被胁迫参加犯罪的罪犯；（二）因防卫过当或者紧急避险过当而被判处有期徒刑以上刑罚的罪犯；（三）犯罪时未满十八周岁的罪犯；（四）基本丧失劳动能力、生活难以自理，假释后生活确有着落的老年罪犯、患严重疾病罪犯或者身体残疾罪犯；（五）服刑期间改造表现特别突出的罪犯；（六）具有其他可以从宽假释情形的罪犯。罪犯既符合法定减刑条件，又符合法定假释条件的，可以优先适用假释。”第 31 条规定：“年满八十周岁、身患疾病或者生活难以自理、没有再犯罪危险的罪犯，既符合减刑条件，又符合假释条件的，优先适用假释；不符合假释条件的，参照本规定第二十条有关的规定从宽处理。”该规定第 20 条是关于病残罪犯减刑的规定，按照立法的实质精神，要求对患严重疾病罪犯或者身体残疾罪犯在假释时，应当主要考察其认罪悔罪的实际表现；对基本丧失劳动能力，生活难以自理的，减刑幅度可以适当放宽，或者减刑起始时间、间隔时间可以适当缩短，但放宽的幅度和缩短的时间不得超过本规定中相应幅度、时间的 1/3。

2021 年 12 月最高人民法院、最高人民检察院、公安部、司法部印发的《关于加强减刑、假释案件实质化审理的意见》要求对假释案件的实体条件进行实质化审理，包括：“严格审查罪犯服刑期间改造表现的考核材料。对于罪犯的计分考核材料，应当认真审查考核分数的来源及其合理性等，如果存在考核分数与考核期不对应、加扣分与奖惩不对应、奖惩缺少相应事实和依据等情况，应当要求刑罚执行机关在规定期限内作出说明或者补充。对于在规定期限内不能作出合理解释的考核材料，不作为认定罪犯确有悔改表现的依据。对于罪犯的认罪悔罪书、自我鉴定等自书材料，要结合罪犯的文化程度认真进行审查，对于无特殊原因非本人书写或者自书材料内容虚假的，不认定罪犯确有悔改表现。对于罪犯存在违反监规纪律行为的，应当根据行为性质、情节等具体情况，综合分析判断罪犯的改造表现。罪犯服刑期间因违反监规纪律被处以警告、记过或者禁闭处罚的，可以根据案件具体情况，认定罪犯是否确有悔改表现。”

4. 程序条件

法律对适用假释规定了严格的司法程序，非经法定程序不得假释。《刑法》第 82 条规定：“对于犯罪分子的假释，依照本法第七十九条规定的程序进行。非经法定程序不得假释。”《中华人民共和国监狱法》第 32 条规定：“被判处无期徒刑、有期徒刑的罪犯，符合法律规定的假释条件的，由监狱根据考核结果向人民法院提出假释建议，人民法院应当自收到假释建议书之日起一个月内予以审核裁定；案情复杂或情况特殊的，可以延长一个月。假释裁定的副本应当抄送人民检察院。”第 33 条第 1 款规定：“人民法院裁定假释的，监狱应当按期假释并发给假释证明书。”

（二）特殊假释的条件

根据有关司法解释，《刑法》第 81 条第 1 款中的“特殊情况”是指有国家政治、国防、外交等方面特殊需要的情况，包括如下情形：

（1）罪犯在服刑期间有重大发明创造或突出的立功表现。

（2）罪犯已经基本丧失活动能力，并有悔改表现，假释后不会再危害社会。

（3）罪犯有专门技能，有关单位急需使用。

（4）罪犯家庭有特殊困难，需本人照顾，请求假释的，在司法实践中，须由县级以上公安机关或者人民政府有关部门提供证明。但对犯罪集团的首犯、惯犯和罪行特别严重的罪犯除外。

（5）为了进一步贯彻未成年人保护法，执行对未成年罪犯实行教育、感化、挽救的方针，对犯罪时未成年，在刑罚执行期间确有悔改表现，不致再危害社会的。

（6）为了政治斗争的需要，对某些具有外国国籍的罪犯而适用假释。

（7）其他特殊情况。

（三）不能适用假释的情况

我国《刑法》同时对假释的适用对象进行了限制性规定。根据《刑法》第 81 条第 2 款的规定，2017 年施行的《最高人民法院关于办理减刑、假释案件具体应用法律的规定》第 23 条、第 25 条、第 27 条、28 条的规定，2021 年 12 月最高人民法院、最高人民检察院、公安部、司法部印发的《关于加强减刑、假释案件实质化审理的意见》的规定，罪犯假释的限制条件包括以下几种情况。

1. 重大犯罪的罪犯不得假释

《刑法》第 81 条第 2 款规定："对累犯以及因故意杀人、强奸、抢劫、绑架、放火、爆炸、投放危险物质或者有组织的暴力性犯罪被判处十年以上有期徒刑、无期徒刑的犯罪分子，不得假释。"《最高人民法院关于办理减刑、假释案件具体应用法律的规定》第 25 条规定："对累犯以及因故意杀人、强奸、抢劫、绑架、放火、爆炸、投放危险物质或者有组织的暴力性犯罪被判处十年以上有期徒刑、无期徒刑的罪犯，不得假释。因前款情形和犯罪被判处死刑缓期执行的罪犯，被减为无期徒刑、有期徒刑后，也不得假释。"

2. 重大犯罪的罪犯在假释时服刑时间的限制

《最高人民法院关于办理减刑、假释案件具体应用法律的规定》第 23 条第 2 款、第 3 款规定："被判处无期徒刑的罪犯假释时，刑法中关于实际执行刑期不得少于十三年的时间，应当从判决生效之日起计算。判决生效以前先行羁押的时间不予折抵。被判处死刑缓期执行的罪犯减为无期徒刑或者有期徒刑后，实际执行十五年以上，方可假释，该实际执行时间应当从死刑缓期执行期满之日起计算。死刑缓期执行期间不包括在内，判决确定以前先行羁押的时间不予折抵。"

3. 对服刑罪犯履行财产性判项的限制

《最高人民法院关于办理减刑、假释案件具体应用法律的规定》第 27 条规定："对于生效裁判中有财产性判项，罪犯确有履行能力而不履行或者不全部履行的，不予假释。"2021 年 12 月最高人民法院、最高人民检察院、公安部、司法部印发的《关于加强减刑、假释案件实质化审理的意见》要求对假释案件的财产性判项进行实质化审理："严格审查罪犯履行财产性判项的能力。罪犯未履行或者未全部履行财产性判项，具有下列情形之一的，不认定罪犯确有悔改表现：（1）拒不交代赃款、赃物去向；（2）隐瞒、藏匿、转移财产；（3）有可供履行的财产拒不履行。对于前款罪犯，无特殊原因狱内消费明显超出规定额度标准的，一般不认定罪犯确有悔改表现。"《最高人民法院关于办理减刑、假释案件审查财产性判项执行问题的规定》（法释〔2024〕5 号）对办理减刑、假释案件审查财产性判项的执行问题进一步作出了规定。

4. 对服刑罪犯假释的间隔时间限制

《最高人民法院关于办理减刑、假释案件具体应用法律的规定》第 28 条规定："罪犯减刑后又假释的，间隔时间不得少于一年；对一次减去一年以上有期徒刑后，决定假释的，间隔时间不得少于一年六个月。罪犯减刑后余刑不足二年，决定假释的，可以适当缩短间隔时间。"

5. 法定概念的界定与限制

《最高人民法院关于办理减刑、假释案件具体应用法律的规定》第 39 条规定："本规定所称'老年罪犯'，是指报请减刑、假释时年满六十五周岁的罪犯。本规定所称'患严重疾病罪犯'，是指因患有重病，久治不愈，而不能正常生活、学习、劳动的罪犯。本规定所称'身体残疾罪犯'，是指因身体有肢体或者器官残缺、功能不全或者丧失功能，而基本丧失生活、学习、劳动能力的罪犯，但是罪犯犯罪后自伤致残的除外。"这样，该条文对这 3 类罪犯在适用范围上进行了限制。

2021 年 12 月最高人民法院、最高人民检察院、公安部、司法部印发的《关于加强减刑、假释案件实质化审理的意见》对假释案件的特定概念进行进一步规定和限制：一是严格审查罪犯立功、重大立功的证据材料，准确把握认定条件。对于检举、揭发监狱内外犯罪活动，或者提供重要破案线索的，应当注重审查线索的来源。对于揭发线索来源存疑的，应当进一步核查，如果查明线索系通过贿买、暴力、威胁或者违反监规等非法手段获取的，不认定罪犯具有立功或者重大立功表现。二是对于技术革新、发明创造，应当注重审查罪犯是否具备该技术革新、发明创造的专业能力和条件，对于罪犯明显不具备相应专业能力及条件、不能说明技术革新或者发明创造原理及过程的，不认定罪犯具有立功或者重大立功表现。三是对于阻止他人实施犯罪活动，协助司法机关抓捕其他犯罪嫌疑人，在日常生产、生活中舍己救人，在抗御自然灾害或者排除重大事故中有积极或者突出表现的，除应当审查有关部门出具的证明材料外，还应当注重审查能够证明上述行为的其他证据材料，对于罪犯明显不具备实施上述行为能力和条件的，不认定罪犯具有立功或者重大立功表现。四是严格把握"较大贡献"或者"重大贡献"的认定条件。该"较大贡献"或者"重大贡献"，是指对国家、社会具有积极影响，而非仅对个别人员、单位有贡献和帮助。对于罪犯在警示教育活动中现身说法的，不认定罪犯具有立功或者重大立功表现。五是严格审查罪犯身份信息、患有严重疾病或者身体有残疾的证据材料。对于上述证据材料有疑问的，可以委托有关单位重新调查、诊断、鉴定。对原判适用《中华人民共和国刑事诉讼法》第 160 条第 2 款规定判处刑罚的罪犯，在刑罚执行期间不真心悔罪，仍不讲真实姓名、住址，且无法调查核实清楚的，除具有重大立功表现等特殊情形外，一律不予减刑、假释。

（四）可以从宽掌握的假释

对下列罪犯适用假释时可以依法从宽掌握：

（1）过失犯罪的罪犯、中止犯罪的罪犯、被胁迫参加犯罪的罪犯。

（2）因防卫过当或者紧急避险过当而被判处有期徒刑以上刑罚的罪犯。

（3）犯罪时未满十八周岁的罪犯。

（4）基本丧失劳动能力、生活难以自理、假释后生活确有着落的老年罪犯，患严重疾病罪犯或者身体残疾罪犯。

（5）服刑期间改造表现特别突出的罪犯。

（6）具有其他可以从宽假释情形的罪犯。

（五）可以优先适用的假释

（1）对可以从宽掌握的罪犯既符合法定减刑条件，又符合法定假释条件的，可以优先适用假释。

（2）年满八十周岁、身患疾病或者生活难以自理、没有再犯罪危险的罪犯，既符合减刑条件，又符合假释条件的，优先适用假释。

三、假释的考验期限

我国《刑法》第 83 条规定："有期徒刑的假释考验期限，为没有执行完毕的刑期；无期徒刑的假释考验期限为十年。假释考验期限，从假释之日起计算。"被假释的罪犯，除有特殊情况外，一般不得减刑，其假释考验期也不能缩短。确定罪犯被假释时，还应考虑下列因素：

（1）被判处有期徒刑的罪犯假释时，执行原判刑期二分之一的时间，应当从判决执行之日起计算，判决执行以前先行羁押的，羁押一日折抵刑期一日。

（2）被判处无期徒刑的罪犯假释时，刑法中关于实际执行刑期不得少于十三年的时间，应当从判决生效之日起计算。判决生效以前先行羁押的时间不予折抵。

（3）被判处死刑缓期执行的罪犯减为无期徒刑或者有期徒刑后，实际执行十五年以上，方可假释，该实际执行时间应当从死刑缓期执行期满之日起计算。死刑缓期执行期间不包括在内，判决确定以前先行羁押的时间不予折抵。

四、假释犯的行为规则

被宣告假释的犯罪分子，应当遵守下列规定：

（1）遵守法律、行政法规，服从监督。

（2）按照监督机关的规定报告自己的活动情况。

（3）遵守监督机关关于会客的规定。

（4）离开所居住的市、县或者迁居，应当报经监督机关批准。

五、假释的撤销

《刑法》第 86 条规定："被假释的犯罪分子，在假释考验期限内犯新罪，应当撤销假释，依照本法第七十一条的规定实行数罪并罚。在假释考验期限内，发现被假释的犯罪分子在判决宣告以前还有其他罪没有判决的，应当撤销假释，依照本法第七十条的规定实行数罪并罚。被假释的犯罪分子，在假释考验期限内，有违反法律、行政法规或者国务院有关部门关于假释的监督管理规定的行为，尚未构成新的犯罪的，应当依照法定程序撤销假释，收监执行未执行完毕的刑罚。"

六、假释犯纳入社区矫正对象范围的意义

（一）犯罪人方面的意义

在狱中服刑的罪犯都有提前出狱、重新获得自由的强烈愿望。为了鼓励罪犯认真学习、服从监管、遵守制度、认真改造、真诚悔改，我国刑法规定了假释制度，是罪犯重新融入社会的桥梁。

（二）社会方面的意义

刑罚不仅是惩罚罪犯的手段，更重要的是成为教育、改善罪犯的手段。假释有利于实现刑罚目的，促进社会的稳定，降低监管成本，有利于社会参与罪犯的改造。此外，假释还体现了刑罚经济的原则，因为假释能够减少监管的成本、狱政费用。

（三）司法方面的意义

假释减轻了刑罚执行机关的压力与负担。正确地适用假释，将符合条件不必继续在监管场所内服刑的罪犯予以假释，这不仅有利于罪犯的改造，也有利于狱政部门对其他罪犯的改造。

第四节　暂予监外执行的罪犯

一、暂予监外执行的概念

我国刑事诉讼法中规定的暂予监外执行是指对于被判处无期徒刑、有期徒刑或者拘役的罪犯，由于符合法定情形，决定暂不收监或者收监以后又决定改为暂时监外服刑，由社区矫正机构负责执行的刑罚执行制度。

二、暂予监外执行的适用对象

适用暂予监外执行的对象，一般情况下只能是被判处有期徒刑或者拘役的罪犯。特殊情况下也可适用于被判处无期徒刑的罪犯。

三、暂予监外执行的适用条件

根据《刑事诉讼法》第 265 条和最高人民法院、最高人民检察院、公安部、司法部、国家卫生计生委 2014 年 10 月 24 日印发的关于《暂予监外执行规定》，对被判处有期徒刑、拘役或者已经减为有期徒刑的罪犯，有下列情形之一，可以暂予监外执行：

(1) 患有属于《暂予监外执行规定》所附《保外就医严重疾病范围》的严重疾病，需要保外就医的。

(2) 怀孕或者正在哺乳自己婴儿的妇女。

(3) 生活不能自理，适用暂予监外执行不致危害社会的。这里所谓的“生活不能自理”，是指罪犯因患病、身体残疾或者年老体弱，日常生活行为需要他人协助才能完成的情形。

(4) 对被判处无期徒刑的罪犯，怀孕或者正在哺乳自己婴儿的妇女，可以暂予监外执行。

四、适用暂予监外执行的情形、决定或批准机关及程序

暂予监外执行有两种情形，一种是在交付执行前，由人民法院决定的；另一种是在交付执行后，由监狱或者看守所提出书面意见，报省级以上监狱管理机关或者设区的市一级以上公安机关批准。特殊情况还应履行暂予监外执行备案程序。

（一）人民法院决定暂予监外执行

罪犯交付执行前，其决定程序是：

(1) 对符合暂予监外执行条件的，被告人及其辩护人有权向人民法院提出暂予监外执行的申请，看守所可以将有关情况通报人民法院。对被告人、罪犯的病情诊断、妊娠检查或者生活不能自理的鉴别，由人民法院依照《暂予监外执行规定》的程序组织进行。

(2) 人民法院应当在执行刑罚的有关法律文书依法送达前，作出是否暂予监外执行的决定。人民法院决定暂予监外执行的，应当制作暂予监外执行决定书，写明罪犯基本情况、判决确定的罪名和刑罚、决定暂予监外执行的原因和依据等，在判决生效后 7 日以内将暂予监外执行决定书送达看守所或者执行取保候审、监视居住的公安机关和罪犯居住地社区矫正机构，并抄送同级人民检察院。人民法院决定不予暂予监外执行的，应当在执行刑罚的有关法律文书依法送达前，通知看守所或者执行取保候审、监视居住的公安机关，并告知同级人民检察院。监狱、看守所应当依法接收罪犯，执行刑罚。人民法院在作出暂予监外执行决定前，应当征求人民检察院的意见。

(3) 人民法院决定暂予监外执行，罪犯被羁押的，应当通知罪犯居住地社区矫正机构，社区矫正机构应当派员持暂予监外执行决定书及时与看守所办理交接手续，接收罪犯档案；罪犯被取保候审、监视居住的，由社区矫正机构与执行取保候审、监视居住的公安机关办理交接手续。

（二）执行机关决定暂予监外执行

罪犯交付执行后，根据《刑事诉讼法》第 265 条、《监狱法》第 26 条和第 27 条及《暂予监外执行规定》等的规定，对于正在监狱、看守所服刑的有期徒刑犯，发现身患严重疾病需要保外就医或者生活不能自理，需要暂予监外执行的，其处理程序是：

(1) 对在监狱、看守所服刑的罪犯需要暂予监外执行的，监狱、看守所应当组织对

罪犯进行病情诊断、妊娠检查或者生活不能自理的鉴别。罪犯本人或者其亲属、监护人也可以向监狱、看守所提出书面申请。监狱、看守所对拟提请暂予监外执行的罪犯，应当核实其居住地。需要调查其对所居住社区影响的，可以委托居住地县级司法行政机关进行调查。监狱、看守所应当向人民检察院通报有关情况。人民检察院可以派员监督有关诊断、检查和鉴别活动。

(2) 对罪犯的病情诊断或者妊娠检查，应当委托省级人民政府指定的医院进行。医院出具的病情诊断或者检查证明文件，应当由两名具有副高以上专业技术职称的医师共同作出，经主管业务院长审核签名，加盖公章，并附化验单、影像学资料和病历等有关医疗文书复印件。对罪犯生活不能自理情况的鉴别，由监狱、看守所组织有医疗专业人员参加的鉴别小组进行。鉴别意见由组织鉴别的监狱、看守所出具，参与鉴别的人员应当签名，监狱、看守所的负责人应当签名并加盖公章。对罪犯进行病情诊断、妊娠检查或者生活不能自理的鉴别，与罪犯有亲属关系或者其他利害关系的医师、人员应当回避。

(3) 罪犯需要保外就医的，应当由罪犯本人或者其亲属、监护人提出保证人，保证人由监狱、看守所审查确定。罪犯没有亲属、监护人的，可以由其居住地的村（居）民委员会、原所在单位或者社区矫正机构推荐保证人。保证人应当向监狱、看守所提交保证书。保证人应当同时具备下列条件：具有完全民事行为能力，愿意承担保证人义务；人身自由未受到限制；有固定的住处和收入；能够与被保证人共同居住或者居住在同一市、县。罪犯在暂予监外执行期间，保证人应当履行下列义务：协助社区矫正机构监督被保证人遵守法律和有关规定；发现被保证人擅自离开居住的市、县或者变更居住地，或者有违法犯罪行为，或者需要保外就医情形消失，或者被保证人死亡的，立即向社区矫正机构报告；为被保证人的治疗、护理、复查以及正常生活提供帮助；督促和协助被保证人按照规定履行定期复查病情和向社区矫正机构报告的义务。

(4) 监狱、看守所应当就是否对罪犯提请暂予监外执行进行审议。经审议决定对罪犯提请暂予监外执行的，应当在监狱、看守所内进行公示。对病情严重必须立即保外就医的可以暂不公示，但应当在保外就医后3个工作日以内在监狱、看守所内公告。公示无异议或者经审查异议不成立的，监狱、看守所应当填写暂予监外执行审批表，连同有关诊断、检查、鉴别材料、保证人的保证书，提请省级以上监狱管理机关或者设区的市一级以上公安机关批准。已委托进行核实、调查的，还应当附县级司法行政机关出具的调查评估意见书。监狱、看守所审议暂予监外执行前，应当将相关材料抄送人民检察院。决定提请暂予监外执行的，监狱、看守所应当将提请暂予监外执行书面意见的副本和相关材料抄送人民检察院。人民检察院可以向决定或者批准暂予监外执行的机关提出书面意见。

(5) 批准机关应当自收到监狱、看守所提请暂予监外执行材料之日起15个工作日以内作出决定。批准暂予监外执行的，应当在5个工作日以内将暂予监外执行决定书送达监狱、看守所，同时抄送同级人民检察院、原判人民法院和罪犯居住地社区矫正机构。暂予监外执行决定书应当上网公开。不予批准暂予监外执行的，应当在5个工作日以内将不予批准暂予监外执行决定书送达监狱、看守所。

(6) 罪犯原服刑地与居住地不在同一省、自治区、直辖市，需要回居住地暂予监外执行的，原服刑地的省级以上监狱管理机关或者设区的市一级以上公安机关监所管理部门应当书面通知罪犯居住地的监狱管理机关、公安机关监所管理部门，由其指定一所监狱、看守所接收罪犯档案，负责办理罪犯收监、刑满释放等手续，并及时书面通知罪犯居住地社区矫正机构。

（7）监狱、看守所应当向罪犯发放暂予监外执行决定书，及时为罪犯办理出监、出所相关手续。在罪犯离开监狱、看守所之前，监狱、看守所应当核实其居住地，书面通知其居住地社区矫正机构，并对其进行出监、出所教育，书面告知其在暂予监外执行期间应当遵守的法律和有关监督管理规定。罪犯应当在告知书上签名。

（8）监狱、看守所应当派员持暂予监外执行决定书及有关文书材料，将罪犯押送至居住地，与社区矫正机构办理交接手续。监狱、看守所应当及时将罪犯交接情况通报人民检察院。

（三）需要履行备案程序的暂予监外执行

对有关职务犯罪罪犯适用暂予监外执行，还应当依照有关规定逐案报请备案审查。

五、关于终止暂予监外执行的情形和程序

根据我国《刑事诉讼法》第 268 条的规定，对暂予监外执行的罪犯，有下列情形之一的，应当及时收监：

（1）发现不符合暂予监外执行条件的。

（2）严重违反有关暂予监外执行监督管理规定的。

（3）暂予监外执行的情形消失后，罪犯刑期未满的。

对于人民法院决定暂予监外执行的罪犯应当予以收监的，由人民法院作出决定，将有关的法律文书送达公安机关、监狱或者其他执行机关。

不符合暂予监外执行条件的罪犯通过贿赂等非法手段被暂予监外执行的，在监外执行的期间不计入执行刑期。罪犯在暂予监外执行期间脱逃的，脱逃的期间不计入执行刑期。

罪犯在暂予监外执行期间死亡的，执行机关应当及时通知监狱或者看守所。

六、对暂予监外执行的罪犯实行社区矫正的意义

这一制度的设立体现了我国惩罚罪犯与改造罪犯相结合和人道主义的刑事政策，有利于对罪犯的教育、感化、挽救。暂予监外执行制度是一项重要的刑罚执行制度。

第五节　社区矫正对象的法律地位

一、社区矫正对象的概念

根据《刑法》《刑事诉讼法》《社区矫正法》的规定，社区矫正对象是指被判处管

制、被宣告缓刑、被裁定假释、被决定暂予监外执行并在社区内接受监督管理、教育帮扶的罪犯。

二、社区矫正对象的法律地位及特点

社区矫正对象的法律地位，是指社区矫正对象在国家确立的特定法律关系中所处的位置，具体讲是指其在社区矫正期间是否享有权利、承担义务，以及其权利和义务的范围和程度。也就是说，社区矫正对象的法律地位决定了其具有的法律确认的社区矫正法律关系主体的资格。不同的国家，基于不同的法律理念，赋予社区矫正对象的法律地位是有很大差别的。我国宪法和法律所确认的社区矫正对象的权利既包括社区矫正对象作为一般公民所享有的基本权利，作为服刑者所享有的特殊的法律权利，还包括享有受到一定限制和调节的权利。《社区矫正法》第 4 条第 2 款规定："社区矫正工作应当依法进行，尊重和保障人权。社区矫正对象依法享有的人身权利、财产权利和其他权利不受侵犯，在就业、就学和享受社会保障等方面不受歧视。"第 34 条规定："开展社区矫正工作，应当保障社区矫正对象的合法权益。社区矫正的措施和方法应当避免对社区矫正对象的正常工作和生活造成不必要的影响；非依法律规定，不得限制或者变相限制社区矫正对象的人身自由。社区矫正对象认为其合法权益受到侵害的，有权向人民检察院或者有关机关申诉、控告和检举。受理机关应当及时办理，并将办理结果告知申诉人、控告人和检举人。"因此，社区矫正对象的权利和一般公民相比较具有以下特点。

（一）权利的不完整性

按照《宪法》《刑法》《刑事诉讼法》《监狱法》《社区矫正法》和其他法律法规的规定，社区矫正对象虽享有广泛的公民权利，但是，这些权利是应然权利，而不是实然权利。由于社区矫正对象受到法律的惩罚，处在社区矫正状态，因而其所享受的公民权利处于缺损状态。有些权利被依法剥夺，比如被剥夺政治权利的社区矫正对象在社区矫正期间就不能享有选举权、被选举权等宪法规定的各项政治权利，以及参加教师、警察、律师、公证员、公务员等资格考试的权利。有些权利被限制，或者是被禁止在一定时间内不得行使，如担任保险公司的董事、监事、高级管理人员，担任国有独资企业、国有独资公司、国有资本控股公司的董事、监事、高级管理人员，担任会计和注册会计师等。所以说，社区矫正对象所享有的法定权利具有不完整性。

（二）权利义务的不对等性

权利义务的不对等性主要指社区矫正对象所享有的权利和应尽的义务的不对等。在社区矫正期间，社区矫正对象要按照法律规范的规定，履行特定的义务，比如参加公益活动的义务，接受思想、文化和技术教育的义务等。这些义务和权利之间具有不对等性。

（三）权利行使的局限性

社区矫正对象是被限制自由的，因此，无论是行使权利的范围，还是行使权利的方式，都具有极大的局限性。比如，社区矫正对象有会客、迁居、外出、娱乐等权利，但是在行使会客权利时，必须遵守会客的规定，对特定客人不经社区矫正机构或者管理人员同意不得会见；社区矫正对象必须接受分级管理、接受科技监管、遵守禁止令、外出请假等，才享有迁居、外出、娱乐等权利。

（四）义务履行的强制性

对社区矫正对象来说，在社区矫正期间所要履行的特定义务，是法律法规强制附加的，是必须无条件履行的，一旦不履行法定义务，就要承担相应的法律责任，会带来对社区矫正对象不利的法律后果。比如，社区矫正对象具有按时报到、服从管理、接受宣告、接受科技监管、遵守禁止令等义务，社区矫正对象如果不按规定履行义务，出现脱管漏管、违反遵守禁止令的规定、拒不接受科技监管等，都有可能面临被收监执行刑罚的后果。再比如社区矫正对象有参加公益活动的义务，是在社区矫正机构的组织监督下完成的。

三、社区矫正对象的权利

我国《宪法》第 33 条规定："凡具有中华人民共和国国籍的人都是中华人民共和国公民。中华人民共和国公民在法律面前一律平等。国家尊重和保障人权。任何公民享有宪法和法律规定的权利，同时必须履行宪法和法律规定的义务。"社区矫正对象作为中华人民共和国的公民，凡是未被依法剥夺的权利，都是依法享有的权利，同时需要履行相应的法定义务。社区矫正对象的权利是指法律对社区矫正对象能够作出或者不作出一定行为，以及其要求他人相应作出或者不作出一定行为的许可与保障。依照社区矫正对象所处的法律地位，其享有的法定权利可以分为宪法和法律赋予的一般权利以及社区矫正期间所享有的特殊权利。

（一）社区矫正对象的一般权利

（1）生命健康权。这是社区矫正对象最基本的生存权。我国法律和有关国际刑事司法准则对这一权利都有明确的规定。

（2）人身自由权。我国《宪法》第 37 条规定："中华人民共和国公民的人身自由不受侵犯。任何公民，非经人民检察院批准或者决定或者人民法院决定，并由公安机关执行，不受逮捕。禁止非法拘禁和以其他方法非法剥夺或者限制公民的人身自由，禁止非法搜查公民的身体。"社区矫正对象人身自由权包括不受非法逮捕、拘禁，不被非法剥夺、限制自由，不受非法搜查等权利。对社区矫正对象的人身自由的剥夺或限制必须符合法定的程序和在法律规定的范围内。

（3）人格权。我国《宪法》第 38 条规定："中华人民共和国公民的人格尊严不受侵犯。禁止用任何方法对公民进行侮辱、诽谤和诬告陷害。"社区矫正对象的人格权包括人格尊严、姓名、肖像、名誉、荣誉、隐私等方面的权利。

（4）住宅权。我国《宪法》第 39 条规定："中华人民共和国公民的住宅不受侵犯。禁止非法搜查或者非法侵入公民的住宅。"社区矫正对象享有住宅不受侵犯的权利和享有提供帮助的权利，如对居无定所的社区矫正对象安排居住在“中途之家”“社区矫正基地”等。

（5）通信权。我国《宪法》第 40 条规定：“中华人民共和国公民的通信自由和通信秘密受法律的保护。除因国家安全或者追查刑事犯罪的需要，由公安机关或者检察机关依照法律规定的程序对通信进行检查外，任何组织或者个人不得以任何理由侵犯公民的通信自由和通信秘密。”社区矫正对象的通信权包括通信自由和通信秘密的权利。但是，对社区矫正对象通信的科技监管不包括在内。

（6）婚姻家庭权。我国《宪法》第 49 条第 1 款规定：“婚姻、家庭、母亲和儿童受国家的保护。”社区矫正对象的婚姻家庭权受法律保护。

（7）财产权和继承权。我国《宪法》第 13 条规定：“公民的合法的私有财产不受侵犯。国家依照法律规定保护公民的私有财产权和继承权。”社区矫正对象的合法财产权和继承权受到法律的平等保护，禁止任何组织和个人非法侵犯。

（8）知识产权。社区矫正对象同社会的普通公民一样，依法享有智力成果的知识产权，如果社区矫正对象被剥夺了政治权利，则其著作权受到一定的限制。所以，被剥夺了政治权利的社区矫正对象的知识产权是不完整的权利。

（9）政治权利。我国《宪法》第 34 条规定：“中华人民共和国年满十八周岁的公民，不分民族、种族、性别、职业、家庭出身、宗教信仰、教育程度、财产状况、居住期限，都有选举权和被选举权；但是依照法律被剥夺政治权利的人除外。”第 35 条规定：“中华人民共和国公民有言论、出版、集会、结社、游行、示威的自由。”社区矫正对象的政治权利包括选举权和被选举权，有言论、出版、集会、结社、游行、示威的自由。但是，如果社区矫正对象被剥夺了政治权利，则不享有该项权利。

（10）宗教信仰自由。我国《宪法》第 36 条规定：“中华人民共和国公民有宗教信仰自由。任何国家机关、社会团体和个人不得强制公民信仰宗教或者不信仰宗教，不得歧视信仰宗教的公民和不信仰宗教的公民。”社区矫正对象的宗教信仰自由是指既有信仰宗教的自由，也有不信仰宗教的自由；有信仰这种宗教的自由，也有信仰那种宗教的自由；有过去不信教而现在信教的自由，也有过去信教现在不信教的自由。

（11）批评、建议、申诉、控告、检举的权利。我国《宪法》第 41 条第 1 款规定：“中华人民共和国公民对于任何国家机关和国家工作人员，有提出批评和建议的权利；对于任何国家机关和国家工作人员的违法失职行为，有向有关国家机关提出申诉、控告或者检举的权利，但是不得捏造或者歪曲事实进行诬告陷害。”社区矫正对象享有批评建议权、申诉权、控告权和检举权，但每项权利针对的行为和人员、事件性质、违法犯罪的程度等是不一样的。

（12）获得国家赔偿权。我国《宪法》第 41 条第 3 款规定：“由于国家机关和国家工作人员侵犯公民权利而受到损失的人，有依照法律规定取得赔偿的权利。”社区矫正对象的合法权益受到国家机关及其工作人员违法行使职权遭受损害的，有权获得国家赔偿。

（13）获得物质帮助权。我国《宪法》第 45 条规定：“中华人民共和国公民在年老、疾病或者丧失劳动能力的情况下，有从国家和社会获得物质帮助的权利。国家发展为公民享受这些权利所需要的社会保险、社会救济和医疗卫生事业。”社区矫正对象和普通社会公民一样享有这一项权利。

除此之外，社区矫正对象依照宪法和法律还享有劳动的权利、教育的权利、文化娱乐的权利，以及各种诉讼的权利等。总之，凡是社区矫正对象未被依法剥夺或者限制的权利都是应该享有的权利。

（二）社区矫正对象的特殊权利

社区矫正对象的特殊权利是指社区矫正对象在社区矫正期间特别享有的权利。有学者将其归纳为社区矫正对象享有依法接受刑事处罚的权利，在服刑过程中的知情权和有依法获得减刑的权利。[①] 在这里特别强调的是社区矫正对象的辩护权、就学和就业权、享受社会保障权、不受歧视权、依法获得减刑权、知情权、未被依法剥夺或者限制的权利等，对社区矫正对象而言，具有特殊意义。

四、社区矫正对象的义务

根据现行法律，社区矫正对象除了必须履行宪法和法律规定的公民义务以外，还必须履行与其特定身份相适应的义务。

《社区矫正法》第23条规定："社区矫正对象在社区矫正期间应当严格遵守法律、行政法规、履行判决、裁定、暂予监外执行决定等法律文书确定的义务，遵守国务院司法行政部门关于报告、会客、外出、迁居、保外就医等监督管理规定，服从社区矫正机构的管理。"第29条第1款规定："社区矫正对象有下列情形之一的，经县级司法行政部门负责人批准，可以使用电子定位装置，加强监督管理：（一）违反人民法院禁止令的；（二）无正当理由，未经批准离开所居住的市、县的；（三）拒不按照规定报告自己的活动情况，被给予警告的；（四）违反监督管理规定，被给予治安管理处罚的；（五）拟提请撤销缓刑、假释或者暂予监外执行收监执行的。"第36条第1款规定："社区矫正机构根据需要，对社区矫正对象进行法治、道德等教育，增强其法治观念，提高其道德素质和悔罪意识。"第42条规定："社区矫正机构可以根据社区矫正对象的个人特长，组织其参加公益活动，修复社会关系，培养社会责任感。"

典型案例

湖北省红安县人民法院

刑 事 裁 定 书

（2021）鄂1122刑更5号

罪犯钟某，住湖北省武汉市黄陂区。因犯掩饰、隐瞒犯罪所得、犯罪所得收益罪于2020年10月本院判处有期徒刑一年六个月，缓刑二年，并处罚金人民币二万元。

本院于2020年10月30日作出了（2020）鄂1122刑初201号刑事判决，以钟某

---

① 吴宗宪. 社区矫正导论［M］. 北京：中国人民大学出版社，2011：139－140.

因犯掩饰、隐瞒犯罪所得、犯罪所得收益罪于2020年10月判处有期徒刑一年六个月，缓刑二年，并处罚金人民币二万元。缓刑考验期限自2020年11月17日起至2022年11月16日止。原判已发生法律效力并交付执行。执行机关武汉市黄陂区社区矫正工作管理局于2021年11月2日向本院书面建议撤销对罪犯钟某的缓刑。本院依法组成合议庭进行了听证，罪犯钟某到庭参加了听证。现已审理终结。

执行机关武汉市黄陂区社区矫正工作管理局提出，根据2021年9月17日武汉市公安局黄陂区分局行政处罚决定书［陂公（长）行罚决字（2021）16313号］，社区矫正对象钟某因伙同他人收购长岭武大高速工地有赃物嫌疑的石头，被行政拘留十日，并处罚款壹仟元。根据《中华人民共和国社区矫正法》第二十八条、第四十六条第三款，《中华人民共和国社区矫正法实施办法》第四十六条第一款第五项、第二款之规定，建议对钟某撤销缓刑。

经审理查明，本院于2020年10月30日作出了（2020）鄂1122刑初201号刑事判决，以钟某因犯掩饰、隐瞒犯罪所得、犯罪所得收益罪于2020年10月判处有期徒刑一年六个月，缓刑二年，并处罚金人民币二万元。缓刑考验期限自2020年11月17日起至2022年11月16日止。原判已发生法律效力并交付执行。社区矫正期间，武汉市公安局黄陂区分局行政处罚决定书［陂公（长）行罚决字（2021）16313号］，以钟某因伙同他人收购长岭武大高速工地有赃物嫌疑的石头，对钟某行政拘留十日，并处罚款壹仟元。执行期限自2021年9月17日起至2021年9月27日止。

另查明，2021年9月11日，钟某向武汉市公安局提出依法撤销武汉市公安局黄陂区分局陂公（长）行罚决字（2021）16313号行政处罚决定书的行政复议，该局已于当日受理此案，现该行政复议案件尚在办理中。上述事实，有武汉市黄陂区社区矫正工作管理局提交的提请撤销缓刑审核表、撤销缓刑建议书、武汉市公安局黄陂区分局的行政处罚决定书、行政复议案件受理告知书、本院（2020）鄂1122刑初201号刑事判决书等证据证实，足以认定。

本院认为，罪犯钟某在缓刑考验期内，于2021年8月28日伙同他人收购长岭武大高速工地有赃物嫌疑的石头，被行政拘留十日，并处罚款壹仟元。但其有在收到行政处罚决定书之日起六十日内向武汉市公安局申请行政复议的权利，并且已于2020年9月11日向武汉市公安局提起行政复议，该局于当日受理，现该行政复议案件尚在办理中。故对武汉市黄陂区社区矫正工作管理局提请对罪犯钟某撤销缓刑的建议，本院不予采纳。综上，依照《中华人民共和国社区矫正法》第四十八条之规定，裁定如下：不予撤销本院（2020）鄂1122刑初201号刑事判决中对罪犯钟某宣告缓刑二年的执行部分。

本裁定送达后即发生法律效力。

审判长　×××

审判员　×××

审判员　×××

二〇二一年十一月五日

书记员　×××

引例分析

1. 根据《中华人民共和国宪法》的规定，凡具有中华人民共和国国籍的人都是中华人民共和国公民。钱某虽被判刑并接受社区矫正，但仍属于中华人民共和国公民。

2. 钱某在社区矫正期间应享有：(1) 生命健康权；(2) 人身自由权；(3) 人格权；(4) 住宅权；(5) 通信权；(6) 婚姻家庭权；(7) 财产权和继承权；(8) 知识产权；(9) 政治权利；(10) 宗教信仰自由；(11) 批评、建议、申诉、控告、检举的权利；(12) 获得国家赔偿权；(13) 获得物质帮助权。除此之外，社区矫正对象钱某依照宪法和法律规定还享有劳动的权利、教育的权利、文化娱乐的权利、依法获得减刑权、知情权、辩护权以及各种诉讼的权利等。总之，凡是钱某未被依法剥夺或者限制的权利都是其应该享有的权利。

钱某在社区矫正期间应履行的义务是：(1) 遵守国家法律、行政法规的义务；(2) 履行判决、裁定、暂予监外执行决定等法律文书确定的义务；(3) 遵守国务院司法行政部门关于报告、会客、外出、迁居、保外就医等监督管理规定，服从社区矫正机构管理的义务；(4) 佩戴电子定位装置的义务；(5) 参加教育学习，接受思想、法治、道德、技术教育的义务；(6) 根据个人特长，参加公益活动的义务。(7) 爱护国家财产，保护公共设施的义务；(8) 维护正常矫正教育秩序，自觉接受改造的义务；(9) 检举违法犯罪活动的义务；(10) 法律法规规定的其他义务。

思考练习

1. 社区矫正的适用范围有哪些？
2. 社区矫正对象的法律地位是如何规定的？
3. 社区矫正对象在社区矫正期间有哪些权利和义务？
4. 社区矫正对象的权利和义务的关系是什么？

第四章　社区矫正机制

学习目标

1. 掌握社区矫正的决定机构、执行机构和协作机构，以及各自的法定职责；
2. 掌握社区矫正的管理模式及其运行特点。

引入案例

张××居住在开封市开发区第一大街，在郑州市某公司上班，因酒后驾驶被郑州市金水区人民法院判处有期徒刑1年，缓期执行2年。

问题：

判决生效后，张××应到何地的社区矫正机构报到？

社区矫正工作作为对矫正对象进行的一种有目的、系统的矫正活动，必须科学地、严密地依法组织实施，只有依法科学设置社区矫正机制，才能有效地发挥机制的功能，从而使社区矫正工作达到理想的效果。

第一节　社区矫正机制概述

一、我国司法行政机关的机构设置和管理体制

（一）司法行政机关的机构设置

在新中国成立初期，我国的司法行政机关仅设置至省、自治区、直辖市。1979年恢

复重建司法行政机关后，根据中共中央、国务院《关于迅速建立地方司法行政机关的通知》，全国县级以上人民政府层层设立司法行政机关，逐步形成了一个中国特色的较为完善的司法行政系统。

1. 中央司法行政机关——司法部

司法部是国务院主管司法行政工作的职能部门，是全国司法行政工作的最高管理机关。司法部的机构随着工作职能的调整曾有过较大的变动：1949 年创建初期仅内设 1 厅 6 司 1 处 1 室；1980 年恢复重建后内设 1 厅 1 室 1 局 7 司；1988 年机构调整为 1 厅 1 部 3 局 9 司；1994 年调整为 1 厅 1 部 3 局 8 司；1998 年在机构改革中又作了相应调整，内设 1 厅 1 部 2 局 6 司。2008 年，根据第十一届全国人民代表大会第一次会议批准的国务院机构改革方案和《国务院关于机构设置的通知》（国发〔2008〕11 号），司法部内设机构调整为：办公厅、政治部、监狱管理局、劳动教养管理局、法制宣传司、律师公证工作指导司、法律援助工作司、基层工作指导司、国家司法考试司、司法鉴定管理局、法制司、司法协助与外事司、计财装备司、离退休干部局、机关党委等。归口管理的社会团体有：中华全国律师协会、中国公证员协会、中华全国人民调解员协会、中华全国法制新闻工作者协会等。

2018 年 3 月 17 日，十三届全国人大一次会议表决通过了关于国务院机构改革的方案。方案提出，重新组建司法部，不再保留国务院法制办公室。根据方案，重新组建的司法部，主要职责增加了负责有关法律和行政法规草案起草，负责立法协调和备案审查、解释，综合协调行政执法，指导行政复议应诉，承担国家司法协助等。

据司法部网站公示的内设机构信息，司法部现机构设置为：中央依法治国办秘书局、办公厅、政治部、法治调研局、法治督察局、立法一局、立法二局、立法三局、立法四局、监狱管理局、社区矫正管理局、戒毒管理局、行政复议与应诉局、行政执法协调监督局、普法与依法治理局、人民参与和促进法治局、公共法律服务管理局、律师工作局、法律职业资格管理局、国际合作局、装备财务保障局、机关党委、离退休干部局。另有直属单位：法治宣传中心、全面依法治国研究中心、信息中心、机关服务中心、燕城监狱、法律援助中心、预防犯罪研究所、法制日报社、法律出版社有限公司、中国法制出版社、中华全国律师协会、中国公证协会、中国监狱工作协会、中国司法行政戒毒工作协会、中央司法警官学院、司法行政学院、国家司法考试中心、中国法律援助和司法行政英烈关爱救助基金会、司法协助交流中心、司法鉴定科学研究院、中国法律服务（香港）有限公司、中国法律服务（澳门）公司、司法部港澳台法律培训交流中心、中华全国人民调解员协会等。

根据党的十九届三中全会审议通过的《中共中央关于深化党和国家机构改革的决定》、《深化党和国家机构改革方案》和第十三届全国人民代表大会第一次会议批准的《国务院机构改革方案》，司法部机构职能、主要职责如下：

（1）司法部是国务院组成部门，为正部级。

（2）中央全面依法治国委员会办公室设在司法部。

（3）司法部负责贯彻落实党中央关于全面依法治国的方针政策和决策部署，在履行职责过程中坚持和加强党对全面依法治国的集中统一领导。主要职责是：

第一，承担全面依法治国重大问题的政策研究，协调有关方面提出全面依法治国中长期规划建议，负责有关重大决策部署督察工作。

第二，承担统筹规划立法工作的责任。负责面向社会征集法律法规制定项目建议。

第三，负责起草或者组织起草有关法律、行政法规草案。负责立法协调。

第四，承办行政法规的解释、立法后评估工作。负责地方性法规、规章的备案审查工作。组织开展规章清理工作。

第五，承担统筹推进法治政府建设的责任。承办申请国务院裁决的行政复议案件工作。指导、监督全国行政复议和行政应诉工作，负责行政复议和应诉案件办理工作。

第六，承担统筹规划法治社会建设的责任。负责拟订法治宣传教育规划，组织实施普法宣传工作，组织对外法治宣传。推动人民参与和促进法治建设。指导依法治理和法治创建工作。指导调解工作和人民陪审员、人民监督员选任管理工作，推进司法所建设。

第七，负责全国监狱管理工作，监督管理刑罚执行、罪犯改造的工作。指导、管理社区矫正工作。指导刑满释放人员帮教安置工作。

第八，负责司法行政戒毒场所管理工作。

第九，负责拟订公共法律服务体系建设规划并指导实施，统筹和布局城乡、区域法律服务资源。指导、监督律师、法律援助、司法鉴定、公证、仲裁和基层法律服务管理工作。负责香港、澳门的律师担任委托公证人的委托和管理工作。

第十，负责国家统一法律职业资格考试的组织实施工作。

第十一，负责国家法治对外合作工作。履行国际司法协助条约确定的对外联系机关（中央机关）职责，参与有关国际司法协助条约谈判。承担报送国务院审核的我国缔结或者参加的国际条约法律审查工作。组织开展法治对外合作交流。承办涉港澳台的法律事务。

第十二，负责本系统枪支、弹药、服装和警车管理工作，指导、监督本系统财务、装备、设施、场所等保障工作。

第十三，规划、协调、指导法治人才队伍建设相关工作，指导、监督本系统队伍建设。负责本系统警务管理和警务督察工作。协助省、自治区、直辖市管理司法厅（局）领导干部。

第十四，完成党中央、国务院交办的其他任务。

2. 省级司法行政机关——省、自治区、直辖市司法厅（局）

省、自治区、直辖市司法厅（局）为本级人民政府主管司法行政工作的职能部门。新中国成立初期，地方司法行政机关仅设到大行政区一级。1954 年各大行政区被撤销后，地方司法行政机关才设到省一级。目前，我国各省、自治区、直辖市人民政府普遍设立了司法厅（局）。新疆生产建设兵团作为一种特殊情况，也设立了相当于省一级的司法局。至于各省、自治区、直辖市司法厅（局）的内设机构，随着工作职能的调整在各个时期也有相应的变化。特别是 2019 年重新组建的省级司法厅（局），内设机构变化较大。以中部某省司法厅网站公布的内设机构为例，其内设机构有 25 个：办公室、法制调研督察处、依法行政指导处、经济生态立法处、社会文化立法处、行政执法责任制推进处、法制审核处、规范性文件管理处、行政执法协调监督处、普法与依法治理处、人民参与和促进法治处、律师工作处、法律援助工作处、司法鉴定管理局、公证仲裁管理处、法律职业资格管理处、基层工作指导处、社区矫正管理局、戒毒管理局、计财装备处、信息化工作处、政治部、宣传处、机关党委、老干部处。另有全面依法治省办公室、监狱管理局、司法警官职业学院等。

3. 基层司法行政机关——市（地）、县（区）司法局和乡镇司法所（办）

市（地）、县（区）司法局为本级人民政府主管司法行政工作的职能部门，是我国司法行政工作的基层管理机关。将司法行政机关延伸到基层政权组织，这是我国司法行政制度1979年恢复重建后的重大发展。但从省（自治区、直辖市）至省辖市（地区）到县级市（市辖区）到乡镇（街道），由于司法行政机关越往基层，其管理职能越薄弱，其内设机构也越少。

省辖市人民政府和地区行政公署普遍设立了司法局（处），承担管理律师、公证、法制宣传、人民调解、安置帮教等司法行政业务。

县（县级市、市辖区）人民政府设立了司法局。由于县级司法行政机关处于第一线，虽然其司法行政管理职能更为单纯，但其承担的具体工作任务则较为繁重，是我国司法行政体系的重要基础。

乡镇人民政府和街道办事处部分设立了司法所（司法办公室），普遍配备了司法助理员。司法所（办）既是同级政府具体承办司法行政事务的职能机构，也是上级司法行政机关的派出机构。司法所（办）和司法助理员的主要任务是：参与社会治安综合治理，开展法制宣传和普及法律常识，组织管理辖区内的人民调解工作，代表基层政府处理重大疑难的民间纠纷。在越来越多的建有乡镇法律服务所的地方，乡镇（街道）司法所（办）与法律服务所基本上是两块牌子、一套人马，同时担负着面向农村、面向群众提供法律服务的具体事务。自2003年7月开展社区矫正试点工作以来，司法所还承担社区矫正工作。

（二）司法行政机关的管理体制

1. 司法行政机关的业务管理体制

国务院1988年10月批准的《司法部“三定”方案》明确规定，司法部是国务院管理全国司法行政工作的职能部门，在党中央、国务院的领导下，指导地方各级司法行政工作。此后国务院又于1994年、1998年在批准司法部职能配置、内设机构和人员编制方案中，先后重申了司法部的各种业务管理职能。根据国务院对司法部业务管理职能的规定，地方各级人民政府也相应规定：地方各级司法行政机关作为同级政府管理司法行政工作的职能部门，既受本级党委和政府的领导，同时在业务上又受上级司法行政机关的指导和监督。这就在全国上下形成了一个适合中国国情的司法行政业务管理体制。这种管理体制，既有利于加强各级党委和政府对司法行政工作的组织领导，又有利于上级司法行政机关的业务管理，两者的有机结合，更有利于全国司法行政工作的统一组织和统一实施。

2. 司法行政机关的干部管理体制

我国司法行政机关曾长期处于业务管理与干部管理相脱离的状况，上级对下级司法行政机关只管业务，不管干部。1989 年 3 月 22 日，中共中央组织部和司法部联合下发的《关于加强司法行政机关领导干部考核管理工作的通知》中明确规定：对司法行政机关领导干部的管理，实行双重领导、以地方党委为主的管理体制。司法部和地方各级司法行政机关要积极协助地方党委把协管范围内的干部管好。对这些干部，要全面深入地考核了解，经常向党委反映情况，主动提出任免、调动、奖惩的建议。党委在任免、调动、奖惩这些干部时，应事先征求上一级司法行政机关的意见。实行这种管理体制，提高了司法行政队伍的战斗力，为不断强化司法行政业务的管理与监督提供了有力的组织保证。

二、社区矫正机制的概念

“机制”一词在许多学科中被广泛地使用。机制有时也称机理，大体有三种含义：一是指机器的构造和工作原理，如计算机的机制；二是用来表述有机体的构造、功能和相互关系，如动脉硬化的机制；三是泛指一个复杂的工作系统和某些自然现象的物理、化学规律，如优选法中优化对象的机制等。

从系统论的观点来看，所谓机制，泛指一个工作系统或各个部分之间相互作用的过程和方式，也指其自身工作系统的组成，各个组成部分之间的关系机能、运作的过程和具体运作方式。比如市场机制、竞争机制等。

社区矫正机制，是指司法行政机关在社区矫正战略思想指导下，适应国际刑罚发展的趋势和社区矫正对象社会化及社会适应的需要，建立的一种监督管理和矫正教育工作系统。社区矫正机制建立的目的是，使社区矫正工作机构和司法资源配置合理，各个方面的工作运行协调，以较小的矫正成本投入获得较大的矫正绩效。[①] 社区矫正机制是实施社区矫正战略的重要保障。对社区矫正机制的理解，应从以下几个方面着手。[②]

（一）社区矫正机制是一个系统工程

对社区矫正对象实施社区矫正战略，并不是一般意义上的工作方式、方法的转变，而是要以系统论作为指导思想和方法论基础，从系统的观点出发，从客观的总体工作指导思想到工作格局的建立和具体工作操作的微观层面考虑，并作为一项系统工程来完成。因此，社区矫正机制的建立，涉及社区矫正机构的设立、社区矫正的管理、社区矫正工作者的调配、社区矫正工作的组织与协调、社会各方力量的参与等。社区矫正机制从总体上看是一个大系统，其下又包括若干个子系统。同时，社区矫正机制又是社会治安综合治理系统的一个子系统。系统内各个子系统之间必须是协调、一致并有机地结合，形成良性运作，具有科学性、实用性、可操作性，切实符合社区矫正的实际，而不仅是教育改造工作名称和形式的改变，更重要的是促进社区矫正对象的适应能力，最终实现社会治安的稳定和良性循环。

---

① 张峰. 论社区矫正机制的模式选择 [J]. 河南司法警官职业学院学报，2006 (1)：39.

② 同①39 - 40.

（二）社区矫正机制是一种新型矫正理念

实施社区矫正是司法机关在新的社会条件下，适应社会发展、进步的要求，对原有教育转化工作的升华，是针对过去封闭监禁所存在的弊端而寻求的替代措施，也是矫正工作文明化、人性化、人文化、科学化的体现。把解决社会治安问题作为全社会的共同任务，并从战略的高度树立让社会公众共同参与对社区矫正对象的社区矫正工作，依靠社会力量教育转化社区矫正对象的理念。在这一战略思想的指导下，在具体矫正工作方法、措施、手段的运用上，要摒弃那种“独家经营”、高墙电网、与社会隔离、神秘莫测的思路，让社区矫正工作走向社会，让社会公众了解社区矫正工作，参与社区矫正工作，让社区矫正对象直面社会现实，和社会公众面对面，提高社区矫正对象的社会适应能力和竞争能力，增强社区矫正对象的“免疫力”，勇敢地面对社会生活。

（三）社区矫正机制是对司法资源的科学整合

建立社区矫正机制必须服从、服务于社区矫正总体战略，要逐步改变以封闭监禁为主的刑罚模式，立足于社区矫正对象的社会化和社会适应能力，立足于发挥社会力量的积极作用，要以社区矫正机构为核心，各部门之间相互配合，公、检、法、司之间通力合作，共同做好矫正工作，帮助社区矫正对象高质量地回归社会。

三、建立社区矫正机制的意义

社区矫正机制作为一个系统、一个体系，无论是对整个刑罚理念，还是对我国矫正传统，都是一种变革、一种冲击，它的设置对我国法治建设、社会治理体系和社会治理能力现代化建设具有重要意义。

（一）社区矫正机制是社区矫正理论的具体化

任何一种先进的、科学的理论，或成功的经验，都不能束之高阁，最终都要付诸实践，在实践中取得社会效益。社区矫正作为一种矫正教育理论，最终要体现在对矫正实践的指导上，先进的、科学的理论，必须要得到实践的检验。在我国社会条件下，社区矫正理论的形成经历了一个十分曲折的过程，它是在我国矫正教育工作几十年实践的基础上，对国内外正反两方面经验进行认真总结和深刻反思之后，才逐步探索出适合我国国情的矫正理论。随着我国社区矫正工作逐步展开和实践经验的归纳总结，社区矫正工作必将得到全社会的认同。在我国，主要是借鉴国外的理论和经验，探索适合我国国情和有中国特色的社区矫正机制。从矫正机构设置、人员配置、岗位职责到公、检、法、司及社会各部门、各环节的运行机制都要具体化，社区矫正理论指导社区矫正机制的建立，而社区矫正机制的建立和运作又使社区矫正理论更加具体化，更加体现理论对实践的指导作用和实践对理论的检验作用。二者相辅相成，使社区矫正活动规范、有序、良性运作，取得更大的社会效益，这才是建立社区矫正机制的目的。

（二）社区矫正机制是实施社区矫正战略的重要保障

社区矫正战略从最初的提出，到在上海、北京等地试点，再到在全国施行，是一个不断总结、探索、实践的过程。这一过程涉及社会团体、社会组织、社区、社会公众及公安、检察院、法院、司法等方方面面，其中的组织、管理、协调是至关重要的，需要建立科学的社区矫正机制，以确保矫正教育和转化活动的科学性、有效性和矫正效益最大化。社区矫正机制直接体现了现代刑罚理念，是实现社区矫正战略的重要条件。从这个意义上说，社区矫正机制是实施社区矫正战略的重要保障。实践证明，良好的工作机制，对实现工作目标能起到事半功倍的效果，反之，如果工作机制不能适应社区矫正工作的要求，将会制约、影响和阻碍社区矫正工作的正常运行。良好的机制能起到激活作用，不良的机制能起到抑制作用，因此，建立科学的社区矫正机制，是实施社区矫正战略的前提条件。

（三）社区矫正机制是依法规范矫正行为的根本措施

社区矫正机制围绕着社区矫正战略目标，对社区矫正工作和各部分的运作过程、方式作出明确规定。这种机制一旦形成，对社区矫正机构、社区矫正对象的矫正行为将起到规范作用。这种规范作用也将与社区矫正相关的法律、法规、规章制度相配套，使社区矫正工作者在开展对社区矫正对象的日常管理、安全防范、矫正活动等方面的业务活动中，指导思想明确，职责权限清晰，自我定位准确，内部分工具体，工作关系协调。大家都清楚自己的责任和义务，知道该干什么、怎么干，该管什么、怎么管，哪些是职责范围内的行为，哪些是非职责范围内的行为，使每一个社区矫正工作者都将自己的矫正活动规范于社区矫正机制这个大系统中，与整个社区矫正机制协调运作，在各自的岗位上发挥作用，形成协同联动的合力，克服和避免越权操作、违规操作、违法操作。

（四）社区矫正机制是促进司法工作改革的重要动力

社区矫正战略是一种以治本为主、治标为辅的矫正发展战略，其核心是矫正社区矫正对象的犯罪心理和行为恶习，并促进其再社会化，提高其社会适应性。通过对社区矫正对象的主动矫治，使其在回归社会后，最大限度地减少重新犯罪的可能性。在形式上充分调动社会力量，使其广泛参与矫正活动。在这种战略思想指导下建立的社区矫正机制，必然会对公安机关、司法行政机关、检察机关、审判机关等部门在工作机构设置、人员配置、组织管理、业务分工、工作方式、职权划分、义务设定等诸多方面产生影响。社区矫正战略的实施和社区矫正机制的完善，将会带动我国司法改革的进一步深化。同时，随着新的刑罚理念、矫正理论的确立，作为各级司法机关的职能部门，都会逐步转变组织、管理工作方式，从实际出发，摒弃陈旧落后的观念和做法，在工作侧重点，财力、物力的使用，对矫正队伍的管理与教育训练，机构设置等诸多方面适应社区矫正战略的需要。另外，随着社区矫正机制中对社区矫正工作者的考核、监督、激励机制的完善，将会形成一种优胜劣汰的局面，极大地调动社区矫正工作者的工作、学习积极性，增强遵纪守法、严格自律、无私奉献的自觉性，提高社区矫正工作者的整体素质，提高工作效率，使社区矫正工作得到社会公众的广泛支持，社会公众会在参与矫正工作方面变得更加主动。从这个意义上来说，司法机关在搞好社区矫正机制建设的同时，应当把社区矫正机制建设与深化司法工作改革同步进行，使我国司法工作与时俱进，适应社会变革的需要。

第二节　我国社区矫正机制

我国的社区矫正机制，包括了社区矫正决定机构、社区矫正管理机构、社区矫正执行机构、社区矫正协作机构和社区矫正监督机构等。

一、我国社区矫正机制的演变

我国的社区矫正工作是在试点的基础上开展起来的，因此，社区矫正的机制从组建之初就带有明显的“组合”特色。首先，从中央层面来看，《关于开展社区矫正试点工作的通知》就是以最高人民法院、最高人民检察院、公安部、司法部的名义于 2003 年 7 月 10 日联合下发的，要求由所属相关部门具体实施。在试点省份，都是以政法委员会牵头成立社区矫正工作办公室，主要目的就是便于协调各个部门的工作。在该通知中，明确规定了公安机关的执法主体地位和司法行政部门的工作主体地位。

在机构设置上，中央执行机构是司法部，社区矫正工作办公室起初设在基层工作指导司。在各个试行社区矫正工作的省、直辖市、自治区，以政法委员会牵头成立的社区矫正工作办公室一般设在司法厅（局）的基层工作处，个别省份是作为司法厅（局）的独立的机构。在地市司法局和县级司法局，社区矫正工作分别隶属于基层工作处和基层工作科，有些是隶属于安置帮教科。

这种机构设计，虽然在社区矫正由试点到试行的整个过程中起到了积极的作用，但不可否认的是，正是社区矫正机构设置的不合理性，影响甚至阻碍了社区矫正功能的发挥。为了克服这一弊端，司法部设立了社区矫正管理局，主管全国的社区矫正工作。

二、我国社区矫正工作机制

从广义上讲，社区矫正工作机制包括社区矫正的决定机构、管理机构和执行机构。

（一）社区矫正的决定机构

目前，在我国的法律框架下，依照《刑法》《刑事诉讼法》《监狱法》《社区矫正法》等法律规定，对社区矫正对象实施社区矫正的决定机构包括人民法院、公安机关和监狱管理部门。这些机构通过判决、决定、裁定的形式，对宣告缓刑的罪犯、判处管制的罪犯、裁定假释的罪犯、决定暂予监外执行的罪犯实行社区矫正。

（二）社区矫正的管理机构

《社区矫正法》第 8 条规定："国务院司法行政部门主管全国的社区矫正工作。县级以上地方人民政府司法行政部门主管本行政区域内的社区矫正工作。人民法院、人民检察院、公安机关和其他有关部门依照各自职责，依法做好社区矫正工作。人民检察院依法对社区矫正工作实行法律监督。地方人民政府根据需要设立社区矫正委员会，负责统筹协调和指导本行政区域内的社区矫正工作。"这就意味着社区矫正管理机构分为管理部门、协作部门和监督部门。管理部门是国务院司法行政部门和县级以上地方人民政府司法行政部门；协作部门是人民法院、人民检察院、公安机关和其他有关部门；监督部门是人民检察院。在这里，主要介绍司法行政机关的社区矫正管理机构。

1. 中央管理机构

《刑事诉讼法》第 269 条规定："对被判处管制、宣告缓刑、假释或者暂予监外执行的罪犯，依法实行社区矫正，由社区矫正机构负责执行。"从法理上明确了社区矫正机构是社区矫正的执行机构。《社区矫正法》第 8 条规定的"国务院司法行政部门主管全国的社区矫正工作"，正式确立了中央管理机构是司法部，是全国社区矫正工作的最高管理机关。司法部 2010 年 11 月设立了社区矫正管理局，但和基层工作司是"两块牌子，一套人马"，并未真正成为司法部的内设机构。据 2019 年 1 月司法部网站公示"社区矫正管理局"已经成为司法部的内设机构。因此，司法部的社区矫正管理局是中央一级的管理机构，负责监督检查社区矫正法律法规和政策的执行工作，指导、监督对社区矫正对象的刑事执行、管理教育和帮扶工作，指导社会力量和志愿者参与社区矫正工作等。根据《社区矫正法实施办法》第 2 条的规定，司法行政机关组织实施社区矫正工作，这确立了司法行政机关在社区矫正工作中的主体地位。

2. 各省、自治区、直辖市司法厅（局）社区矫正管理部门

这一部门直接设在各省、自治区、直辖市的司法厅（局）内，是省级司法厅（局）的内设机构，称作社区矫正管理局。它作为省级社区矫正管理机构的职能部门，统管全省、自治区、直辖市的社区矫正工作。其主要负责指导监督全省、自治区、直辖市社区矫正对象的刑事执行工作，组织开展社区矫正对象管理、教育和社会适应性帮扶工作，指导社会力量和志愿者参与社区矫正工作等。

3. 各地、市司法局、处的社区矫正管理部门

该部门设在各地、市司法局、处内，具体职责是起承上启下的中介作用，是基层的社区矫正管理机构，同时，该部门对辖区内各区县的社区矫正工作进行管理和指导。根据《社区矫正法》第 8 条的规定，地方人民政府根据需要设立社区矫正委员会，负责统筹协调和指导本行政区域内的社区矫正工作。《社区矫正法实施办法》第 4 条规定："司法行政机关依法履行以下职责：（一）主管本行政区域内社区矫正工作；（二）对本行政区域内设置和撤销社区矫正机构提出意见；（三）拟定社区矫正工作发展规划和管理制度，监督检查社区矫正法律法规和政策的执行情况；（四）推动社会力量参与社区矫正工作；（五）指导支持社区矫正机构提高信息化水平；（六）对在社区矫正工作中作出突出贡献的组织、个人，按照国家有关规定给予表彰、奖励；（七）协调推进高素质社区

矫正工作队伍建设；（八）其他依法应当履行的职责。”这是明确规定了社区矫正管理机关的职责。

这样，从中央到地方，社区矫正机构就形成了一个网络体系，构成了一个有机整体，形成了完善的社区矫正管理机制。[①]

（三）社区矫正的执行机构

社区矫正具体工作执行机构，以各县（市、区）司法局为依托，根据各地的实际情况而设立。依照《社区矫正法》第 8 条的规定，县级人民政府司法行政部门主管本行政区域的社区矫正工作。第 9 条第 1 款规定：“县级以上地方人民政府根据需要设置社区矫正机构，负责社区矫正工作的具体实施。社区矫正机构的设置和撤销，由县级以上地方人民政府司法行政部门提出意见，按照规定的权限和程序审批。”《社区矫正法实施办法》第 9 条规定：“社区矫正机构是县级以上地方人民政府根据需要设置的，负责社区矫正工作具体实施的执行机关。社区矫正机构依法履行以下职责：（一）接受委托进行调查评估，提出评估意见；（二）接收社区矫正对象，核对法律文书、核实身份、办理接收登记，建立档案；（三）组织入矫和解矫宣告，办理入矫和解矫手续；（四）建立矫正小组、组织矫正小组开展工作，制定和落实矫正方案；（五）对社区矫正对象进行监督管理，实施考核奖惩；审批会客、外出、变更执行地等事项；了解掌握社区矫正对象的活动情况和行为表现；组织查找失去联系的社区矫正对象，查找后依情形作出处理；（六）提出治安管理处罚建议，提出减刑、撤销缓刑、撤销假释、收监执行等变更刑事执行建议，依法提请逮捕；（七）对社区矫正对象进行教育帮扶，开展法治道德等教育，协调有关方面开展职业技能培训、就业指导，组织公益活动等事项；（八）向有关机关通报社区矫正对象情况，送达法律文书；（九）对社区矫正工作人员开展管理、监督、培训，落实职业保障；（十）其他依法应当履行的职责。设置和撤销社区矫正机构，由县级以上地方人民政府司法行政部门提出意见，按照规定的权限和程序审批。社区矫正日常工作由县级社区矫正机构具体承担；未设置县级社区矫正机构的，由上一级社区矫正机构具体承担。省、市两级社区矫正机构主要负责监督指导、跨区域执法的组织协调、与同级社区矫正决定机关对接的案件办理工作。”因此，县级司法行政机关的社区矫正机构是社区矫正的执行机构。

《社区矫正法》第 9 条第 2 款规定：“司法所根据社区矫正机构的委托，承担社区矫正相关工作。”因此，司法所不再承担社区矫正日常工作，县（市、区）社区矫正机构具体承担社区矫正日常工作。在实务工作中，司法所的主要职责是：（1）接受委托开展调查评估工作；（2）接收社区矫正对象，组织入矫宣告和解矫宣告；（3）组织矫正小组开展工作，落实矫正方案；（4）做好日常监督管理、教育帮扶等工作；（5）对社区矫正对象进行考核，提出奖惩建议；（6）其他依法应当履行的职责。

总之，社区矫正执行机构是司法行政机关的基层基础机构，是植根于社区，直接面对社区公众，直接开展对社区矫正对象的监督管理、教育矫正、社会帮扶等工作，是社

---

① 张峰. 论社区矫正机制的模式选择［J］. 河南司法警官职业学院学报，2006（1）：41.

区矫正工作机构的“终端”。

三、社区矫正的监督机制

社区矫正的监督机制，是指法律授权的机关、公民、社会组织及社区矫正机构内部对社区矫正机构依法履行职责及行使职权的活动和遵守纪律的情况实施监督的相互作用过程和方式。对社区矫正活动实施监督是实现社区矫正机构职能的重要条件，是保障社区矫正工作者依法履行职责、行使职权的重要手段，也是维护社区矫正对象合法权益的重要保障，对于加强社区矫正工作的执法监督、强化对权力的制约、更好地实施社区矫正战略，都具有十分重要的意义。

按照表现形式的不同，社区矫正监督机制可分为检察监督、国家权力机关监督和社会监督。

（一）检察监督

检察监督是指人民检察院通过行使检察权依法对社区矫正机关及社区矫正工作者遵守和执行法律的情况进行的监督。检察机关的主要监督依据如下。

1.《社区矫正法》

《社区矫正法》第 62 条规定：“人民检察院发现社区矫正工作违反法律规定的，应当依法提出纠正意见、检察建议。有关单位应当将采纳纠正意见、检察建议的情况书面回复人民检察院，没有采纳的应当说明理由。”

2.《人民检察院刑事诉讼规则》

2019 年最高人民检察院修订的《人民检察院刑事诉讼规则》在第十四章“刑罚执行和监管执法监督”中，单列了第四节“社区矫正监督”，该节共包括 3 条。第 642 条主要是对社区矫正决定、交付、接收的检察监督的规定：“人民检察院发现社区矫正决定机关、看守所、监狱、社区矫正机构在交付、接收社区矫正对象活动中违反有关规定的，应当依法提出纠正意见。”第 643 条主要是对社区矫正活动过程中的检察监督的规定：“人民检察院发现社区矫正执法活动具有下列情形之一的，应当依法提出纠正意见：（一）社区矫正对象报到后，社区矫正机构未履行法定告知义务，致使其未按照有关规定接受监督管理的；（二）违反法律规定批准社区矫正对象离开所居住的市、县，或者违反人民法院禁止令的内容批准社区矫正对象进入特定区域或者场所的；（三）没有依法监督管理而导致社区矫正对象脱管的；（四）社区矫正对象违反监督管理规定或者人民法院的禁止令，未依法予以警告、未提请公安机关给予治安管理处罚的；（五）对社区矫正对象有殴打、体罚、虐待、侮辱人格、强迫其参加超时间或者超体力社区服务等侵犯其合法权利行为的；（六）未依法办理解除、终止社区矫正的；（七）其他违法情形。”第 644 条是对社区矫正中刑罚执行变更活动的检察监督的规定：“人民检察院发现对社区矫正对象的刑罚变更执行活动具有下列情形之一的，应当依法提出纠正意见：（一）社区矫正机构未依法向人民法院、公安机关、监狱管理机关提出撤销缓刑、撤销假释建议或者对暂予监外执行的收监执行建议，或者未依法向人民法院提出减刑建议的；（二）人民法院、公安机关、监狱管理机关未依法作出裁定、决定，或者未依法送达的；（三）公安机关未依法将罪犯送交看守所、监狱，或者看守所、监狱未依法收监执行的；（四）公安机关未依法对在逃的罪犯实施追捕的；（五）其他违法情形。”

3.《社区矫正法实施办法》

《社区矫正法实施办法》第6条对人民检察院的职责进行了规定：“人民检察院依法履行以下职责：（一）对社区矫正决定机关、社区矫正机构或者有关社会组织的调查评估活动实行法律监督；（二）对社区矫正决定机关判处管制、宣告缓刑、裁定假释、决定或者批准暂予监外执行活动实行法律监督；（三）对社区矫正法律文书及社区矫正对象交付执行活动实行法律监督；（四）对监督管理、教育帮扶社区矫正对象的活动实行法律监督；（五）对变更刑事执行、解除矫正和终止矫正的活动实行法律监督；（六）受理申诉、控告和举报，维护社区矫正对象的合法权益；（七）按照刑事诉讼法的规定，在对社区矫正实行法律监督中发现司法工作人员相关职务犯罪，可以立案侦查直接受理的案件；（八）其他依法应当履行的职责。”

人民检察院实施法律监督，主要是对社区矫正机构和社区矫正工作者监督管理活动的合法性、社区矫正对象行为合法性、刑罚变更及惩罚活动的监督。人民检察院实施法律监督，其内容和形式主要有：人民检察院发现社区矫正监督管理活动违反法律和《社区矫正法实施办法》规定的，可以区别情况提出口头纠正意见、制发纠正违法通知书或者检察建议书。

（二）国家权力机关监督

国家权力机关监督，是指各级人民代表大会及其常务委员会对社区矫正机构监督管理活动的监督。人民代表大会是我国的立法机关和权力机关，它们对社区矫正工作的监督，以宪法和法律为依据，代表人民的意志，能得到广大人民群众和社会舆论的广泛支持，并具有撤销法规、规章等规范性文件和人事罢免的权力，具有极大的权威性。这种监督主要通过以下途径来实现：一是通过立法对社区矫正机构及其社区矫正工作者行使职权的活动进行制约。二是对各级政府制定的有关社区矫正工作的经费预决算进行审查，作出批准与否的决定。三是各级人民代表大会通过听取司法行政机关社区矫正机构的报告，对法律实施情况进行检查。①

（三）社会监督

社会监督是指来自国家机关以外的社会组织和公民个人对社区矫正机关的执法活动所进行的监督。社会监督是一种非国家性质的监督，监督的方式主要是对社区矫正机关所采取的矫正措施提出批评建议，对矫正活动中的违法违纪行为进行控告检举等，不直接产生法律后果，不具有法律上的强制性。但是，这种监督是国家机关监督的重要来源和重要补充，是社区矫正监督机制中十分重要的监督形式。它主要来自以下几个方面：

（1）人民政协对社区矫正机构监督管理活动的监督，主要是通过提出批评、建议等

① 张峰．论社区矫正机制的模式选择［J］．河南司法警官职业学院学报，2006（1）：43.

方式进行。

（2）人民团体、企事业单位等社会组织对社区矫正机构监督管理活动的监督，主要是通过批评、建议、控告、检举等方式进行。

（3）公民个人对社区矫正机构矫正教育活动的监督，主要是通过检举、控告、申诉等方式进行。

（4）舆论的监督，主要是新闻机构通过新闻媒介的监督作用，以及广大网民通过网络媒介，反映广大人民群众的意志和要求，揭露社区矫正机构及工作人员可能存在的违法违纪行为。

四、社区矫正的协作机制

《社区矫正法》第8条第2款规定："人民法院、人民检察院、公安机关和其他有关部门依照各自职责，依法做好社区矫正工作。人民检察院依法对社区矫正工作实行法律监督。"《刑法》《刑事诉讼法》《监狱法》等法律法规对在社区矫正过程中，人民法院、人民检察院、公安机关和其他有关部门对于社区矫正对象调查评估、居住地认定、法律文书的送达、治安管理处罚、逮捕、禁止令的执行、社区矫正对象的收监执行、社区矫正对象脱逃的追捕，以及其他相关事项的相互配合和衔接，都进行了规定。

（一）公安机关的协作

公安机关是社区矫正工作的主体之一，不仅是社区矫正的决定机关，而且是社区矫正的刑罚执行机关，还是社区矫正的行政处罚机关。因此，公安机关在社区矫正工作中，行使社区矫正决定权、调查评估权、行刑权、行政管理处罚权等。《社区矫正法实施办法》第7条规定："公安机关依法履行以下职责：（一）对看守所留所服刑罪犯拟暂予监外执行的，可以委托开展调查评估；（二）对看守所留所服刑罪犯拟暂予监外执行的，核实并确定社区矫正执行地；对符合暂予监外执行条件的，批准暂予监外执行；对符合收监执行条件的，作出收监执行的决定；（三）对看守所留所服刑罪犯批准暂予监外执行的，进行教育，及时通知并送达法律文书；依法将社区矫正对象交付执行；（四）对社区矫正对象予以治安管理处罚；到场处置经社区矫正机构制止无效，正在实施违反监督管理规定或者违反人民法院禁止令等违法行为的社区矫正对象；协助社区矫正机构处置突发事件；（五）协助社区矫正机构查找失去联系的社区矫正对象；执行人民法院作出的逮捕决定；被裁定撤销缓刑、撤销假释和被决定收监执行的社区矫正对象逃跑的，予以追捕；（六）对裁定撤销缓刑、撤销假释，或者对人民法院、公安机关决定暂予监外执行收监的社区矫正对象，送交看守所或者监狱执行；（七）执行限制社区矫正对象出境的措施；（八）其他依法应当履行的职责。"

（二）人民法院的协作

人民法院是社区矫正工作的又一重要参与主体，在社区矫正中具有社区矫正决定权，调查评估权，撤销缓刑、假释收监执行权，减刑权，逮捕权等。《社区矫正法实施办法》第 5 条规定："人民法院依法履行以下职责：（一）拟判处管制、宣告缓刑、决定暂予监外执行的，可以委托社区矫正机构或者有关社会组织对被告人或者罪犯的社会危险性和对所居住社区的影响，进行调查评估，提出意见，供决定社区矫正时参考；（二）对执行机关报请假释的，审查执行机关移送的罪犯假释后对所居住社区影响的调查评估意见；（三）核实并确定社区矫正执行地；（四）对被告人或者罪犯依法判处管制、宣告缓刑、裁定假释、决定暂予监外执行；（五）对社区矫正对象进行教育，及时通知并送达法律文书；（六）对符合撤销缓刑、撤销假释或者暂予监外执行收监执行条件的社区矫正对象，作出判决、裁定和决定；（七）对社区矫正机构提请逮捕的，及时作出是否逮捕的决定；（八）根据社区矫正机构提出的减刑建议作出裁定；（九）其他依法应当履行的职责。"

（三）监狱管理机关的协作

监狱管理机关是社区矫正的决定机关之一。《社区矫正法实施办法》第 8 条规定："监狱管理机关以及监狱依法履行以下职责：（一）对监狱关押罪犯拟提请假释的，应当委托进行调查评估；对监狱关押罪犯拟暂予监外执行的，可以委托开展调查评估；（二）对监狱关押罪犯拟暂予监外执行的，依法核实并确定社区矫正执行地；对符合暂予监外执行条件的，监狱管理机关作出暂予监外执行决定；（三）对监狱关押罪犯批准暂予监外执行的，进行教育，及时通知并送达法律文书；依法将社区矫正对象交付执行；（四）监狱管理机关对暂予监外执行罪犯决定收监执行的，原服刑或者接收其档案的监狱应当立即将罪犯收监执行；（五）其他依法应当履行的职责。"

第三节　社区矫正管理模式

回归的理念构成了社区矫正的理论基础。由于回归思想支配下的矫正模式的主要表现形式是社区矫正，因此，人们将其称为社区矫正管理模式。在回归思想的指导下，社区矫正制度迎来了"黄金时代"。[①]

我国社区矫正工作经过十几年的探索，形成了诸多独具特色的管理模式，其中具有代表性的有上海管理模式、北京管理模式、浙江管理模式、江苏管理模式等。[②]

一、上海管理模式

上海市社区矫正工作在市委政法委的直接领导下开展，经过多年的探索与实践，逐

---

① 巴特勒斯．矫正导论［M］．孙晓雳，等译，北京：中国人民公安大学出版社，1991：23.

② 王李娜．上海社区矫正的实践与思考［J］．湖北经济学院学报（人文社会科学版）．2008（3）：37－38；张传伟．我国社区矫正京沪模式的比较分析与选择［J］．北京社会科学．2009（1）：55－61．目前，上海、北京、浙江、江苏等地创立的模式，都根据《社区矫正法》的要求进行了调整。

步形成了符合上海实际、具有上海特色的社区矫正运作模式。此模式也为研究与探讨我国社区矫正未来发展方向提供了新的实践操作空间和理论思考空间。

上海于 2002 年 8 月开始在徐汇区斜土路、普陀区曹杨新村和闸北区宝山路 3 个街道扩大社区矫正的试点，试点的社区矫正对象包括缓刑、假释、管制、暂予监外执行和剥夺政治权利的罪犯。到 2003 年 1 月在这 3 个区的 31 个街道（镇）社区矫正工作已全面推开，到 2003 年 8 月又扩大到浦东、卢湾两个区，在全市的 5 个区的 59 个街道（镇）试点。2003 年年初，上海市委政法委经过半年的调研，提出在全市构建预防犯罪工作体系的思路，由政府出钱购买服务，引入社团和社工帮助吸毒者、社区青少年、社区矫正对象三类特殊人群树立生活的信心和能力，从源头上预防犯罪。上海模式的特色主要体现在以下几个方面。

（一）上海管理模式的特点

上海市的社区矫正是典型的以政府职能与社区优势相结合的复合主导模式，总体思路是“政府主导推动、社团自主运行、社会多方参与”。2004 年 8 月起，在试点工作的基础上，预防犯罪工作体系建设在全市各区县范围内全面推进，逐渐形成了多元化的、各司其职、协同管理的综合治理新格局。

（二）上海管理模式的社会经济条件

上海位于全国改革开放的前沿，经济实力雄厚，良好的社区环境不断培育形成，基层组织和文明建设得到了较快的发展，市民的思想道德修养、科学教育水平和民主法治观念有了进一步提高，初步形成了一支热心于社会公益事业的志愿者队伍。另外，市委政法委对上海市法治建设的改革和创新非常重视和支持，也为加强上海的社区矫正工作奠定了良好的基础。

（三）上海管理模式的专业工作理念

在整个模式的构建与发展完善中，设计者与实施者超越了传统依靠行政方法实施专政的理念，而是采用了社会工作关于平等、尊严、接纳、诚信等方面的理念，以及发挥社会工作康复、预防功能的理念。因此，从一开始就强调了将社会工作的价值理念运用到社区矫正的过程，通过政府购买社工服务的方式推动民间社团的自主运作，实行专门化机关管理和社会化管理相结合。

（四）上海管理模式的体制建设

上海市成立了以市委政法委牵头协调，公、检、法、司等相关部门参加的社区矫正工作领导小组，设立了禁毒委员会办公室、社区矫正办公室、青少年事务办公室，作为政府主导机构负责统筹规划禁毒、社区矫正、青少年事务三项工作。在政府的主导与推动下，分别从事禁毒、社区矫正、青少年事务三项工作的民办非营利社团是上海市自强服务社、上海市新航社区服务总站、上海市阳光社区青少年事务中心。这三个社团获得政府购买服务的费用，承担政府指定的服务项目，其主要职能为人事招聘、培训与考核以及制定统一的工作要求等日常管理。

在区级层面，对应三个社团各区相应有三个社工站，各个街道都设有社工点。社区矫正工作者在正式上岗前进行120个课时的集中封闭式培训，授课老师为高校社会工作专业与法学专业的专家和教授，分别进行法律知识、社会工作理论与实务、矫正业务与流程等课程培训。另外，社区矫正工作者每人每年至少要进行48小时的再培训，主要包括新的政策规定、具体工作中的一些方法、技巧等的学习。

（五）上海管理模式的队伍建设

上海市根据相关规定，通过社会公开招聘和内部在编人员选聘，组建了专门的社区矫正工作人员队伍，并对工作人员的任职条件作了详细的规定，要求任职者必须是大专以上学历、有相关学科背景、有上海户籍，这在一定程度上保障了社区矫正工作者的专业性和稳定性。同时，上海市还采取了一些措施保障社区矫正工作人员的质量，比如，规定其中40％～50％的社工向社会公开招聘，50％～60％的社工从政法、教育、卫生等国家机关和事业单位在编人员中选聘，应聘者须通过统一考试、面试和政审后择优聘用并进行上岗培训。选聘人员除享有原先单位的工资福利待遇外，适当给予电话补助、交通费用补助和餐饮补助。另外每年还有养老保险、工伤保险、生育保险、医疗保险、失业保险以及住房公积金等福利待遇。

（六）在矫正内容方面

通过建章立制，初步形成了社区矫正对象日常管理、学习教育、公益活动、帮困解难、社区矫正志愿者队伍建设五大工作内容。同时构建了“三大板块”“五大基地”的实践形式。“三大板块”即日常管理、教育学习和公益活动；“五大基地”即政治思想教育基地、法制教育基地、爱国教育基地、公益活动基地和推荐就业基地。

（七）在考核评估方面

由上海市社区矫正办公室分别对社区矫正工作站、社工点进行考核。其标准包括：司法所承担社区矫正日常管理职能情况；重新犯罪率的大小；法律文书是否齐全；矫正方案是否规范；台账是否完善等方面。

对于社工的考核，制定了以“台账建立率、案主见面率、重点案主谈话率、个案涉及率”为主要内容的目标考核制度，而不是一味强调总结报告与重新犯罪率的多少。

另外，上海市社区矫正办公室与上海政法学院、华东理工大学社会工作系在理念设计、制度建设、人员培训以及其他具体矫正工作的各环节都展开了密切合作，为上海市社区矫正的顺利进行提供了科学的理论指导。

（八）社区矫正网络的立体层面

第一层：社区矫正工作人员负责为社区矫正对象制定个性化矫正方案；掌握社区矫正对象的现实表现情况，为社区矫正对象的日常管理、司法奖惩及期满鉴定提供依据；帮助社区矫正对象解决心理、生活、就业等方面的实际问题。

第二层：社区矫正工作站向各街镇派出社工，对该辖区社工进行业务指导、绩效考核和日常管理等。

第三层：民办非企业单位与社工签订服务协议并组织社工开展工作；负责对区县社区矫正工作站及社工进行评估；确保政府购买服务费用的合理使用等。

第四层：街道司法所对社区矫正工作者提出工作要求和工作目标，并对社区矫正工作者作出评估；依照有关规定或政策办理社区矫正对象的社会保障事宜，帮助做好对社区矫正对象的帮困解难工作等。

第五层：区县司法局安置帮教科（或基层科）按权限审批并承办社区矫正对象的奖惩；负责本区县政府购买服务经费的核定、申请；指导、监督并评估本区县社区矫正工作站及社工的工作；指导、监督、检查街道乡镇司法所社区矫正工作等。

第六层：上海市司法局社区矫正工作办公室负责领导和管理全市社区矫正工作，经公安机关授权履行执行刑罚的职能；研究制定社区矫正工作有关的政策、制度；负责审批社区矫正对象的日常管理奖惩，审核社区矫正对象的司法奖惩；负责政府购买服务项目的评估及经费核定、申请等。

二、北京管理模式

北京市是全国范围内第一个将社区矫正试点工作扩大到整个辖区的地区。北京市于2001年年底开始社区矫正工作，于2002年上半年在司法局内成立专门的矫正工作机构——监狱劳教工作联络处，全权负责北京市的社区矫正工作。同时，北京市组织力量进行专门的社区矫正工作调研，并进行假释和暂予监外执行等罪犯社区矫正的理论研究和实践探索。2003年7月1日，北京市将东城区、房山区、密云区作为社区矫正的首批试点区县。之后，逐年加大试点工作的广度和深度。2004年5月1日，北京市决定将全市的所有区县均纳入试点范围。

（一）北京管理模式的特点

北京管理模式是典型的以政府主导的行刑空间转换模式，是由北京市社区矫正工作领导小组及其办公室在社区矫正试点过程中探索的一种符合国情及首都实际情况的，在社区中进行的非监禁刑和非监禁措施的刑事执行制度，以及运用开放式教育改造罪犯的工作模式。社区矫正成为司法行政机关的工作职责，行政色彩浓厚。社区矫正的性质是刑事执行活动，注重通过行政化的教育来实现对社区矫正对象的心理矫正。北京市成立了很多社区矫正服务中心，如朝阳区阳光社区矫正服务中心，其筹建、经费来源以及人员的组成等都是官方主导的。

（二）北京管理模式的基本工作理念

2003年北京市社区矫正工作试点是对原有的由公安机关作为执行主体的社会服刑工作的继承与完善。在当时的法律框架之下，社区矫正工作的定位只能是刑罚执行活动，执行主体与执行对象不能改变，具体的执行工作与矫正内容由国家司法行政系统的基层司法所及专业社区矫正工作者承担与负责落实。

（三）北京管理模式的运作方式

在运作方式上，北京管理模式从上到下分为三个层次：北京市建立由政法委牵头、市级政法部门和有关部门参加的联席会议制度；各试点区县成立社区矫正试点工作领导小组，办公室设在司法局，负责日常管理工作；试点街道（乡镇）成立社区矫正工作领导小组。由此形成了北京市、各区县、街道（乡镇）三级社区矫正网络体系。

社区矫正工作整体格局是政法委统一领导，司法局组织实施，法院、检察院、公安机关、民政、人力资源和社会保障等相关部门协作配合，司法所具体执行。

（四）社区矫正队伍的组建

北京管理模式的社区矫正工作队伍主要由专业矫正力量和社会矫正力量两部分组成。专业矫正力量由司法所司法助理员和抽调的监狱、戒毒人民警察组成，是社区矫正的主要力量；社会矫正力量是社区矫正的补充力量，主要由社会志愿者构成，包括专家学者、离退休干部、社区居委会成员、高校学生、社区矫正对象的近亲属和所在单位人员等。

为了弥补基层司法所无行刑权的问题，专门从监狱和强制隔离戒毒所抽调了人民警察，以便在矫正中对社区矫正对象行使行刑权。因此，北京管理模式的监督管理、矫正教育、危机干预、社会救助等工作是由司法助理员、监狱和戒毒人民警察、社会志愿者等共同来完成的。

（五）北京管理模式的工作内容和方法

在工作内容和方法上，北京市探索建立了风险管理模式，在个案矫正、心理矫正、行为矫正等方法上进行了实践。对社区矫正对象以其人身危险性大小为标准实施分类管理，并且以社区矫正对象接受矫正的时间进程为基础，实施分阶段教育。

所谓风险管理，是依据对社区矫正对象的人身危险性的测量调查，分出不同的等级，在此基础上制定出相应的监督管理、矫正教育的方案，充分体现个别化原则，以增强社区矫正的针对性和科学性，从而提高社区矫正的安全防范水平与教育改造质量。具体做法是：以社区矫正对象的人身危险性大小为分类标准，结合社区矫正对象回归社会的趋向程度，将社区矫正对象分为 A、B、C 三类，其中 A 类为人身危险性小、再社会化程度高的人员；B 类为人身危险性和再社会化程度一般的人员；C 类为人身危险性大、再社会化程度低的人员。为体现管理的差异性，对 A 类人员实施低强度管理，对 B 类人员实施中强度管理，对 C 类人员实施高强度管理。分阶段教育的具体内容是根据社区矫正对象在接受矫正过程中心理、行为特点和需求变化的规律性，结合矫正教育的目标，将教育全过程分为初始教育、常规教育和解矫教育三个阶段，增强教育工作的系统性、连贯性、科学性和计划性，提高教育工作的实效性。① 一般说来，初始教育阶段为接受矫正的前两个月，解矫前教育阶段为解除矫正前一个月，中间时段为常规教育阶段。在

---

① 张建明．社区矫正理论与实务［M］．北京：中国人民公安大学出版社，2008：452.

三个阶段设定相应的教育目标、教育内容和教育方式。比如在初始教育阶段，社区矫正对象一般具有自卑、对生活缺乏信心、对社区矫正存在逆反等心理特征，以及对社区矫正较为抵触、参加社区矫正较为被动等行为特征，并具有渴望被社会接纳、解决基本生存问题等需求。解除矫正前的最后阶段则是为矫正对象正常进入社会作最后准备。

在个案矫正方面，北京模式对社区矫正对象的感化帮扶呈现立体化的特点，结合每个社区矫正对象的犯罪经历、心理特征和家庭状况等情况进行个性化感化。对于每名社区矫正对象，制定具有针对性的感化方案。通过心理测查、心理咨询、矫正、评估等程序，细致深入地了解社区矫正对象的内心世界，为科学矫正提供基础资料。对生活确有困难的社区矫正对象在劳动就业、升学考试、技能培训、低保办理、解决户口等方面给予积极的帮助。通过解决具体生活问题，让社区矫正对象从内心感受到政府、社会对他们的挽救，以此激发其参加社区矫正的积极性。

同时，该管理模式在社区矫正中推行半强制式就业，即社区矫正对象有工作单位的，可以在原单位继续工作；没有工作而有能力自谋职业的，可以在告知社区矫正组织后自谋职业，社区矫正组织为其提供方便；没有工作且没有能力自谋职业的，社区矫正组织为其创造条件，提供培训机会，指导其就业，社区矫正对象必须服从就业指导，参加指导安置的工作项目。

三、浙江管理模式

浙江省自社区矫正试点开始，逐步探索出了具有自身特色的管理模式。[①] 浙江省社区矫正试点工作大致分为三个阶段，即 2004 年 5 月至 2009 年为试点阶段；2009 年至 2019 年为全面实行阶段；2020 年以后为法治化建设阶段。

2003 年 7 月，浙江省被确定为全国首批社区矫正试点省份，社区矫正试点工作正式启动。经过近一年的前期工作准备，2004 年 5 月 13 日，浙江省政府召开了全省社区矫正试点工作会议，全面部署试点工作。此次工作会议为完善浙江省各试点地区的司法行政机关与法院、公安机关、检察院等相关职能部门的社区矫正工作衔接以及开展社区矫正对象日常监督、管理和教育的各项工作做了准备。2004 年 4 月，浙江省委办公厅、省政府办公厅印发了《关于成立浙江省社区矫正工作委员会的通知》。据此，逐步建立了以省及试点市、区（市、县）社区矫正工作委员会及办公室和乡镇（街道）社区矫正试点工作领导小组为基础构架的四级试点工作组织领导和工作管理体系。

浙江省在社区矫正前期试点工作中，探索形成了以组织管理体系化、队伍建设多元化、刑罚执行制度化、监督管理社会化、教育矫正人性化、奖惩考核公开化、公益劳动多样化、帮困解难亲情化、档案台账规范化、接受解除程序化等“十个化”为基本特点的社区矫正工作方法和措施，社区矫正的实际效果初步显现。特别应该提到的是，作为

① 浙江社区矫正管理模式参考了张建明所著的《社区矫正理论与实务》，中国人民公安大学出版社，2008 年版。浙江警官职业学院副院长徐祖华（浙江省司法厅社区矫正管理局原局长）对相关内容进行了修订，增加了自 2008 年以来的新探索和新内容。

浙江省社区矫正试点单位的浙江省诸暨市枫桥镇，在 20 世纪 60 年代初就总结出了“发动和依靠群众，坚持矛盾不上交，就地解决，实现捕人少、治安好”的“枫桥经验”，受到毛泽东同志的充分肯定，成为全国政法干线的先进典型。随着社会经济形势的发展，“枫桥经验”不断创新并被赋予具有鲜明时代特色的新内涵，其中许多做法蕴含了目前正在开展的社区矫正工作的诸多元素，成为现代基层社会治理的良好经验。进入新时代，浙江省社区矫正工作呈现快速发展的良好局面，形成了以下六个方面的鲜明特色。

（一）健全工作体制机制

浙江省探索建立并巩固完善了“党委政府领导、司法行政机关牵头组织、职能部门密切配合、社会力量广泛参与”的社区矫正领导体制和工作机制，并上升为全国经验。省、市、县（市、区）三级人民政府全面建立社区矫正委员会及其办公室，社区矫正机构实现全覆盖，基层司法所建设成效显著，社区矫正队伍素质结构明显改善，社区矫正工作指导管理、组织实施体系日益健全和完善。

（二）完善工作制度体系

浙江省颁布了一系列有利于开展社区矫正工作的制度，为社区矫正工作建章立制，保证了工作渠道信息畅达，使社区矫正工作得以稳步推进。2004 年以来，浙江省相继出台了《浙江省社区矫正试点工作实施方案》《浙江省社区矫正对象考核奖惩办法》等 70 多项工作制度，初步探索形成了符合社区矫正工作规律、具有浙江特点的社区矫正工作制度体系，有力地确保了全省社区矫正工作依法规范、健康有序运行。《社区矫正法》《社区矫正法实施办法》颁布实施之后，浙江省制定出台了社区矫正调查评估、考核奖惩、教育帮扶、信息化监管、部门衔接等 5 项规范性制度，编印下发了集社区矫正法律制度、工作职责和流程、法律文书格式、检查考核办法及细则等内容为一体的《浙江省社区矫正工作实务指南》等专业性、实操性用书，使浙江省社区矫正工作与《社区矫正法》等法律法规实施有序衔接、平稳过渡，社区矫正各项工作全面进入法治化新阶段。

（三）优化监管教育帮扶体系

浙江省准确理解和牢牢把握社区矫正刑事执行和行刑社会化的基本属性，坚持矫正为本、管教结合、帮扶并重，创建并完善了县、乡、村三级社区矫正对象监管教育帮扶体系，“精准矫正”“智慧矫正”体系建设初显成效，社区矫正质量稳步提升，社区矫正秩序持续安全稳定，为加快社区矫正立法进程贡献了浙江智慧、提供了浙江经验。

（四）夯实工作保障体系

浙江省将社区矫正工作全面纳入平安、法治、综治和政府目标责任制等考核，在全国率先建立动态增长的社区矫正财政保障机制，出台社区矫正社会工作者政策性保障措施，执法、教育、管理“三位一体”的县级社区矫正中心实现全覆盖，“智慧矫正中心”“枫桥式”司法所创建活动深入推进，社区矫正基层基础全面加强和巩固。

（五）规范社会力量参与体系

浙江省坚持发展新时代“枫桥经验”，探索形成了以下六种主要参与形式：一是专业社会组织参与。通过政府购买服务或自主培育专业社会组织等方式，协助社区矫正机构开展心理矫治、个案矫正、教育帮扶等社区矫正活动。二是基层自治组织参与。2014年以来，浙江省在有社区矫正对象的村（居）委会全面建立社区矫正工作站，为村（居）委会干部群众参与社区矫正对象帮教帮扶活动搭建平台，并将其融入基层社会治理“网格化管理、组团式服务”体系。三是党团组织参与。如2017年以来，嘉兴市司法局与市委组织部联合启动实施了“先锋助矫”项目，全市3000多名党员志愿者结对帮教辖区内的社区矫正对象，并纳入基层党建工作和党员先锋模范业绩考核。还有以党员和入党积极分子为主体的社会组织参与，如宁波市北仑区的“红领之家”社会组织，以“去标签化”的帮教理念和“融入式”的活动方式，使社区矫正对象切身感受到了广大党员的思想影响力和帮教正能量。四是社会企业参与。企业在职业技能培训、推荐就业、过渡性安置等方面发挥了积极作用。如宁波市奉化区探索“政企社”相结合模式，政府出资、企业承接、社区配合、社区矫正机构负责绩效管理与考核。该模式运用企业文化、企业管理和企业经营等理念和方法，对社区矫正帮教帮扶活动实行企业化管理和项目化运作，规模效益十分明显。五是公益组织参与。比如，诸暨市依托“一米阳光”等慈善公益性组织推动建立社区矫正志愿者队伍，以“公益、自愿、无偿”形式协助开展帮教帮扶等活动等。六是家庭亲情参与。家庭支持和帮教在社区矫正工作中具有非常重要和特殊作用，广泛动员社区矫正对象亲属好友积极参与、协助司法所做好日常监督、教育疏导等工作，对社区矫正对象平稳度过社区矫正执行期能够起到较好的促进作用。如湖州市长兴县探索建立携手互动、共同参与的“亲亲家园”家庭帮教模式，使社区矫正对象违法违规现象大幅减少。

（六）提升信息化管理体系

2019年1月，司法部办公厅下发《关于加快推进全国“智慧矫正”建设的实施意见》，确定浙江省为全国“智慧矫正”试点省份。2020年9月，杭州市西湖区、宁波市海曙区、温州市苍南县、台州市黄岩区和嘉兴桐乡市等5个县级司法局被司法部社区矫正管理局确定为全国首批“智慧矫正”建设县级试点单位。浙江省围绕“智慧矫正”建设目标和要求，一是探索建立全维度、智能化的赋能数据层。将各渠道汇集的社区矫正数据进行清洗、开发、管理，转化为数据能力并渗透到社区矫正各个业务环节，提升社区矫正业务效率，实现数字化转型。探索机器学习、深度学习技术应用，打造持续叠加的数据资产湖，降低数据服务门槛，繁荣业务应用生态，促进“数据平台”与“业务平台”的良性互动，满足社区矫正各类业务需求，支持信息化创新发展。二是探索建立时效快、交互佳的智慧办案层。深入推进政法一体化办案系统建设，健全完善以调查评估、交付衔接、日常监管、提请协同、解除终止五个环节协同为主干，单轨办案与智能辅助为两翼，矫正态势研判分析为尾翼的社区矫正一体化协同机制和业务流程，实现部门数据交换、业务协同、数据共享、流程再造。扎实推进以“混合组卷”为基础的社区矫正单轨制协同办案机制建设，在县级社区矫正中心全面设立数字化卷宗管理室，落实专管人员，推动案件流转无纸化，提升执法办案效率。三是探索建立全时空、立体化的精密智控层。深化“智慧矫正中心”创建，研发应用“云雀”信息化智能监管系统，全面融合基站LBS定位、手机软件GPS定位、电子腕带北斗定位等三种技术模式，综合利用“核心区反向预警”“定向区域抽查”“一键式寻访”“范围卡点布防”等场景式功能组件，促进精准监管。依托国家地理信息“天地图”平台，搭建社区矫正对象、监管执法人员、基层网格员三重智密图层，形成“天地一张网”监管指挥态势。推进社区矫正基础数据与“智能治理”“基层网格”“雪亮工程”“公安天眼”“城市大脑”等平台进行场景化多业务协同，将社区矫正信息化核查、人员查找等工作融入各平台，实现精密智控。四是探索建立系统性、预见性的风险防控层。发挥“智慧矫正联合实验室”作用，围绕“犯情动态演化和再犯风险预警研判技术研究”国家重点研发项目，研究建立社区矫正态势感知与形势分析指标体系，构建分析模型，开发态势感知、执法评估、矫情分析、辅助办案、应急指挥等辅助决策子系统。积极应用区块链技术，搭建社区矫正核心数据追溯系统，解决社区矫正核心数据存证核查、权责界定等难题。

四、江苏管理模式

江苏省也是首批被纳入全国社区矫正试点的省份。2003年7月，“两院两部”下发《关于开展社区矫正试点工作的通知》（司发〔2003〕12号）后，江苏省正式启动社区矫正试点工作。在试点过程中逐步确立了“规范执法、分类管控、精准矫治、损害修复、智慧矫正”的工作思路。特别是近年来，江苏省在严格监管的同时，强化个别化矫治、社会化参与、智能化应用和专业化提升，推动社区矫正工作高质量发展。

江苏省的社区矫正工作先后经历了三个阶段。第一阶段是试点阶段，主要任务是构建网络、建立工作队伍、完成建章立制。这一阶段的试点工作在南京、苏州、连云港3个省辖市的6个市、区（县）的24个乡镇（街道）首先展开。之后，社区矫正试点范围扩大至全省，主要是把握工作规律，探索工作方法，积累试点经验。第二阶段是深化试点和全面展开阶段，社区矫正工作从面的扩展转向质的提高，从全面探索转向规范的建立，使经验上升为制度，办法上升为规范，实现社区矫正工作的制度化、科学化、规范化。第三阶段是2020年7月1日《社区矫正法》和《社区矫正法实施办法》颁布实施之后，全面进入社区矫正法治化建设阶段。其特色体现在以下几个方面。

（一）社区矫正组织机构建设规范化

江苏省各级司法行政机关为切实加强对社区矫正对象的监督管理、教育帮扶，逐步建立起社区矫正机构，形成专门机关与社会力量相结合的工作格局，特别是近年来进行探索创新，形成了一定特色。2015年，江苏省在机构设置全覆盖的基础上，探索推行社区矫正机构“队建制”，在设区市、县级层面分别建立支队、大队，负责社区矫正执法及管理工作。全省98个县（市、区）中，83个县级司法局内设社区矫正局（科）并建立“局（科）队合一”的管理体制。2019年，江苏省委办公厅、江苏省政府办公厅印发

“三定”方案，设立江苏省司法厅社区矫正管理局（社区矫正管理总队）。《社区矫正法》正式实施后，江苏省司法厅指导盐城市司法局先行试点，将市司法局社区矫正管理局（支队）更名为市社区矫正管理局（支队），拥有独立法人和统一社会信用代码，可以独立开展社区矫正工作，同时提请江苏省委江苏省政府设立省级社区矫正委员会，筹备召开委员会第一次会议，明确议事规则和各部门职责。

江苏省积极推进社区矫正机构实战化扁平化智能化建设，优化人员力量配置，建立科学高效的勤务运行模式，形成上下联动、内外协同、规范高效的工作机制。2009 年，江苏省司法厅部署启动县级社区矫正中心建设，推动县级司法局社区矫正机构向一线实战单位转型。2012 年起，在全省所有县级社区矫正中心建成基础上，积极推进县级社区矫正中心提档升级，通过县级社区矫正机构与中心合署，实现社区矫正工作主要执法管理事项由县级社区矫正中心承担。2015 年，在江苏省司法厅和设区市司法局推行社区矫正机构指挥中心建设，强化对县乡社区矫正工作的实战化指导管理、监督考核。2019 年，在全省推行“1＋N”模式，即每个县（市、区）建立一个社区矫正中心及若干分中心。各地根据就近就便原则，以大型司法所建设为基础，有序推行县级社区矫正分中心建设，江苏省司法厅验收通过 42 个县级社区矫正分中心。

（二）社区矫正管理法治化

2014 年，江苏省人大常委会通过《江苏省社区矫正工作条例》，在组织领导、保障监督、社会参与、执行主体等多个方面作出明确规定，实现较大突破和发展，是我国首部社区矫正地方性法规。2014 年底至 2015 年初，陆续发布社区矫正刑罚执行权力清单、社区矫正机构责任清单和社区矫正对象义务清单，进一步深化执法规范化建设，全面提升执法公信力和教育管理水平。2016 年，江苏省司法厅联合省质量技术监督部门和相关院校、基层司法行政机关，研究制定了覆盖社区矫正工作各环节的 38 项工作标准并全面试行，准确指导社区矫正工作者依法履职、规范执法。2012 年以来，江苏省司法厅和相关部门联合先后制定《江苏省社区矫正对象监督管理办法》等 10 余份规范性文件。江苏省司法厅单独印发了《江苏省社区矫正对象教育矫正办法》等 20 余份规范性文件。特别是《社区矫正法》颁布以来，将宣传贯彻《社区矫正法》列入全省普法工作重点内容，开展社区《矫正法》集中宣传月活动，全面梳理现行工作制度规范，做好废改立工作，对 38 项江苏省社区矫正工作标准进行修订，制定社区矫正对象考核管理办法，试点社区矫正执法回避、律师进驻社区矫正中心值班制度，部署开展暂予监外执行类社区矫正对象执法专项整顿活动，联合江苏省人民检察院开展执法专项检查，防范工作人员失职渎职和社区矫正对象脱管失控情况的发生。

（三）“智慧矫正”信息化

近年来，江苏省紧紧围绕司法部“数字法治智慧司法”决策部署，坚持“内网管理智能化、外网服务移动化”理念，在全省司法行政一体化智能平台总体构建下，紧扣数字化、智能化、实战化，加快社区矫正信息化建设和应用，形成江苏特色的“一网三通”：社区矫正信息系统和工作人员“矫务通”、矫正对象“在矫通”、矫正小组成员

"协矫通"移动 App 等一体融合、高效运行模式，支撑服务全省社区矫正工作高质量发展。积极探索实施科学评估，整合风险评估、需求评估和心理评估系统，在入矫阶段对社区矫正对象开展危险性评估和矫正需求评估，生成个性化评估报告，并根据评估结果推送初步矫正方案，经集体合议后充实完善矫正方案，为后续监管教育工作提供指引。广泛应用智能监管，研发矫正纪实、"四色积分预警"、25 项智能提醒和警示工具以及 17 项分析研判工具，其中，公安机关提供的飞机乘坐、铁路出行、旅店住宿、网吧上网等数据为社区矫正对象不假外出行为提供预警。依托江苏省社区矫正信息管理系统、政法协作大平台和"矫务通""在矫通""协矫通"等系统，对社区矫正对象实施手机核查、人脸识别、电子定位等监管措施。与"雪亮工程""天网工程"对接，实现对社区矫正对象信息化核查、重点人员腕带定位核查等功能，构建无缝隙的监管新模式。启动"大数据＋特殊人群管理"项目建设，分析研判社区矫正对象的矫正类别、犯罪类型、损害成因等因素，建立行为控制模型，智能推演活动轨迹，灵活设置电子围栏，提升管控的精准度。充分发挥监狱、社矫、安帮条线网上平台原有数据资源优势，设计开发刑事执行一体化系统，实现委托评估、人员交接、必接必送等业务线上协同。调研开发刑释人员重新犯罪风险预警模块，上线运行安置帮教蓝信移动平台等。探索社区矫正对象自助矫正模式，先后开发上线社区矫正对象自助教育学习平台，在部分地区试点自助矫正亭设备。《社区矫正法》颁布后，主动顺应《社区矫正法》教育公益等活动形式变化要求，充分利用网站、微信、蓝信等平台，开设"空中课堂"，推广应用"自助矫正亭"等自助矫正设施，建立健全"菜单式"学习教育和职业技能培训新模式，根据社区矫正对象矫正阶段和矫正需求，通过"在矫通"自动推送必修、专修、选修课程，实现线上个别化矫正。探索大数据在智慧考核上的应用，研发试点"区块链＋社区矫正"考核评价系统，对社区矫正对象在矫期间活动情况和行为进行评价，形成综合画像，生成考核积分，作为审批经营性外出、扩大活动范围、佩戴腕带、兑现奖惩等参考依据，从而降低执法风险、助力精准矫治。

（四）矫正力量社会化

江苏省充分认识到社会力量的重要性，积极引导其参与社区矫正工作。2011 年，江苏省两办转发《江苏省综治委关于进一步加强社区矫正工作的意见》，明确提出"2015 年前实现专职社会工作者与社区矫正对象的配备比例不低于 1∶15"的发展目标。2014 年初出台《江苏省社区矫正工作条例》，规定县（市、区）人民政府应当通过公开招聘和购买服务的方式配备社区矫正社会工作者。目前，社区矫正中的社会力量已经成为江苏省开展社区矫正工作不可或缺的重要力量。2014 年以来，江苏省司法厅先后联合江苏省关工委、江苏省政法系统关工委出台关于动员组织"五老"志愿者队伍参与社区矫正工作的意见，建立定期研究、联动会商、矫情通报、"三帮"（帮学、帮教、帮困）机制，加强志愿者队伍建设，培育发展社会组织参与社区矫正。2016 年江苏省司法厅下发《社区矫正专业型社会组织培育发展推进方案》，要求江苏省各县（市、区）至少培育发展 1 个可参与社区矫正的专业型社会组织，普遍建立县级社区矫正工作协会及乡镇（街道）社区矫正工作协会，同时明确推进措施要求等。江苏省各地大力加强对社会组织的培育孵化，通过政府购买、公益创投等多途径支持引导172家社会组织参与社区矫正工作。充分发挥基层自治组织等的独特作用，2014年10月，江苏省司法厅下发《关于进一步加强全省村（社区）司法行政服务站建设的指导意见》，依托村（社区）基层自治组织开展司法行政工作。村（居）民委员会发挥贴近社区矫正对象日常工作、生活的优势，及时掌握社区矫正对象的思想动向和行为表现，协助做好社区矫正对象的困难帮扶、公益活动等工作。目前，司法行政服务站建设已成为江苏省社会力量参与社区矫正工作的重要阵地。江苏省积极引入社会组织，对社区矫正对象实施专门的损害修复，突出家庭、学校、社会参与，提高教育矫治成效。

（五）矫正项目专业化

江苏省自2016年起组织指导苏州市局和江苏省司法警官高等职业学校联合开展循证矫正试点，2017年起实施损害修复工程，在东南大学中国犯罪预防与社会修复研究中心及25个县级社区矫正中心开展项目试点，2019年在全省推开社区矫正损害修复工作并成立国内首个社区矫正损害修复协会。2020年，江苏省部署开展社区矫正损害修复“深化提升年”活动，进一步扩大损害修复项目类型，编制10类损害修复项目指引，规范损害修复阵地建设，培育损害修复社会支持系统，完善损害修复协同协作机制，促进社区矫正对象顺利回归融入社会。深化互帮共建，调整刑事执行一体化建设领导小组及其办公室人员，扎实推进刑事执行一体化建设，完善“双向挂职”等监地互帮共建机制，选派“互帮共建”民警参与社区矫正工作，实现全省社区矫正中心及分中心全覆盖，形成大融合工作格局，有力提升互帮共建工作的制度化、规范化水平。

典型案例

绥中县人民法院

再审决定书

（2021）辽1421刑申4号

原审被告人岳××犯非法采矿罪一案，本院于2021年8月10日作出（2021）辽1421刑更3号刑事裁定，认定被告人岳××在缓刑考验期限内，多次未经批准离开所居住的市区，其行为违反监督管理规定，情节严重。裁定撤销本院（2017）辽1421刑初269号刑事判决中对罪犯岳××判处有期徒刑二年六个月，缓刑四年的缓刑部分；对罪犯岳××收监，执行原判有期徒刑二年六个月（刑期从裁定执行之日起计算，裁定执行以前先行羁押的，羁押一日折抵刑期一日）。该裁定已经发生法律效力。

被告人岳××以外出是基于正常的工作和生活所需，每次均向司法所报备，申请人并没有违反相关规定，撤销缓刑的刑事裁定适用法律错误为由向本院提出再审申请。

本院经审查认为，因有证据证明原审被告人岳××在被监管期间的外出，系原审被告人岳××治疗疾病、探望被抚养的未成年子女及处理公司业务，原审被告人岳××每次外出，均向监管的司法所提出申请，监管的司法所均口头同意其外出。原审裁定认定事实错误，依法应予纠正。据此，依照《中华人民共和国刑事诉讼法》第二百五十三条一项、《最高人民法院关于适用〈中华人民共和国刑事诉讼法〉的解释》第四百五十七条之规定，案经本院审判委员会讨论，决定如下：

一、本案由本院另行组成合议庭进行再审；

二、再审期间原裁定中止执行。

二〇二二年四月二十七日

引例分析

依照《社区矫正法》第 21 条的规定，社区矫正执行地为社区矫正对象的居住地。张××居住在开封市开发区第一大街，因此应到开封市开发区社区矫正机构报到。

思考练习

1. 什么是社区矫正机构？其基本职责有哪些？
2. 在社区矫正工作中，公安机关的基本职责有哪些？
3. 在社区矫正工作中，人民法院的基本职责有哪些？

第五章　社区矫正队伍建设

学习目标

1. 掌握社区矫正队伍的基本构成；
2. 掌握社区矫正工作者的职责；
3. 掌握社区矫正工作者应具有的素质。

引入案例

李××是某县一司法所所长，该所只有李××一人是国家工作人员，按照《社区矫正法》的规定，司法所受社区矫正机构的委托，承担社区矫正相关工作。

问题：

李××在带领司法所人员开展社区矫正工作中的职责是什么？

社区矫正队伍建设，不仅直接关系到社区矫正质量的高低，而且决定着社区矫正工作的成效。《社区矫正法》第 16 条规定："国家推进高素质的社区矫正工作队伍建设。社区矫正机构应当加强对社区矫正工作人员的管理、监督、培训和职业保障，不断提高社区矫正工作的规范化、专业化水平。"因此，只有建设一支高质量的社区矫正队伍，才能实现社区矫正的价值追求。本章就社区矫正队伍的职责、组建的依据，以及社区矫正工作者应具备的素质等问题进行探讨。

第一节 社区矫正工作者及其职责

由于我国开展社区矫正工作时间较短，因而对一些概念的界定尚并不十分明确，关于社区矫正工作者的名称问题，存在着不同的看法和观点，不仅名称不统一，而且各种名称之间所具有的内涵和外延也不一致。社区矫正工作者的主要名称有“社区矫正工作者”“社区矫正官”“矫正人员”“社区矫正工作人员”“司法所工作人员”等。根据社区矫正的工作性质和内容，本书认为统一使用“社区矫正工作者”这个名称比较合适。

一、社区矫正工作者的名称

根据司法部2004年7月1日颁布实施的《司法行政机关社区矫正工作暂行办法》第12条的规定，“社区矫正工作者”是规范的名称，它是由“司法所工作人员、有关社会团体成员和社会志愿者组成”。在这个规定中，是想把直接从事社区矫正工作的基层管理人员界定为社区矫正工作者，意图十分明确，但是存在的问题也十分突出。首先，它仅规定了“司法所工作人员”属于社区矫正工作者，把司法厅（局）、各地市、县（区）司法局的从事社区矫正领导工作的人员排除在了“社区矫正工作者”之外，这显然是不合适的。其次，它将参与到社区矫正工作中的“有关社会团体成员和社会志愿者”规定为“社区矫正工作者”，其目的是突出社区矫正管理人员的广泛参与性。但是，公安机关、检察机关、审判机关、共青团、民政等部门都直接或间接地参与了社区矫正工作，有些部门还指派了专门人员来协助这项工作，应该说已经具有了“社区矫正工作者”的特征，但在规定中却被排除在了“社区矫正工作者”之外，显然是不合适的。最后，从我国社区矫正工作的实践来看，大部分省、自治区和直辖市为了解决社区矫正工作者的执法权问题，抽调了一部分监狱、戒毒人民警察，由公安机关指派公安派出所的一部分民警，专门从事社区矫正工作，这部分人员是社区矫正工作的专职管理人员，但也未在规定的范围之内。综上所述，司法部这一规定是有缺陷的，不利于在实践中对“社区矫正工作者”的界定。

《社区矫正法》第10条、第11条、第12条、第13条把参与社区矫正工作的人员分为两大类：一类是专门国家工作人员，即社区矫正机构工作人员；另一类是协助工作的社会力量，包括社会工作者、居民委员会、村民委员会、企业事业单位、社会组织、志愿者，以及社区矫正对象的监护人、家庭成员、所在单位或者就读学校等人员。

二、社区矫正工作者的基本构成

如何明确社区矫正工作者的构成？首先，应确立社区矫正工作者的标准，依据标准确定人员范围。其次，以在社区矫正工作中的法定地位、作用、身份特征、权利义务、职责范围来归为不同的类别。因此，社区矫正工作者有广义和狭义之分，广义的社区矫正工作者是指所有参加社区矫正工作的人员；狭义的社区矫正工作者是指依照法律法规的规定，在社区矫正工作机构工作的具有法定身份的公职人员，以及受社区矫正机构委托从事社区矫正工作的人员。只有进行这样的区分和界定，才能对社区矫正工作者进行层次划分。[①]

(一)社区矫正机构工作人员

这一类人员是指狭义的社区矫正工作者，其身份具有法定性，按照法律法规和政策的规定享有权利的同时，必须履行法定义务，包括我国社区矫正中的“执法主体”和“工作主体”。根据司法部《司法行政机关社区矫正工作暂行办法》的规定，以及各省、自治区、直辖市的实践，社区矫正机构工作人员应包括下列人员：

(1) 省级、市级、县级司法行政机关所设立的社区矫正机构中从事领导、管理工作的人员。

(2) 受委托从事社区矫正工作的司法所工作人员。

(3) 参与社区矫正工作的社区公安民警。

(4) 参与社区矫正工作的监狱人民警察。

《社区矫正法》第 10 条规定：“社区矫正机构应当配备具有法律等专业知识的专门国家工作人员（以下称社区矫正机构工作人员），履行监督管理、教育帮扶等执法职责。”这是关于社区矫正机构工作人员的法律规定。

(二)社区矫正协助管理人员

社区矫正的协助管理人员，不是具有法定职责的专职从事社区矫正工作的管理人员，而是热心于公益事业的社会人士和社会团体中的人员。他们主要从事的工作是协助专业社区矫正工作人员对社区矫正对象进行矫正教育、危机干预、社会救助和恢复秩序等活动。《社区矫正法》第 11 条、第 12 条、第 13 条规定了社区矫正协助管理人员、参与组织的范围。据此，社区矫正协助管理人员和参与组织包括以下几个。

1. 社区矫正社会工作者

社区矫正社会工作者是指经政府公开招聘，专门协助社区矫正工作者对社区矫正对象进行监督管理、教育疏导、生活救助等日常事务性管理的专职人员。他们主要在司法局社区矫正中心工作，接受司法局的工作安排、指导和考核。根据社区矫正机构招录社区矫正社会工作者的情况来看，虽然各地有不同的规定，但这类人员应基本具备下列条件：

(1) 拥护党的领导。

(2) 遵守法律，品行端正，没有违法犯罪记录。

(3) 热爱社区矫正工作，工作责任心强。

(4) 具有大专以上法学、社会学、心理学学历。

(5) 具有一定的文字写作能力，并可熟练操作和使用计算机。

---

① 连春亮，张峰. 社区矫正概论 [M]. 北京：法律出版社，2006：298－299.

（6）身体健康，年龄应在 40 岁以下。

2. 社会志愿者

社区矫正社会志愿者是指热心社区矫正工作，有一定的法律政策水平和专业知识，并经司法行政部门和志愿者组织登记，自愿无偿协助开展社区矫正工作的人员。社区矫正工作志愿者应当具备下列条件：拥护宪法、遵守法律、品行端正；热心社区矫正工作；有一定的法律政策水平、文化素质和专业知识。

一般来说，社区矫正中的志愿者具有下列特点：第一，他们不一定具备开展社区矫正工作的专业技能，也不要求他们都有从事社区矫正工作所需要的专业技能。第二，他们并不是专职的社区矫正工作人员，而是兼职人员；他们仅仅在自己的主业之外或者在退休之后，利用一定时间从事社区矫正工作。第三，他们不是领取薪水的工作人员。他们只能根据开展工作的情况，领取一定的工作津贴。第四，与获得的报酬相适应，志愿者承担的义务和责任也要比专业人员少。第五，志愿者的工作时间不固定，他们根据社区矫正机构的需要和自己的情况，从事一定时间的社区矫正工作。第六，志愿者的流动性较大，“可持续性”差。他们是否继续从事社区矫正工作，完全取决于自己的情况，而不受社区矫正机构的制约，不接受社区矫正机构的强制性管理。①

这些人员主要包括专家学者、知名人士、退休干部和教师、高等院校学生等。具体做法如下：

（1）社区矫正机构可以动员、邀请退休的老干部、老职工、老教师，担任未成年社区矫正对象的学业辅导员、思想辅导员。老干部、老职工、老教师具有丰富的人生经验和实践智慧，邀请他们参与社区矫正工作，能够发挥重要作用。

（2）社区矫正机构可以邀请一些热心社会公益事业的教育学、心理学、医学、法学、社会学专业的大学生参与比较专业的社区矫正工作。社区矫正对象在矫正教育过程中可能遇到各种各样的困扰，包括自身的心理矛盾、身心疾患等情况。社区矫正机构由于经费、编制缺乏，不太可能为他们提供比较完善的帮助、保护措施，此时，学有所长的大学生可以一展才华，参与社区矫正工作。

3. 社区基层自治组织的协助人员

《社区矫正法》第 12 条第 1 款规定：“居民委员会、村民委员会依法协助社区矫正机构做好社区矫正工作。”这是社区基层自治组织协助社区矫正机构做好社区矫正工作的法律规定。我们可以理解为居民委员会、村民委员会的所有成员。社区基层自治组织参与社区矫正工作，可以凝聚社区民众的向心力，增强对社区的关怀度，提高自身的号召力。

4. 企事业单位、社会组织的协助人员

《社区矫正法》第 13 条规定：“国家鼓励、支持企业事业单位、社会组织、志愿者等社会力量依法参与社区矫正工作。”社区发展需要培育成熟的社会中介组织、企事业单位、社会组织、社会团体等，社区的公益事业不仅要依靠政府资源，还要利用社区资源。社区矫正将社区矫正对象置于社区进行教育改造，如果不充分发动社区力量参与教育改造，不仅社区矫正的质量无法得到保证，而且社区矫正对象的人身危险性也无法得

① 吴宗宪. 论社区矫正工作人员的种类与名称［J］. 中国司法，2005（12）.

到有效控制。

尽管社会团体参与社区矫正工作的可能性比较小，但是，社区内的“其他单位”却能够填补由于社会团体缺位留下的空白。由于社区矫正工作的内容具有复杂性，手段具有多样性，因此，社区矫正工作需要多方面力量参与。例如：社区内的医疗机构可以参与社区矫正对象的心理矫治过程；社区内的教育机构可以参与社区矫正对象的文化知识学习、职业技能学习等矫治过程；社区内的企业可以为社区矫正对象提供职业技能培训、学习机会，甚至提供就业机会。因此，不能单纯地将社区矫正工作看成惩罚、监督、管理，更重要的是把社区矫正工作看成帮助社区矫正对象恢复与社区共存的社会责任。按照这种角度来理解，我们的视野就会非常开阔，就会发现社区内可供开发用以参与社区矫正的资源非常丰富。

5. 社区矫正对象的监护人或者家属等人员

《社区矫正法》第 12 条第 2 款规定：“社区矫正对象的监护人、家庭成员，所在单位或者就读学校应当协助社区矫正机构做好社区矫正工作。”这是以法律的形式规定了社区矫正对象的监护人、家庭成员、所在单位或者就读学校应当协助社区矫正机构做好社区矫正工作的义务。

在这里，社区矫正对象的监护人或者家属在社区矫正对象的矫正教育中具有特殊的地位和作用，社区矫正工作应当充分重视社区矫正对象的监护人或者家属。首先，社区矫正机关要组织社区矫正的其他辅助力量对社区矫正对象的家庭关系进行危机干预，避免社区矫正对象的监护人或者家属对社区矫正对象产生蔑视、排斥等不良反应。其次，要对社区矫正对象的家庭互动模式进行适当干预，防止社区矫正对象受到不良家庭互动模式的干扰和影响。最后，要努力争取将社区矫正对象的监护人或者家属发展成为社区矫正辅助力量的重要成员。如果矫正教育工作能够取得社区矫正对象监护人或者家属的支持，矫正教育工作成功的可能性将大大增加。这是因为：(1) 社区矫正对象的监护人或者家属对社区矫正对象犯罪的心理动因结构、犯罪道路的选择等非常了解。因此，获得社区矫正对象的监护人或家属的支持，将帮助社区矫正机构制定更有针对性的矫正方案。(2) 社区矫正对象生活在特定的家庭之中，社区矫正对象的监护人或家属对社区矫正对象的行为模式、生活习惯、社会交往、生活动态等都非常了解，能够及时把握社区矫正对象的心理变化，如果将社区矫正对象的监护人或家属发展成为矫正力量，将能及时获取社区矫正对象的矫正信息，便于调整矫正方案，或者应对可能出现的危机。(3) 社区矫正对象的监护人或家属成为矫正力量之后，对其进行适当的培训，使其掌握一定的矫正技能，在亲情、关爱的支持下，矫正教育工作取得成功的可能性无疑将大大增加。①

三、社区矫正工作者的职责

(一) 社区矫正机构工作人员的职责

社区矫正机构工作人员负责辖区内所有的社区矫正事务，主要依法履行下列职责：

① 何显兵. 社区矫正辅助力量建设研究 [J]. 犯罪与改造研究，2007 (2)：45-48.

(1) 接受委托进行调查评估，提出评估意见；(2) 接收社区矫正对象，办理登记；(3) 组织入矫和解矫宣告，办理入矫和解矫手续；(4) 对社区矫正对象进行监督管理；(5) 审批考核奖惩有关事项；(6) 提出刑罚执行变更等建议；(7) 组织实施对社区矫正对象的教育帮扶；(8) 法律、法规规定的其他职责。

总之，社区矫正机构工作人员不仅要负责社区刑罚的协助执行，组织、协调社区参与监狱假释、暂予监外执行的调查评估、登记接收、监督管理、矫正教育、考核奖惩等事务，而且还要组织政府资源和社区资源开展社区矫正工作；不仅要负责宏观的、微观的社区矫正事务，还要充分重视对社区志愿者组织及个人的培育以及这些组织活动的协调。其工作任务是监督管理、矫正教育、危机干预、社会救助等。

（二）社会工作者的职责

社会工作者在社区矫正机构、司法所的组织下，协助开展社区矫正工作。社会工作者依法履行下列职责：(1) 参加社区矫正小组，协助制定矫正方案；(2) 协助做好对社区矫正对象的日常管理工作；(3) 参与组织社区矫正对象学习、公益活动和技能培训；(4) 运用社会工作方法，提供专业化服务，帮助解决社区矫正对象在就学就业、工作生活和心理健康等方面的困难和问题。

很明显，社会工作者要协助制定个性化矫正方案，运用社会工作理念和方法开展矫正教育工作；参与组织社区矫正对象学习、公益活动和技能培训；掌握和记载社区矫正对象现实表现，为社区矫正对象的日常管理、司法奖惩及期满鉴定提供基本依据；帮助社区矫正对象解决心理、生活、就业等方面的实际问题和困难等。

（三）社会志愿者的职责

志愿者在社区矫正机构、司法所的组织下，协助开展社区矫正工作。志愿者可以向执行地县级社区矫正机构或司法所申请，经县级社区矫正机构审核，符合条件的，向其颁发聘书或资格证书，与其签订协议，组织其开展工作。志愿者依法履行下列职责：(1) 协助对社区矫正对象进行走访谈话、实施心理测评和个案矫正；(2) 协助开展对社区矫正对象的教育学习；(3) 记载社区矫正对象的心理测评、个案矫正、走访谈话、公益活动、教育学习等活动情况；(4) 及时向社区矫正机构或司法所反馈社区矫正对象的表现情况。

社区矫正志愿者通过开展各种专业辅导、咨询，以“一帮一”“多助一”结对帮教等形式，参与监督、管理和教育工作，促进社区矫正对象的矫正教育和帮扶。

（四）其他参与者的职责

根据《社区矫正法》和司法部的相关规定，有关部门、村（居）民委员会，以及社区矫正对象所在单位、就读学校、家庭成员或者监护人、保证人等协助社区矫正机构进行社区矫正。社会团体对社区矫正对象开展经常性的帮教活动，并通过社区矫正对象的亲属加强对社区矫正对象的教育。

第二节 社区矫正工作者队伍建设

一、社区矫正工作者队伍建设的实践

根据《社区矫正法》和《社区矫正法实施办法》的规定，社区矫正工作者涉及的领域广泛，要求具有较高的专业素养。为此，我国在社区矫正工作初始阶段就十分重视社区矫正工作者队伍建设，各地进行了探索和尝试。下面对一些地区的做法加以介绍。[①]

（一）北京的实践

1. 队伍组建

北京市根据专业矫正力量与社会矫正力量相结合的原则组建了社区矫正工作者队伍。专业矫正力量由司法局干部和抽调的监狱、戒毒人民警察组成；社会矫正力量主要是社会志愿者，包括专家、学者、知名人士、退休干部、社区居委会成员、高等院校高年级学生、社区矫正对象的近亲属和所在单位人员等。

2. 职责

司法所干部的职责包括：对社区矫正对象进行教育矫正，组织社会志愿者对社区矫正对象进行帮教，协调有关部门解决社区矫正对象在矫正过程中遇到的相关问题。抽调人民警察的职责：协助司法所干部开展对社区矫正对象的教育矫正工作，对社区矫正对象的认罪、学习等情况进行考核、提出奖惩建议。

3. 任职要求及培训

要求社区矫正工作者须热心于社区矫正工作，政治合格，有一定的政策理论水平；具有较高的文化素质或心理学、社会学、教育学、法学等方面的专业知识。

为不断提高社区矫正工作水平，要求各级矫正组织对社区矫正工作者提供业务培训。

（二）上海的实践

1. 队伍组建

按照“政府主导推动、社团自主运行、社会多方参与”的总体思路，上海市组建了由司法局、公安派出所工作人员、借调的监狱和戒毒人民警察、社会工作者及社会志愿者组成的社区矫正工作者队伍。

2. 职责

依照上海市司法局《关于贯彻落实市委“构建预防和减少犯罪工作体系”的总体部署进一步推进社区矫正试点工作的意见》的规定，负责社区矫正工作的司法所工作人员

---

① 依照刘红霞的论文《关于社区矫正工作者队伍建设的思考》为蓝本整理，并根据需要进行了取舍和修改。

的职责包括社区矫正对象的衔接工作、日常管理、帮困解难、与相关部门的协调、对社会工作者工作的评估、组织社会志愿者开展矫正工作等。社会工作者的主要职责为：制定社区矫正对象个性化矫正方案，经常与社区矫正对象联系沟通，掌握其思想、学习、工作、生活等情况，积累工作资料，做好案例分析；组织社区矫正对象的教育学习、公益活动和技能培训等工作；掌握社区矫正对象的现实表现，为社区矫正对象的日常管理、司法奖惩及期满鉴定提供基本依据；帮助社区矫正对象解决心理、生活、就业等方面的实际问题或困难；做好社会志愿者的组建、管理和培训，指导他们开展工作。

3. 任职要求及培训

上海市出台的《上海市社区矫正工作者守则（试行）》第1条对社区矫正工作者的素质、资格等做了具体的规定，即“社区矫正工作者应当热爱矫正事业，具有刻苦钻研、深入细致的工作作风，具有高度的社会责任感、良好的职业道德和崇高的职业精神。社区矫正工作者应当具有较强的法学、社会学、教育学、心理学等专业知识以及丰富的司法实践和社会实践经验，具有较强的组织和协调能力。”

中共上海市委政法委员会发布的《关于推进“构建预防和减少工作体系”试点工作的意见》《关于社区矫正社会工作者招聘、辞职、辞退的暂行规定》对社会工作者的任职条件做了详细的规定。社区矫正社会工作者应具备的条件是：（1）拥护中国共产党的领导；（2）没有违法犯罪记录；（3）具有大专以上学历（社会学、社会工作、法学、心理学等专业优先录取）；（4）能熟练操作计算机；（5）身体健康，男50岁（含）以下，女45岁（含）以下；（6）有上海市户籍。社会工作者必须经过120小时的集中培训并经考核合格方可正式上岗。上岗培训视社会工作者的专业背景的不同，分别按法律知识和社会工作知识两大块集中授课，再通过集中讲座、模拟实训等形式进行合成训练，强化提高。

（三）江苏的实践

1. 队伍组建

依照《江苏省社区矫正试点工作方案》的规定，社区矫正工作者队伍由社区矫正工作者和社区矫正志愿者组成。社区矫正工作者是指司法局工作人员和社区公安民警、抽调监狱民警。社区矫正志愿者是指工作（居住）在社区内、热心于社区矫正工作的社会团体人员、社会服务人员、专家学者、退休干部、教师、高校优秀学生、社区矫正对象的近亲属和原工作单位人员等。

2. 职责

《江苏省社区矫正工作者职责（试行）》对社区矫正工作者的职责做了明确具体的规定，具体涉及社区矫正对象的衔接、教育矫正、日常管理、考核奖惩、组织社会志愿者开展矫正活动、帮困解难、心理矫正、组织公益活动、开展社区矫正工作个案、加强各种矫正力量的配合等。

3. 培训

为提高社区矫正工作者的工作技能和水平，社区矫正工作机构定期对社区矫正工作者进行培训。

(四)浙江的实践

1. 队伍组建

浙江省按照“职业化、专业化、社会化”的要求，逐步建立一支由专业社区矫正工作者和社会志愿者相结合的社区矫正工作者队伍。专业社区矫正工作者是从事社区矫正工作的国家公职人员，主要包括从事社区矫正工作的司法局工作人员、公安派出所民警及四级社区矫正组织中从事社区矫正工作的公职人员。社会志愿者是指愿意参与社区矫正工作，并经社区矫正组织批准和培训的非专职矫正工作人员，主要包括专家学者、知名人士、退休干部、高等院校高年级学生、村（居）社区干部等。

2. 任职要求及培训

要求加强专业矫正工作者队伍建设，选派政治立场坚定、业务素质较高的人从事社区矫正工作。基层司法所必须保证有专人负责社区矫正工作。此外，为确保社区矫正工作的质量，要求各级社区矫正组织特别是县级社区矫正组织建立社区矫正工作者的学习培训制度，采取多种形式对社区矫正工作者进行业务培训。

二、社区矫正工作者的素质

在美国，社区矫正工作者要有效地开展工作必须做到①：（1）能够发展与罪犯之间高质量的人际关系，并且有热情、真诚和灵活的品质；（2）能在具体工作中有模范的行为；（3）不仅需要采取惩罚的手段，而且需要对罪犯的积极的正面行为给予支持和鼓励；（4）在是非面前要立场坚定，对罪犯的负面的态度和行为敢于持否定的态度。

关于社区矫正工作者的素质，我国有学者也作出了总结。如刘强教授认为，社区矫正工作者应具有下列基本素质②：（1）掌握在社区中执法的基本内容和要求，准确把握法律法规的有关规定，从而在合法的前提下开展工作。（2）把握在社区中对社区矫正对象进行改造和矫正的特点和规律，将社会学、犯罪学、心理学和有关学科的基本理论和常识运用于对社区矫正对象的改造和矫正，发现社区矫正对象犯罪的主客观原因，针对具体情况进行矫正。（3）学会社会工作者应该具有的工作能力和工作方法。社区矫正工作者需要更多了解社区的总体状况与基本特点，学会利用社区资源有效预防和控制犯罪；掌握个案社会工作、群体社会工作、社区社会工作以及其他间接社会工作方法。（4）提高在社区矫正工作中的创新意识。

也有人曾经提出，社区矫正工作者具备的业务素质的内容是多方面的，可以大致分为业务知识素质、基础业务素质和具体业务素质三大类。同时，社区矫正工作者应具备特定条件。这里的“特定条件”，是指社区矫正工作者从事社区矫正对象心理咨询工作应具有的特别的素质要求，包括：（1）至少应具有必要的心理学知识；（2）至少对一至两种心理咨询或心理治疗的理论有较深刻的研究和了解；（3）至少应掌握一些如谈话、

---

① 克莱门斯·巴特勒斯．罪犯矫正概述［M］．龙学群，译．北京：群众出版社，1987：43.

② 刘强．社区矫正的定位及社区矫正工作者的基本素质要求［J］．法治论丛，2003（2）：5-8.

解决问题等方面的基本技巧和方法；（4）至少应具有一定的实践经验。[①]

基于社区矫正工作的性质和任务，社区矫正工作者除具备相应的政治素质、身体素质外，更重要的是要具备从事社区矫正工作的特别素质要求，以适应工作的需要。借鉴国外的做法，同时结合我国相关学者的观点，社区矫正工作者应具备下列素质：[②]（1）基本素质。热爱社区矫正工作，有爱心，具有奉献精神，忠于职守，在工作中具有创新意识。（2）工作素质。具备一定的社会个案工作知识和经验，包括洞察人的心理及情绪变化的能力、处理纠纷的能力；熟悉相关法律知识并能运用到实践中处理相关问题的能力；熟悉所在辖区内各机构及组织的工作内容，并具备充分运用这些资源的能力。（3）知识素质。能够掌握法学理论与实务、心理学的基本理论与实务、社会行为学原理、管理学知识等。（4）责任素质。对社区矫正对象情况的保密责任，对社区矫正对象的帮助和服务责任，以及执行相关法律法规的责任等。

三、社区矫正工作者的选拔

（一）社区矫正工作者队伍组建的依据

社区矫正工作者队伍的组建，首先应明确在开展社区矫正工作中，哪些人员的参与是必需的。这是由社区矫正的性质、任务和工作内容决定的。[③]

1. 依照社区矫正的性质组建社区矫正队伍

社区矫正是一项严肃的刑事执行工作，与一般的社会工作是不同的。我国的社区矫正工作首先被界定为一项非常严肃的刑事执行活动，需要专门机关和人员严格依照法律来执行。然而，社区矫正毕竟与传统的监禁矫正存在区别，它是将社区矫正对象放在社区而非置于监狱等传统的监禁机构，其最终目的是帮助社区矫正对象顺利回归社会，成为一个社会正常人，因此必然要求充分利用社区各种资源，动员社区内的各种群众力量参与矫正教育工作。可见，社区矫正除了其刑事执行的一面，还有社会充分参与的一面。因此，社区矫正应是刑事执行和社会参与的结合体，在管理人员组建上应是专门人员和相关社会力量的结合体。

2. 依照社区矫正的工作内容组建社区矫正工作者队伍

要科学组建社区矫正工作者队伍，还应明确社区矫正的工作内容。依《社区矫正法》《社区矫正法实施办法》的规定，社区矫正的工作内容有对社区矫正对象的调查评估、危险性评估、监督管理、组织公益活动、帮困解难、矫正教育、危机干预等。由工作内容可以看出，社区矫正是一项法律性、专业性和社会性很强的工作，应配备专门的刑事执行人员，也应整合各种社会力量协助社区矫正工作的开展。

① 连春亮，张峰．社区矫正概论［M］．北京：法律出版社，2006：304，323－327．

② 刘红霞．关于社区矫正工作者队伍建设的思考［J］．http：//www.docin.com/p－447956630.html，2006－06－12．

③ 同②．

(二)社区矫正工作者的资格

如前所述，社区矫正工作者包括社区矫正机构工作人员和社区矫正协助人员，其中社区矫正机构工作人员作为社区矫正工作的主导力量，各国对其准入资格一般都作了比较严格的规定，而对于社区矫正协助人员一般比较注重对其任职能力的培训。

20 世纪 50 年代，美国缓刑和假释协会建议所有的缓刑和假释工作者应该至少具有学士学位，最好具有至少 1 年的研究生学习经历或全日制的矫正领域的经历，以利于在这一岗位上有效地履行缓刑和假释工作的职能。美国社区矫正工作者的平均学历水平高于监狱工作者的平均水平。从实际情况看，目前美国的社区工作者绝大多数均具备学士学位，其中一部分具有硕士学位。专业要求一般是刑事司法执法、犯罪学、社会学、心理学等方面。

我国学者也提出了社区矫正机构工作人员任职资格的建议：(1) 学历及专业要求。需具备大学本科学历和学士学位，并具有在大学社会科学领域如社会学、心理学、法学、教育学、精神病学等专业的学习经历。(2) 工作经历要求。有一年以上在社会机构从事工作的经历。(3) 培训要求。上岗之前应接受过矫正机关一定期限的培训。(4) 品行要求。无违法犯罪记录，品行良好。①

四、社区矫正工作者的培训

对于社区矫正对象的矫正教育是一项非常复杂的专业性工作，社区矫正对象的再社会化也是一件困难的事情，对社区矫正对象的各种矫正活动无不涉及法学、犯罪学、心理学、社会学、教育学等各学科知识。因此，社区矫正工作要获得成功，必须对社区矫正工作者进行科学规范的培训。

(一)社区矫正机构工作人员的培训

当前，我国社区矫正机构工作人员上岗前大多都要经过一定时间的培训，但社区矫正机构工作人员素质的提高不是“扫盲班”“速成班”所能解决的。随着社区矫正工作的深化，不断有新的规章制度出台，新挑战、新问题也会层出不穷，因此培训工作应当制度化、专门化。

(1) 在矫正机构内设立专门的培训组织，负责培训的各项事宜，包括制订具体的培训计划。如组织培训教师，设定培训内容，安排培训的时间、地点以及对培训的效果进行评估，进而改进培训计划等工作。

(2) 依据培训对象和培训目的的不同，分为岗前培训和在职培训。即社区矫正机构工作人员在上岗前，必须接受至少 3 个月的培训，必须通过培训内容的测试，测试合格再经过至少 6 个月的工作实习，实习期满并通过对实际完成工作能力的测验，方可正式

① 刘红霞. 关于社区矫正工作者队伍建设的思考. http://www.docin.com/p-447956630.html, 2006-06-12.

上岗。由于社区矫正工作具有很强的挑战性，仅仅岗前培训难以适应日新月异的社区矫正工作，因而还要进行在职培训，应根据需要确定在职培训的周期，形成制度。同时也可依突发状况进行临时的在职培训，以适应不断发展变化的实际情况。此外，从基层社区矫正机构工作人员开始，社区矫正机构工作人员每晋升一个级别，都要进行培训。

（3）设置科学的培训课程。培训对象不同，课程设置也应有所不同，但一些基本的课程是固定的，具体可根据需要设置以下类别的课程：一般法律课程、矫正法规课程、矫正理论与实务课程、社会工作课程、管理学课程、人际关系课程、一般技能课程等。①

授课教师的来源可以是大学相关专业教师、实务部门的工作人员以及社区矫正管理机构的人员。

（二）社区矫正辅助工作人员的培训

对社区矫正辅助工作人员的培训在程序和形式上可参照对社区矫正机构工作人员的培训，建立健全教育培训制度。具体而言，要建立专职社区工作者的岗前培训和执业培训制度，要坚持系统培训与重点培训相结合、业务培训与实地考察相结合，定期对专职社区工作者进行政策理论、法律法规、业务技能的培训。对于此类专职工作人员的培训，应注意下列问题：

（1）通过任务分析证实对准专业人员进行培训的必要性。

（2）进行培训工作的人员本身必须是合格的人员，只有这样，他们才能对社会团体、民间组织成员进行正确有效的培训。

（3）应当以书面形式规定必要的培训内容和恰当的培训方式。

（4）培训的内容应当是新颖的、先进的。

（5）应当书面规定熟练掌握培训内容的具体措施。

（6）那些不满足于从培训课程中学习的人员，应当有机会得到其他培训机会。

（7）在培训过程中，应当对培训活动进行密切监督，以便准确了解他们在培训中的进步情况。

此外，当前我国社区矫正工作尽管大部分组建了社会志愿者队伍，但对志愿人员的培训几乎处于空白。社区矫正是一项严肃的事业，它不仅需要人们的奉献精神和对社区矫正事业的巨大热忱，而且需要良好的专业工作能力和知识。因此，为了充分利用志愿人员开展矫正工作，就必须对其进行培训。

典型案例

“勿以恶小而为之”不假外出被收监

社区矫正对象邵××，女，因犯职务侵占罪经浙江省金华市金东区人民法院判处有期徒刑三年，缓刑四年。社区矫正期限自 2020 年 4 月 25 日起至 2024 年 4 月 24 日止。2021 年 8 月 11 日由原执行地金华市婺城区变更至永康市接受社区矫正。

---

① 刘红霞．关于社区矫正工作者队伍建设的思考，http：//www.docin.com/p－447956630.html，2006－06－12.

在原执行地金华市婺城区矫正期间，邵××于2021年3月15日至2021年6月2日在明知监管规定的情况下，未经批准先后多次采用人机分离的方式离开金华市区前往永康市，被金华市婺城区司法局查获后移交公安机关。因邵××的行为已构成违反监督管理的违法行为，2021年6月18日金华市公安局婺城分局对其作出行政拘留八日并处罚款三百元的行政处罚决定。邵××在执行地变更至永康市后于2022年8月18日未经批准私自外出至浙江省磐安县。经调查，邵××故意搭乘他人车辆外出，途中坐在汽车后座逃避监控抓拍，导致工作人员在调取沿路监控时未能收集到有价值线索，可见邵××具有一定的反侦察意识。为尽快充实证据，工作人员当即赶赴磐安县开展调查取证，并在当地司法局的协助下经过研判分析，最终成功提取到邵××外出当日在某商场露面的监控截图，在相关确凿证据下，邵××最终如实供述了当日不假外出至磐安县的事实。因其人机分离，主观故意明显，情节较重，已构成可予以警告以上处罚的情形，属于在违反监督管理规定受到治安管理处罚后仍不改正。2022年8月29日，永康市司法局依法向浙江省金华市金东区人民法院提交《撤销缓刑建议书》。2022年9月17日，浙江省金华市金东区人民法院依照《中华人民共和国刑法》第77条第2款、《中华人民共和国社区矫正法》第28条第1款、第48条第1款、第2款和《最高人民法院关于适用〈中华人民共和国刑事诉讼法〉的解释》第543条第1款第（三）项之规定，对邵××作出了撤销缓刑四年的执行部分，收监执行原判有期徒刑三年的裁定。此类因不假外出受到公安机关行政拘留的处罚并不多见，像邵××这样在违反监督管理规定受到治安管理处罚后仍不改正的更是罕见。邵××虽在多次的不假外出经历中练就了逃避监控的“本领”，但天网恢恢疏而不漏，在现如今的信息化时代要想做到悄无声息地肆意活动谈何容易。本起因多次不假外出被依法收监的案例具有一定代表性，同时也告诫所有在矫对象“勿以恶小而为之”，只要触碰法律红线，不假外出也会被依法收监。

引例分析

李××作为司法所所长，根据社区矫正机构的委托承担社区矫正相关工作，按照《社区矫正法》的规定，李××在带领司法所人员开展社区矫正工作中，主要职责包括：接受委托开展调查评估工作，提出评估意见；接收社区矫正对象，办理登记；组织入矫宣告和解矫宣告；组织矫正小组开展工作，落实矫正方案；做好日常监督管理、教育帮扶等工作；对社区矫正对象进行考核，提出奖惩建议；其他依法应当履行的职责。

思考练习

1. 社区矫正队伍的基本构成有哪些？
2. 社区矫正工作者有哪些职责？
3. 社区矫正工作者应具有哪些素质？

第六章　社会支持系统

学习目标

1. 掌握社会支持系统的构成；
2. 掌握社会支持系统的作用；
3. 社会力量参与模式的构成要素；
4. 我国社会力量参与社区矫正的典型模式。

引入案例

某社会服务公司是一家非营利性社会服务机构，有专职的社会工作者，能够提供社会帮教、青少年戒毒、法律援助、养老服务等方面的社会服务，同时，该公司还培育了具有不同专业技能的社会志愿者队伍。

问题：

该公司准备参与社区矫正工作，应通过哪些途径？

社区矫正区别于监禁矫正的最显著之处在于社会公众的参与性。因此，社区矫正是和社区、社会、社会公众融为一体的，它依靠社会的力量实现社区矫正的目的。从这个意义上说，社会支持系统的完善与否直接影响或决定着社区矫正工作的成败。《社区矫正法》第 11 条、第 12 条、第 13 条、第 40 条、第 41 条、第 42 条对社会力量参与社区矫正工作进行了规定。

第一节　社会支持系统的构成和特点

一、社会支持系统的概念

美国学者卡伦认为，个体有侵犯他人权益的犯罪冲动，所以需要社会外部力量予以惩戒与干预；个体也有利他及接受和给予支持的潜力，所以需要引导且发挥这种机能。当给予和接受支持的潜力得以实现时，犯罪的危险性就会降低，因此，社区矫正工作离不开社会支持。社会支持是指个体通过与环境中人物的互动所建立的一种关系网络，个体能从中获取情绪情感心理的支持，能够缓解心理压力，提高自身对环境的适应能力和对变化的应对能力。社会支持理论有三个维度，主要是主观支持、客观支持和对支持的利用度。主观支持是社会支持对个体内在的情感需要的支持，是对其主观感受的干预，直接影响到个体心理发展。客观支持是个体物质上的、生理上需求的满足，包括财力的帮助、物力的提供等客观地能首先满足个体生存需要、间接支持其情绪情感正常稳定的方面。对支持的利用度即个体在危机中是否能够很好地利用社会支持并感到满意。个体对社会支持的利用度越高，越能够从中获益，使身心状态有健康的保障。①

社区矫正的社会支持系统是指为开展社区矫正工作和实现社区矫正目标提供支持的各类相互联系和相互作用的构成要素或子系统的总和，是为社区矫正工作提供支持、协助和配合的社会人力、组织、设施、技术、资金等社会资源的总称。社会支持系统作为对社区矫正对象管理教育的重要力量，其参与社区矫正的深度和广度不仅充分体现着本源价值，而且也是国家刑事政策、法治理念、社区矫正管理理念在非监禁刑执行方式中的充分体现，是社区矫正功能的强化、职能的选择和社区矫正目标的实现。

二、社会支持系统的构成

社会支持系统是社区矫正工作的基础和保障。依据不同的标准，社会支持系统可分为不同的类别。

（一）按参与社区矫正的社会要素划分

社区矫正的社会支持系统可分为社区环境、社会舆论、社区资源、社区文化、社会保障、社区服务、社区控制、家庭等。

（1）社区环境是指相对于社会大环境而言的，人们生活的小环境所包含的自然的和社会的多种因素构成的氛围，包括社区建筑、气候、交通、娱乐、人际关系等要素。社区环境对人的社会化产生直接的影响，同时对人的非社会化、反社会化也产生影响。每

---

① 魏斌．浅谈社会支持理论在社区矫正中的应用［J］．2021（8）．

个人都生活在特定的社区内，其周围特定的环境通过社区文化和社会整合，直接、具体地影响个体社会化进程。

（2）社会舆论掌握着影响社会公众的话语权，决定着社会公众的社会心理，决定着社会意识的发展方向，衡量着社会公众的心理承受能力。

（3）社区资源是指为一个社区掌握和动员的可用于社区服务的人力、物力、财力等条件，主要包括社区的组织资源、人力资源、物质资源和财力资源，也可分为社区有形资源与无形资源。社区资源具有多样性、丰富性、分散性、动态性、独立性等特点。需要强调的是，目前我国社区的经济基础还十分薄弱，财力不足，物资匮乏，社区矫正可以充分利用的资源主要是组织资源和人力资源，突出的是社区无形资源（精神伦理方面），具体而言是指社区居民的参与感、责任感、荣誉感及人伦责任。

（4）社区文化指一定区域、一定社会历史条件下社区人共同创造、共同享有的精神财富及物质形态的总和。它包括心理文化、价值观念、社区精神、道德规范、行为准则、公众制度、人文环境等。社区文化是社区成员在社区社会实践中所构建的各种成果、各种生活方式或样式，社区是社区文化的生存地、生产地和传播地。

（5）社会保障是指政府通过立法，社会团体、社区等通过政府授权，以现金、物质、服务等形式向因精神和生理的疾病、年老力衰、意外伤亡、失业、多子女负担者以及他们的家属提供旨在维持其最基本生活水平的保障。社会保障包括社会保险、社会救济和社会福利等。①

（6）社区服务是以社会福利性质或社会公益性质为基本属性。我国的社区服务“就是在政府的指导和扶持下，为满足社区居民的多种生活需要，由政府、社区组织以及其他法人、组织、个人提供的以面向社区弱势群体的，具有社会福利、公益性质的社会服务为主并包括其他便民利民服务的各种增进社会福利、提高社区居民生活质量的区域性社会服务”②。很明显，社区服务具有福利性、群众性、综合性和社区性等特征。

（7）社区控制是指社区组织体系运用法律法规和社会规则规范、社会伦理道德等手段和方式，对社区成员、社区组织、社区群体等社会行为、价值观念进行指导和约束，对社区各类社会关系进行调节和制约的过程。社区控制包括组织控制、制度控制、文化控制、法律控制、道德控制等，是社会控制中基本的控制单位。

（8）家庭是指以婚姻和血统关系为基础的社会单位，包括父母、子女和其他共同生活的亲属。

（二）按参与社区矫正的系统结构划分

运用系统论的观点，把社区矫正的社会支持系统作为一个宏观的相互连接的系统，社会支持系统可分为六大子系统。

1. 现代科学技术支持系统

现代科学技术支持系统在社区矫正中的应用主要体现在社区矫正对象科学评估技术

---

① 郑杭生. 社会学概论新修［M］. 3版. 北京：中国人民大学出版社，2003：435.

② 廖斌，何显兵. 社区建设与犯罪防控［M］. 北京：人民法院出版社，2003：102.

体系、社区矫正对象分类操作技术体系和信息化技术体系三大方面。

（1）社区矫正对象科学评估技术体系。我国现有的社区矫正对象评估技术体系主要应用于社区矫正前的调查评估、社区矫正中的评估和解矫前的再犯危险性评估。社区矫正前调查评估的目的在于评估社区矫正对象是否适合于社区矫正，作为人民法院、公安机关、监狱机关在决定适用社区矫正时的参考。社区矫正中的评估是对社区矫正对象危险程度评估、分类评估、项目矫正评估等，目的是为分类风险控制、管理处遇、教育处遇等提供科学的依据。解矫前的再犯危险性评估是对社区矫正对象的矫正教育状况进行评估，目的是通过分析社区矫正对象犯因性问题的改造程度，对未来回归社会后的风险进行预测，并作为社会风险控制的参考依据。所有这些，都需要有更具科学技术含量的评估手段。从当前社区矫正对象评估实践看，通过医学技术对社区矫正对象是否患有传染病、精神疾病以及其他慢性疾病进行诊断，并由此对社区矫正对象分类处遇等，实施区别化管理和针对性治疗，体现了医学技术对社区矫正的支持。运用心理学原理对社区矫正对象进行心理人格特质分析并进行相应的分类矫治，提供心理支持，予以心理干预，也是心理科学技术支持的必要内容。

（2）社区矫正对象分类操作技术体系。科学的社区矫正对象分类技术体系是依据分类原则、标准，确定不同层级的具体指标体系、操作要求、计量方式、实施流程等操作技术问题，对社区矫正对象进行分类的技术系统。当前我国社区矫正基本沿袭了监狱对罪犯监禁分类的理论和实践，主要按照性别、年龄、犯罪类型等粗放式、形式化的分类方式，将社区矫正对象分为严格管理级、普通管理级、宽松管理级三级。但是，从社区矫正对象分类的技术支持系统角度看，应强化技术指标体系的细化，全面强化并体现艺术性、人文色彩，才是社区矫正对象分类发展的更高追求和远景目标。

（3）信息化技术体系。信息化技术是改进社区矫正管理方式、提升社区矫正管理效率、丰富社区矫正教育内容、满足社区矫正对象需求的最强有力支撑。应用范围包括对社区矫正对象的远程控制和监督、精细化管理、针对性教育等。进入新时代，社区矫正工作要善于运用现代信息化技术提高社区矫正的整体水平。比如在对社区矫正对象的法治教育、文化知识教育、社会认知教育等方面，可应用网络培训的方式。社区矫正执法管理系统就是要实现"执法信息网上录入、执法流程网上管理、执法活动网上监督、执法卷宗网上生成、执法质量网上考核、执法档案网上形成"的社区矫正执法管理机制，促进执法规范，保障执法公正，通过计算机程序来控制权力行使过程，最大限度地防止人为因素的干扰，降低执法风险。

2. 人文理念支持系统

人文理念支持系统包括适合于现代国际行刑发展趋势的刑罚理念、现代的社会管理理念和社会公众以宽容的心态对待社区矫正对象等。

（1）在现代刑罚理念培育上，要摒弃传统的重刑主义思想，倡导宽严相济的刑罚理念。传统的重刑主义认为，只有严刑峻法才能威慑犯罪，只有对罪犯采取监禁，才能保卫社会。历史的经验证明，严刑峻法只能短时间内控制犯罪现象，无法长期地控制犯罪行为。正是基于这样的历史教训，世界刑罚的发展趋势才逐步走向了轻刑化、非刑化、非监禁化，在对罪犯的矫正教育中，才倡导社会化、科学化、人文化等，特别是在罪犯改造过程中，具有现代价值的法治、民主、自由、科学、秩序、公正等思想被广为接受。因此，现代刑罚理念已从传统的复仇刑、报复刑、惩罚刑、报应刑等转向了教育刑、矫治刑、矫正刑等。社区矫正也必须因应新时代的发展，对刑罚理念进行革命性的变革。

（2）社区矫正属于社会管理和社会治理的范畴，只有以现代的社会管理理念作为支撑，才能做好社区矫正工作。社区矫正应引入的科学管理理论有目标管理、过程管理、绩效管理、精细化管理、规范化管理、人性化管理等，只有用先进的管理理念支撑，对社区矫正对象的管理才会更科学合理。

（3）培育社会公众的宽容心和包容心。宽容是一个社会的良好品质，从一定意义上来说，社区矫正的实施是法律对犯罪的宽容，社会公众对犯罪人的宽容。正是有了宽容心，才将法定意义上的犯罪人置于社区之内进行矫正教育，阻却了监禁矫正教育的弊端，最终目的是使其能够回归社会，成为守法公民。因此，无论社会公众还是社区矫正执法者，都应培育海纳百川的包容心，共同面对社区矫正对象的犯罪问题，寻求社区矫正对象犯罪的内源性因素，共同承担起治理社会犯罪的责任，共同参与到社区矫正工作中来。这也正是一个成熟社会应具有的品质。

3. 物质设施支持系统

社区矫正的物质设施支持系统包括社区矫正管理所使用的社区矫正远程管理平台、电子手环、手机定位等；对社区矫正对象进行矫正教育所使用的宣告室、矫正教育场所、电子设施等；社会帮扶和社区服务所需要的中途之家、社区服务帮教基地等。这些是社区矫正工作的必备基础设施。

4. 家庭社会支持系统

（1）家庭支持系统。社区矫正对象犯因性问题中，家庭相关因素是极为重要的关键因素。因此，无论是深度全景了解社区矫正对象的成长经历、进行特性分析，还是促进其在社区矫正期间的改造和预防其回归社会后再犯罪，社区矫正机构都需要加强与社区矫正对象家庭成员的沟通与合作。只有与社区矫正对象家属达成共识，形成长期稳定的协作关系，才能充分发挥出社区矫正对象家庭因素对于社区矫正对象的正向积极作用，对社区矫正对象的亲情感化教育才会效果更好、效率更高。

（2）专业组织支持系统。社区矫正机构对社区矫正对象的教育矫正是一个复杂的工程，由于不同的社区矫正对象犯因性问题不同，社会需求不同，因此在针对性矫正教育中就需要不同的专业组织予以实施。这具体包括：一是政府购买服务，由专业的社会工作组织参与社区矫正工作；二是签订帮教协议，由专业组织的专业人员对社区矫正对象进行具体矫正项目的实施，比如职业技能教育、文化知识教育、心理咨询与心理健康教育、法治教育等；三是与社会组织建立合作关系，在社区矫正对象就业、社区服务等方面提供帮助。

（3）社会公众支持系统。这主要是指社会公众以志愿者等身份参与到社区矫正工作中来。社区矫正本身就是社会公众共同参与的社会治理的一部分，尤其是在犯罪治理中，没有社会公众的广泛参与，社区矫正就难以达到目的。

5. 人力资源支持系统

人力资源支持系统主要包括两个层面：一是社区矫正机构可以利用的专业人员的开

发，包括与社区矫正教育紧密相关的心理咨询师、医生、法学专家、教师、律师等，以及职业技术教育所需要的各类专业人员。二是社区矫正理论研究的专业人才，社区矫正实践离不开社区矫正理论的指导，只有在科学理论的指导下，社区矫正才能发展得更好。因此，社区矫正机构和高等院校、科研院所等的专业人员的广泛合作就成为深层次的人力资源支撑体系。

6. 法律法规、规范性文件等支持系统

社区矫正的法律法规、规范性文件等支持系统可分为三个层次：一是法律法规层次，主要是《刑法》《刑事诉讼法》《监狱法》《社区矫正法》等和司法解释；二是规范性文件和部门规章层次，主要有《关于开展社区矫正试点工作的通知》（司发〔2003〕12 号）、《关于扩大社区矫正试点范围的通知》（司发〔2005〕3 号）、《关于在全国试行社区矫正工作的意见》（司发通〔2009〕169 号）、《司法行政机关社区矫正暂行办法》（司发通〔2004〕88 号）、《关于全面推进社区矫正工作的意见》（司发〔2014〕13 号）、《关于办理减刑、假释案件具体应用法律的规定》（法释〔2012〕2 号）、《关于进一步加强社区矫正工作衔接配合管理的意见》、《暂予监外执行规定》（司发通〔2014〕112 号）、《社区矫正法实施办法》等；三是各省、自治区、直辖市制定的有关社区矫正的地方性法规和文件。

三、社会支持系统的特点

社会支持系统对于社区矫正工作而言，是主观接受和客观提供的双向互动过程，是社区矫正机构主观接受社会支持和社会支持系统对社区矫正工作客观提供支持的互动和促进，但是，社区矫正工作在寻求支持时，不是单纯地接受，而是主动地拓展。因此，社会支持系统具有自身的特点。

（一）开放性

社区矫正本身就是一个开放的系统，在制度设计之初就是基于“开放”而发动的。社会支持系统介入社区矫正工作是双向开放的有机融合。原因在于，社会支持系统本身是相对松散的、开放的系统，介入社区矫正工作是由于道德义务要求，或者是自身的社会责任感驱使，具有主动性，并非基于外在的强制力。因此，在这个系统中，各个子因素或子系统可以自由地选择为或者不为，可以自由地选择在哪一方面行为和作出什么样的行为。这就是社会支持系统的开放性。

（二）义务性

社会支持系统介入社区矫正工作大多是义务性的。这种义务可分为法定义务和道德义务两个方面。从目前来看，社会支持系统对社区矫正工作的法定义务只占极少部分，而大多是道德义务，或者是出于社会责任感而介入社区矫正工作，只有少部分的行为是由于法律上的规定或要求。因此在大多数情况下，社会支持系统对社区矫正付出的劳动是无偿的，没有物质方面的回报。所以，义务性是社会支持系统的又一特性。

（三）主动性

社会支持系统具有主动性。传统的封闭式矫正教育，强调的是惩罚性和灌输性，只是关注了判决、裁定和决定的时间性，而未解决人作出违法犯罪行为及回归社会的根源性问题和本源性问题，没有充分发挥社区矫正对象对于矫正内容和矫正过程的主观能动性。社区矫正社会支持系统强调的是预防和制裁相结合，进行社会适应性训练，因此，一方面是充分发挥社会公众的主动参与性，调动和利用全社会的一切有效资源来提高矫正质量；另一方面，由于创建了宽松和谐的矫正环境，社区矫正对象能够有效地发挥主观能动性，去适应社会生活和社会环境。

社区矫正社会支持系统主动性的另一表现形式是针对性，是指社会支持系统始终是针对社区矫正对象的不同类型和特点，采取个别教育和分类教育的策略，贯彻“对症下药”“因人施教”“因势利导”的原则。个别教育就是针对社区矫正对象的个体进行有组织、有计划、有目的的矫正活动，是社区矫正社会支持系统的基本形式和主要手段之一，是促使社区矫正对象消除犯罪心理和其他消极心理因素，矫正其行为恶习的有效方法。个别教育要针对社区矫正对象自身的问题及不同的心理障碍，有的放矢地采取不同的教育方式、方法和心理矫正策略，包括针对不同的年龄、不同的性别、不同的案情、不同的主观恶性程度、不同的心理特征采取的个别矫正。分类教育，就是在进行共同的思想道德矫正基础上，对不同类型的社区矫正对象实行类别矫治。

（四）社区参与性

社区矫正社会支持系统的社区参与性主要表现在它的区域性和参与手段的综合性。

社区矫正社会支持系统具有区域性。社区矫正的战略构想，就是强调在特定的社区区域范围内通过有效的矫正工作，在专门的国家机关的管理下，最大限度地调动和组织社会组织、民间团体和社会志愿者参与社区矫正工作，控制违法犯罪，矫正犯罪行为，强化对社区矫正对象的社会适应性训练，使其学习社会规范，从而构建和谐的、安全的社区环境。作为推行社区矫正战略的指导思想，提出并强调社区矫正社会支持系统必须立足社区，作为整个社区管理和服务系统的有机组成部分，因此，立足社区既是社区矫正社会支持系统的特点，也是社区矫正的核心思想。

社区矫正社会支持系统的参与手段具有综合性。社区矫正社会支持系统的提出和实施，要求社会支持系统融入社区工作和生活中，成为社区或社会治安综合治理的一部分，社会支持系统所产生的是综合的社会效应。一是社区矫正社会支持系统会产生双向性的结果，社区矫正社会支持系统的实施会给社区建设和社区生活质量的改善和提高提供保障，使社会治安得到有效改善，使整个社区的安全防范网络得以构筑。二是社区矫正中矫正任务和职责具有综合性，不仅要使社区矫正对象的违法犯罪行为和恶习得以矫正，而且还要为社区矫正对象提供社会服务，使其学习社会规范、掌握一定的社会技能，以便于强化其回归社会后的适应性，这就要求社会支持系统应建立健全与矫正工作相适应的新的管理、训练、考核、保障、监督、奖惩制度，建立相应的内部组织，推动我国司法改革的进一步深化，以产生综合的社会效应。

第二节　社会支持系统的作用

一、社区环境的熏陶作用

社区矫正工作开展的一个前提条件就是具备发育成熟的社区环境。那么，什么是成熟的社区环境？它需要健全的社区组织机构，社会成员具有较高的适应现代社会要求的素质、接受过现代教育，社区设置符合人们社会生活的基本需要等，还必须具备社会结构均衡、社会系统良性运行、民主法治、公平正义、诚实友爱、充满活力、安定有序、互相协调，人与人之间相互友爱、相互帮助，社会成员各尽其能、各得其所，人与自然协调发展、和谐相处。这是成熟社区环境的中心问题，也是问题的中心环节。这样的社区环境是构建社区矫正社会支持系统的基础。其中，最为关键的就是作为社区组织的村（居）民委员会和社区人际关系的优化。

村（居）民委员会是村（居）民自我管理、自我教育、自我服务的基层群众性自治组织。村（居）民委员会的主要职责是：宣传宪法、法律、法规和国家的政策，维护村（居）民的合法权益，教育村（居）民履行法律规定的义务，爱护公共财产，开展多种形式的社会主义精神文明建设活动；办理本居住地区村（居）民的公共事务和公益事业；调解民间纠纷；协助维护社会治安；协助人民政府或者它的派出机关做好与村（居）民利益有关的公共卫生、计划生育、优抚救济、青少年教育等工作；向人民政府以及它的派出机关反映村（居）民意见、要求和提出建议。从村（居）民委员会的性质以及法定职责看，协助社区矫正工作，帮助教育转化社区矫正对象是其应有之义。在社区矫正实际工作中，也是紧紧依靠街道（乡镇）党组织，充分发挥居委干部、社区民警和社区广大群众的力量，组建有较高素质的志愿者队伍，发挥矫正对象家属的作用，共同做好社区矫正试点工作。

社区人际关系主要体现在弘扬“奉献、友爱、互助、进步”的精神，真正实现人与人之间的相互关爱、人与社会之间的相互融合。因为人与人之间的和谐是基础，所以成熟社区的人际关系应该是：个人自身的和谐；社区居民之间的和谐；人与自然之间的和谐；个人、社区、自然之间的和谐；社区与社区之间的和谐。和谐的人际关系是社区矫正社会支持系统中最为重要的因素。

二、社会舆论的导向作用

社会舆论，作为社会多数人的意见，所反映的思想观念和行为方式较之其他意见具有压倒性效力。它常常有形无形地构成公众看待问题的“正常的”价值规范和行为规范，并可能进而形成相应的社会风气。它对公众心理的影响主要表现在压力作用和强化作用两个方面。社会舆论往往会对个体形成强大压力，导致公众心理趋同倾向。个体在心理上与社会舆论保持一致，是适应社会环境的有效方式，反之则被视为“反常”，导致与周围人的格格不入或社会冲突，甚至遭受社会各方面的抨击。

社会舆论对社区矫正工作的影响作用体现在：一是社会舆论体现的是公民意识，即公民的权利和义务意识。人是社会的主体，社会舆论的健康发展依靠成熟的公民意识的支持，成熟的公民意识离不开健全的社会主体——合格公民的支撑。离开了人们的积极努力，健全的社会舆论不会自动形成。社区矫正工作的开展，首要的任务是获得社会公众的支持，被社会公众所理解、所认可、所认同、所接纳。二是社会舆论是大多数人共同的看法，但是它不一定就是公众行为的现实形式。社会舆论在特殊时候容易被一种不确定的情绪化倾向所取代，特别是被一些重大事件所左右。这种情绪化的倾向影响着社会公众对社区矫正工作的信心，更影响着社会公众参与的主动性和积极性。三是社会舆论是社区矫正工作获得社会认可和社会支持、构建社会支持系统的工具。

三、社区人力资源的保障作用

人力资源是将人的体能、知识、技能、行动视为一种“活”的资源。人力资源的最基本方面，包括体力和智力，从现实应用的状态看，包括体质、智力、知识、技能四个方面。人力资源是经济性的资源、战略性的资源。人力资源对社区矫正工作具有可用性，即通过对社区中人的体能、知识、能力、个性行为特征与倾向的使用，可以为社区矫正对象的矫正教育创造更大的价值。

（一）社会团体

社区发展需要培育成熟的社会中介组织、社会团体，社区的公益事业不仅要组织政府资源进行，还要利用社区资源积极参与。社区矫正将社区矫正对象置于社区进行教育改造，如果不充分发动社区力量参与教育改造，不仅社区矫正的质量无法得到保证，而且社区矫正对象的人身危险性也无法得到有效控制。

社会团体是指在宪法规定人民享有广泛结社自由的政治权利下通过合法程序而建立起来的组织集体。“社会团体的称谓实质上仅仅是指介乎于政治国家与市场体系之间一类组织的核心构成与代表，在更广泛的意义上，社会科学多使用诸如第三部门、非政府组织、非营利组织、社会中介组织等概念，名目繁多，表述不一，内涵不定。”① 一是人民团体，例如我国的八大人民团体：工会、工商联、台联、侨联、妇联、共青团、科协、文联；二是由公民自愿组成的，为实现会员共同意愿，按照其章程开展活动的非营利性组织。它主要指行业协会、联合会、商会、基金会、促进会、学会、研究会、联谊会等社会团体。社会团体在社区中的功能主要表现在社会稳定、社会服务和社区建设。在此意义上，社会团体在社区矫正中能起主要作用的是上述“人民团体”的范畴。

---

① 雷兴虎，陈虹．社会团体的法律规制研究［J］．法商研究，2002（2）：47-56．

（二）民间组织

我国的民间组织主要有两类：一类是社会团体；另一类是民办非企业单位。这里主要研究民办非企业单位。

民办非企业单位是由企业单位、社会团体和其他社会力量以及公民个人利用国有资产举办的、从事非营利社会服务活动的社会组织。它主要包括：民办的学校、医院、福利院（敬老院）、研究所（院）、文化馆（所）、体育机构等。民办非企业单位的功能主要是面向社会、为满足社会某种需求而开展服务；其社会定位是凭借专业知识和技能，服务于社会，满足人民需求的社会中介组织；其组织形式是具有一定专长的单位成员，根据双向选择的原则和一定组合形式，组成稳定型的单位实体；其管理方式是实行岗位责任制；其工资报酬形式是实行按劳取酬。①

民办非企业单位在社区矫正中的作用是非常积极的，例如医院、福利院（敬老院）以及文化馆和体育机构等，都在社区矫正中对社区矫正对象生活恶习的改造起着不可替代的作用。

（三）社会志愿者

社会志愿者是指在社区矫正中自愿或者由专业力量工作人员邀请来参与社区矫正工作，无偿为社区矫正工作提供一定服务的人。从我国开始试点社区矫正工作以来，社会志愿者在社区矫正中起着不可或缺的作用。

（四）单位

这里主要指用人单位或者社区矫正对象原单位。社区矫正对象往往处于经济上和生活上的困境，适当的就业是当务之急。社区中的用人单位或者社区矫正对象原单位能否接纳是社区矫正工作实施效果理想与否的必要条件之一。当然，用人单位或者社区矫正对象原单位在接纳社区矫正对象时，不得违反其他法律的强制性规范，用人单位或社区矫正对象原单位也享有《劳动法》赋予其应有的权利。但是，为了对社区矫正对象进行积极有效的改造，用人单位或者社区矫正对象原单位应该在一定条件下积极配合社区矫正工作，成为社区矫正工作的社会支持力量之一。

四、社区文化的示范与教化作用

社区文化包括文化观念、价值观念、社区精神、道德规范、行为准则、公众制度、文化环境等，其中，价值观念是社区文化的核心。社区文化不可能离开一定的形态而存在，这种形态既可以是物质的、精神的，也可以是物质与精神相结合的。具体来说，社区文化对社区矫正工作的作用表现在下述四个方面。

---

① 陈光耀．中国民间组织的现状及发展［J］．中国民政，1999（9）．

（一）环境文化的潜移默化作用

社区环境是社区文化的第一个层面。它是由社区成员共同创造、维护的自然环境与人文环境的结合，是社区精神物质化、对象化的具体体现。它主要包括社区容貌、休闲娱乐环境、文化设施、生活环境等。通过社区环境，社区矫正对象可以感知社区成员理想、价值观、精神面貌等。如残疾人无障碍通道设施可以充分体现社区关怀、尊重生命、以人为本的社区理念。当然，怡人的绿化园林、舒心的休闲布局、写意的小品园艺等环境文化氛围都可以对社区矫正对象产生潜移默化的作用。

（二）行为文化的示范作用

行为文化也被称为活动文化，是社区成员在交往、娱乐、生活、学习、经营等过程中产生的活动文化。通常所说的社区文化都是指这一类的社区文化活动。这些活动实际上反映出社区的风尚、精神面貌、人际关系范式等文化特征，它如社区之“手”，动态地勾勒出社区精神、社区理想等。行为文化展现的是社区的整体精神风貌，它是社区矫正对象的行为典范。

（三）制度文化的约束作用

制度文化是社区成员在生活、娱乐、交往、学习等活动过程中形成的，与社区精神、社区价值观、社区理想等相适应的规章制度、组织机构等。它对保障社区文化持久、健康地开展具有一定的约束力和控制力。制度文化可以粗略地分为两大类：一类是社区管理的各种规章制度，另一类是社区的公共制度。管理规章制度和社区的公共制度都可以反映出社区的价值观、道德准则、生活准则等。如奖罚分明可以体现出社区的严谨风格，规劝有加可以体现出社区的人性感悟，条分缕析可以反映出社区的规则细腻等。所有这些都是社区矫正对象必须遵守的基本规范，对社区矫正对象具有约束作用。

（四）精神文化的内化作用

精神文化是社区文化的核心，是社区独具特征的意识形态和文化观念，包括社区精神、社区道德、价值观念、社区理想、行为准则等。这是社区成员价值观、道德观生成的主要途径。那些指向性强、精神性突出的活动也属于精神文化建设的范畴，如社区升旗仪式、评选文明户、学雷锋演讲等。由于精神文化具有明显的社区特点，因此往往要经过多年积累，逐步形成。社区矫正对象生活在社区中，在社区成员的感染下，无形之中会被社区的精神文化所同化，最后内化为自身的需要。

五、社会保障的救济作用

目前，对社区矫正对象实现社会保险和社会福利的主要做法是，政府的人力资源和社会保障部门将其放在和其他社会成员同等的位置，为其提供社会保障方面的服务。这主要体现在：一是对没有自谋职业能力的社区矫正对象提供职业培训的费用、职业培训的场所和职业培训的机会，让其学到一技之长，并在政府的人力资源社会保障部门的指导或引导下，回归社会后顺利就业。二是对于社区矫正对象，凡是社区矫正期限在三个月以上、符合当地低保条件的，经民政部门审核，纳入当地城乡最低生活保障范围，按照当地政府的规定享受最低生活保障待遇。三是对于参加劳动的社区矫正对象，除给予适当的报酬外，用工单位应按照规定，为社区矫正对象办理养老、医疗卫生等保险，以保障社区矫正对象的合法权益得以实现。

社区矫正救济制度是建立在社区矫正目的之上而派生的一种制度，社区矫正的目的之一，就是要帮助社区矫正对象增强社会适应性，与社会重新结合，那么，要达到这个目的，对社区矫正对象这个弱势群体而言，有必要建立矫正救济制度，对社区矫正对象实施救济。社区矫正救济制度主要包括社区扶助制度和法律援助制度。

社区扶助制度是私力救济的一种形式，它是指由于社区矫正对象在生活安置、就业、就学等方面产生困难，社区矫正机构利用社会志愿人员、社会组织以及社区矫正机构整合的其他社会资源，对社区矫正对象给予帮助、救济、安置的制度。

法律援助实质上是一种法律帮助，是社会相关部门及社区矫正机构对社区矫正对象所提供的法律服务。这种法律援助只是在对象上具有特定性，即社区矫正对象及其家庭成员。

为社区矫正对象提供法律援助的机构和人员主要是律师事务所、法律服务机构和提供法律服务的法律工作者。法律服务的内容包括社区矫正对象及其家庭成员所需的各种法律服务事项，有民事的、经济的、行政的等；法律服务的形式包括解答法律咨询、代拟法律文书、参加刑事辩护、民事代理、进行公证证明、代为处理法律事务等。

六、家庭的亲和作用

家庭在我国有其特殊的含义，许多罪犯犯罪的原因中，除了个人因素、社会因素外，家庭因素往往是主要因素之一，如父母离异、溺爱等，促使了罪犯犯罪心理的形成。在社区矫正中，家庭也起着很重要的作用。因为中国人具有浓厚的家庭观念，社区矫正对象因其犯罪极易产生内疚心理，如果家庭不给予社区矫正对象相应的帮助或者温暖，则会极易导致社区矫正对象产生心理障碍。因此，家庭是社区矫正中的最直接的社会力量之一。

第三节　社会力量参与模式

社区矫正模式的结构形态决定社会力量参与模式的结构形态。社会力量参与模式只是社区矫正模式的内在结构之一。

一、社会力量参与模式的构成要素

社会力量参与是指以公共参与精神为基础，以社区发展和人的全面发展为目标，社会力量主体通过一定的组织或渠道依法参与公共事务，增进社区福利的社会实践活动和过程。

社会力量参与模式，是指在一定的社会环境中，社会力量参与主体在参与社区矫正事务的过程中形成的较为稳定的、具有可模仿性的结构形态，它是内容与形式、结果与过程、主观与客观的有机统一。[①]

社会力量参与模式的构成要素包括参与目标、参与主体、参与对象、参与客体、参与质量等。

（一）参与目标

参与目标是指在社区矫正过程中的社会力量参与所要达到的境地或标准，也是促使社会力量参与社区矫正原始动力的指向和标靶。[②] 社会力量参与模式的参与目标具有统领地位，只有明确的目标，才使社会力量参与社区矫正工作有了方向。依据不同的标准，参与目标可有多种分类，包括：社区矫正总目标、社会力量参与总目标、社会力量参与分目标、社会力量参与子目标、社会力量参与阶段性目标等目标体系。

（二）参与主体

参与主体是指在社区矫正的具体运作过程中，受法律法规保护，依法享有参与社区矫正决策和管理，自主处理社区矫正事务，并承担相应责任的有关自然人和单位。[③] 社会力量参与主体主要是两个群体，依照《社区矫正法》第 9～11 条的规定，社区矫正机构对社区矫正对象进行监督管理和教育帮助。司法所接受委托承担社区矫正日常工作。社会工作者和志愿者在社区矫正机构的组织指导下参与社区矫正工作。有关部门、村（居）民委员会、社区矫正人员所在单位、就读学校、家庭成员或者监护人、保证人等协助社区矫正机构进行社区矫正。因此，社会力量参与社区矫正工作是“2＋N”模式：“2”是指社会工作者和志愿者。“N”是指村（居）民委员会，矫正对象所在单位、就读学校、家庭成员或监护人、保证人等。

在这种参与模式下，各地形成了颇具特色的地方模式。目前，社区矫正社会力量两大参与主体在我国已初具规模。

（三）参与对象

参与对象是指在社会力量参与社区矫正模式中与参与主体相对的一方，即指社区矫正对象。目前我国的参与对象是管制犯、缓刑犯、暂予监外执行犯、假释犯。

（四）参与客体

参与客体是指社区矫正中的社会力量参与主体认识和实践的对象，即在社区矫正中

---

① 田兴洪. 社区矫正中的社区参与模式研究［M］. 北京：法律出版社，2017：60.

② 同①117.

③ 同①122.

具体参与的任务。[1] 我国社区矫正中社会力量参与的领域包括监督管理（危险管理）、矫正教育、危机干预、社会救助、恢复秩序。在这里排除了执行刑罚的内容。

（五）参与质量

参与质量是指参与目标的实现程度，包括社会力量参与的实际效果。衡量指标是参与目标的达成状况。具体考核标准是社区矫正对象重新犯罪率、再社会化程度等。考核方式是社区矫正效果评估，即对社区矫正监管改造情况以及整个社区矫正环境等进行的全方位检验与评判。

二、社会力量参与模式的类型

（一）国外模式

世界各国在社区矫正实践中都形成了适合自己国情的模式。如美国是典型的私营化模式。美国社会力量参与社区矫正的最大亮点就是市场化运作，允许私营。私立的社区矫正机构既收押法院判令到社区矫正机构中服刑的缓刑犯，又为监狱的假释犯提供帮助和服务。其资金来自各方面，包括联邦、州、地方以及基金会。除了为缓刑犯和假释犯服务之外，它们也为吸毒者、曾经犯过罪的人和被害人提供帮助。美国社会力量参与主体有三种：一是私营机构。美国政府允许私人企业从事社区矫正，将开办企业与解决犯人问题联系起来，将文化、劳动技能培训与改造罪犯紧密结合起来。美国《明尼苏达州社区矫正法》以法律形式对此予以确认。明尼苏达州社区矫正事业更像是一种产业，在这一产业中有市场准入和退出、投入和产出的效益比、财政援助和费税支付，有产业协会，有监管的购买、租赁和转让，有固定资产投入等。美国 90%以上的中途之家是私营的，而且私营中途之家中的犯罪人占全部中途之家中犯罪人总数的 60%。二是社会团体。美国《亚拉巴马州社区矫正法》规定，社区矫正机构的设立不限于县政府下设的社区惩治和矫正中心，也可以由符合一定条件的非营利性机构主办。这类机构设在社区环境中，除了拥有办公室之外，还拥有自己的住宿、教育和培训场地及其他相关设施。承担具体监督犯罪人和为犯罪人提供有关服务等职能，承担社区矫正工作。三是志愿者。美国制定了社区矫正法的州都规定了市民应参与社区矫正。目前在美国的 3 000 多个司法管辖区中，活跃着数以千计的社区矫正志愿者。这些志愿者还在工作中形成了“一对一”等多种服务模式。[2]

在其他国家还存在一些不同的模式，如俄罗斯是社会团体模式，日本是志愿者（保护司）模式，新加坡是社区组织模式，英国是社区多元参与模式等。

（二）我国社会力量参与社区矫正的模式类型

关于社区矫正中社会力量如何参与的问题，我国各地探索了很多模式或范式，但仔

---

① 田兴洪．社区矫正中的社区参与模式研究［M］．北京：法律出版社，2017：196.

② 依据上海政法学院武玉红教授授课课件整理。

细研究之后发现，有些地方所谓的模式或范式并不具有模式或范式的基本特征，有的是一些具有地方特色的经验总结，并不具有可复制性。模式指的是某种事物的标准形式或可以照着做的标准样式。它是对客观事物的内外部机制的直观而简洁的描述，可以向人们提供客观事物的整体内容。其隐藏了事物内部的规律，既可以使用图像、图案，也可以使用数字、抽象的关系，来描述事物发展的路径，它强调的是形式上的规律。社会力量参与模式的参与目标具有统领地位。依照模式的这一基本框架，应用不同的标准，可将目前我国社会力量参与社区矫正的模式大致进行以下分类。

1. 以参与的外在形式为标准进行分类

以参与的外在形式为标准，我国社会力量参与社区矫正的模式可以分为个人自愿型、社区主导型、社会动员型、政府主导型（行政推动型）、企业主导型、志愿参与型、互利合作型、精英主导型等。

(1) 个人自愿型，是指公民个体以个人的名义自愿参与社区矫正工作的参与方式。这一类型是公民出于对社会公益的责任而自愿奉献的行为。

(2) 社区主导型，是指在社区基层组织的主导下，发动社会组织、社会公众、社会团体等社会力量参与社区矫正工作，运用自己的优势资源，为社区矫正对象提供服务的参与方式。

(3) 社会动员型，是指基层政府或者以村（居）民委员会为主导的基层自治组织等，通过社会动员的形式，组织社会力量参与社区矫正工作的参与方式。

(4) 政府主导型，又称行政推动型，主要是指由政府利用行政资源优势，号召、发动社会力量参与社区矫正工作的参与方式。这一模式具有明显的行政推动力。

(5) 企业主导型，是指社会企业出于公益性质或者互利性质，由企业承担社区矫正的一部分工作，为社区矫正提供支持的参与方式。这一类型中，社会企业有些完全是出于社会责任感，无偿为社区矫正工作提供支持；有些则是按照政府机关的规定或者作出的承诺，参与社区矫正工作或者为社区矫正工作提供支持，可以获得政府为企业提供的优惠政策。比如企业为社区矫正对象提供职业培训服务，或者为社区矫正对象提供工作岗位，政府给予税收减免等。

(6) 志愿参与型，是指在政府基层组织、社会团体或者社会公益组织等的号召组织下，公益人士自愿参加社区矫正辅助工作的参与方式。如心理咨询组织定期或者不定期为社区矫正对象提供心理咨询服务；卫生医疗组织免费为社区矫正对象提供健康诊疗等。

(7) 互利合作型，一般是指行政机关和社会企业、非营利性组织、社会团体等，按照双方达成的协议，形成一定的权利（权力）义务关系，共同为社区矫正工作提供支持的参与方式。如社会企业在政府的资助下建设和经营社区矫正基地、技术培训基地等。

(8) 精英主导型，是指社会精英利用自身所拥有的资源，为社区矫正工作提供支持的参与方式。如社会知名企业家对家庭困难的社区矫正对象的帮扶行为、安置就业行为、捐助行为等。

2. 以参与内容的性质为标准进行分类

以参与内容的性质为标准，我国社会力量参与社区矫正的模式可以分为政治参与型、经济参与型、文化参与型、决策参与型、监督参与型、信息技术参与型、事件参与型、维权参与型等模式。

（1）政治参与型，是指出于政治制度的安排，或者政治需求等目的，社会参与主体参与社区矫正工作的参与方式。相关社会组织和社会团体为了社会的安全稳定，或者为了社会治安的综合治理而参与社区矫正的行为，大多属于政治参与型。

（2）经济参与型，是指为了获取经济利益而参与到社区矫正工作中，为社区矫正工作提供支持的参与方式。如社会企业按照政府的政策参与社区矫正工作获得税收减免、土地使用、就业补贴等方面的经济利益。

（3）文化参与型，主要包括两种亚类型：一是为了文化传播的目的参与社区矫正工作的参与方式，如电视、电影、多媒体等通过制作社区矫正的影视资料，传播社区矫正的思想、理念、目的、价值等；二是以文化资源参与到社区矫正工作中，将文化作为以文化人的工具，对社区矫正对象进行教化的参与方式，如学校、文化传播部门等开展的对社区矫正对象的国学教育、美学教育、道德教育等。

（4）决策参与型，是指参与主体运用自身所拥有的智力资源，对社区矫正工作在宏观制度设计、具体实施方案、矫正项目规划、体制机制建设等方面，提供支持的参与方式。如上海新航社区矫正服务总站对上海市的社区矫正工作的总体策划、专家学者对《社区矫正法》的立法建议等都属此类型。

（5）监督参与型，是指为了使社区矫正工作合法、规范运行，社会公民和社会组织、社会团体等对社区矫正工作的合法性、规范性实施监督的参与方式。如社会组织的监督、社会公众的自发监督等。

（6）信息技术参与型，是指参与主体利用自身的信息资源优势，参与到社区矫正工作中，为社区矫正工作提供信息支持的参与方式。如信息技术公司为社区矫正监督管理提供远程监督平台、电子手环等现代信息技术设备。

（7）事件参与型，是指为了处理、解决社区矫正工作中的特定事件而参与社区矫正工作的参与方式。如社会参与主体参与解决矫正对象的就业、就学问题。

（8）维权参与型，是指为了维护社区矫正对象的合法权益，相关专业部门参与社区矫正工作，利用专业优势为社区矫正工作提供支持的参与方式。如律师服务机构为社区矫正对象提供的法律服务、法律援助等。

3. 以参与主体构成为标准进行分类

以参与主体构成为标准，我国社会力量参与社区矫正的模式可以分为依附型、自治型、单元型、多元型等模式。

（1）依附型，是指参与主体在社区矫正工作中处于附属的地位，是依附于主导主体而开展工作的参与方式。如社会志愿者的参与行为就是依附于司法行政机关而展开。

（2）自治型，是指参与主体在性质上是自我管理、自我教育、自我服务的群众自治组织。这主要是区别于基层政府机关、社会团体、社会经济组织等社会组织。

（3）单元型，是指参与主体具有单一的组织性质。如医疗卫生组织对社区矫正对象的医疗服务行为；心理咨询服务机构对社区矫正对象的心理服务行为。

（4）多元型，是指参与社区矫正工作的主体在构成上具有多元化。

4. 以参与主体的工作内容为标准进行分类

以参与主体的工作内容为标准，我国社会力量参与社区矫正的模式可以分为矫正教育型、监督管理型、社会帮扶型、健康矫治型、危机干预型等模式。

（1）矫正教育型，是指参与主体主要是应用自身所具有的矫正教育方面的特长，对社区矫正对象的需求以及所存在的问题提供矫正和教育方面的服务，以期社区矫正对象发生改变、得以成长的参与方式。

（2）监督管理型，是指参与主体依据职权要求或者职能分工，对社区矫正对象的社区矫正过程实施监督和规范化管理的参与方式。

（3）社会帮扶型，是指参与主体依照职能分工或者自身所具有的资源，对社区矫正对象所遇到的困难、问题等，进行针对性帮扶的参与方式。

（4）健康矫治型，是指参与主体依据自身所具有的专业知识和技能，有针对性地对社区矫正对象进行生理治疗、生理健康教育、心理咨询、心理治疗、心理健康教育等方面服务的参与方式。

（5）危机干预型，是指参与主体在社区矫正对象遇到危机事件时，运用自身的专业知识和技能，为社区矫正对象提供服务，以便于及时化解危机，使社区矫正对象回归常态社会生活的参与方式。

三、我国社会力量参与社区矫正的典型模式

社区矫正的核心工作最终还是要落实到社会力量对社区矫正对象的矫正教育上，这是社区矫正对象得以改变和成长的基础，也是提高改造质量，使社区矫正对象顺利回归社会的保证。首先，如何组织社会力量参与社区矫正，这是开展社区矫正的前提。其次，社会力量选择什么样的模式参与社区矫正，这是社区矫正教育改造质量的保证。因为只有选择适合不同地区经济发展状况、社会文化特色的模式，才能使社区矫正效益最大化。对于社区矫正而言，政府需要对社会力量进行有效开发和利用。将社会力量充分开发利用起来，社区矫正的效果就会成倍增加。依据我国的社会结构、社会形态、社会文化特征，以参与主体的社会形态进行区分，社会力量参与社区矫正的模式的最佳选择可以分为职业主导型、政府主导型、职能参与型、志愿参与型、互利合作型五种。

（一）职业主导型模式

职业主导型模式，主要是指政府通过购买以提供社会服务为主营业务的民办非企业单位的社区矫正服务，由民办非企业单位的社会工作者参与到社区矫正工作中，双方依据协议约定的权利义务关系作为基本内容，民办非企业单位为社区矫正工作提供相关服务的参与方式。其中，民办非企业单位中的社会工作者从事社区矫正工作是以从事这一职业为目的的。①

---

① 以职业为目标为社区矫正提供服务的形式很多，这里所说的职业主导型模式主要是指民办非企业单位为社区矫正工作提供服务的形式。

目前，在我国职业主导型参与社区矫正模式中，以上海模式为代表。上海社区矫正模式的总体思路是“政府主导推动、社团自主运行、社会多方参与”。在这里，政府是社区矫正工作的宏观推动者，社会力量参与社区矫正工作中，社团是自主运行者，其他社会力量是广泛参与者。在培育社会工作者参与社区矫正方面，主要体现在成立了民办非企业单位“上海市新航社区服务总站”，作为为社区矫正工作提供社工服务的专业社会组织。

上海职业主导型参与模式具有以下特点：一是社区功能得以发挥，社区优势得以体现。二是设计者与实施者超越了传统依靠行政权力实施“专政”的工作方法，采用了社会工作关于平等、尊严、接纳、诚信等方面的工作理念，发挥了社会工作康复、预防的功能。三是将社会工作的价值理念运用到社区矫正的过程，通过政府购买社工服务的方式推动民间社团的自主运作，实行专门化机关管理和社会化运作相结合。四是社工与新航社区服务总站是劳动合同中劳动者与用人单位之间的关系。新航社区服务总站是民办非企业单位，是民间社团，自主运作，不受政府机构的过多干预，政府对其制约形式主要体现在双方服务协议的落实。这一模式符合社区矫正的本源意义。

（二）政府主导型模式

政府主导型模式，是指政府成立社区矫正中心，通过合同的形式，招录聘用社会工作者，或者是通过成立协会的形式，组织社会志愿者参与社区矫正工作。在社工的培育使用上，这一模式以北京市为代表。

北京市社区矫正的总体思路是：“政府出资，团体运作，面向社会招聘，购买专业服务，实行资源共享。”北京市先后成立了阳光社区矫正服务中心、社区矫正职业技能培训基地、惠泽心理矫正工作室、阳光中途之家等，为社区矫正对象提供服务。该模式注重通过行政化的教育来实现对社区矫正对象的心理矫正。

北京市社会工作者参与社区矫正具有以下特点：一是北京市成立了很多社区矫正服务中心，如朝阳区阳光社区矫正服务中心等，虽然这些机构名义上是“民办”，但实际上是“官办”的，其筹建、经费来源以及人员的组成等都是官方主导的。二是应由社会力量承担的工作内容成为司法行政机关的工作职责，行政色彩浓厚。北京模式具有中国传统的行政资源优势，也为全国大多省（自治区、直辖市）所借鉴。

在我国社会管理结构以政府为主导的格局下，依托政府的强势公权力和政府掌握的充足的公共资源，可以为社会力量的参与提供人力、物力、财力和技术支撑。

（三）职能参与型模式

职能参与型模式，主要是指依附于政府参与社会管理活动的社会组织和社会团体，依照自身职能要求参与到社区矫正工作中，为社区矫正工作提供一定支持的参与方式。目前，我国职能型的基层组织包括村（居）民委员会、司法所、法律服务机构的法律工作者、人民调解机构的调解员协会、关心下一代协会、共青团、妇联等。

这一模式的典型代表是浙江省湖州市的吴兴模式。吴兴区司法局为了强化对女性社区矫正对象的矫正教育，与吴兴区妇联签订《关于整合资源推进社会管理创新的战略合作》协议，以妇联组织为核心创设“巾帼助矫”，实施专门针对女性社区矫正对象的帮教计划。妇联是女性包括女性社区矫正对象的“娘家人”，在妇女工作方面有着丰富的工作经验，更懂得妇女和了解妇女。“巾帼助矫”借助妇联的职能平台和资源优势，让女性社区矫正对象与其他女性一样参加妇联活动，一同学习相关课程，一同开展“寓教于乐”的活动，培育女性社区矫正对象积极的、健康的心态。基于妇联平台的“巾帼助矫”行动，维护了女性矫正对象的合法权益，及时地纠正对女性社区矫正对象的侵害，对女性社区矫正对象的特殊需求方面，能起到更好地帮扶作用。①

职能型模式具有自身特点：一是政府充分利用具有社会帮教职能的社会团体、社会组织，以协议或者协作的方式参与社区矫正工作。二是专业社团是基于特定团体而设立的，具有专业优势，这些社团的介入，使专业优势得以充分发挥，对社区矫正对象的矫正教育和帮扶更具有针对性。三是专业社团大多以政府部门作为后盾，人力和财力资源充沛，在对社区矫正对象的矫正教育和帮扶活动中，不存在资金障碍。四是专业社团人员相对固定，易于组织和管理。

专业的社会团体、社会组织一般有官方或半官方的背景作为支撑，具有从事社会帮教、社会治安综合治理、犯罪预防、青少年教育等方面的职责，参与社区矫正工作成为职责范围内的工作，这就使得这一模式具有了合理性和法定性。

（四）志愿参与型模式

志愿参与型模式，主要是指公民个人，或者由志愿者团体组织的以志愿者身份参与社区矫正工作的参与方式。一般说来，以志愿者身份参与社区矫正工作是无偿的。总体来看，志愿者参与社区矫正工作是公民、社会组织、社会团体承担社会责任的一种方式。因此，志愿者参与社区矫正工作具有自身特点：一是公民个人、社会团体等从事公益活动的一种形式。二是参与主体专业知识面比较广泛，涉及对社区矫正对象实施教育和矫正的各个方面。三是组织形式松散，成员随机召集，活动目的大多为单一性，没有长远的活动规划。四是没有统一的规范和相对固定的活动目标。

在社会志愿者参与社区矫正方面，这一模式的代表是上海市。上海市成立了“上海市社会帮教志愿者协会”，业务主管单位是上海市社区矫正管理局。社会帮教志愿者是指“在社区矫正和安置帮教工作中自愿无偿地提供帮助和服务的社会群体”，帮教志愿者来自民间，具有亲和力，是一支编外力量。志愿者协会的宗旨是团结全市社会帮教志愿者，参与对服刑人员和刑释人员的帮教工作，促进他们融入社会，预防和减少违法犯罪，为构建社会主义和谐社会作出积极贡献。其工作理念是“帮教一个对象，挽救一个家庭，平安一个社区”。其工作思路是“有力出力，有钱出钱，有岗位出岗位”。动员和组织会员单位以及全上海市志愿者，配合上海市司法行政机关适时做好社区矫正对象和刑释人员的帮教工作，从而促进上海预防和减少犯罪工作体系建设。② 上海市的社会志愿者参与社区矫正工作由上海市社会帮教志愿者协会统一组织安排，政府一直处于主导地位。目前，这一模式也为全国其他一些省、自治区、直辖市所效仿。

---

①② 这部分内容根据上海政法学院武玉红教授 2018 年 8 月在哈尔滨培训班上的讲课内容整理.

（五）互利合作型模式

除上述社会力量之外，以互利共赢为目的参与社区矫正的社会力量，我们称为互利合作型模式。如社区矫正对象家属、参与社区矫正的企业、对社区矫正对象实施法律援助的律师等。互利合作型模式在为社区矫正提供服务的同时，为提供服务者带来一定的利益。因此，这一模式是以利益为纽带建立起来的，最早的例子是上海的“中途驿站”。这是以荣伸公司为主导建立起来的、全国唯一一家被司法部命名为“中途驿站”的民营企业。荣伸公司主要是提供工作岗位，接纳社区矫正对象到公司工作。目前，这一模式在全国发展迅速。

这一模式的特点：一是双方建立在共同利益基础之上，参与主体依据双方协议所约定的权利义务内容参与社区矫正的具体活动，参与目的明确。二是参与主体大多是社会企业或者社会服务机构，其参与过程也是自身业务的一部分，参与主体和其他社会力量单纯地为公共利益做“奉献”相比，所获得的是“名利双收”，具有更高的参与积极性。

从宏观上看，我国在社会力量参与社区矫正的模式选择上，各地要首先依据社会的整体发展状况，尊重当地的社会文化传统，培育社会组织和社会团体参与到社区矫正中，科学界定权利义务关系，制定社会力量参与社区矫正的行为规范，使社区矫正工作在广泛的社会力量参与下规范运行，达到维护社会安全和秩序的目的。

典型案例

缓刑考验期内再犯新罪　骗保不成被数罪并罚

梁××，男，呼和浩特市赛罕区人。2019年6月，在某财产保险公司贵州分公司为自有车牌号为贵A×××××牌照号的小型越野车（以下简称“标的车”）投保机动车损失险、自燃损失险等，起保时间为2019年6月21日，保险期间一年，其中自燃损失险保险金额为人民币33万元。

2020年6月9日，梁××驾驶标的车行驶至内蒙古包头市东河区某地，故意制造标的车自燃事故，因涉嫌犯有保险诈骗罪，于2021年3月被包头市公安机关刑事拘留。2021年9月，包头市东河区人民检察院以梁××涉嫌保险诈骗罪向包头市东河区人民法院提起公诉。公诉机关认为，梁××以非法占有为目的，故意制造保险事故，骗取保险款数额巨大，其行为触犯《中华人民共和国刑法》第198条之规定，犯罪事实清楚，证据确实、充分，应当以保险诈骗罪追究其刑事责任。梁××因意志以外原因未取得保险诈骗款，根据《中华人民共和国刑法》第23条之规定，可以比照既遂犯从轻处罚。

另查明，梁××曾于2017年7月伙同他人故意制造道路交通事故，因犯保险诈骗罪被内蒙古自治区呼和浩特市托克托县人民法院判处有期徒刑3年，宣告缓刑3年，并处罚金人民币20 000元。构成在缓刑考验期内再犯新罪，根据《中华人民共和国刑法》第77条之规定，应当撤销缓刑，根据《中华人民共和国刑法》第69条之规定，实行数罪并罚。

经过庭审举证、质证、证据确认，包头市东河区人民法院认为，梁××无视国家法律法规，以非法占有为目的，故意制造保险事故，骗取保险款数额巨大，其行为已构成犯罪，犯罪事实清楚，证据确实、充分，应当以保险诈骗罪追究其刑事责任，公诉机关指控罪名成立。梁××在缓刑考验期内犯新罪，应当撤销缓刑，数罪并罚。梁××系犯罪未遂，依法可以从轻或减轻处罚。根据梁××犯罪的具体情节及对社会的危害程度等因素，依照《中华人民共和国刑法》第 198 条第 1 款、第 23 条、第 53 条、第 69 条第 1 款、第 77 条第 1 款之规定，包头市东河区人民法院于 2021 年 12 月作出一审判决。一是撤销内蒙古自治区呼和浩特市托克托县人民法院 2017 年关于梁××犯保险诈骗罪判处有期徒刑 3 年，宣告缓刑 3 年，并处罚金人民币 20 000 元的缓刑部分。二是梁××犯保险诈骗罪，判处有期徒刑 4 年 11 个月，并处罚金人民币 30 000 元，与前罪未执行的部分数罪并罚，执行有期徒刑 7 年 8 个月，并处罚金人民币30 000 元。

梁某某对一审判决结果不服，提出上诉，内蒙古自治区包头市中级人民法院依法组成合议庭，按照法定程序进行开庭审理，按照《中华人民共和国刑事诉讼法》第 236 条第 1 款第（一）项之规定作出终审裁定：驳回上诉，维持原判。

引例分析

某社会服务公司作为一家非营利性社会服务机构，有专职的社会工作者和不同专业技能的社会志愿者，能够为社区矫正工作提供服务。该公司参与社区矫正工作的途径主要有：一是通过政府公开购买服务，参与竞标活动；二是和社区矫正机构联系，签订社会志愿者服务协议，参与社区矫正工作；三是通过和社区矫正机构合作，参与具体的矫正项目。

思考练习

1. 社会支持系统的构成是怎样的？
2. 社会支持系统的作用有哪些？
3. 社会力量参与模式的构成要素有哪些？
4. 简述我国社会力量参与社区矫正的典型模式。

第七章　社区矫正基本制度

学习目标

1. 掌握社区矫正的基本工作制度；
2. 熟悉社区矫正的管理制度；
3. 了解社区矫正的救济制度。

引入案例

朱××于2017年6月某日在酒店乘人不备将邻桌李×的皮包拿走，内有现金两万余元。后被李×发现，将其扭送到派出所。在法院判决前，因考虑到朱××没有前科，而且此次也是临时起意实施了盗窃行为，案发后有悔改之心，本着教育挽救的原则，法院拟对其适用缓刑。法院委托社区矫正机构对朱××进行审前社会调查评估，而后采纳了社区矫正机构对朱××适用非监禁刑的调查评估意见，2017年9月以盗窃罪判处朱××有期徒刑并宣告缓刑，依法实施社区矫正。

朱××自接受社区矫正以来，在社区矫正工作者的帮助和教育下，能认罪悔罪，遵规守纪，接受社区矫正组织的教育、帮助，定期汇报思想、改造情况。劳动态度端正，积极进行技术改造，为厂里正常生产节约成本、提高经济效益作出了重大贡献。此外，朱××还积极参加社区公益性活动。

问题：

1. 对朱××开展社会调查评估的内容是什么？
2. 根据朱××接受社区矫正后的表现，社区矫正机构应如何对其进行管理？
3. 社区矫正机构应如何为朱××建立档案？

社区矫正基本制度是社区矫正工作的基础，社区矫正工作只有在制度的框架下规范运作，才能保障其规范性和合法性。

所谓社区矫正基本制度，是指社区矫正工作共同遵守的工作规程和行动规则。社区矫正基本制度就其内涵而言，有狭义和广义之分。狭义的社区矫正基本制度，包括矫正调查评估制度、矫正工作制度、矫正管理制度、矫正救济制度。广义的社区矫正基本制度，除了狭义的社区矫正基本制度之外，还包括矫正前转处制度和执行转处制度。矫正前转处制度包括缓刑制度、管制制度、刑罚易科制度等。执行转处制度包括假释制度、暂予监外执行制度、劳动释放制度、学习释放制度等。本章所研究的社区矫正基本制度采用狭义说。

第一节　社区矫正前调查评估制度

一、社区矫正前调查评估制度的概念

所谓社区矫正前调查评估制度，是指社区矫正机构根据人民法院、监狱管理机关、公安机关的委托，在对被告人、罪犯拟适用社区矫正前，对其居所情况、家庭和社会关系、一贯表现、犯罪行为的后果和影响、居住地村（居）民委员会和被害人意见、拟禁止的事项等情况进行调查，并对其人身危险性和再犯可能性进行综合评估，形成评估意见，在规定时限内提交委托机关作为参考并决定是否对被告人或罪犯适用社区矫正的一种制度。[①] 其主要目的是通过调查，全面分析犯罪人的人身危险性，使对犯罪人是否适用社区矫正的评判能够建立在和犯罪人有关的、体现其再犯可能性的所有因素的综合评价上，以降低社区矫正的适用风险，为预防犯罪和矫正罪犯提供科学依据。社区矫正前调查评估工作是一项政策性、法律性非常强的工作，某种程度上可以说是人民法院、监狱管理机关、公安机关职能的延伸，是国家行使刑罚权的具体表现形式。社区矫正前的调查评估有助于提高非监禁刑适用质量，进而把好社区矫正“入口关”，提高社区矫正质量。因此社区矫正前调查评估制度是连接非监禁刑适用和社区矫正的重要桥梁。[②]

调查评估制度起源于美国的缓刑资格调查制度。1950 年在海牙召开的第 12 届国际刑法及监狱会议积极倡导这一制度，目前已有不少国家和地区采用。为了获得相对真实详细的资料以保证刑事案件的公正性，贯彻《联合国少年司法最低限度标准规则》（《北京规则》）公约精神，作为《北京规则》的签署国之一，我国的相关法律、司法解释以及司法实践均对此制度有所涉及。2009 年 9 月“两院两部”联合下发的《关于在全国试行社区矫正工作的意见》（司发通〔2009〕169 号）中，明确要求人民法院要依法适用非监禁刑罚和非监禁刑事执行措施，对依法可能适用非监禁刑罚的被告人，在审理中可以委托司法行政机关进行社会调查。2016 年“两院两部”联合发布的《关于进一步加强社区矫正工作衔接配合管理的意见》规定人民法院、公安机关、监狱对拟适用或者提请适

---

① 张建明. 社区矫正实务［M］. 北京：中国政法大学出版社，2010：80.

② 李召亮. 社区矫正社会调查适用举要［J］. 山东审判，2016（2）：50－53.

用社区矫正的被告人或者罪犯，需要调查其对所居住社区影响的，可以委托其居住地县级司法行政机关调查评估。对罪犯提请假释的，应当委托其居住地县级司法行政机关调查评估。对拟适用社区矫正的被告人或者罪犯，裁定或者决定机关应当核实其居住地。委托调查评估时，委托机关应当发出调查评估委托函，并附下列材料：（1）人民法院委托时，应当附带起诉书或者自诉状；（2）公安机关、监狱委托时，应当附带判决书、裁定书、执行通知书、减刑裁定书复印件以及罪犯在服刑期间表现情况材料。

《社区矫正法》第 18 条规定："社区矫正决定机关根据需要，可以委托社区矫正机构或者有关社会组织对被告人或者罪犯的社会危险性和对所居住社区的影响，进行调查评估，提出意见，供决定社区矫正时参考。居民委员会、村民委员会等组织应当提供必要的协助。"这些规定确立了社区矫正前调查评估制度，为进一步完善刑事执行制度、推进刑罚执行一体化建设、健全社会管理创新体制奠定了坚实的基础。《社区矫正法实施办法》第 13 条规定："社区矫正决定机关对拟适用社区矫正的被告人、罪犯，需要调查其社会危险性和对所居住社区影响的，可以委托拟确定为执行地的社区矫正机构或者有关社会组织进行调查评估。社区矫正机构或者有关社会组织收到委托文书后应当及时通知执行地县级人民检察院。"

对于这一制度，有人将其界定为人格调查制度，我们认为该界定过于狭隘，因为对被调查人的调查，仅仅局限于其人格调查是不够的，人格调查仅是社区矫正前调查的一部分。从调查的内容来看，它包括被调查人家庭状况调查、受教育状况调查、社会交往状况调查、人格状况调查、生活环境调查、违法犯罪过程调查等，远远超出了人格调查的范围。

二、社区矫正前调查评估的内容

社区矫正决定机关委托调查评估时，应当告知被调查人的户籍所在地、执行地、案情、家庭关系及服刑期间表现等基本情况。《社区矫正法实施办法》第 14 条第 1 款规定："社区矫正机构、有关社会组织接受委托后，应当对被告人或者罪犯的居所情况、家庭和社会关系、犯罪行为的后果和影响、居住地村（居）民委员会和被害人意见、拟禁止的事项、社会危险性、对所居住社区的影响等情况进行调查了解，形成调查评估意见，与相关材料一起提交委托机关。调查评估时，相关单位、部门、村（居）民委员会等组织、个人应当依法为调查评估提供必要的协助。"归纳起来，调查评估的内容包括被调查人的基本情况、被调查人的家庭和社会关系、被调查人犯罪前的一贯表现、犯罪情况或悔罪表现、居住地村（居）民委员会和被害人的意见、拟禁止的事项等。

（一）被调查人的基本情况

1. 被调查人的居所情况

被调查人居住地的确认，应当同时具备以下两个条件：一是应当有固定居所，由其本人或者与亲友共有、承担，或者其他人、有关单位愿意为社区矫正对象提供，社区矫正对象接受社区矫正后能够在此居所连续居住 6 个月以上。二是社区矫正对象在居住地有固定的生活来源，或者亲友、其他人、有关单位为其提供生活保障。

固定居所包括下列情形[1]：

（1）产权由社区矫正对象所有且未被租借、赠与、抵押、查封或他用的住所地。对在本县（市、区）有多处住所的，要求社区矫正对象书面确定一处实际经常居住的住所为固定居所。

（2）由社区矫正对象合法租赁且剩余租期在6个月以上的住所地。

（3）产权由社区矫正对象亲友所有或与社区矫正对象共有，未被租借、赠与、抵押、查封或他用，且亲友书面同意接纳其在此居住的住所地。

（4）由社区矫正对象亲友合法租赁，剩余租期在6个月以上，并且其亲友书面同意接纳其在此居住的住所地。

（5）被判刑前在原工作单位提供的住处居住，被判刑后或出监所后其原工作单位书面同意其在该处继续居住的住所地。

不能确定居住地的，在户籍所在地接受社区矫正。

2. 被调查人的个人基本情况

被调查人的个人基本情况包括年龄、出生地、民族、受教育程度、健康状况、成长经历、婚姻状况、工作现状、经济收入、兴趣嗜好、精神状态、心理特点等。这些情况往往会对行为人的性格形成和行为习得有很大影响，从而影响到行为人在特定的环境中是否作出犯罪的选择，以及再犯可能性的大小。

3. 教育背景

一般来说，受教育的经历就是一个与社会沟通的过程。一个受过良好教育的人，其身心受到内在文化的熏陶，往往能对自己的不良行为进行自我约束，也就是说，行为更有理性，且容易周密地考虑自己行为的后果，因此更不容易有盲从行为，自控能力也高于文化程度较低的人，使用暴力犯罪的可能性以及再犯的可能性都大大降低。被调查人的文化程度会对他今后的行为选择产生很大影响，尤其是对一些涉及人生方向的关键问题，需要被调查人自己去判别时，被调查人已有文化往往对抉择起着非常重要的决定作用。社区矫正对象是在开放的社会环境中接受矫正，更容易受到来自社会方方面面的影响，因此，需有更强的自我约束力和抵抗各种不良因素影响的能力。所以，在调查评估中应注意对被调查人的教育背景进行调查，以便采取更有针对性的矫正措施。

4. 职业背景

职业背景包括求职经历、从事职业、职业前景、工作表现、工作成绩、与同事关系的融洽程度、职业技能等。通常情况下，有相对稳定职业经历的被调查人与没有相对稳定职业的被调查人相比，无论是在集体观念、合作程度、工作责任心、遵守规章制度上，还是与人相处、对社会的基本态度方面，都显得更符合社会常态。有长期职业生活经历和体验的人，比没有这种经历与体验的人更具有可矫正性。所以，在进行社会调查评估时应了解被调查人之前的职业经历。

---

① 引自河北省司法厅《社区矫正工作操作指南》第4页.

（二）被调查人的家庭和社会关系

被调查人的家庭和社会关系包括家庭情况、社会交往和主要社会关系等。

1. 被调查人的家庭情况

被调查人的家庭情况包括家庭成员的构成、家庭氛围、家庭经济状况、父母工作或者生活现状、婚姻和性生活状况、子女生活现状、家庭成员对犯罪人的态度等。家庭对一个人的成长过程有非常大的影响，特别是未成年犯罪人，往往与父母离婚、感情不和、家庭和社会疏于管教、自身成长环境不佳等因素有关。这些促使犯罪人走向违法犯罪的家庭因素，应是调查的重点。家庭情况调查的具体内容包括以下方面：

（1）家庭品德状况调查。

对被调查人实施社区矫正时，如果其家庭中已有成员犯过罪，或者家庭本身就是一个行为不良家庭，家庭没有正当的社会道德观念，则将该犯罪人放在社区进行矫正应谨慎。只有当被调查人原生家庭是一个正常健康的家庭，且其是因为家庭以外的因素而犯罪，被调查人的家庭今后可能对其接受社区矫正有所帮助，应是选择对被调查人开展社区矫正的重要因素。

（2）家庭成员相互关系状况调查。

被调查人和家庭成员的关系也是需要调查的一个重点方面，当被调查人和家庭成员关系融洽时，被调查人就可以在家庭中健康地生活，一定程度上可以抵御不良行为的侵扰，对未成年人来说，尤其如此。相反，如果一个被调查人家庭对其产生拒斥力量，被调查人与其他家庭成员的矛盾较为尖锐，甚至正是因为家庭矛盾而导致其犯罪，则不宜将这样的被调查人留在社区中，至少不宜留在该家庭生活的社区中。

不管被调查人是否已经结婚，都可以向被调查人所在居委会或者村委会、街坊邻居了解被调查人在家庭中的表现。主要包括是否听从父母的管理，对父母是否尊敬，成年的犯罪人是否赡养父母，与兄弟姐妹的关系如何，与配偶子女的关系是否融洽；对已为人父母的被调查人来说，是否尽了做父母的义务，履行抚养、教育子女的责任，以及在家庭关系中的亲和力如何。很难想象，一个对自己父母不尽赡养义务、对配偶实施家庭暴力、对子女不尽抚养义务的被调查人会在社区矫正中表现良好。当然，对被调查人家庭表现的调查不应局限在对其父母、配偶和子女范围内，因为这样做往往不具有客观性，更多的调查视角应放在周围的邻里街坊和居委会、村委会方面，这样才能对被调查人的家庭表现得出一个相对客观的结论。

（3）家庭生活状况调查。

家庭的生活条件有时会直接导致犯罪。根据最近几年我国刑释人员的重新犯罪情况来分析，不少人之所以会走上重新犯罪道路，一个重要的原因是他们回到社会后生活无着落，外出找工作难度大，会有很长一段时间没有经济来源，他们的家庭无力保障他们失业期间的基本生活。因此，家庭生活状况特别是家庭经济条件是否能够对被调查人今后的服刑生活在经济上予以保障，也是进行家庭情况调查时必须要考虑的一个重要因素。

（4）监护人的履职能力。

被调查人的监护人是否具备履职能力，也就是能否完成对被调查人的监督管理、教育等任务。如果不能履行，则被调查人就不具备社区矫正的条件。

2. 被调查人的社会交往和主要社会关系

（1）被调查人学习所在学校的老师、同学。被调查人的老师、同学与被调查人朝夕相处或者曾经朝夕相处，熟悉被调查人的学习、生活习惯，也了解被调查人性格中的优点和不足。因此，被调查人学习所在学校的老师、同学应成为了解被调查人有无社会危险性的重要调查对象。加上老师、同学与被调查人往往没有利益之争，倾听被调查人的老师、同学对被调查人的评价往往接近被调查人个性的客观真实。

（2）被调查人工作单位的同事。被调查人的同事与被调查人有着多年的工作关系，对被调查人的性格、人品、工作能力有着非常清晰的了解。对被调查人同事的调查是更贴近案发时间的，所以，这种调查更接近目前被调查人的真实品格。

（3）被调查人同一社区的居民。这些人与被调查人生活在同一社区，对其生活中的一点一滴了解更多。通过对被调查人生活在同一社区居民的了解，可以全面了解生活中的被调查人的脾气、性格、为人处世的特点。被调查人与邻里的关系、邻里对其的评价以及邻里是否愿意其在社区接受矫正，是关系到被调查人是否具备社区矫正的重要条件。

（4）被调查人交往密切的朋友。俗话说："物以类聚，人以群分。"与被调查人交往密切的朋友，往往与被调查人具有大体相似的脾气性格、具有相同和基本相同的价值取向，通过对与其交往密切朋友的调查，可以从中窥见被调查人的大体性格或者性格的一部分，从而判断被调查人是否具有社会危险性、是否适用社区矫正措施，从而为法院或者其他决定机关作出正确判断奠定良好的基础。

（三）被调查人犯罪前的一贯表现

被调查人犯罪前的一贯表现，包括上学工作期间表现、遵纪守法情况、是否有不良嗜好、行为恶习等。

1. 上学期间的表现

在校期间，被调查人是否遵守学校的校规校纪，是否尊敬老师、团结同学，是否热爱学校和班集体，是否爱护公物，与同学关系是否融洽，是反映被调查人一贯表现的重要方面，在一定程度上反映了被调查人的心理状况和行为发展轨迹。这对未成年人或者正在上学的青少年被调查人尤其具有参考价值。

2. 工作期间的表现

如果被调查人在捕前有工作，则应该调查被调查人在工作单位的工作状况，包括工作态度是否积极，是否有较强的上进心，是否遵守工作纪律，取得过什么样的工作成绩，工作能力如何，工作单位的领导和同事对其工作情况的评价，与同事关系是否融洽等，以作为是否适用社区矫正的参考性条件。

3. 遵纪守法情况

考察被调查人的一贯表现，还应到被调查人所在的基层公安机关了解其是否有违法犯罪的记录。如果有违法犯罪的记录，要看是什么性质的违法犯罪行为，主观上是故意还是过失，违法犯罪造成的危害结果如何。前次违法犯罪行为以后，行为人的表现与对周围人的生活态度、在工作中的态度如何，等等。

4. 是否具有不良嗜好、行为恶习等

不良嗜好、行为恶习主要包括吸毒、酗酒、赌博、网瘾，接触不良阅读物、光碟、网站，同具有不良表现的人进行交往，有暴力倾向，以及存在妄想、偏执等心理问题甚至是心理疾病。不良嗜好和行为恶习的调查结果作为被调查人是否适用社区矫正的参考因素。

当然，针对行为人的一贯表现可否作为对被调查人是否适用社区矫正参考的依据，也有不同意见。有人认为，“一贯表现”可以成为是否适用社区矫正参考的话，那么被调查人为了争取轻判或者罪犯为了早日出狱，就完全有可能通过各种手段对司法所、居委会人员或者监狱人民警察等人员施加影响，在假释或者暂予监外执行时为其出具“一贯表现良好”的证明，从而加重司法腐败现象。将被调查人的“一贯表现”列为适用社区矫正时的参考因素，也不能仅仅听从有关单位和人员的一面之词。至少，要有较多与被调查人有过接触的邻居、同事、一同改造的罪犯等人共同出面作证，才有说服力。因此，在调查一贯表现时，应讲求客观、真实、全面。

（四）犯罪情况和悔罪表现

犯罪情况和悔罪表现包括犯罪原因、主观恶性、是否有犯罪前科、认罪悔罪态度、不良心理及行为转化情况等。通过对以下这些情况的调查分析，可以判断出一个犯罪分子的危害程度大小、犯罪恶习有多深或者过失的程度：犯罪的原因，犯罪的性质，犯罪的动机和犯罪手段、方法，平日与被害人的关系，因犯罪对被害人情感和物质上的影响，犯罪人的悔罪态度，过去的违法犯罪史等。另外，与犯罪相关的其他因素中，还有一个重要方面，即犯罪后的表现。犯罪人犯罪后，在现实中会有各种各样的表现，有些犯罪人会因为完成了犯罪而获得满足感，对所犯罪行满不在乎，甚至还有些沾沾自喜；有些犯罪人会对自己一时糊涂酿成大错而后悔不已，自责甚至有自首、立功行为，并积极寻求弥补措施；有些犯罪人对犯罪行为及造成的危害后果毫无悔改之意，并不认为自己的行为给社会造成了危害；有些犯罪人会主动承认自己的过错并自觉赔偿被害人；有些犯罪人会对犯罪行为无理抵赖，拒不认罪；有些犯罪人则对犯罪坦白交代，认罪服判。我们只有在适用社区矫正措施前的调查中掌握了犯罪人这些犯罪后的表现，才能知道社区矫正是否适合犯罪人。因为社区矫正只适用于罪行相对轻微的犯罪人，所以对犯罪本身的调查必不可少，当然这不是要求调查人员要像侦查机关那样去查明所有犯罪事实，而是重点查明影响行为人犯罪的各种主客观原因。那些有暴力倾向、自控能力差以致违法犯罪成瘾、有仇恨社会倾向、有很大可能会继续危害社会的人是不适用社区矫正的。

（五）居住地村（居）民委员会和被害人意见

居住地村（居）民委员会是否愿意接纳被调查人回到本社区接受矫正，是否愿意履行监督管理、教育的职责至关重要。社区公众对社区矫正的态度也很重要。社区公众会对被调查人持有什么样的态度？如果社区公众都非常愤恨、拒绝被调查人，而愤恨的原因是因为他们的利益受到了这个被调查人不良行为的直接或间接威胁，且没有办法转化这种情绪，则对这样的被调查人不宜放在该社区进行矫正。为保证社区的安全，根据《社区矫正法实施办法》的规定，对被调查人开展社会调查评估时必须了解其所在的社区环境和社区公众的态度，以便决定是否具备社区矫正的条件。

另外，被害人的心理承受状况以及意愿也应是调查的重点问题。一般而言，被害人对加害人都会有仇视、愤恨心理，但仇视、愤恨又会有程度上的差异。比如过失犯罪，或者一些刑事自诉案件，加害人与被害人之间经过调解，并就损失进行赔偿，容易达成和解，双方能够从此相安无事。一些故意犯罪，特别是使用残忍手段的暴力犯罪，由于加害人与被害人矛盾激化，双方不易达成谅解。对被害人来说，除非对加害人实施监禁，否则一时难以平衡心态。这里还要考虑到犯罪行为的直接受害人的数量因素。如果被害人多的话，则表明该社区会有众多的被害人反对该被调查人，若在这种情况下，仍将该被调查人放在社区进行矫正，不仅会遭到众多人的反对，也会人为地增加该被调查人今后融入社区的难度，造成该被调查人接受矫正的人际环境压力。

（六）拟禁止的事项

对被调查人在开展社会调查评估时，也应该对拟禁止的事项一并进行调查了解，并将意见提交给法院，作为是否适用社区矫正时拟禁止事项的参考。

三、社区矫正前调查评估的原则

社区矫正工作对社区矫正对象的适用水平，在很大程度上取决于再犯预测水平，而提高预测结果的准确性，则有赖于建立科学调查方法和评估方法。

社区矫正前调查评估带着明确的考察目的，以一定的理论作指导，采用一套科学的方法、技术程序，再对被调查人所确定的范围进行客观、准确的实地考察，系统地收集各类有关被调查人的真实材料，并加以分析、研究等。在矫正前调查评估的全过程中，调查人员应努力使调查具有目的性、客观性、真实性、系统性、完整性、灵活性、细致性、深刻性、准确性、应用性。这就是对矫正前调查评估活动的基本要求，也可以说是对矫正前调查评估活动的科学水平进行衡量的一套指标体系。为了达到这一目的，社区矫正前调查评估活动应坚持下述六条原则。

（一）客观全面原则

调查人员必须坚持在调查中以辩证的、整体的、综合的观点，客观地考察问题，善于对所调查的各个事项，从多角度进行分析研究，善于排除假象干扰，能够准确、严谨地考察细节，透过现象看本质，正确抓住那些看起来好像是偶然发生的意外现象或事件，从中发现潜藏着的某种人们尚未发现的必然规律。

（二）系统性原则

调查人员在调查过程中注重系统研究分析，将调查与研究紧密地联系在一起，使两者相互作用、相辅相成、相互贯通，统一构成科学调查评估和研究分析的完整过程。

（三）科学性原则

调查人员必须坚持在调查中科学有效地使用一整套有机配置的科学方法与技术，并严格按照既定总体方案和调查评估程序及行为规范办事。

（四）权益保护原则

调查人员在调查评估过程中，要时刻维护被调查人的利益。客观公正地调查评估并作出评判，是实施社区矫正的前提。因此，调查人员不仅要着眼于调查被调查人违法犯罪的事件，而且应维护被调查人的利益，不应对他们有任何损害和欺骗。这不仅是调查评估的道德要求，也是使调查评估有成效的前提保证。

（五）相关性原则

调查人员在对调查结果进行研究时，坚持牢记调查的条件、范围、情势的相对性与多变性；在运用调查评估结果给出结论时，尤其是给出超越原调查范围、条件、情势等结论时应该十分谨慎，以免导致错误的结论。

（六）集体评议的原则

开展社区矫正前调查评估直接关系到拟适用社区矫正的被调查人的切身利益和是否被监禁的处罚后果，更是法律的严肃性和刑事执行人性化的体现，所以，必须依照集体评议的原则开展，对调查评估所获取的信息资料，通过调查小组集体评议得出是否适用社区矫正的调查评估意见，以确保调查情况的客观性、评估结论的公正性。

调查小组应以参加人员2/3以上通过的意见形成评估意见，意见分歧较大时，应就存在分歧的问题再次组织调查并进行评估审核。评估结果不宜简单以“同意”或“不同意”作为调查评估的结论性意见。提出“不适合社区矫正”等倾向性意见的调查评估意见书（或调查评估报告），要随附翔实齐全的相关证据材料，客观反映相关的意见，供委托调查评估的机关参考。

第二节　社区矫正工作制度

社区矫正工作制度主要包括两方面的内容，一是社区矫正机构及社区矫正工作者在社区矫正工作中应遵循的规则和行为规范；二是社区矫正工作中的程序规范。社区矫正机构应当建立突发事件处置机制，发现社区矫正对象非正常死亡、实施犯罪、参与群体性事件的，应当立即与公安机关等有关部门协调联动、妥善处置，并将有关情况及时报告上级司法行政机关和有关部门。司法行政机关和公安机关、人民检察院、人民法院建立社区矫正对象的信息交换平台，实现社区矫正工作动态数据共享。为保证社区矫正工作的规范化运行，社区矫正机构经过多年的探索与实践，主要建立了工作例会制度、档案管理制度、情况通报制度、请示报告制度、责任追究制度、信息报送与宣传制度、突发事件应急处置制度等。

一、工作例会制度

社区矫正机构应建立工作例会制度，定期召开工作例会，研究贯彻上级机关关于社区矫正工作的方针、政策和上级相关部门的指示、决议，部署本地社区矫正工作的开展，研究、制定本地区社区矫正工作的规划和实施方案，协调处理社区矫正工作中的重大问题。

县级社区矫正机构社区矫正工作例会一般每年不少于 2 次，遇有重大事宜随时召开。工作例会的主要内容是：学习有关文件精神，制订工作计划和具体措施，听取有关部门工作汇报，协调有关部门开展工作，解决实践中出现的问题。县级社区矫正机构应在例会前征求相关部门的意见，确定议题。做好会议记录，将有关决定事宜整理存档。

司法所社区矫正工作例会一般每年不少于 4 次，遇重大事项可随时召开紧急会议。工作例会的主要内容包括：传达上级社区矫正工作的指示精神，研究、制订辖区社区矫正工作的计划和实施方案，听取工作汇报，并协调解决工作中遇到的重大问题。

二、档案管理制度

（一）社区矫正对象的档案

社区矫正对象的档案管理工作是为了满足社区矫正机构矫治社区矫正对象的需要，为做好个性化的教育改造和管理建立基础资料库。通过收集、保管和提供档案材料这种特定的方式，为社区矫正工作总结经验、研究和制定方针政策提供必要的依据和条件。

社区矫正机构对社区矫正对象逐人建档，将社区矫正对象的犯罪情况及改造表现、家庭成员、社会关系、接受教育、参加公益活动、考察鉴定等情况记入个人档案，并确定专人负责保管。社区矫正对象的档案实行一人一档，单独立卷。档案管理工作遵守档案管理一般要求，具备保密、防遗失、防潮、防虫、防霉等基本保管条件。

档案包括县级社区矫正机构为社区矫正对象建立的执行档案和司法所为社区矫正对象建立的工作档案，全部档案必须字迹清晰，内容准确。县级司法行政机关和司法所指定专人管理，未经主管领导批准，任何人不得擅自查阅档案，不得复印档案，不得私自将档案转借他人，档案查阅完毕应及时归还，不得丢失或外传。目前很多省市社区矫正机构对社区矫正对象的档案都已经实行了信息化管理，按月将社区矫正对象的档案信息输入信息管理平台，并由专人负责信息维护，所输入信息按档案管理规定管理，非社区矫正机构工作人员不得查看，也不得向外界随意公布。社区矫正对象被解除矫正后，司法所应及时将该社区矫正对象档案从信息平台上导出，移交县级社区矫正机构集中统一保管。

社区矫正对象执行档案的内容包括：

（1）适用社区矫正的法律文书。

（2）接收、监管审批、处罚、收监执行、解除矫正等有关社区矫正执行活动的法律文书。

社区矫正对象工作档案的内容包括：

（1）司法所和社区矫正小组进行社区矫正的工作记录。

（2）社区矫正对象接受社区矫正的相关材料等。

（二）社区矫正对象档案管理工作环节

在管理过程中，本着集中统一、专人负责、科学管理的原则进行管理，主要包括以下六个环节。

1. 收集

收集是社区矫正对象档案管理工作的首要环节。社区矫正对象进入社区矫正机构后，要立即建立单人档案；将所有法定文件收集归档；将所有文书收集归档；将社区矫正对象在社区矫正中形成的有存查价值的材料收集归档。在收集资料的过程中，要检查各类文件的记载与实际情况是否相符合、是否完备。要收集的档案的内容主要包括以下方面：

（1）管制、缓刑社区矫正对象的判决（裁定）书、起诉书副本、结案登记表、执行通知书；假释的社区矫正对象的原判法律文书、假释裁定书、罪犯出监鉴定表；暂予监外执行社区矫正对象的判决（裁定）书、起诉书副本、结案登记表、执行通知书、暂予监外执行审批表、具保书。

（2）假释、暂予监外执行的社区矫正对象在监狱服刑期间接受教育改造的相关材料、奖惩考核材料、心理档案。

（3）社区矫正对象登记表。

（4）社区矫正对象社区矫正情况月汇报。

（5）社区矫正对象接受社区矫正保证书、帮教协议。

（6）社区矫正对象外出请假申请审批表。

（7）社区矫正方案。

（8）社区矫正情况记录簿，其中包括学习教育记载、参加公益活动记载、心理矫正记载、谈话记录等。

（9）社区矫正对象社区矫正考察表、评审鉴定表。

（10）社区矫正对象奖惩审批表及相关材料。

（11）社区矫正对象矫正期满鉴定表。

（12）社区矫正对象解除管制通知书、假释考验期满证明书、缓刑期满证明书。

（13）其他应该归档的重要材料。

此外，社区矫正对象在矫正期间死亡的，死亡证明、法医鉴定等有关材料应当归档。

2. 整理

整理即对社区矫正对象档案的整理，就是按照一定的原则和要求，采取比较科学的方法，对档案进行分门别类的处理。档案整理后，要按照要求装订成册。

3. 鉴定

鉴定即对整理好的材料进行审查与鉴别。一般由社区矫正机构组成专门鉴定小组，定期对保管期限已满的档案进行鉴定。

4. 保管

社区矫正机构在社区矫正对象被决定执行社区矫正之日起建立档案，一人一档。社区矫正对象档案必须由专人妥善保管。一是按一定方法把社区矫正对象个人档案排列在档案柜中；二是制作社区矫正对象档案索引卡片；三是做好防火、防霉、防潮、防遗失、保密、防蛀等工作，保证档案安全。

5. 统计

社区矫正对象档案中各种材料所反映的情况，只有经过具体的数据汇总与综合，才能向相关部门提供直观、准确和快速的服务。档案管理部门应准确掌握社区矫正对象变动的实际情况，及时准确地填写有关档案的统计报表，并根据需要制作相关的统计图。

6. 提供利用

社区矫正对象档案管理工作的根本目的就是提供档案，为社区矫正工作服务。有关提供利用的程序和注意事项如下：

(1) 社区矫正对象矫正地址变更时，档案应随社区矫正对象移交给变更地的社区矫正机构。社区矫正对象重新犯罪、收监执行的，档案应移交给侦查、监狱机关。档案移交双方均应做好交接手续。

(2) 外调人员查阅档案，凭县（市、区）以上政府或政法机关外调介绍信，经县（市、区）级社区矫正机构批准，在指定地点阅卷，并填写《社区矫正对象档案借阅登记表》备查。

(3) 社区矫正对象档案输入计算机的，计算机不得直接或间接与国际互联网或其他网络连接。

(4) 社区矫正对象解除社区矫正后，档案交社区矫正对象期满时所在县（市、区）社区矫正机构集中统一保管。

总之，在社区矫正对象档案管理的具体工作中，管理人员收集要用心，整理要细心，鉴定要精心，保管要尽心，提供利用要热心。在这几个相辅相成的工作环节中，既要层层把关、明确职责，又要目的明确、相互促进。

三、情况通报制度

社区矫正工作是以社区矫正机构为主导的工作系统，需要公安机关、检察机关、审判机关、监狱机关等部门的通力协作。2016年“两院两部”联合发布《关于进一步加强社区矫正工作衔接配合管理的意见》规定，司法行政机关应当会同人民法院、人民检察院、公安机关健全完善联席会议制度、情况通报制度，每月通报核对社区矫正对象人数变动、漏管脱管等数据信息，及时协调解决工作中出现的问题。《社区矫正法》第8条第3款规定：“地方人民政府根据需要设立社区矫正委员会，负责统筹协调和指导本行政区域内的社区矫正工作。”社区矫正委员会一般由本级人民政府或党的机构有关负责人，人民法院、人民检察院、公安、司法、财政、民政、教育、人力资源和社会保障等部门，工会、共青团、妇联等单位代表组成，负责制定社区矫正工作规划，研究解决社区矫正工作的重大问题。因此，社区矫正机构应当建立与社区矫正工作各相关部门的情况通报制度，定期通报工作进展情况和存在的问题，协调各部门和单位落实各项措施，拟定社区矫正重大问题解决方案，指导、检查社区矫正工作的正常开展。

四、请示报告制度

社区矫正机构应当建立请示报告制度，对工作中出现的重大问题及时逐级上报，不得隐瞒不报，紧急情况应当边处置边报告。

各级社区矫正机构对工作中的重大问题和紧急情况，应在报告同级领导机构的同时，向上一级社区矫正机构报告；遇到超越现行规定的事项，必须报请上级社区矫正机构批准后方可实施。

各级社区矫正机构对下一级社区矫正机构的请示报告事宜应及时予以答复；超越职权范围的，应向上一级社区矫正机构请示。上级部门对请示的问题要及时研究，尽快批复。凡请示报告事项和上级批复均要登记备案，存入档案，以便查阅。

请示报告的主要事项如下：

（1）社区矫正工作中出现的有关法律、法规、规定及配套制度中没有明确规定的重大事项。

（2）社区矫正工作的重要活动。

（3）社区矫正对象发生的脱管、漏管、非正常死亡及重新违法犯罪等重大问题。

（4）社区矫正工作者在执法中发生的违法违纪问题。

（5）涉及社区矫正工作内容的新闻宣传、媒体采访及外界参观等事项。

（6）其他重大紧急情况。

请示报告的方法：一是电话请示报告。对社区矫正对象发生脱管、漏管、非正常死亡及违法犯罪问题，社区矫正工作人员中发生重大违法违纪问题，社区矫正工作中发生其他重大紧急情况的，可先行用电话请示报告，并随后写出书面报告上报。二是书面请示报告。新闻宣传、媒体采访、外界参观等事项，必须在拟办活动之前行文报批。

五、责任追究制度

《社区矫正法》第 61 条规定："社区矫正机构工作人员和其他国家工作人员有下列行为之一的，应当给予处分；构成犯罪的，依法追究刑事责任：（一）利用职务或者工作便利索取、收受贿赂的；（二）不履行法定职责的；（三）体罚、虐待社区矫正对象，或者违反法律规定限制或者变相限制社区矫正对象的人身自由的；（四）泄露社区矫正工作秘密或者其他依法应当保密的信息的；（五）对依法申诉、控告或者检举的社区矫正对象进行打击报复的；（六）有其他违纪违法行为的。"

社区矫正工作人员要严格遵守各项规章制度，恪尽职守。社区矫正对象出现擅自离开所在地域、重新犯罪等情况，属社区矫正工作人员失职导致的，实行责任追查，追究其行政乃至法律责任。

各级社区矫正机构工作人员被发现有以下行为的，要根据不同的情节追究行为人的相应责任：滥用职权，弄虚作假，隐瞒案情，包庇、纵容社区矫正对象违法犯罪；刑讯逼供或者体罚、虐待社区矫正对象；玩忽职守、泄露社区矫正工作秘密；非法侵害社区矫正对象身体；侮辱社区矫正对象的人格；非法剥夺社区矫正对象的人身自由；非法搜查社区矫正对象的身体、物品或住所；利用公益活动实施变相体罚；殴打或纵容他人殴打社区矫正对象；利用社区矫正对象从事营利性的活动或者牟取其他私利；向社区矫正对象及其亲属索取财物，谋取私利；收受社区矫正对象及其亲属的贿赂和馈赠；非法将社区矫正对象的监督管理权交予他人行使等。

《社区矫正法实施办法》第 56 条第 4 款规定："对社区矫正工作人员追究法律责任，应当根据其行为的危害程度、造成的后果，以及责任大小予以确定，实事求是，过罚相当。社区矫正工作人员依法履职的，不能仅因社区矫正对象再犯罪而追究其法律责任。"

六、信息报送与宣传制度

（一）社区矫正信息报送制度

各级社区矫正机构应建立信息报送制度，及时收集、整理、报送在工作过程中的经验、做法、重要活动及典型矫正案例等各种信息。

1. 社区矫正信息管理的原则

社区矫正信息管理应当坚持储存安全、内容准确、信息共享、报送及时、传递规范的原则。同时，应不断加强社区矫正信息化建设。

《关于进一步加强社区矫正工作衔接配合管理的意见》规定："司法行政机关应当建立完善社区矫正对象的信息交换平台，推动与人民法院、人民检察院、公安机关互联互通，利用网络及时准确传输交换有关法律文书，根据需要查询社区矫正对象脱管漏管、被治安管理处罚、犯罪等情况，共享社区矫正工作动态信息，实现网上办案、网上监管、网上监督。对社区矫正对象采用电子定位方式实施监督，应当采用相应技术手段，防止发生人机分离，提高监督管理的有效性和安全性。"《社区矫正法》第 5 条规定："国家支持社区矫正机构提高信息化水平，运用现代信息技术开展监督管理和教育帮扶。社区矫正工作相关部门之间依法进行信息共享。"

2. 社区矫正信息报送的内容

（1）社区矫正业务数据。这包括社区矫正对象数据、社区矫正工作机构数据、社区矫正工作者（志愿者）数据、社区矫正工作数据。

（2）社区矫正工作信息。这包括社区矫正工作报告、社区矫正对象思想行为动态、社区矫正重要活动、经验总结、调研文章、个案剖析以及工作中遇到的矛盾和问题。

（3）社区矫正重要事件信息。这包括社区矫正工作中的重大突发事件。

3. 社区矫正信息的收集、申报和管理

社区矫正信息的收集、申报和管理必须按照规定的流程进行。以江苏省为例，《江苏省社区矫正信息管理规定（试行）》对社区矫正信息的收集、申报和管理作了如下规定：

（1）社区矫正信息应当逐级审核报送。社区矫正业务数据信息应当经乡镇（街道）司法所、市（县、区）社区矫正机构逐级统计、审核、汇总后，由市级社区矫正机构每月 5 日上报。数据统计日期为上月 26 日至本月 25 日。社区矫正工作信息，除信息直报点外，应当由市级司法行政机关社区矫正机构审核上报。每市每月社区矫正工作信息不得少于 4 篇。社区矫正重要事件信息，应当在重大突发事件发生后当日逐级上报至省级社区矫正机构。情况特别紧急的，应当由市级社区矫正机构以电话形式立即上报，详情随时续报，处理完毕上报结果。

（2）省级社区矫正机构设专人负责收集、处理社区矫正信息。

（3）各市（县、区）社区矫正机构、乡镇（街道）司法所应当配备计算机、传真机等必要的办公设备，保证社区矫正信息保存与传输的安全、高效、可靠。

（4）省级社区矫正机构建立社区矫正信息数字化管理系统，逐步实现信息传输与管理网络化。

（5）社区矫正信息管理计算机不得与国际互联网连接。

（6）非社区矫正机构工作人员查阅社区矫正信息必须持县（市、区）以上政府或法院、检察院、公安或司法行政机关介绍信，经县（市、区）以上社区矫正机构批准，并作好记录。

（7）省、市社区矫正机构建立社区矫正信息评比与奖励制度，每年评比、表彰一次优秀信息员。

（8）各级社区矫正机构应当建立相应的信息管理工作制度和责任制，高度重视社区矫正信息的报送和管理，不得迟报、漏报、瞒报，防止泄密事件发生。

（9）社区矫正信息应当报送省级社区矫正机构。

（二）社区矫正信息宣传制度

对社区矫正工作的各种信息，各级社区矫正机构应予以及时总结、归纳并通过各种形式向社会进行宣传，以取得最大的社会效果。社区矫正信息宣传应当注意以下问题：

（1）信息宣传要严格遵守政法工作宣传的有关规定，以正面宣传为主，客观真实，注重社会效应。

（2）信息宣传应主要反映社区矫正工作进展情况、具有推广借鉴价值的经验做法和典型事迹、有关社区矫正工作的重要活动等内容。

（3）对社区矫正对象的宣传报道应征得本人同意，依法维护其合法权益，宣传报道的有关内容未经批准，不得上网。

（4）宣传工作应注意保密。内部文件、资料不得擅自公开，违反规定并造成不良后果的，应追究相关人员的责任。

七、突发事件应急处置制度

《社区矫正法实施办法》第 52 条规定：“社区矫正机构应当建立突发事件处置机制，

发现社区矫正对象非正常死亡、涉嫌实施犯罪、参与群体性事件的，应当立即与公安机关等有关部门协调联动、妥善处置，并将有关情况及时报告上一级社区矫正机构，同时通报执行地人民检察院。”这就要求对于突发事件，社区矫正工作人员必须立即处置，把突发事件带来的危害降到最低限度。

第三节　社区矫正管理制度

社区矫正管理制度是指社区矫正机构在社区矫正实施过程中对社区矫正对象所贯彻执行的制度。

一、累进处遇制度

所谓累进处遇制度，是行刑机构将判决所宣告的刑期分为既相互联系又彼此区别的若干阶段，依据受刑人服刑改造的程度，由低级到高级，逐渐改善其处遇并加重自律责任，旨在促其悔悟，顺利回归社会的行刑制度。[①] 该制度是西方的行刑制度之一，主要适用于监狱。为实现刑罚执行一体化，我国的社区矫正机构将该制度引入社区矫正管理制度中，根据社区矫正对象的犯罪类型、悔罪表现、心理状况、再犯罪风险（人身危险性）、日常考核等情况，将社区矫正对象划分为不同的管理等级，给予不同的矫正待遇。社区矫正的累进处遇制可设置为以下等级。[②]

（一）从严管理等级

从严管理的社区矫正对象，一般是被裁定假释和暂予监外执行的罪犯。这类罪犯具有一定人身危险性，而且一旦离开监狱环境，突然转入自由度较高的社会环境，难免存在“如自楼至地，因为没有阶梯，致肇非死即伤的惨况”的危险[③]。对假释罪犯在社区矫正开始时实施从严管理，待其逐步适应正常社会生活后再转入普通管理，防止罪犯突然面对自由度较高的社会生活而再次产生犯罪的冲动。对暂予监外执行的罪犯，因其狱内改造尚未完成，主要是由于生理原因而进入社区矫正机构，仍然存在较大的人身危险性，因此在社区矫正期间，必须始终进行严格管理，没有改变其处遇的余地，直到罪犯重新入狱服刑。在处遇上，应依法严格限制该等级罪犯的活动区域，一般不得离开居住的规定区域；实施密集报告制度，每周电话报告，每月到司法所报到，便于社区矫正机关掌握罪犯动态；执行严格的会客条件；无必要时一般不得批准其离开居住地；社区矫正工作者应经常走访该类罪犯家庭，加强教育引导；要求其按月参加集中教育活动；要求其每周在指定的时间和地点参加规定的公益活动。

---

① 王泰．狱政管理学［M］．北京：法律出版社，1999：6.

② 蒋建宇．社区矫正中适用累进处遇制的构想［J］．中国司法，2004（8）.

③ 林纪东．监狱学［M］．台北：三民书局，1977：53.

（二）普通管理等级

普通管理的社区矫正对象是指开始进入社区矫正的被判处管制、宣告缓刑的罪犯，以及由其他管理等级转入的假释罪犯。这类罪犯或者是罪行轻微、危险性本来就较小，或者是改造情况良好，对他们适用普通程度的管理即可。在处遇上，应当适度放松。例如，每次报告的时间间隔应当延长，半个月电话报告一次，两个月到司法所报到一次；会客条件放宽；有正当理由即可批准其离开居住地，经批准可在规定的范围内活动；参加集中教育活动。

（三）从宽管理等级

从宽管理的对象是经过普通管理阶段，表现良好，而且在社区内的矫正时间已超过社区矫正总限期一半以上的社区矫正对象。这类社区矫正对象经过长时间的矫正，不良人格已有明显改善，可以适用更为宽松的矫正手段，赋予其更大程度的自由。在处遇上，报告的时间间隔更长；对其要求离开居住地的申请一般均可批准等。对这类社区矫正对象，应通过正常的社会生活、心理健康教育来塑造其健全人格。社区矫正工作者应着重帮助他们解决在重新融入社会过程中遇到的就业、家庭、生活等问题，以利于他们顺利适应社会生活，巩固已经取得的改造成果。

此外，对累进处遇实施动态管理，社区矫正对象积极接受社区矫正，改造效果良好，方可获得晋级；相反，社区矫正对象不积极接受社区矫正，甚至抗拒矫正教育的，则会受到降级的惩罚；个别情节严重者甚至会依法撤销社区矫正资格，重新收监执行刑罚。

在司法实践中，主要有以下划分方法：

第一，根据入矫时间和矫正表现、悔罪态度等划分管理等级，并给予相应的矫正处遇。

（1）入矫三个月以内的一律设为严格管理等级，管理等级调整根据考核结果确定，一般每三个月评估调整一次，不符合调整条件的，按原管理等级管理。

（2）从严管理的社区矫正对象连续三个月月度考核结果均为合格的，或者有立功表现的，从严管理等级调整为普通管理等级。

（3）普通管理的社区矫正对象三个月内月度考核结果出现两次基本合格，或者一次不合格的，从普通管理等级调整为从严管理等级。

（4）普通管理的社区矫正对象受到训诫、警告、治安管理处罚的，应当立即调整为从严管理等级。

第二，根据人身危险性程度来划分不同的管理等级和处遇措施。

通过对社区矫正对象人身危险性程度的评估，确定其人身危险性的大小（或高低），并据此划分其管理等级。如上海市的做法是根据风险评估结果将社区矫正对象的危险等级划分为“稳定”“重点关注”“高危控制”。北京市的做法是根据风险评估结果将社区矫正对象的危险等级划分为A类（人身危险性较小）、B类（人身危险性中）、C类（人身危险性大）。

根据社区矫正对象的人身危险程度将其划分为从严管理、普通管理和从宽管理三个等级，并在学习教育的内容、次数、方式上，思想汇报方面，参加公益活动方面，心理矫正方面，接触的层面上都实行区别对待的原则，对人身危险性较高的社区矫正对象加强监督与管理，而对人身危险性较低的社区矫正对象则采取宽松的管理方式，使其有更多的自由，能充分享受社区矫正所带来的好处。

在社区矫正中实行累进处遇制，符合社区矫正的本质要求，既能体现法律的严肃性，有效地防止社区矫正对象重新违法犯罪行为的发生，又能充分体现法律的宽缓性和人道主义精神，极大地提高社区矫正对象接受改造的积极性，从而提高社区矫正的质量和效果。同时，累进处遇制也符合行刑个别化原则的要求。

累进处遇是一种社区矫正过程中的有效激励机制。在累进制中，社区矫正对象表现好就能获得优越处遇，表现不好则会受到降级处罚，丧失一些权利。依行为修正激励理论，当一种行为受到奖励时，行为人会受到激励，会重复这种行为；当一种行为受到处罚时，行为人会感到挫折，会避免重复这种行为。[①] 经过不断激励，社区矫正对象自觉追求进步，最终达到成为正常社会人的目的。同时，对表现好的社区矫正对象给予优越处遇，也在社区矫正对象群体中树立学习的榜样，带动其他社区矫正对象共同积极改造。累进处遇具有目标渐次性的特点，社区矫正对象的矫正时间被划分为若干阶段，每个阶段社区矫正对象的处遇都不相同，且渐次提高，这样，就使社区矫正对象在社区矫正过程中有了阶段性目标。目标的阶段化大大提高了社区矫正对象对社区矫正活动的新鲜感，总有新的目标在不断激励他（她）进步，而不是被动、麻木地参加社区矫正。此外，在社区矫正过程中分阶段改善社区矫正对象处遇，令其在不同程度的矫正环境下生活，也可防止其心理疲劳，避免产生厌倦甚至抗拒改造的情绪。

二、分管分矫制度

（一）分管分矫的概念

分管分矫制度是我国社区矫正机构最基本的矫正方式和管理制度。

分管分矫制度，是指我国社区矫正机构根据一定的标准，将不同类型的社区矫正对象分类管理、分类矫治的矫正方式和管理制度。这一制度的实施，对社区矫正机构惩罚和转化社区矫正对象、预防和减少犯罪，具有重要作用。

社区矫正中的分管分矫，在实践中是一个非常复杂的问题，因为社区矫正对象的类型错综复杂，难以科学地统一划分归类，所以具体到如何针对社区矫正对象的特点进行最有效的监管，或采用什么样的措施适应、满足社区矫正对象的需要，以及如何对社区矫正对象提供适当的帮助，就成为社区矫正工作必须要解决的问题。

一般说来，社区矫正机构的首要任务是对社区矫正对象的监督管理，同时在矫正过程中承担着对社区矫正对象提供服务并实施矫正措施和方案。但是，在实践中，由于社

---

① 张全仁．监狱行刑学［M］．北京：中国物价出版社，2003：211.

区矫正对象存在着很大的差异，要完成的任务往往有一定难度，对社区矫正对象而言也存在各自的问题，如家庭困难、精神疾病、就业就学等。因此，做好社区矫正工作的前提是对社区矫正对象进行适当的分类，分别采取相应的管理措施和矫治方案。

分管分矫制度对我国社区矫正机构的工作有积极作用，主要体现在：

（1）有利于对社区矫正对象采取有针对性的矫治措施。分管分矫制度为社区矫正对象的管理和矫治打下了坚实的基础。不同类型、不同层次的社区矫正对象实行分类管理后，不同类型的社区矫正对象群体的思想、心理和行为等特点就会集中反映出来，在分类矫治中，有利于根据不同的特点采取更有针对性的矫治措施，做到对症下药。

（2）有利于体现区别对待的政策。将各种类型、不同情况的社区矫正对象，不加区分地混在一起管理和矫治，既不利于适应不同类型社区矫正对象的生理、心理特点，也不利于激励社区矫正对象的积极性。分管分矫将不同类型、不同层次、不同惩罚种类、不同矫正期限、不同主观恶习的社区矫正对象分类管理、分类矫治，既体现了区别对待的政策，保护了社区矫正对象的合法权益，又可以根据不同类型、不同层次社区矫正对象的特点，采取不同的管理和矫正形式。可以说，分管分矫体现了党的政策和国家法律的要求，是社区矫正工作法治化、规范化、科学化运行的基础。

（3）有利于调动社区矫正对象的矫正积极性。分管分矫制度的核心是对社区矫正对象实行分级处遇，不同类型的社区矫正对象处在不同的管理级别中，享有社区矫正机构所赋予的不同的待遇，体现累进处遇制度的精神实质。社区矫正对象要想享有较好的待遇或享有更多的权益，就必须付出相应的努力，争取进入管理更为宽松的级别中，这就促使社区矫正对象充分发挥主观能动性，用实际行动为自己争取权益。

综上可以看出，分管分矫制度的实质动因应该是试图把相同或相近的社区矫正对象、重复度高的矫正措施予以“类型化”，建立“矫正类型”和“矫正措施类型”，以“类型化”来使矫正工作集约化。从某种意义上来说，这是一种“类群”的个别化，它补充和完善了个体个别化，[①] 实际上丰富了社区矫正个别化的内涵，增大了社区矫正个别化的领域和作用。

（二）矫正分类

矫正分类是分管分矫制度的直接目的和要求之一，它是指根据各类社区矫正对象的自身特点和人身危险性程度等因素，对不同类型的社区矫正对象采取不同的分类办法和管理措施，以期取得最佳管理效果的制度。

矫正分类体现了现代管理理念，不同性别、不同年龄的社区矫正对象有不同的生理、心理特点，不同违法犯罪类型的社区矫正对象也有不同的个性特点。矫正分类正是体现了管理教育个别原则，对不同类型的社区矫正对象采取不同的管理方式和强度。

美国对社区矫正对象的分类通常有三种尺度：一是社区矫正对象的危险性，主要考虑矫正对象今后犯罪的可能性；二是社区矫正对象的需要，主要是考虑社区矫正对象与犯罪有关联的需要结构；三是矫正项目与社区矫正对象的适应，主要是考虑矫正的处遇

---

① 王泰．现代监狱制度［M］．北京：法律出版社，2003：121.

项目是否适应社区矫正对象的需要和情况。[①]

根据我国社区矫正的情况，对社区矫正对象的分类矫正，可结合累进处遇制的要求予以划分。在管理措施和方法上，应采取宽严不等的手段，并使社区矫正对象享有不同的待遇。

（三）分类管理

社区矫正管理中的核心问题是预防社区矫正对象重新犯罪。如果社区矫正对象在社区矫正中重新犯罪或重犯率过高，就会使社会公众丧失对社区矫正的信心，引起社会公众的不满和指责。因此，分类管理的首要任务是对社区矫正对象的危险控制。

根据上述对社区矫正对象的分类可以看出，不同类型的社区矫正对象具有不同的社会危险性，我们必须对社区矫正对象外在的和潜在的危险因素进行测定，在测定的基础上，采用不同的管理措施。有人主张，社区矫正对象可根据犯罪事实、犯罪性质和主观恶意程度、社会危害程度划分为过失犯罪与故意犯罪、经济犯罪与刑事犯罪等不同类型，针对不同类型采取不同的管理教育办法，实行分类管理。

第一，对过失犯罪等没有犯罪故意的社区矫正对象，一般可采用宽管模式。

第二，对贪污、受贿、挪用公款、虚开增值税发票等有犯罪故意，但失去条件后无法重新犯罪的职务犯罪类社区矫正对象，一般可采取普管模式。

第三，对盗窃、抢劫、诈骗等犯罪主观故意十分明显，社会危害性大，改造难度大的社区矫正对象，一般采取严管模式。

（四）分类矫治

分类矫治是分管分矫制度的核心内容之一。现代刑罚理论认为，刑罚具有教育性，是一种教育刑。教育刑认为，违法犯罪人的犯罪原因是基于个人素质和社会环境，人在决定是否犯罪的问题上属于个人意志，意志本身也不过是人的素质，因人而异。人可以为善，也可以为恶，这种性质在很大程度上取决于社会环境。因此，教育刑论主张在矫治中主动发挥教育功能，以达到抑恶扬善的效果。按照教育原理，所有教育都应是分类实施的，体现个别差异原则，唯此才能达到教育的效果。社区矫正的分类矫治作为一种特殊的人格教育手段，同样要遵循这一规律。针对不同类型、不同层次的社区矫正对象，采用不同的矫治手段和方法，施以不同的矫治内容。

分类矫治最突出的特点是社区矫正工作者的专业化和对社区矫正对象监督、控制的专门化。运用专门技术来发展专门化的监督管理去对待特定的社区矫正对象，尤其对一些社区矫正对象，当使用一般的咨询和帮助的矫治项目不能对其进行有效矫治时，采用专门化的矫治项目会产生良好的效果。

（五）分管分矫的实践探索

目前我国对社区矫正对象的分管分矫主要体现在以下方面：

---

① 刘强．美国社区矫正的理论与实务［M］．北京：中国人民公安大学出版社，2003：191．

第一，对不同年龄的社区矫正对象采取不同的管理方式、矫正手段、矫正措施和教育矫正内容。《社区矫正法》第 3 条规定："社区矫正工作坚持监督管理与教育帮扶相结合，专门机关与社会力量相结合，采取分类管理、个别化矫正，有针对性地消除社区矫正对象可能重新犯罪的因素，帮助其成为守法公民。"第 24 条规定："社区矫正机构应当根据裁判内容和社区矫正对象的性别、年龄、心理特点、健康状况、犯罪原因、犯罪类型、犯罪情节、悔罪表现等情况，制定有针对性的矫正方案，实现分类管理、个别化矫正。矫正方案应当根据社区矫正对象的表现等情况相应调整。"第 52 条第 1 款规定："社区矫正机构应当根据未成年社区矫正对象的年龄、心理特点、发育需要、成长经历、犯罪原因、家庭监护教育条件等情况，采取针对性的矫正措施。"同时，《社区矫正法》第 52 条至第 58 条对未成年人社区矫正作出特别规定。具体内容包括：(1) 对未成年人的社区矫正，应当与成年人分别进行。(2) 对未成年社区矫正人员给予身份保护，其矫正宣告不公开进行，其矫正档案应当保密。(3) 未成年社区矫正对象的矫正小组应当有熟悉未成年人身心特点的人员参加。(4) 根据未成年人的年龄、心理特点、发育需要、成长经历、犯罪原因、家庭监护、教育条件等情况，采取针对性的矫正措施。(5) 采用易为未成年人接受的方式，开展思想、法治、道德教育和心理辅导。(6) 协调有关部门为未成年社区矫正对象就学、就业等提供帮助。(7) 督促未成年社区矫正对象的监护人履行监护职责，承担抚养、管教等义务。(8) 采取其他有利于未成年社区矫正对象改过自新、融入正常社会生活的必要措施。(9) 未成年社区矫正对象在社区矫正期间年满 18 周岁的，继续按照未成年人社区矫正有关规定执行。《社区矫正法实施办法》第 21 条规定："社区矫正机构应当根据社区矫正对象被判处管制、宣告缓刑、假释和暂予监外执行的不同裁判内容和犯罪类型、矫正阶段、再犯罪风险等情况，进行综合评估，划分不同类别，实施分类管理。社区矫正机构应当把社区矫正对象的考核结果和奖惩情况作为分类管理的依据。社区矫正机构对不同类别的社区矫正对象，在矫正措施和方法上应当有所区别，有针对性地开展监督管理和教育帮扶工作。"

第二，对不同性别的社区矫正对象采取不同的管理方式、矫正手段、矫正措施和教育矫正内容。如对女性社区矫正对象要充分考虑其自身的生理、心理及行为的特殊性，不仅在矫正小组中要有女性成员参加，在矫正方式、手段上也要与男性有所区别，在教育矫正的内容上更要关注女性的特点，开展一些特殊性教育。如：要把感化教育与感性教育结合起来；把个别教育与家庭教育结合起来；把生理、心理教育、道德教育与法治教育结合起来等。

第三，对不同犯罪类型、悔罪表现、心理状况、再犯罪风险（人身危险性）、家庭状况、社会危害程度的社区矫正对象实施分类管理和分别教育，体现管理和教育的针对性和个别性。

在社区矫正工作实务中，社区矫正对象分类方式主要有以下八种：一是以犯罪事实、犯罪性质和主观恶意度、社会危害程度，可将其划分为过失犯罪、故意犯罪、严重刑事犯罪、轻微刑事犯罪等四种类型。二是以在社区矫正中的处遇等级，可将其划分为严管级、普管级两种类型。三是以在社区矫正中所处的教育管理阶段，可将其划分为入矫阶段、矫中阶段和解矫阶段三种类型。四是以自身所固有的心理特征，可将其划分为胆汁质、多血质、黏液质、抑郁质四种类型。五是以家庭或个人状况，可将其划分为家庭完整型、家庭残缺型、经济较好型、生活困难型、人际和谐型、关系紧张型、身体健康型、病患缠身型等八种类型。六是以年龄结构可将其划分为 20 岁以下、20～60 岁、60 岁以上三种类型。七是以文化程度分类实施教育管理，可将其划分为文盲、小学、初中、高中、大学以上五种类型。八是以性别不同可将其划分为男、女两种类型。上述规定从不同角度对社区矫正对象进行分类，并根据不同的类别进行分类管理和分类教育。

对社区矫正对象实施分类教育管理，必须建立健全教育管理动态分析制度，根据社区矫正对象的类型和实际情况，综合确定分类管理和分类教育的基本构成，以此制定个别教育的方案，使之更具有针对性、科学性、实效性，真正实现“对症下药”“一人一策”“量身定制”，并根据个别教育的不同阶段，适时调整改进教育内容，做到人变教变、教随人施、前后接继、左右互应、步步推进，最终达到教育转化的目的。特别是对未成年、重点管控、外出务工、“三无”社区矫正对象等重点人员，更加注重定性定量分析，制定个性化矫正方案，专门落实教育管理小组和责任人，实行重点谈话、重点教育、重点帮助、重点回访的管理模式。[①]

三、亲属担保制度

亲属担保制度是指对符合条件的社区矫正对象，在实施社区矫正时，为了对社区矫正对象起到限制作用和强化亲属对社区矫正对象的帮教作用，由社区矫正对象亲属向社区矫正机构出具担保书，对社区矫正对象在社区矫正中的行为提供担保的一种制度。

关于担保的规定，从现有的法律、法规和规范性文件的规定来看，不是十分明确。只从省、自治区、直辖市的一些规定中有与担保制度相类似的规定，要求司法所应当在矫正对象办理登记手续之日起 7 日内，对其单位、家庭情况，进行走访了解，确定监督人，组成监督考察小组，与监督人签订监督协议，制定和落实监督管理措施。监督人由矫正对象有监督管理能力的直系亲属或所在单位、居（村）委会工作人员和愿意承担监督管理责任的亲友担任。同时规定，监督人应当对矫正对象进行监督、管理和教育，每月向司法所报告矫正对象的情况。遇有特殊情况，应当及时报告。

从这些规定来看，监督人的角色基本体现了担保人的角色。

社区矫正工作的执行在很大程度上要取得社区矫正对象家属和亲友的支持与配合，家庭的亲情关系有利于社区矫正对象的身心健康，有助于他们顺利地重新融入社会、适应社会。社区矫正对象的家属与社区矫正机构签订担保书，实质上是对社区矫正对象矫正责任的分担。它既强化家庭在社区矫正工作中的责任意识，也可以预防一些社区矫正对象在矫正过程中可能出现的无法控制的情况。

亲属担保书的内容，分为亲属范畴的界定、担保的主要事项、担保人的权利义务及当被担保事项出现时担保人应承担的责任等。

亲属的范围以《民法典》所界定的近亲属为主线，可在此基础上拓展至亲朋好友，

① 河北省司法厅. 社区矫正工作操作指南. 118.

因为社区矫正是社会公众共同参与的一项工作，而社区矫正对象亲朋好友的参与，会加强社区矫正对象的矫治力度，提高社区矫正对象亲属的积极性。同时，亲属担保书的签订，规范了社区矫正对象亲属参与社区矫正的行为，使亲属的行为由松散的社会公众责任成为有约束力的个人私有责任。

担保的事项，主要是与社区矫正对象密切相关的事宜，包括：遵守社区矫正机构的规章制度；不私自脱离社区矫正机构限定的区域；服从管理；积极参加社区矫正机构组织的社会活动；社区矫正对象归假期间亲属应尽到监督责任；社区矫正对象在社区矫正期间因违法乱纪甚至是犯罪造成损失时需承担的责任等。

亲属担保人的权利义务，主要应包括对社区矫正对象应负有的责任，定期帮教、监督、管理，以及发现社区矫正对象不轨行为和违法犯罪行为的报告等。

亲属担保制度把社区矫正对象、社区矫正对象的亲属、社区矫正机构有机地结合为一体，为社区矫正对象的有效矫正提供了一个外围防护网络，必然对社区矫正对象产生良性影响。

四、归假制度

《社区矫正法》第 23 条规定：“社区矫正对象在社区矫正期间应当遵守法律、行政法规，履行判决、裁定、暂予监外执行决定等法律文书确定的义务，遵守国务院司法行政部门关于报告、会客、外出、迁居、保外就医等监督管理规定，服从社区矫正机构的管理。”《社区矫正法实施办法》第 26 条、第 27 条、第 28 条对归假的相关问题进行了规定：一是要有归假的正当理由。社区矫正对象未经批准不得离开所居住市、县。社区矫正对象确因就医、就学、参与诉讼、处理家庭或工作重要事务等正当理由，需要离开所居住市、县的，应当经社区矫正机构或司法所批准。二是必须经过法定程序的审批。社区矫正对象确需离开所居住的市、县的，应当提前 3 日提交书面申请，并如实提供诊断证明、入学证明、法律文书等材料。申请离开时间在 7 日内的，由司法所批准；超过 7 日的，由司法所审核后报执行地县级社区矫正机构批准。执行地县级社区矫正机构每次批准离开的时间不超过 30 日。因特殊情况，确需超过 30 日的，应当由市级社区矫正机构审批。三是特定情况的审批。在重点时段、重大活动期间或者遇有特殊情况时，一般不批准社区矫正对象前往重大活动举办地或重点地区。社区矫正对象确需到重大活动举办地或重点地区的，由县级社区矫正机构审批。四是请假外出的管理。在社区矫正对象外出期间，社区矫正机构应当通过信息化核查等方式实施监督管理。根据需要，可以委托外地社区矫正机构协助对社区矫正对象进行监督管理。社区矫正对象应在外出期限届满前返回居住地，并向社区矫正机构或司法所报告，办理销假手续。因特殊原因无法按期返回的，应及时向社区矫正机构或司法所报告情况。发现社区矫正对象违反外出管理规定的，社区矫正机构或司法所应当责令其立即返回，并视情节予以处罚。

据此，在司法实践中形成了社区矫正对象的归假制度，即社区矫正对象外出时必须向社区矫正机构或司法所请假，返回后必须立即向社区矫正机构或司法所报告，及时销假。

五、参加学习和公益活动制度

《社区矫正法》第 42 条规定："社区矫正机构可以根据社区矫正对象的个人特长，组织其参加公益活动，修复社会关系，培养社会责任感。"据此，在司法实践中形成了卓有成效的参加学习和公益活动的制度。

参加学习和公益活动制度，是指社区矫正对象按照社区矫正机构的安排，按时参加学习和公益活动。学习和公益活动都是社区矫正的基本手段，但是社区矫正的学习和公益活动具有开放性，只有规章制度、法规的约束力，而不具有法律的惩罚性质，这也是社区矫正和监狱强制罪犯参加学习和社会活动的根本区别。

社区矫正对象参加学习，以提高素质、掌握技能为主，辅助学习其他知识。社区矫正机构在组织社区矫正对象学习时，要打破常规，拓宽学习渠道，以喜闻乐见的形式和载体，为社区矫正对象开展学习活动提供服务，对学习的时间、内容、效果提出明确的要求，重点帮助他们树立正确的世界观、人生观和价值观，尤其在条件具备的情况下，可帮助社区矫正对象到工厂、农场、矿山、养殖场等地进行技能学习和训练，使学习和将来的就业紧密结合在一起，监督社区矫正对象在遵纪守法的前提下按规定完成学习任务。

社区矫正对象参加公益活动主要分为两部分：一部分是社区矫正对象按照《社区矫正法》和《社区矫正法实施办法》的规定参加的公益活动，是社区矫正的主要体现形式之一。在组织社区矫正对象参加公益活动时，重在树立正确的观念，锻炼意志，养成良好品质，从活动中认识自我和改变自我。在这里，社区矫正对象所参加的公益活动，是作为世界观、人生观改造的组成部分。另一部分是为了使社区矫正对象适应社会就业的需要，在社区矫正机构的安排下，在社会志愿者或社会组织帮助下，让社区矫正对象所参加的习艺劳动，即让社区矫正对象到工厂、农场、果园、养殖场等地参加学习技艺的劳动，这类劳动重在习艺，属技能的训练。

不管是学习还是参加公益活动，社区矫正机构都会要求社区矫正对象按规范参加活动，并为每个社区矫正对象建立台账，作为对社区矫正对象综合考察和评审的依据。

六、归监制度

归监制度是指对原先在监狱改造、后被转入社区矫正机构的社区矫正对象，或者是被判缓刑的、暂予监外执行的社区矫正对象，按照规定或者在社区矫正中出现了法定事由，收监执行或重新收监的制度。归监是对社区矫正对象最严厉的处分措施。

归监制度的使用，可在无形中对社区矫正对象形成心理上的压力，使其规范自己的行为，否则就面临着使其收监执行或重新回监狱服刑的不利后果。《社区矫正法》第 45 条至第 49 条对撤销缓刑、假释、暂予监外执行收监执行、逮捕等进行了规定。《社区矫正法实施办法》对收监执行进行了具体规定。当然，这一制度的使用，其对象具有特定性，只能对被判缓刑的、暂予监外执行的社区矫正对象和假释的社区矫正对象使用。

《社区矫正法实施办法》第 46 条规定，社区矫正对象在缓刑考验期内，有下列情形之一的，由执行地同级社区矫正机构提出撤销缓刑建议，人民法院应当自收到社区矫正机构撤销缓刑建议书后依法作出裁定：（1）违反禁止令，情节严重的；（2）无正当理由不按规定时间报到或者接受社区矫正期间脱离监管，超过一个月的；（3）因违反监督管理规定受到治安管理处罚，仍不改正的；（4）受到社区矫正机构两次警告，仍不改正的；（5）其他违反有关法律、行政法规和监督管理规定，情节严重的情形。《社区矫正法实施办法》第 47 条规定，社区矫正对象在假释考验期内，有下列情形之一的，由执行地同级社区矫正机构提出撤销假释建议：（1）无正当理由不按规定时间报到或者接受社区矫正期间脱离监管，超过一个月的；（2）受到社区矫正机构两次警告，仍不改正的；（3）其他违反有关法律、行政法规和监督管理规定，尚未构成新的犯罪的。

社区矫正机构一般向原审人民法院提出撤销假释建议。如果原审人民法院与执行地同级社区矫正机构不在同一省、自治区、直辖市的，可以向执行地人民法院提出建议，执行地人民法院作出裁定的，裁定书同时抄送原审人民法院。

社区矫正机构撤销假释的建议书和人民法院的裁定书副本同时抄送社区矫正执行地同级人民检察院、公安机关、罪犯原服刑或者接受其档案的监狱。

按照《社区矫正法实施办法》第 49 条的规定，暂予监外执行的社区矫正对象有下列情形之一的，由执行地县级社区矫正机构向执行地或者原社区矫正决定机关提出收监执行建议：（1）不符合暂予监外执行条件的；（2）未经社区矫正机构批准擅自离开居住的市、县，经警告拒不改正，或者拒不报告行踪，脱离监管的；（3）因违反监督管理规定受到治安管理处罚，仍不改正的；（4）受到社区矫正机构两次警告的；（5）保外就医期间不按规定提交病情复查情况，经警告拒不改正的；（6）暂予监外执行的情形消失后，刑期未满的；（7）保证人丧失保证条件或者因不履行义务被取消保证人资格，不能在规定期限内提出新的保证人的；（8）其他违反有关法律、行政法规和监督管理规定，情节严重的其他情形。

暂予监外执行收监执行建议一般报请执行地社区矫正决定机关作出决定。原社区矫正决定机关与执行地县级社区矫正机构在同一省（自治区、直辖市）的，可以报请原社区矫正决定机关决定。

对于暂予监外执行的社区矫正对象，由于暂予监外执行的法定事由消失或暂予监外执行的期限届满而重新收监服刑。

第四节　社区矫正救济制度

社区矫正救济制度是建立在社区矫正目的之上的一种制度。对社区矫正对象的救济分为公力救济和私力救济两种，在有些情况下又是公力救济和私力救济的融合。《社区矫正法》第 43 条规定："社区矫正对象可以按照国家有关规定申请社会救助、参加社会保险、获得法律援助，社区矫正机构应当给予必要的协助。"《社区矫正法》第 5 章专门规定了对社区矫正对象的就业帮助、教育帮扶、社会救助等。2021 年 8 月通过的《法律援助法》，2019年修订的《社会救助暂行办法》等，以法律的形式规定了多种公力救济制度。社区矫正机构可以根据社区矫正对象的需要，协调有关部门、单位和个人合理解决社区矫正对象生活、入学、就业、心理等方面的困难和问题，帮助其融入社会。社区矫正的救济制度主要有：社区扶助制度，法律援助制度，申诉、控告、检举制度，社会保障制度。

一、社区扶助制度

社区扶助制度是私力救济的一种形式，它是指由于社区矫正对象在生活、就业、入学等方面产生困难，社区矫正机构利用社会志愿者、社会组织以及社区矫正机构整合的其他社会资源，对社区矫正对象给予帮助、救济、安置的活动。这一制度的突出特点，是社会力量的自发性，社区矫正机构在其中扮演的只是中介和整合的角色。

这一制度产生于20世纪70年代的美国。当时，美国制定了各种各样的方案去帮助罪犯更好地适应从监狱向社会的过渡，特别是制定了为刑满释放人员寻找工作的措施。有的与负责假释的部门相配合完成这些事情，有的把这一活动归属到州立就业服务部门之下，还有一些是按照“综合就业和培训法”的规定施行。①

美国有学者对257项这类活动的研究发现，大约80%的情况是受助者与帮助者平均接触时间为1年或更少些。在大约80%的活动中，帮助者与受助者平均每周联系一次。约有一半的活动坚持了4年或4年多。假释官员将出狱者推荐给这类活动是最常用的办法，监狱官员的推荐次之。大部分活动都有刑释人员充任职员。60%的活动的职员少于10名。联邦政府是主要的资金来源，其次是州政府。

还有不少的团体受托帮助刑释者。这些具有缓冲性的组织常常对处于假释成功和重返监狱之间的假释犯发挥很重要的作用。纽约市的“幸运社”为帮助刑释者适应社会生活，享誉颇高。这个组织为大部分刑释人员服务，在该组织的通信录上列有38 000人的姓名，并收到了20 000多笔捐款。每年都有4 000～5 000人前来求助，并大约有1 500人最终得到了一些实质性的帮助。②

我国的社区矫正工作尚处在初级阶段，社区扶助制度还没有完全建立。目前除了《社区矫正法》作了原则性规定之外，主要是一些零散的地方规定，如《江苏省社区矫正试点工作方案》就对这一问题进行了原则规定：“民政部门将社区矫正工作纳入社区建设和社区管理之中，指导基层组织参与矫正工作。将符合低保条件的矫正对象（特别是伤残、家庭困难人员）纳入低保范围。”“劳动和社会保障部门积极为生活困难或有就业需要的矫正对象提供职业培训和就业机会。”目前，我国社区矫正机构对社区矫正对象的社区扶助主要表现在以下方面。

（一）生活安置救济

社区矫正机构对生活困难的社区矫正对象，通过社会捐助或社会扶助的形式，帮助

---

①② 巴特勒斯．矫正导论［M］．孙晓雳，译．北京：中国人民公安大学出版社，1991：140.

其解决困难。一是对生活困难、符合最低生活保障条件的社区矫正对象，社区矫正机构可以协调民政、社会保障等部门，依法将其纳入最低生活保障范围。二是对生活存在严重困难且难以在短期内落实社会保障措施的社区矫正对象，社区矫正机构可以协调民政等部门提供过渡性安置帮助等临时生活救助。三是社区矫正机构可以协调人力资源社会保障部门为符合条件的社区矫正对象依法办理社会保险。

（二）就业就学救济

社区矫正机构对社区矫正对象或社区矫正对象的子女在就业就学方面有困难的，主动与有关部门、学校、用人单位联系，安排社区矫正对象或社区矫正对象的子女就业就学以解决社区矫正对象的困难，或者是由企业、学校主动承接社区矫正对象或社区矫正对象的子女就业就学问题。社区矫正机构可以根据社区矫正对象的需要，协调人力资源社会保障部门或教育部门开展职业技能培训和就业指导，帮助落实社会保障措施，为其就业提供帮助。在有条件的地方，社区矫正机构可以协调民政等部门或者有关单位建立社区矫正对象就业基地，或者为社区矫正对象的创业提供必要的资金支持。

社区扶助制度不仅是对社区矫正对象的一种帮助制度，更重要的是作为感化教育社区矫正对象的手段，把救助活动作为教育感化的切入点。

二、法律援助制度

法律援助，也称法律扶助，是指对需要专业性法律帮助而又无力承担诉讼费用以及无力支付律师费用的公民予以援助，以维护其合法权益。法律援助有广义和狭义之分。广义的法律援助既是一项国家责任、政府行为，又是一项社会公益事业，既包括在整个法律程序的各个环节为当事人提供法律帮助，也包括法院对诉讼费用的减免等，受援对象涵盖全社会需要法律帮助的一切公民，不分民族、种族、性别、职业、年龄，不分一般群体和特殊群体，援助范围涉及法律事务的各个领域，包括诉讼和非诉讼的方方面面。广义的法律援助就是法律服务。狭义的法律援助是指律师对公民的法律援助义务，主要表现为律师为社会有特殊需要的成员免费或减费提供法律服务，其目的是保障那些因为经济困难请不起律师或其他原因得不到律师帮助的刑事被告人同样能得到律师的帮助。

这里所说法律援助是广义的，法律援助实质上是一种法律帮助，是社会相关部门及社区矫正机构对社区矫正对象所提供的法律服务。这种法律援助只是在对象上具有特定性，即社区矫正对象及其家庭成员。

为社区矫正对象提供法律援助的机构和人员主要是律师事务所、法律服务机构和提供法律服务的法律工作者。法律援助的内容包括社区矫正对象及其家庭成员所需服务的各种法律事项，有诉讼的，也有非诉讼的；有民事的、经济的、行政的等，法律援助的形式包括解答法律咨询、代拟法律文书、参加刑事辩护、民事代理、进行公证证明、代为处理法律事务等。

社区矫正对象在社区矫正过程中，无论是自己还是其家庭成员，不可避免地会遇到各种各样的矛盾或纠纷，并由此产生法律问题。社区矫正机构应当根据社区矫正对象的申请，协调法律援助机构等单位，为符合条件的社区矫正对象依法提供法律咨询、诉讼代理等法律援助。因此，对社区矫正对象提供法律帮助不仅是社区矫正对象的自身需求，更重要的是社区矫正工作教育转化社区矫正对象的需要，也是社区矫正的措施之一。

关于对社区矫正对象法律援助的范围，《法律援助法》第25条规定，社区矫正对象中的未成年人，视力、听力、言语残疾人，不能完全辨认自己行为的成年人等都可以得到法律援助机构指派律师的法律援助。第31条规定："下列事项的当事人，因经济困难没有委托代理人的，可以向法律援助机构申请法律援助：（一）依法请求国家赔偿；（二）请求给予社会保险待遇或者社会救助；（三）请求发给抚恤金；（四）请求给付赡养费、抚养费、扶养费；（五）请求确认劳动关系或者支付劳动报酬；（六）请求认定公民无民事行为能力或者限制民事行为能力；（七）请求工伤事故、交通事故、食品药品安全事故、医疗事故人身损害赔偿；（八）请求环境污染、生态破坏损害赔偿；（九）法律、法规、规章规定的其他情形。"

三、申诉、控告、检举制度

根据《社区矫正法》第4条、第61条、第62条的规定，社区矫正对象的人身安全、合法财产和辩护、申诉、控告、检举以及其他未被依法剥夺或者限制的权利不受侵犯；社区矫正对象在就学、就业和享受社会保障等方面，不受歧视。社区矫正工作人员应当认真听取和妥善处理社区矫正对象反映的问题，依法维护其合法权益；人民检察院发现社区矫正工作违反法律规定的，应当依法提出纠正意见、检察建议。

（一）申诉

申诉权是指公民对有关自身或他人的权益问题，享有向有关国家机关诉说理由，请求重新处理的行为权利。社区矫正对象可以就自己违法事实或判决书中事实认定和法律适用提出申诉，社区矫正机构对社区矫正对象的申诉材料，应当及时传递，不得扣压。申诉不仅是公民合法权利的有效保障，也是公民对国家机关和工作人员行使监督权的主要形式。

申诉是社区矫正对象享有的合法权利，社区矫正对象可以依据自己的意愿直接提出，也可以委托其亲属、监护人或律师提出。社区矫正机构必须保障社区矫正对象申诉的权利，为社区矫正对象提供方便条件。实践中，正确处理社区矫正对象申诉应做好以下几方面的工作：

（1）设立社区矫正对象申诉箱，并指定专人管理，便于社区矫正对象递交申诉材料。对于社区矫正对象的申诉材料，应当及时转递，不得扣压，并做好登记。

（2）根据社区矫正对象的申诉，认为可能有错误的，按照规定，应当提请人民检察院或者人民法院处理，或者是其他有关部门处理，并将处理结果通知社区矫正机构。

（3）对无理申诉的社区矫正对象要进行法制教育，帮助其认识自己违法犯罪的社会危害性，服从人民法院的正确判决，接受社区矫正机构的教育改造。如果社区矫正对象是以申诉为由，无理取闹，蓄意破坏社区矫正秩序，屡教不改，查证属实的，应依法严肃处理。

（4）社区矫正机构对社区矫正对象提出的申诉，应当具体情况具体分析，不应当一概认为是不认罪服法。对于被驳回申诉的，应当允许再次申诉。

（5）社区矫正对象提出申诉，在相关机关作出处理之前，社区矫正机构不能停止对社区矫正对象的矫正活动。

（二）控告

社区矫正对象的控告权是指社区矫正对象认为自己的合法权益受到侵犯时，向司法机关揭发并要求处理的权利。

社区矫正对象向有关国家机关告发具有玩忽职守、徇私舞弊、滥用职权等违纪违法犯罪行为的司法所工作人员，是法律赋予社区矫正对象的基本权利，也是社区矫正对象合法权益自我保护的一种途径。因此，正确处理社区矫正对象的控告，对于社区矫正机构依法严格公正执法，确保惩罚和社区矫正对象改造工作依法实施，有着重要的意义。

社区矫正机构应当在适当的地方设置控告箱，控告箱由社区矫正机构所在地的人民检察院工作人员或社区矫正机构纪检监察部门的工作人员开箱处理。对社区矫正对象以口头形式提出的控告，接受控告的工作人员应当做笔录，经宣读无误后，由控告人签名或盖章。同时要注意做好保密工作，切实保障社区矫正对象依法行使控告权利。

社区矫正机构要教育引导社区矫正对象正确行使控告权，讲清楚法律的有关规定。如果社区矫正对象故意捏造事实，诬告陷害他人，查证属实的，社区矫正机构要严肃查处；构成犯罪的，要依法追究刑事责任。如果社区矫正对象因不了解情况或者认识片面，并非有意诬告陷害而属于错告的，一般不予追究。

社区矫正对象也可以利用通信的方式，直接向有关部门提出控告。任何单位或个人都不得以任何形式、任何理由进行扣留、阻挠或者打击报复。

对社区矫正对象提出的控告，应按照法律规定的管辖范围，分别予以处理。属于社区矫正机构管辖范围的，社区矫正机构应当及时查证处理；社区矫正机构无权处理的，则应当及时转报有关部门处理。社区矫正机构对控告作出处理或转报有关部门处理完毕后，应当将结果通知提出控告的社区矫正对象。

（三）检举

检举是针对他人的违法犯罪行为向国家有关机关进行揭发、举报的行为。

社区矫正对象向社区矫正机构或者国家有关机关检举揭发社区矫正机构内外违法犯罪分子的活动，是他们接受教育改造、认罪悔罪、改邪归正的一种具体表现，也是培养公民意识和责任感，令其将功补过的一项制度。同时，社区矫正对象的检举可以为侦破监狱及社区矫正机构内又犯罪案件和社会上的违法犯罪案件提供线索。这对于及时打击各种违法犯罪活动，维护社会稳定有着重要意义。

社区矫正机构应当在合适的区域设立检举箱，方便社区矫正对象举报，并由社区矫正机构工作人员专人或派社区矫正机构所在地的人民检察院工作人员开箱处理。

社区矫正对象的检举材料要造册逐件登记，并依照法律规定分别予以处理。属于社区矫正机构管辖范围的，社区矫正机构应当及时查证处理；不属于社区矫正机构管辖范围的，应当及时转报有关部门处理。对社区矫正对象直接向社区矫正机构检举现行犯罪或者预谋犯罪的，社区矫正机构应当立即处理或者转报有关部门处理。

四、社会保障制度

社会保障制度是指对在社区进行矫正的社区矫正对象，政府的人力资源社会保障部门应将其放在和社会成员同等的位置为其提供社会保障方面的服务。依据《社区矫正法》和相关法律法规、地方性规章的规定，社会保障制度主要体现在以下方面：

（1）县级以上地方人民政府及其有关部门为教育帮扶提供必要的场所和条件，组织动员社会力量参与社会保障工作。

（2）对有特殊困难的、没有自谋职业能力的社区矫正对象，居民委员会、村民委员会可以引导志愿者和社区群众，利用社区资源，采取多种形式，提供职业培训的费用、职业培训的场所和职业培训的机会。

（3）企业事业单位、社会组织为社区矫正对象提供就业岗位和职业技能培训。

（4）社区矫正对象可以按照国家有关规定申请社会救助、参加社会保险等。

另外，社区矫正对象丧失劳动能力又无法定赡养人、扶养人和基本生活来源的，由当地人民政府予以救济。

典型案例

东阳市对暂予监外执行社区矫正对象依法提请收监

一、社区矫正对象基本情况

社区矫正对象苏×，因患高血压病3级，合并有靶器官受损，被法院决定暂予监外执行10个月，矫正期限为2022年2月7日起至2022年12月6日止。矫正期间苏×身体状况较稳定，但日常表现较差，认为自己身患疾病社区矫正机构拿他没办法，并多次违规被处理。

二、依法提请收监执行情况

（一）违反监管规定认定情况

第一次警告：苏×在暂予监外执行期间未按要求每月报告本人身体情况，违反报告规定，于2022年4月11日被训诫一次。因2022年4月13日12时55分至4月13日15时12分不假外出至义乌市，违反外出规定，于2022年4月15日被训诫一次。又因2022年4月22日12时至14时信息化核查发现人机分离，违反信息化监管规定，构成受到两次训诫，仍不改正情形，于2022年4月25日被警告一次。

第二次警告：经公安机关“雪亮工程”反馈，核查后证实社区矫正对象苏×在2022年9月30日、10月1日、10月2日采取人机分离的方式，违反外出规定，于2022年10月8日被警告一次。

（二）提请收监执行建议

2022年10月10日，司法所经合议提出提请收监意见，社区矫正机构收到司法所上报的提请收监执行案件材料后，认为该案事实清楚、证据充分、定性准确、程序合法，并按照相关程序制作收监执行建议书。10月10日收监执行建议书签发后，社区矫正机构及时将收监执行建议书并附相关证据材料送人民检察院征求意见。检察院于当日作出收监执行检察意见书，认为罪犯苏×应当收监执行。征求检察院意见后，社区矫正机构依据规定向人民法院报送收监建议书并附相应证据材料。

（三）依法收监执行

2022年10月21日，法院对苏×作出收监执行决定，并下发《收监执行决定书》，决定苏×在暂予监外执行期间，严重违反有关暂予监外执行监督管理规定，应予以收监执行。依照《中华人民共和国刑事诉讼法》第268条第1款第（二）项之规定，决定将苏×收监执行。

三、相关法律依据

《中华人民共和国社区矫正法》第49条规定："暂予监外执行的社区矫正对象具有刑事诉讼法规定的应当予以收监情形的，社区矫正机构应当向执行地或者原社区矫正决定机关提出收监执行建议，并将建议书抄送人民检察院。社区矫正决定机关应当在收到建议书后三十日内作出决定，将决定书送达社区矫正机构和公安机关，并抄送人民检察院。人民法院、公安机关对暂予监外执行的社区矫正对象决定收监执行的，由公安机关立即将社区矫正对象送交监狱或者看守所收监执行。"《中华人民共和国社区矫正法实施办法》第49条第1款规定："暂予监外执行的社区矫正对象有下列情形之一的，由执行地县级社区矫正机构提出收监执行建议：……（四）受到社区矫正机构两次警告的。"《浙江省社区矫正对象考核奖惩办法（试行）》第50条第1款规定："暂予监外执行的社区矫正对象有下列情形之一的，司法所合议后报执行地县级社区矫正机构并附相关证据，由社区矫正机构评议审核决定提出收监执行建议并附相关证据材料：……（四）受到社区矫正机构两次警告的。"

四、案例启发

这是东阳市第一个暂予监外执行人员因违反社区矫正监管规定受到两次警告被收监执行的。罪犯因病情严重被决定监外执行，社区矫正机构对该类人员应给予相应的帮教帮扶，力所能及地解决其矫正期间出现的困难。但是暂予监外执行对象不能因身患重病而无视法律法规，主动挑衅法律底线，自然应受到相应惩罚。

引例分析

1. 根据《社区矫正法》和《社区矫正法实施办法》对朱××开展社会调查评估的内容应包括：

（1）朱××的基本情况：朱××的居所情况；朱××的个人基本情况；朱××的教育背景；朱××的职业背景。

(2) 朱××的家庭和社会关系：朱××的家庭情况；朱××的社会交往和主要社会关系。

(3) 朱××的一贯表现：上学期间的表现；工作表现；遵纪守法情况；是否有不良嗜好，是否有行为恶习等。

(4) 朱××犯罪情况和悔罪表现调查。

(5) 朱××居住地村（居）民委员会和受害人意见：朱××村（居）民委员会意见；受害人意见。

(6) 拟禁止的事项调查。

2. 根据朱××接受社区矫正后的表现，社区矫正机构应做以下工作：

(1) 划分合适的管理等级并给予相应的矫正处遇。

(2) 依法严格实施关于报告、会客、外出、迁居等监督管理规定。

(3) 依法组织其参加教育学习和公益活动。

3. 在为朱××建立档案时，社区矫正机构应做以下工作：

(1) 社区矫正机构应为朱××建立执行档案，其内容包括：适用社区矫正的法律文书；接收、监管审批、处罚、收监执行、解除矫正等有关社区矫正执行活动的法律文书。

(2) 司法所应为朱××建立工作档案，其内容包括：司法所和社区矫正小组进行社区矫正的工作记录；朱××接受社区矫正的相关材料等。

思考练习

1. 如何为拟适用社区矫正的被告人或罪犯开展调查评估工作？

2. 在社区矫正工作中应怎样给社区矫正对象划分管理等级，并根据不同的管理等级采取相应的矫正处遇？

3. 如何执行社区矫正对象的归假制度？

4. 当社区矫正对象有困难时如何救助？

第八章　监督管理的基本流程

学习目标

1. 熟悉社区矫正监督管理的工作流程；
2. 掌握社区矫正监督管理各工作流程的内容和程序；
3. 掌握社区矫正执法管理的内容、条件、程序；
4. 掌握未成年人社区矫正监督管理的规定。

引入案例

付×因犯盗窃罪被某区人民法院判处有期徒刑6个月，缓刑一年。判决生效后，付×在规定的期限内到其居住地县社区矫正机构办理了社区矫正手续，县社区矫正机构委托付×居住地的司法所负责对付×开展社区矫正的具体工作。付×如期到其居住地的司法所报到，正式成为一名社区矫正对象。但在接受社区矫正的过程中，付×错误地认为社区矫正机构的监管只是一种形式，既然让他回到社区了，就等于没事了。因此，他不但不按规定到司法所汇报，参加学习和社区公益活动，还将携带的社区矫正管理定位手机关机了，致使司法所在长达一个月的时间内无法掌握其位置和行踪。

问题：

1. 付×所在地的社区矫正机构应如何为其办理报到接收手续？
2. 付×进入社区矫正后，社区矫正机构应如何对其进行监督管理和教育帮扶？
3. 针对付×在社区矫正期间关闭定位手机，社区矫正机构应怎么办？

社区矫正本质上属于刑事执行活动，社区矫正对象是刑事执行的罪犯。监督管理是社区矫正工作的重要基础。社区矫正对象在开放的社区中接受矫正教育，存在着多种诱发犯罪的因素，对社区矫正对象依法实施严格监督管理，既是刑事执行的必然要求，也是维护社区安全、预防社区矫正对象重新违法犯罪的前提和保障。

社区矫正对象的接收、日常监督管理、执法管理和社区矫正的解除，构成了社区矫正监督管理的基本工作流程。社区矫正对象的接收工作是矫正工作开展的初始程序，也是必经程序；对社区矫正对象的入矫教育、危险性控制、考核奖惩、漏管和脱管处理、禁止令的执行、外出和迁居审批、出境管理等，则是对社区矫正对象的基本监督管理手段；执法管理是在社区矫正过程中出现了违法犯罪、训诫、警告、治安管理处罚、撤销缓刑、撤销假释、逮捕、脱逃、收监、减刑等法定情形，对社区矫正对象采取的执行刑罚、变更刑罚等特殊管理措施；解矫程序是社区矫正工作的终端程序。这些程序之间是相互衔接，缺一不可的。

从我国目前的社区矫正情况来看，对社区矫正对象进行监督管理主要体现在两个层面：一是根据《刑法》《刑事诉讼法》《社区矫正法》等法律法规的有关规定，对社区矫正对象的权利在一定程度上予以限制或剥夺，其行为要接受强制性的监督和管理。如：《刑法》第 39 条、第 72 条、第 75 条、第 84 条的规定，《社区矫正法》第四章“监督管理”第 23 条至第 34 条，第六章“解除和终止”第 44 条至第 51 条。这部分内容纳入社区矫正的刑罚执行和监督管理的范畴。二是依照《社区矫正法实施办法》及司法部《司法行政机关开展社区矫正暂行办法》《社区矫正法》规定的精神，以及各省、自治区、直辖市结合地方实际情况，联合或单独制定社区矫正工作的规范。比如《社区矫正法实施办法》第 17 条至第 32 条，规定了对社区矫正对象的报到接收、档案管理、入矫宣告、日常报告、禁止令审批、外出审批、居住地变更审批、日常检查与考核、分类管理等监督管理的内容；第 34 条至第 53 条中的大部分条文对社区矫正对象在违规处理、警告处分的条件、提请治安处罚、撤销缓刑和假释的条件、暂予监外执行收监执行的条件、电子定位装置、禁止令执行、应急管理、逃跑处理、羁押处理保护等监督管理中所涉及的程序问题进行了规定。这些规定有助于对社区矫正对象失范的行为和心理进行监督、纠正，从而确保刑罚的顺利实施。

第一节　入矫阶段的管理流程

入矫阶段主要是指社区矫正前的调查评估、社区矫正执行地的认定、社区矫正对象的接收、法律文书的送达和接收、社区矫正的宣告等几个阶段。

一、社区矫正前的调查评估

社区矫正前的调查评估是社会调查评估的一种类型，主要指社区矫正前对社区矫正对象是否适用社区矫正的调查评估。社区矫正前调查评估的目的是实现社区矫正机构与人民法院、监狱管理机关、公安机关的无缝对接，避免出现因衔接不畅而导致脱管、漏管问题的发生，同时也是为了提高社区矫正适用的准确性，以增加社区的安全性，避免因社区矫正对象的到来给社区带来不良影响与不安定因素。因此，在拟适用社区矫正的被告人或罪犯进入社区矫正前，由人民法院、公安机关、监狱管理机关委托被告人或罪犯居住地的县级社区矫正机构、社会组织对其进行社区矫正适用前的调查评估，并将调查评估的情况作为是否适用社区矫正的参考依据。

二、社区矫正执行地的认定

社区矫正对象的执行地问题，一直是社区矫正实务中争议比较大的问题，一般认定居住地为社区矫正执行地。随着社会的发展，社区矫正对象居住地认定出现了复杂性，有户籍地、工作地、居住地、临时居住地、无居住地（外籍人员）等。另外，居住地的认定还关系着社区矫正的程序合法性和工作效率问题。所以，社区矫正执行地的认定是社区矫正工作开展的前提。

确定执行地时，社区矫正对象应如实提供其居住、户籍情况，并提供必要的证明材料。这是根据有关法律规定，结合我国当前经济社会发展形势，总结各地社区矫正试点、试行工作经验作出的规定。居住地应当同时具备以下条件：一是社区矫正对象应当有固定居所，由其本人或者与亲友共有、承租，或者其他人、单位愿意为社区矫正对象提供，社区矫正对象能够在此居所连续居住 6 个月以上。二是社区矫正对象在居住地有固定的生活来源，或者有亲友、原单位为其提供生活保障。不能确定居住地的，在户籍所在地接受社区矫正。三是无法确定居住地的，一般在户籍地执行社区矫正。

《社区矫正法》第 17 条规定：“社区矫正执行地为社区矫正对象的居住地。社区矫正对象在多个地方居住的，可以确定经常居住地为执行地。”社区矫正决定机关是核实社区矫正对象居住地的主体。一般情况下，社区矫正执行地为社区矫正对象的居住地。但是，如果出现社区矫正对象的居住地无法确定或者居住地不适宜执行社区矫正的，社区矫正决定机关应当根据有利于社区矫正对象接受矫正、更好地融入社会的原则，确定社区矫正执行地。

三、社区矫正对象的接收

社区矫正对象的接收是社区矫正对象进入社区矫正的第一个工作环节，也是十分重要的一个工作环节。只有准确无误地完成了接收工作，社区矫正对象才能顺利地进入社区矫正，社区矫正机构才可能为其开展监督管理、教育矫正、社会适应性帮扶等工作。

符合社区矫正条件的社区矫正对象，在判决、裁定或决定确定之后，在法定期限内，按时到执行地县级社区矫正机构报到，县级社区矫正机构依法为其办理社区矫正接收手续。

（一）常规接收管理

对于不同类型的社区矫正对象，由于作出判决、裁定和决定的机关不同，因而履行的法定接收手续也不一样。按照司法部《司法行政机关社区矫正工作暂行办法》《社区矫正法》和《社区矫正法实施办法》的规定[①]，接收程序如下。

1. 书面告知

按照《社区矫正法实施办法》第 15 条的规定，对适用社区矫正的矫正对象，社区矫正决定机关应当对社区矫正对象进行教育，书面告知其到执行地县级社区矫正机构报到的时间期限以及逾期报到或者未报到的后果，责令其按时报到。

2. 报到接收

社区矫正对象应按时到执行地县级社区矫正机构报到。县级社区矫正机构应当及时为其办理登记接收手续，委托司法所对其进行日常管理，并告知社区矫正对象 3 日内到指定司法所接受社区矫正。

（二）不同类型社区矫正对象的接收管理

社区矫正对象的类别不同，其接收中涉及的国家机关、送达的法律文书和相关材料也不同。《社区矫正法》第 21 条对下列情况分别作了规定：一是管制刑、缓刑和假释社区矫正对象的接收。对于人民法院判处管制、宣告缓刑、裁定假释的社区矫正对象，应当自判决、裁定生效之日起 10 日内到执行地社区矫正机构报到。二是暂予监外执行社区矫正对象的接收。对于人民法院决定暂予监外执行的社区矫正对象，由看守所或者执行取保候审、监视居住的公安机关自收到决定之日起 10 日内将社区矫正对象移送社区矫正机构。三是对于被监狱管理机关、公安机关批准暂予监外执行的社区矫正对象，由监狱或者看守所自收到批准决定之日起 10 日内将社区矫正对象移送社区矫正机构。按照《社区矫正法实施办法》第 17 条规定，对于暂予监外执行的社区矫正对象，由公安机关、监狱或看守所依法移送至执行地县级社区矫正机构，办理交付接收手续。对社区矫正对象存在因行动不便、自行报到确有困难等特殊情况的，县级社区矫正机构可以派员到其居住地等场所办理登记接收手续。

（三）接收时办理边控报备手续

依照《社区矫正法实施办法》第 7 条的规定，社区矫正对象在社区矫正期间不得出境。公安机关执行限制社区矫正对象出境。

四、法律文书的送达和接收

《关于进一步加强社区矫正工作衔接配合管理的意见》规定："对于被判处管制、宣告缓刑、假释的罪犯，人民法院、看守所、监狱应当书面告知其到居住地县级社区矫正机构报到的时间期限以及逾期报到的后果，并在规定期限内将有关法律文书送达居住地县级司法行政机关，同时抄送居住地县级人民检察院和公安机关。社区矫正对象前来报到时，居住地县级司法行政机关未收到法律文书或者法律文书不齐全，可以先记录在案，并通知人民法院、监狱或者看守所在 5 日内送达或者补齐法律文书。"同时规定：

① 规定中有冲突的部分，以《社区矫正法》的规定为准。本书凡涉及该类问题的，均依此方法处理。

“人民法院决定暂予监外执行或者公安机关、监狱管理机关批准暂予监外执行的，交付时应当将罪犯的病情诊断、妊娠检查或者生活不能自理的鉴别意见等有关材料复印件一并送达居住地县级司法行政机关”。

《社区矫正法》第20条规定：“社区矫正决定机关应当自判决、裁定或者决定生效之日起五日内通知执行地社区矫正机构，并在十日内送达有关法律文书，同时抄送人民检察院和执行地公安机关。社区矫正决定地与执行地不在同一地方的，由执行地社区矫正机构将法律文书转送所在地的人民检察院、公安机关。”《关于进一步加强社区矫正工作衔接配合管理的意见》关于文书送达的规定和《社区矫正法》的规定不一致，应以《社区矫正法》规定的10日内送达有关法律文书为准。按照《社区矫正法实施办法》第16条的规定，社区矫正决定机关应当按照法定期限将法律文书送达执行地县级社区矫正机构。收到法律文书后，社区矫正机构应当在五日内送达回执。社区矫正对象前来报到时，执行地县级社区矫正机构未收到法律文书或者法律文书不齐全，应先记录在案，并通知人民法院、监狱或者看守所在5日内送达或者补齐法律文书。

五、矫正小组的设立

《社区矫正法实施办法》第19条第1款规定：“执行地县级社区矫正机构、受委托的司法所应当为社区矫正对象确定矫正小组，与矫正小组签订矫正责任书，明确矫正小组成员的责任和义务，负责落实矫正方案。”

《社区矫正法》第25条规定：“社区矫正机构应当根据社区矫正对象的情况，为其确定矫正小组，负责落实相应的矫正方案。根据需要，矫正小组可以由司法所、居民委员会、村民委员会的人员，社区矫正对象的监护人、家庭成员，所在单位或者就读学校的人员以及社会工作者、志愿者等组成。社区矫正对象为女性的，矫正小组中应有女性成员。”

在实际工作中，执行地县级社区矫正机构为社区矫正对象确立矫正小组，同时根据社区矫正对象的情况和工作需要，与矫正小组签订矫正责任书，明确矫正小组成员的责任，确保各项矫正措施的落实。如果社区矫正对象为女性的，矫正小组必须有女性成员。矫正小组主要开展下列工作：（1）按照矫正方案开展个案矫正工作；（2）督促社区矫正对象遵纪守法，遵守社区矫正规定；（3）参与对社区矫正对象的考核评议和教育活动；（4）对社区矫正对象定期走访谈话，了解其思想、工作和生活情况，及时向社区矫正机构或司法所报告；（5）对社区矫正对象进行帮困扶助；（6）协助社区矫正机构或司法所做好其他工作。

六、社区矫正的宣告

《社区矫正法》第22条规定：“社区矫正机构应当依法接收社区矫正对象，核对法律文书、核实身份、办理接收登记、建立档案，并宣告社区矫正对象的犯罪事实、执行社区矫正的期限以及应当遵守的规定。”《社区矫正法实施办法》第20条第1款规定：

“执行地县级社区矫正机构接收社区矫正对象后，应当组织或者委托司法所组织入矫宣告。”执行地县级社区矫正机构接收社区矫正对象后，可以自行组织或者委托司法所组织入矫宣告。宣告由社区矫正机构或者司法所工作人员主持，矫正小组成员及其他相关人员到场，按照规定程序进行。

(一)宣告的主要内容

宣告的主要内容包括：(1) 判决书、裁定书、决定书、执行通知书等有关法律文书的主要内容；(2) 社区矫正期限；(3) 社区矫正对象应当遵守的规定、被剥夺或者限制行使的权利、被禁止的事项以及违反规定的法律后果；(4) 社区矫正对象依法享有的权利；(5) 矫正小组人员组成及职责；(6) 其他有关事项。

(二)权利告知

社区矫正对象在社区矫正期间依法享有以下权利：(1) 人格不受侮辱；(2) 人身安全和合法财产不受侵犯；(3) 享有辩护、申诉、控告、检举以及其他未被依法剥夺或限制的权利。(4) 社区矫正对象不受歧视地享有就学、就业和享受社会保障等方面的权利。

(三)义务告知

社区矫正对象除了按照刑法、刑事诉讼法的规定履行法定义务外，还要依据《社区矫正法》《社区矫正法实施办法》和司法部《司法行政机关社区矫正工作暂行办法》的规定履行以下义务：(1) 遵守国家法律、法规和有关管理规定；(2) 积极参加教育学习、公益活动和社会活动等；(3) 定期向社区矫正机构和监督考察小组报告自己的思想和社会活动情况；(4) 迁居或者离开所居住区域时必须向司法所报告并经社区矫正机构批准；(5) 服从监督管理；(6) 遵守关于会客的有关规定。

(四)特别规定告知

1. 被决定保外就医的社区矫正对象

被决定保外就医的社区矫正对象，在接受社区矫正期间，还应当遵守下列规定：(1) 在指定的医院接受治疗；(2) 确因治疗需要转院或者离开所居住区域时，应当经社区矫正机构批准；(3) 治疗疾病以外的社会活动，应当经社区矫正机构批准；(4) 定期向司法所报告本人身体情况和提交病情复查情况。

2. 被宣告禁止令的社区矫正对象

最高人民法院、最高人民检察院、公安部、司法部《关于对判处管制、宣告缓刑的犯罪分子适用禁止令有关问题的规定（试行）》第 1 条规定：“对判处管制、宣告缓刑的犯罪分子，人民法院根据犯罪情况，认为从促进犯罪分子教育矫正、有效维护社会秩序的需要出发，确有必要禁止其在管制执行期间、缓刑考验期限内从事特定活动，进入特定区域、场所，接触特定人的，可以根据刑法第三十八条第二款、第七十二条第二款的规定，同时宣告禁止令。”禁止令的内容是有针对性地决定禁止其在管制执行期间、缓刑考验期限内“从事特定活动，进入特定区域、场所，接触特定的人”的一项或者几项内容。

（1）禁止从事特定活动的内容。

最高人民法院、最高人民检察院、公安部、司法部《关于对判处管制、宣告缓刑的犯罪分子适用禁止令有关问题的规定（试行）》第3条规定：“人民法院可以根据犯罪情况，禁止判处管制、宣告缓刑的犯罪分子在管制执行期间、缓刑考验期限内从事以下一项或者几项活动：（一）个人为进行违法犯罪活动而设立公司、企业、事业单位或者在设立公司、企业、事业单位后以实施犯罪为主要活动的，禁止设立公司、企业、事业单位；（二）实施证券犯罪、贷款犯罪、票据犯罪、信用卡犯罪等金融犯罪的，禁止从事证券交易、申领贷款、使用票据或者申领、使用信用卡等金融活动；（三）利用从事特定生产经营活动实施犯罪的，禁止从事相关生产经营活动；（四）附带民事赔偿义务未履行完毕，违法所得未追缴、退赔到位，或者罚金尚未足额缴纳的，禁止从事高消费活动；（五）其他确有必要禁止从事的活动。”

（2）禁止进入特定区域、场所的范围。

最高人民法院、最高人民检察院、公安部、司法部《关于对判处管制、宣告缓刑的犯罪分子适用禁止令有关问题的规定（试行）》第4条规定：“人民法院可以根据犯罪情况，禁止判处管制、宣告缓刑的犯罪分子在管制执行期间、缓刑考验期限内进入以下一类或者几类区域、场所：（一）禁止进入夜总会、酒吧、迪厅、网吧等娱乐场所；（二）未经执行机关批准，禁止进入举办大型群众性活动的场所；（三）禁止进入中小学校区、幼儿园园区及周边地区，确因本人就学、居住等原因，经执行机关批准的除外；（四）其他确有必要禁止进入的区域、场所。”

（3）禁止接触特定的人。

最高人民法院、最高人民检察院、公安部、司法部《关于对判处管制、宣告缓刑的犯罪分子适用禁止令有关问题的规定（试行）》第5条规定：“人民法院可以根据犯罪情况，禁止判处管制、宣告缓刑的犯罪分子在管制执行期间、缓刑考验期限内接触以下一类或者几类人员：（一）未经对方同意，禁止接触被害人及其法定代理人、近亲属；（二）未经对方同意，禁止接触证人及其法定代理人、近亲属；（三）未经对方同意，禁止接触控告人、批评人、举报人及其法定代理人、近亲属；（四）禁止接触同案犯；（五）禁止接触其他可能遭受其侵害、滋扰的人或者可能诱发其再次危害社会的人。”

宣告后，社区矫正对象应当在书面材料上签字或者盖章，确认其已经了解所宣告的内容。

第二节　日常监督管理

一、建立矫正档案

《社区矫正法实施办法》第18条规定：“执行地县级社区矫正机构接收社区矫正对象

后，应当建立社区矫正档案，包括以下内容：（一）适用社区矫正的法律文书；（二）接收、监管审批、奖惩、收监执行、解除矫正、终止矫正等有关社区矫正执行活动的法律文书；（三）进行社区矫正的工作记录；（四）社区矫正对象接受社区矫正的其他相关材料。接受委托对社区矫正对象进行日常管理的司法所应当建立工作档案。”在社区矫正对象接受社区矫正期间，县级社区矫正机构委托司法所为社区矫正对象建立社区矫正工作档案，内容包括：司法所和矫正小组进行社区矫正的工作记录；社区矫正对象接受社区矫正的其他相关材料；社区矫正执行档案副本等。在社区矫正对象矫正期满或矫正终止后的规定时间内，司法所应当将工作档案交县级社区矫正机构。

在社区矫正工作中，对社区矫正对象的档案要有专人做好管理工作，因为社区矫正对象的档案客观全面地反映了社区矫正机构内每个社区矫正对象或某个时期社区矫正对象的整体情况，不仅可以为国家有关部门制定社区矫正法规和政策，为社区矫正机构研究社区矫正对象改造的特点和规律提供重要的依据，而且可以直观地为社区矫正工作者教育转化社区矫正对象提供各种资料。因此，社区矫正对象档案在社区矫正工作中发挥着十分重要的作用。

二、制定矫正方案

在社区矫正中，矫正小组应当为社区矫正对象制定矫正方案，并根据矫正方案的实施效果，适时予以调整。

《社区矫正法》第 24 条规定：“社区矫正机构应当根据裁判内容和社区矫正对象的性别、年龄、心理特点、健康状况、犯罪原因、犯罪类型、犯罪情节、悔罪表现等情况，制定有针对性的矫正方案，实现分类管理、个别化矫正。矫正方案应当根据社区矫正对象的表现等情况相应调整。”《社区矫正法实施办法》第 22 条规定：“执行地县级社区矫正机构、受委托的司法所要根据社区矫正对象的性别、年龄、心理特点、健康状况、犯罪原因、悔罪表现等具体情况，制定矫正方案，有针对性地消除社区矫正对象可能重新犯罪的因素，帮助其成为守法公民。矫正方案应当包括社区矫正对象基本情况、对社区矫正对象的综合评估结果、对社区矫正对象的心理状态和其他特殊情况的分析、拟采取的监督管理、教育帮扶措施等内容。矫正方案应当根据分类管理的要求、实施效果以及社区矫正对象的表现等情况，相应调整。”

据此，矫正方案的制定主要是矫正小组在对社区矫正对象被判处的刑罚种类、犯罪情况、悔罪表现、个性特征和生活环境等情况进行综合评估的基础上，制定有针对性的监管、教育和帮助措施，并根据社区矫正对象的矫正表现实施动态化管理、科学化监管与教育。

三、危险性控制

危险性控制是指社区矫正机构在对社区矫正对象进行全面的人身危险性评估的基础上，根据不同的潜在危险类别，采取相应的管理控制手段，以防止社区矫正对象危害社会。

人身危险性是动态的而不是静态的，它会随着社区矫正对象的改造、各种主客观因素的变化而发生变化，所以，社区矫正机构需要不断了解社区矫正对象的人身危险性的变化，以加强对社区矫正对象的危险控制，预防他们将危险性变成对社会的实际损害，提高社区矫正工作的质量和效果，促进其顺利回归社会。危险评估正是为满足这一需要而建立的一个工作机制。对社区矫正中的危险性进行控制，特别需要关注危险管理和个案管理两个方面的内容，以便增强危险性控制的效果。①

社区矫正中的危险管理就是根据社区矫正对象的危险程度分配矫正资源，并不断调整、修订分类矫正、个性化教育、心理矫正方案的活动。危险管理应建立在对每个社区矫正对象危险性进行预测和评估的基础上，针对社区矫正对象的不同危险程度，有针对性地、合理地分配矫正资源、制定矫正方案。具体讲就是对人身危险性较高的社区矫正对象应配置更多的社区矫正资源，制定更科学、合理、规范的社区矫正方案，包括实施严格的监督管理措施，规定更加频繁的监督活动，经常与社区矫正对象进行直接接触等，以加强对他们的管理和控制。与此同时也要向他们提供更多的、更有效的帮助或服务，如通过帮困扶助，帮助社区矫正对象解决生活困难；通过心理咨询，帮助社区矫正对象解决心理问题；通过走访、调查、谈话、调解等，帮助社区矫正对象解决家庭问题、人际关系问题；等等。这种既管又帮的做法将有助于减轻或者解决他们的问题，消除他们的犯罪心理和行为恶习，降低他们的人身危险性，预防危害行为的再次发生。对人身危险性中等的社区矫正对象可以分配适当的矫正资源，并按正常的监督管理措施对他们予以监督、管理，安排相应的社工和志愿者帮助他们解决就业、生活、心理等问题，通过教育矫正、心理矫正等措施降低其人身危险性，避免其再次走上违法犯罪的道路。对人身危险性较低的社区矫正对象可以分配较少的矫正资源，放宽对他们的监督管理，并给予较多的人身自由，可通过电话、通信等方式进行改造情况的汇报，包括思想、学习、公益活动等情况的汇报，还可通过间接接触的方式了解其在社区的矫正教育情况，并根据情况进行奖励或表扬，以促进其改造的积极性。总之，通过对不同危险等级的社区矫正对象的危险管理，以加强对他们的危险控制，从根本上防止新的危害社会行为的发生。

社区矫正中的个案管理就是针对每一个社区矫正对象的情况采取个别化的管理措施，实施个案矫正。这种管理措施仍然建立在对社区矫正对象危险评估的基础之上。第一，对每一个社区矫正对象进行危险性和需求的评价，做到对每一个社区矫正对象的情况心中有数，减少社区矫正工作的盲目性；第二，针对每一个社区矫正对象的情况合理分配社区矫正工作人员，做到矫正有人管、困难有人帮、出了问题有人负责，避免没人管或乱管现象的发生；第三，针对每一个社区矫正对象的情况制定科学、合理的社区矫正方案，对于危险性大小不同、需求不同的社区矫正对象，采取不同的危险控制方法、矫正方法和帮困扶助方法，真正实施个案矫正，做到矫正一个成功一个，切实按照“治本安全观”去改造社区矫正对象。

---

① 吴宗宪．论社区矫正中的危险控制［J］．中国司法，2005（1）：74－78．

四、社区矫正对象的日常报告、外出审批与禁止令执行

《社区矫正法》和《社区矫正法实施办法》对社区矫正对象日常报告、外出审批、扩大活动范围审批、变更执行地审批以及被宣告禁止令后申请进入特定场所的审批都作出了较为具体的规定。

（一）定期报告制度

《社区矫正法实施办法》第 24 条规定："社区矫正对象应当按照有关规定和社区矫正机构的要求，定期报告遵纪守法、接受监督管理、参加教育学习、公益活动和社会活动等情况。发生居所变化、工作变动、家庭重大变故以及接触对其矫正可能产生不利影响人员等情况时，应当及时报告。被宣告禁止令的社区矫正对象应当定期报告遵守禁止令的情况。暂予监外执行的社区矫正对象应当每个月报告本人身体情况。保外就医的，应当到省级人民政府指定的医院检查，每三个月向执行地县级社区矫正机构、受委托的司法所提交病情复查情况。执行地县级社区矫正机构根据社区矫正对象的病情及保证人等情况，可以调整报告身体情况和提交复查情况的期限。延长一个月至三个月以下的，报上一级社区矫正机构批准；延长三个月以上的，逐级上报省级社区矫正机构批准。批准延长的，执行地县级社区矫正机构应当及时通报同级人民检察院。社区矫正机构根据工作需要，可以协调对暂予监外执行的社区矫正对象进行病情诊断、妊娠检查或者生活不能自理的鉴别。"

在司法实践中，定期报告制度一般是这样执行的，每周一次向司法所汇报情况（这种报告原则上要求用书面形式，社区矫正工作人员认为口头、电话形式也能达到效果的，也可用口头汇报或电话汇报，但社区矫正工作人员必须做好记录）。每周报告可与司法所社区矫正工作人员见面，也可不与司法所社区矫正工作人员见面。每月向司法所报到一次并书面汇报情况，未成年社区矫正对象需由监护人陪同前来汇报。

社区矫正对象确因下列情形不能到司法所当面报告的，经司法所调查核实，并报县级社区矫正机构批准同意，可以委托其家属、监护人或保证人代为提交书面情况报告，司法所应当将有关情况记录在案：（1）患严重疾病正在治疗或行动不便的；（2）怀孕、哺乳期且行动不便的；（3）生活不能自理的；（4）年老体弱且行动不便的。

保外就医的社区矫正对象应当每月向司法所报告本人身体状况，每 3 个月向司法所提交县级以上治疗医院开具的检查化验单、影像学资料、病情诊断证明、就医诊治病历等相关材料；确因病情、治疗措施等特殊情况，无法到司法所当面报告的，经司法所调查核实，并报县级社区矫正机构批准同意，可以委托家属、监护人或保证人每月向司法所书面报告身体情况。检查化验单、影像学资料、病情诊断证明、就医诊治病历等相关材料可由其家属、监护人或保证人送交司法所。

发生居所变化、工作变动、家庭重大变故以及接触对其矫正产生不利影响人员的，社区矫正对象应当及时报告。

司法所及其社区矫正工作人员必须严格执行定期报告制度并按规定的要求，检查督

促社区矫正对象遵守定期报告的规定，对汇报不及时或不汇报的社区矫正对象要进行教育，保证电话汇报的经常性、严肃性。对经教育三次仍不改正的，司法所应按规定作出处罚。同时，司法所的工作人员应当做好定期报告的登记、备案工作，保证做到“周周闻其声，月月见其人”。

当然，在实践中为了体现人性化管理的原则，对不同情况的社区矫正对象也要规定不同的报告时间，如对上学的、已就业的社区矫正对象可以规定他们在放学后、下班后报到。

（二）外出与审批

《社区矫正法实施办法》第 26 条至第 29 条对社区矫正对象外出的理由、审批程序、外出管理、经常性跨市县活动等进行了规定。

一是社区矫正对象外出的法定事由。社区矫正对象未经批准不得离开所居住市、县。社区矫正对象确因就医、就学、参与诉讼、处理家庭或者工作重要事务等正当理由，需要离开所居住市、县的，应当经社区矫正机构或受委托司法所批准。

二是社区矫正对象外出的审批程序及限制性情形。社区矫正对象确需离开所居住的市、县，应当提前 3 日提交书面申请，并如实提供诊断证明、单位证明、入学证明、法律文书等材料。申请离开时间在 7 日内的，由司法所批准；超过 7 日的，由执行地县级社区矫正机构批准。执行地县级社区矫正机构每次批准离开的时间不超过 30 日。因特殊情况，确需超过 30 日的，应当由市级社区矫正机构审批。在重点时段、重大活动期间或者遇有特殊情况时，一般不批准社区矫正对象前往重大活动举办地或重点地区。社区矫正对象确需到重大活动举办地或重点地区的，由县级社区矫正机构审批。

三是社区矫正对象外出管理的规定。在社区矫正对象外出期间，社区矫正机构应当通过信息化核查等方式实施监督管理。根据需要，可以委托外地社区矫正机构协助对社区矫正对象进行监督管理。社区矫正对象应在外出期限届满前返回居住地，并向社区矫正机构或司法所报告，办理销假手续。因特殊原因无法按期返回的，应及时向社区矫正机构或司法所报告情况。发现社区矫正对象违反外出管理规定的，社区矫正机构或司法所应当责令其立即返回，并视情节予以处罚。

四是社区矫正对象经常性跨市县活动的规定。严格地说，社区矫正对象超出法律规定的活动范围，也属于“外出”情形。为了体现管理的人性化，对于确因正常工作和生活需要，经常性跨市、县活动的社区矫正对象，经县级社区矫正机构批准，其活动范围可以扩大至其他市、县。社区矫正对象扩大活动范围的，应当由本人提出书面申请，司法所审核后，由县级社区矫正机构批准。

（三）变更执行地审批

《社区矫正法》第 27 条规定：“社区矫正对象离开所居住的市、县或者迁居，应当报经社区矫正机构批准。社区矫正机构对于有正当理由的，应当批准；对于因正常工作和生活需要经常性跨市、县活动的，可以根据情况，简化批准程序和方式。因社区矫正对象迁居等原因需要变更执行地的，社区矫正机构应当按照有关规定作出变更决定。社区矫正机构作出变更决定后，应当通知社区矫正决定机关和变更后的社区矫正机构，并将有关法律文书抄送变更后的社区矫正机构。变更后的社区矫正机构应当将法律文书转送所在地的人民检察院、公安机关。”这是关于社区矫正对象执行地变更的规定。《社区矫正法实施办法》第 30 条规定了变更执行地审批；第 31 条规定了变更执行地程序。

一是变更执行地审批。因社区矫正对象工作、居所变化等原因需要变更执行地的，应当提前一个月提出书面申请，并提供相应证明材料，由受委托的司法所签署意见后报执行地县级社区矫正机构审批。执行地县级社区矫正机构收到申请后，应当在 5 日内书面征求新执行地县级社区矫正机构的意见。新执行地县级社区矫正机构接到征求意见函后，应当在 5 日内核实有关情况，作出是否同意接收的意见并书面回复。执行地县级社区矫正机构根据回复意见，作出决定。经审核，县级社区矫正机构不同意变更执行地的，应在决定作出之日起 5 日内告知社区矫正对象。同意变更执行地的，应对社区矫正对象进行教育，书面告知其到新执行地县级社区矫正机构报到的时间期限以及逾期报到或者未报到的后果，责令其按时报到。

二是变更执行地程序。同意变更执行地的，原执行地县级社区矫正机构应在作出决定之日起 5 日内，将有关法律文书和矫正档案移交新执行地县级社区矫正机构，并将有关法律文书抄送社区矫正决定机关和原执行地县级人民检察院。新执行地县级社区矫正机构收到法律文书和档案材料后，在 5 日内送达回执，并将有关法律文书送所在地人民检察院和公安机关。同意变更执行地的，社区矫正对象应当自收到变更执行地决定之日起 7 日内，到新执行地县级社区矫正机构报到。新执行地县级社区矫正机构应当核实身份、办理登记接收手续。发现社区矫正对象未按规定时间报到的，新执行地县级社区矫正机构应当立即通知原执行地县级社区矫正机构，由原执行地县级社区矫正机构组织查找。未及时办理交付接收，造成社区矫正对象脱管、漏管的，原执行地社区矫正机构会同新执行地社区矫正机构妥善处置。对监狱管理机关批准暂予监外执行的社区矫正对象变更执行地的，监狱管理机关在收到社区矫正机构送达的法律文书后，应与新执行地所在省（自治区、直辖市）监狱管理机关办理交接。新执行地所在省（自治区、直辖市）监狱管理机关应指定一所监狱接收社区矫正对象有关法律文书材料，负责办理其收监、刑满释放等手续。监狱在接收文书材料之日起 5 日内，应当将有关情况通报新执行地县级社区矫正机构。

（四）禁止令执行

禁止令制度是我国刑罚制度的重要创新。它是指对于特定的罪犯由法律规定不经过批准不得擅自进入某些特定的区域或者场所，不得从事特定的活动，不得接触特定的人。禁止令制度对于进一步贯彻宽严相济刑事政策，避免交叉感染，节约司法资源具有十分重要的意义。

《刑法修正案（八）》明确规定：对于被判处管制、缓刑的罪犯可以适用禁止令。2011 年 4 月最高人民法院、最高人民检察院、公安部、司法部联合发布的《关于对判处管制、宣告缓刑的犯罪分子适用禁止令有关问题的规定（试行）》要求禁止令由司法行政机关指导管理的社区矫正机构负责执行。

《社区矫正法》第 31 条规定：“社区矫正机构发现社区矫正对象正在实施违反监督管理规定的行为或者违反人民法院禁止令等违法行为的，应当立即制止；制止无效的，应当立即通知公安机关到场处置。”《社区矫正法实施办法》第 39 条规定：“社区矫正机构根据执行禁止令的需要，可以协调有关的部门、单位、场所、个人协助配合执行禁止令。对禁止令确定需经批准才能进入的特定区域或者场所，社区矫正对象确需进入的，应当经执行地县级社区矫正机构批准，并通知原审人民法院和执行地县级人民检察院。”

（五）会客制度

为保证社区矫正对象在社区矫正期间能够安心地接受矫正，不受外界的不良影响，必须对其会客情况予以严格监督、控制。《社区矫正法实施办法》第 25 条规定：“未经执行地县级社区矫正机构批准，社区矫正对象不得接触其犯罪案件中的被害人、控告人、举报人，不得接触同案犯等可能诱发其再犯罪的人。”

社区矫正对象在接受矫正期间，会客要求主要包括：

（1）社区矫正对象除会见亲属外，会见犯罪案件中的被害人、控告人、举报人，接触同案犯等可能诱发其再次犯罪的人，应当经县级社区矫正机构批准，经同意后方可会见。

（2）未经县级社区矫正机构批准，社区矫正对象不得接受媒体采访。

（3）为了防止社区矫正对象受到社会上不良人员的教唆、鼓动，社区矫正对象不得会见有劣迹的或违法犯罪嫌疑人、同案犯、邪教组织以及其他非法组织的人员，如果必须交往的，应该向社区矫正机构报告。

社区矫正机构接到社区矫正对象会客申请或提出接受媒体采访或会见境外人士申请后，应根据相关规定及时作出允许或不允许其会客或接受媒体采访或会见境外人士的决定，并通知社区矫正对象。

对于社区矫正对象未经批准擅自会客或接受媒体采访的，应按照相关规定进行处理或报有关部门处理。如果被宣告缓刑、裁定假释的社区矫正对象经过 3 次教育仍然拒不改正的，其执行地县级社区矫正机构应向作出原裁判的人民法院提出撤销缓刑、假释的建议书并附相关证明材料。人民法院应当自收到之日起 30 日内依法作出裁定。

五、日常检查与定期走访

日常检查与定期走访是日常动态监督管理的主要方式，包括日常检查、电子监管、定期走访等。《社区矫正法》第 26 条第 1 款规定：“社区矫正机构应当了解掌握社区矫正对象的活动情况和行为表现。社区矫正机构可以通过通信联络、信息化核查、实地查访等方式核实有关情况，有关单位和个人应当予以配合。”第 29 条对使用电子定位装置作出了规定，对社区矫正对象出现法定情形的，经县级司法行政部门负责人批准，可以使用电子定位装置，加强监督管理。

（一）日常检查

根据《社区矫正法实施办法》的规定，日常检查包括以下方面：

一是对社区矫正对象活动情况的监督检查和处理。社区矫正机构、司法所应当根据社区矫正对象的个人生活、工作及所处社区的实际情况，有针对性地采取通信联络、信息化核查、实地检查等措施，及时掌握社区矫正对象的活动情况。重点时段、重大活动期间或者遇有特殊情况，社区矫正机构、司法所可以要求社区矫正对象到指定场所报告、说明情况。对保外就医的社区矫正对象，应当到指定的医院接受检查治疗，定期向社区矫正机构提供病情复查情况。社区矫正机构及时掌握其身体状况及疾病治疗、复查结果等情况，并根据需要向社区矫正决定机关反馈情况。

二是对社区矫正对象执行禁止令情况的监督检查和处理。发现社区矫正对象有违反监督管理规定或者人民法院禁止令等违法情形的，执行地县级社区矫正机构应当调查核实情况，收集有关证据材料，提出处理意见。社区矫正机构发现社区矫正对象有法定收监执行情形的，应当依法组织开展调查取证工作，经集体评议等相关程序，提出提请收监执行建议，报社区矫正决定机关。

三是对社区矫正对象脱管、漏管的监督检查和处理。发现社区矫正对象失去联系的，社区矫正机构应当采取通信联络、信息化核查、实地查访等方式进行查找，查找时要做好记录，固定证据。查找不到的，社区矫正机构应当及时通知公安机关，公安机关接到通知后应当立即查找。查找到社区矫正对象后，社区矫正机构应当根据其脱离监管的情形，给予相应处罚。社区矫正对象下落不明，或者虽能查找到其下落但拒绝接受监督管理的，社区矫正机构应当视情节依法提请公安机关予以治安管理处罚，或者依法提请撤销缓刑、撤销假释、对暂予监外执行的收监执行。

（二）定期走访

定期走访是社区矫正工作人员为了摸清社区矫正对象的思想动态、生活状况、现实表现等，深入到社区矫正对象的家庭、劳动和学习现场、所在单位、居住社区等，向知情人进行调查、询问的一种工作方式。

根据定期走访制度的要求，司法所要在社区矫正对象办理登记手续之日起，定期到社区矫正对象的家庭、所在单位、就读学校和居住的社区进行走访，了解掌握社区矫正对象的情况，加强双方的沟通和理解，及时解决社区矫正对象面临的困难，有针对性地开展教育矫正工作。同时确定监督人，组成监督考察小组，与监督人签订监督协议，制定和落实监督管理措施。

元旦、春节、五一、国庆等法定节假日及其他重要时段、重要时期，司法所社区矫正工作人员应当及时走访社区矫正对象的家庭及本人，掌握社区矫正对象的动态。社区矫正对象受到惩处、有重大思想问题或出现其他特殊情况时，司法所社区矫正工作人员要及时走访社区矫正对象的家庭及本人。必要时，司法所社区矫正工作人员可以通过电话或其他形式询问了解情况。社区矫正工作人员应当根据走访情况及时调整矫正方案和矫正措施，增强矫正的针对性。

六、办理电子定位装置

《社区矫正法实施办法》第 37 条对电子定位装置进行了界定：电子定位装置是指运

用卫星等定位技术，能对社区矫正对象进行定位等监管，并具有防拆、防爆、防水等性能的专门的电子设备，如电子定位腕带等，但不包括手机等设备。

《社区矫正法》第 29 条第 1 款规定："社区矫正对象有下列情形之一的，经县级司法行政部门负责人批准，可以使用电子定位装置，加强监督管理：（一）违反人民法院禁止令的；（二）无正当理由，未经批准离开所居住的市、县的；（三）拒不按照规定报告自己的活动情况，被给予警告的；（四）违反监督管理规定，被给予治安管理处罚的；（五）拟提请撤销缓刑、假释或者暂予监外执行收监执行的。"对使用电子定位管理的社区矫正对象，告知其电子定位管理相关规定，向其送达《社区矫正对象定位告知书》。责令社区矫正对象签订《社区矫正对象遵守定位管理承诺书》，为其办理定位手续，在"社区矫正信息管理系统中"划定允许活动区域，通过手环、脚环等定位设备对社区矫正对象所处地理位置进行实时监控。

《社区矫正法》第 29 条第 2 款、第 3 款规定："前款规定的使用电子定位装置的期限不得超过三个月。对于不需要继续使用的，应当及时解除；对于期限届满后，经评估仍有必要继续使用的，经过批准，期限可以延长，每次不得超过三个月。社区矫正机构对通过电子定位装置获得的信息应当严格保密，有关信息只能用于社区矫正工作，不得用于其他用途。"

第三节　社区矫正执法管理

社区矫正执法管理分为两个层面：一是行政执法管理，即对于社区矫正对象违法违纪的行政处罚和表现良好的奖励。二是协助执行刑罚管理，即对于社区矫正对象在社区矫正中出现法定阻却刑罚执行的事由和良好的行为而采取的协助变更刑罚执行方式的管理活动。

《社区矫正法》第 28 条规定："社区矫正机构根据社区矫正对象的表现，依照有关规定对其实施考核奖惩。社区矫正对象认罪悔罪、遵守法律法规、服从监督管理、接受教育表现突出的，应当给予表扬。社区矫正对象违反法律法规或者监督管理规定的，应当视情节依法给予训诫、警告、提请公安机关予以治安管理处罚，或者依法提请撤销缓刑、撤销假释、对暂予监外执行的收监执行。对社区矫正对象的考核结果，可以作为认定其是否确有悔改表现或者是否严重违反监督管理规定的依据。"

一、考核奖惩

（一）考核与奖惩的关系

考核奖惩包括考核和奖惩两个过程。考核是社区矫正机构在对社区矫正对象实施矫正过程中，依照一定的标准和程序，对社区矫正对象接受监督管理、参加教育学习和公益活动等情况所进行的考察和评定。考核是社区矫正中的一项基础性工作。通过对社区矫正对象的考核，可以显示社区矫正对象社区矫正的成效，对社区矫正对象的心理、行为、自制力、社会适应性、人际关系等进行监督与评价，使社区矫正对象明确自己与社区矫正目标的差距，从而实现社区矫正对象自我改造和转化的目的。

奖惩是社区矫正机构依照法律法规的有关规定，根据社区矫正对象在社区矫正中的良好表现或不良表现而实施的奖励或惩罚。对社区矫正对象实施奖惩，是区别对待政策的具体体现，也是促进社区矫正对象分化、转化，调动社区矫正对象改造积极性，稳定社区矫正秩序，提高社区矫正质量的有效手段。同时，由于对社区矫正对象的奖惩与其自身的利益密切相关，所以，对社区矫正对象的奖惩必须客观公正、实事求是，杜绝奖惩的随意性，使奖惩具有权威性，以达到惩恶扬善、促进社区矫正对象改造的目的。

考核与奖惩作为社区矫正的重要手段，虽然各有含义和内容，但二者是密不可分的，二者互为条件、互为因果、相互依赖、相互结合，共同发挥激励社区矫正对象改造的作用。

考核是奖惩的前提和基础。对社区矫正对象进行奖惩，需要以社区矫正对象的现实表现为依据，而这种依据就来自考核。因此，对社区矫正对象考核时，必须克服随意性，使考核结果真实可信，使社区矫正对象对自己的现实表现及是否达到奖惩的法定条件做到心中有数，并不断调整自己的心态和行为，为满足自我实现的需要而加速改造。所以说，没有对社区矫正对象的考核，对社区矫正对象的奖惩就成了“无源之水，无本之木”。

奖惩是考核的直接结果。对奖励的期盼，对自由的渴望，是绝大多数社区矫正对象的诉求。奖惩的实施，是奖优罚劣的重要手段，是满足积极改造的社区矫正对象需要的必要途径。通过奖惩，可以推动社区矫正对象改造的进程，弱化社区矫正对象的不良动机，帮助社区矫正对象看到前途和希望。只有考核与奖惩密切配合，才能发挥惩罚和改造社区矫正对象的作用。无论是考核还是奖惩，都是执法管理中的重要内容以及刑罚执行的重要手段。

（二）考核奖惩的原则

对社区矫正对象的考核奖惩以国家法律法规和社区矫正有关规定为标准。

1. 坚持依法适用原则

首先，依照《刑法》《刑事诉讼法》《社区矫正法》等法律法规和《社区矫正法实施办法》的有关规定，对社区矫正对象依照法定程序和标准进行考核，防止考核工作的主观随意性，这是奖惩公平公正的前提和基础。其次，依照社区矫正奖惩考核办法所规定的程序和标准，对社区矫正对象作出奖励或惩罚。严禁社区矫正工作人员在考核奖惩过程中徇私舞弊，以保障考核奖惩工作的公正性。

2. 坚持实事求是的原则

在社区矫正考核奖惩工作中贯彻实事求是的原则，就是要遵循社区矫正的客观规律，要掌握社区矫正对象的实情，深入社区矫正工作实际，深入基层社区、深入群众，认真进行调查研究，并对调查结果进行综合分析、仔细鉴别、去粗取精、去伪存真。这是考核奖惩工作实事求是的实践基础。

3. 坚持准确及时的原则

在社区矫正考核奖惩工作中，要求制定具体的考核奖惩办法，要准确记录社区矫正对象的考核奖惩情况，及时公布考核结果，及时实施奖惩，以激发社区矫正对象自觉矫正和自我矫正的积极性。

4. 坚持公开、公平、公正的原则

公开、公平、公正的原则既是社区矫正考核奖惩工作的生命线，也是保证社区矫正考核奖惩活动权威性和公信力的前提和保障。公开是指考核奖惩办法、考核奖惩依据、考核奖惩程序、考核奖惩结果等，对社区矫正对象、社会公众及社区矫正工作参与者公开，接受上级机关、专门机关和社会公众监督；公平、公正是指社区矫正考核奖惩工作要做到对所有社区矫正对象一视同仁、公平合理，公正对待每一个社区矫正对象。

5. 坚持考核、奖惩和教育相结合的原则

考核是奖惩的前提和基础，奖惩是考核的必然结果。但考核奖惩都是为达到教育社区矫正对象的目标服务的，考核奖惩的最终目的是促进社区矫正对象的转化，最终使其顺利地融入社会。三者只有形成合力，才会实现社区矫正的目的。

（三）考核的内容、形式及结果的运用

1. 考核的内容

根据《社区矫正法实施办法》第 32 条的规定，考核的内容包括社区矫正对象认罪悔罪、遵守有关规定、服从监督管理、接受教育等情况。

2. 考核的形式

对社区矫正对象的考核主要包括日常考核和综合考核两大类。

日常考核是指社区矫正机构采用一定的方法，在日常监管中，对社区矫正对象遵规守纪等方面的表现进行量化管理，并据此作为奖惩依据的行为。

综合考核是对社区矫正对象的矫正效果和个人表现在一段时间内的一个总体评估和考核。综合考核是在日常考核的基础上进行的，它的基本特点就是探求社区矫正项目的各个部分、环节、因素和层次之间相互联系的方式，由此而形成一种新的整体性的认识。综合考核不是日常各项考核的简单相加。

3. 考核结果的运用

依据考核结果对社区矫正对象进行奖励或惩罚以及开展分类管理。

二、行政执法管理

社区矫正是在执行刑罚的前提下，社区矫正机构对社区矫正对象的行政管理活动。因此，社区矫正中，社区矫正机构对社区矫正对象，以行政执法管理的形式开展的行政管理程序和具体事务，即为行政执法管理。

（一）行政奖励

社区矫正机构对社区矫正对象的行政奖励主要是社区矫正机构在对社区矫正对象考核的基础上，对社区矫正对象给予的奖励措施。依据《社区矫正法》第 28 条的规定，对社区矫正对象行政奖励的形式是表扬，行政奖励的机构是执行地县级社区矫正机构。

依照《社区矫正法实施办法》第 33 条的规定，社区矫正对象认罪悔罪、遵守法律法规、服从监督管理、接受教育表现突出的，应当给予表扬。社区矫正对象接受社区矫正 6 个月以上并且同时符合下列条件的，执行地县级社区矫正机构可以给予表扬：(1) 服从人民法院判决，认罪悔罪；(2) 遵守法律法规；(3) 遵守关于报告、会客、外出、迁居等规定，服从社区矫正机构的管理；(4) 积极参加教育学习等活动，接受教育矫正的。此外，社区矫正对象有见义勇为、抢险救灾等突出表现，或者帮助他人、服务社会等突出事迹的，执行地县级社区矫正机构可以给予表扬。

对社区矫正对象的考核结果与行政奖励情况，除了以书面形式记载，做到准确及时，公开公平，记入档案之外，还可以作为分类管理的依据。

（二）行政惩处

对社区矫正对象的行政惩处是社区矫正机构在对社区矫正对象考核的基础上，针对社区矫正对象的行政违法违纪行为所实施的处罚措施。按照《社区矫正法》第 28 条的规定，惩处的种类包括对矫正对象的训诫、警告、提请公安机关予以治安管理处罚三种措施。

1. 训诫

训诫，本意是教导和忠告。作为社区矫正处罚措施的训诫，是指社区矫正机构对于社区矫正对象违反法律法规或者监督管理规定的行为，由于情节轻微，提出批评教育的一种方式。

依照《社区矫正法实施办法》第 34 条的规定，社区矫正机构给予社区矫正对象训诫的情形主要有：(1) 不按规定时间报到或接受社区矫正期间脱离监管，未超过 10 日的；(2) 违反关于报告、会客、外出、迁居等规定，情节轻微的；(3) 不按规定参加教育学习等活动，经教育仍不改正的；(4) 其他违反监督管理规定，情节轻微的。有上述情形之一的，执行地县级社区矫正机构应当给予训诫，并出具书面决定。

在实施训诫时，一方面指出社区矫正对象违反法律法规或者监督管理规定的行为，分析其危害性，责令社区矫正对象努力改正，不再重犯；另一方面讲明社区矫正对象违规行为尚属轻微，可不建议给予其他行政处罚。

2. 警告

警告是一种警戒性的、轻微的违规制裁方式，是指由于社区矫正对象违反法律法规或者监督管理规定的行为，社区矫正机构向社区矫正对象提出告诫，要求及时纠正和警示。

依照《社区矫正法实施办法》第 35 条的规定，社区矫正机构给予社区矫正对象警告的情形主要有：(1) 违反人民法院禁止令，情节轻微的；(2) 不按规定时间报到或者接受社区矫正期间脱离监管，超过 10 日的；(3) 违反关于报告、会客、外出、迁居等规定，情节较重的；(4) 保外就医的社区矫正对象无正当理由不按时提交病情复查情况，经教育仍不改正的；(5) 受到社区矫正机构两次训诫，仍不改正的；(6) 其他违反监督管理规定的，情节较重的。有上述情形之一的，执行地县级社区矫正机构应当给予警告，并出具书面决定。

3. 提请公安机关予以治安管理处罚

治安管理处罚，是指公安机关依照治安管理的法律法规对扰乱社会秩序、妨害公共安全、侵犯公民人身权利、侵犯公私财产，情节轻微尚不够刑事处罚的违法行为所实施的行政处罚。很显然，依照《中华人民共和国治安管理处罚法》的规定，我国治安管理处罚权集中由公安机关行使。

这里所讲的“提请公安机关予以治安管理处罚”是指社区矫正对象的违法行为已涉嫌达到治安管理处罚程度，社区矫正机构提请同级公安机关依法给予处罚的提请权，而不是治安管理处罚权。同时，提请公安机关予以治安管理处罚建议权只适用于被判处管制、宣告缓刑或者暂予监外执行的社区矫正对象。对于假释的社区矫正对象，其违法行为一旦达到了治安管理处罚的程度，就会被直接收监执行。

依照《社区矫正法实施办法》第 36 条的规定，社区矫正对象违反监督管理规定或者人民法院禁止令，依法应予治安管理处罚的，执行地县级社区矫正机构应当及时提请同级公安机关依法给予处罚，并向执行地同级人民检察院抄送治安管理处罚建议书副本，及时通知处理结果。

三、刑务管理

社区矫正是我国刑事执行方式，是以刑罚执行为前提的。在社区矫正中，涉及刑罚执行程序和具体事务，以管理的形式开展的社区矫正活动，即为刑务管理。

根据《社区矫正法》第 28 条的规定，社区矫正对象违反法律法规或者监督管理规定的，应当视情节依法提请撤销缓刑、撤销假释、对暂予监外执行的收监执行等刑事处罚。第 33 条规定，社区矫正对象符合刑法规定的减刑条件的，社区矫正机构应当向社区矫正执行地的中级以上人民法院提出减刑建议，并将减刑建议书抄送同级人民检察院。

社区矫正机构是司法行政机关设立的社区矫正执行机构，从目前的法律规定看，不具有刑罚执行权，因此，我们这里所讲的刑罚执行事务，主要是指需要和公安机关、检察机关、人民法院、监狱等合作才能完成的管理活动。在刑务管理中，社区矫正机构所具有的只是建议权，有时也称司法奖惩协助权和建议权，而决定权和执行权则由公安机关、人民法院、监狱管理机关分别行使。

（一）撤销缓刑、假释

《社区矫正法》第 46 条规定：“社区矫正对象具有刑法规定的撤销缓刑、假释情形的，应当由人民法院撤销缓刑、假释。对于在考验期限内犯新罪或者发现判决宣告以前还有其他罪没有判决的，应当由审理该案件的人民法院撤销缓刑、假释，并书面通知原审人民法院和执行地社区矫正机构。对于有第二款规定以外的其他需要撤销缓刑、假释情形的，社区矫正机构应当向原审人民法院或者执行地人民法院提出撤销缓刑、假释建议，并将建议书抄送人民检察院。社区矫正机构提出撤销缓刑、假释建议时，应当说明理由，并提供有关证据材料。”由此，撤销缓刑、假释，是指缓刑、假释的社区矫正对象有《刑法》规定的撤销缓刑、假释法定事由，由审理该案件的人民法院直接撤销缓刑、假释，或者由社区矫正机构向原审人民法院或者执行地人民法院提出撤销缓刑、假释建议并提供有关证据材料。这一管理活动也称社区矫正机构的撤销缓刑、假释建议权。

第一，撤销缓刑、假释的条件。依照《社区矫正法实施办法》第 46 条的规定，由社区矫正机构向人民法院提出撤销缓刑情形主要有：（1）违反禁止令，情节严重的；（2）无正当理由不按规定时间报到或者接受社区矫正期间脱离监管，超过一个月的；（3）因违反监督管理规定受到治安管理处罚，仍不改正的；（4）受到社区矫正机构两次警告，仍不改正的；（5）其他违反有关法律、行政法规和监督管理规定，情节严重的情形。有上述情形之一的，由社区矫正机构向原审人民法院提出撤销缓刑建议书并附相关证明材料。根据《社区矫正法实施办法》第 47 条的规定，由社区矫正机构向人民法院提出撤销假释的情形有：（1）无正当理由不按规定时间报到或者接受社区矫正期间脱离监管，超过一个月的；（2）受到社区矫正机构两次警告，仍不改正的；（3）其他违反有关法律、行政法规和监督管理规定，尚未构成新的犯罪的。

第二，撤销缓刑、假释的程序。依照《社区矫正法》第 48 条和《社区矫正法实施办法》第 46 条、第 47 条的规定，一是由执行地同级社区矫正机构向原审人民法院或者执行地人民法院提出撤销缓刑建议书。如果原审人民法院与执行地同级社区矫正机构在不同省（自治区、直辖市）的，可以报请执行地人民法院裁定。二是人民法院拟撤销缓刑、假释的，应当听取社区矫正对象的申辩及其委托的律师的意见。三是人民法院应当在收到社区矫正机构撤销缓刑、假释建议书后 30 日内作出裁定，将裁定书送达社区矫正机构和公安机关，并抄送人民检察院。四是人民法院裁定撤销缓刑、假释的，公安机关应当及时将社区矫正对象送交监狱或者看守所执行。执行以前被逮捕的，羁押一日折抵刑期一日。五是人民法院裁定不予撤销缓刑、假释的，对被逮捕的社区矫正对象，公安机关应当立即予以释放。

（二）收监执行

社区矫正对象的收监执行，是指社区矫正中社区矫正对象具有法律规定的收监执行刑罚的情形，依照法定程序将矫正对象收押入监执行刑罚的活动。这主要包括撤销缓刑、假释收监执行和暂予监外执行收监执行。

根据 2016 年“两院两部”联合发布的《关于进一步加强社区矫正工作衔接配合管理的意见》的规定，社区矫正对象符合收监执行条件的，居住地社区矫正机构应当及时按照规定，向原裁判人民法院或者公安机关、监狱管理机关送达撤销缓刑、撤销假释建议书或者对暂予监外执行的收监执行建议书并附相关证明材料。人民法院、公安机关、监狱管理机关应当在规定期限内依法作出裁定或者决定，并将法律文书送达居住地县级社区矫正机构，同时抄送居住地县级人民检察院、公安机关。社区矫正对象被行政拘留、司法拘留、强制隔离戒毒等行政处罚或者采取刑事强制措施期间，人民法院、公安机关、监狱管理机关依法作出对其撤销缓刑、撤销假释的裁定或者收监执行决定的，居住地社区矫正机构应当将人民法院、公安机关、监狱管理机关的裁定书、决定书送交作出上述决定的机关，由有关部门依法收监执行刑罚。

1. 收监执行的原则

根据 2016 年“两院两部”联合发布的《关于进一步加强社区矫正工作衔接配合管理的意见》的规定，社区矫正对象因违反监督管理规定被依法撤销缓刑、撤销假释或者暂予监外执行被决定收监执行的，应当本着就近、便利、安全的原则，送交其居住地所属的省（自治区、直辖市）的看守所、监狱执行刑罚。

2. 收监执行的两种情况

第一，人民法院裁定撤销缓刑、假释社区矫正对象，决定收监执行的。《社区矫正法》第 48 条第 3 款规定：“人民法院裁定撤销缓刑、假释的，公安机关应当及时将社区矫正对象送交监狱或者看守所执行。执行以前被逮捕的，羁押一日折抵刑期一日。”

第二，暂予监外执行决定机关提出收监执行的。依照《社区矫正法》第 49 条的规定，一是暂予监外执行的社区矫正对象具有刑事诉讼法规定的应当予以收监情形的，社区矫正机构应当向执行地或者原社区矫正决定机关提出收监执行建议，并将建议书抄送人民检察院。社区矫正决定机关应当在收到建议书后 30 日内作出决定，将决定书送达社区矫正机构和公安机关，并抄送人民检察院。二是人民法院、公安机关对暂予监外执行的社区矫正对象决定收监执行的，由公安机关立即将社区矫正对象送交监狱或者看守所收监执行。三是监狱管理机关对暂予监外执行的社区矫正对象决定收监执行的，监狱应当立即将社区矫正对象收监执行。

3. 暂予监外执行收监执行的条件

依照《社区矫正法实施办法》第 49 条的规定，由执行地县级社区矫正机构向执行地或者原社区矫正决定机关提出收监执行建议的条件是：（1）不符合暂予监外执行条件的；（2）未经社区矫正机构批准擅自离开居住的市、县，经警告拒不改正，或者拒不报告行踪，脱离监管的；（3）因违反监督管理规定受到治安管理处罚，仍不改正的；（4）受到社区矫正机构两次警告的；（5）保外就医期间不按规定提交病情复查情况，经警告拒不改正的；（6）暂予监外执行的情形消失后，刑期未满的；（7）保证人丧失保证条件或者因不履行义务被取消保证人资格，不能在规定期限内提出新的保证人的；（8）其他违反有关法律、行政法规和监督管理规定，情节严重的情形。只要矫正对象具备上述情形之一，即可向原社区矫正决定机关提出收监执行建议。

4. 收监执行的法律文书

2016 年“两院两部”联合发布的《关于进一步加强社区矫正工作衔接配合管理的意见》对收监执行应准备的法律文书分别作出了规定：

（1）裁定撤销缓刑的社区矫正对象。社区矫正对象被裁定撤销缓刑的，居住地社区矫正机构应当向看守所、监狱移交撤销缓刑裁定书和执行通知书、撤销缓刑建议书以及原判决书、裁定书和执行通知书、起诉书副本、结案登记表、社区矫正期间表现情况等文书材料。

（2）裁定撤销假释的社区矫正对象。社区矫正对象被裁定撤销假释的，居住地社区矫正机构应当向看守所、监狱移交撤销假释裁定书和执行通知书，撤销假释建议书、社区矫正期间表现情况材料，原判决书、裁定书和执行通知书、起诉书副本、结案登记表复印件等文书材料。罪犯收监后，居住地社区矫正机构通知罪犯原服刑看守所、监狱将罪犯假释前的档案材料移交撤销假释后的服刑看守所、监狱。

（3）决定收监执行的暂予监外执行社区矫正对象。暂予监外执行社区矫正对象被人民法院决定收监执行的，居住地社区矫正机构应当向看守所、监狱移交收监执行决定书和执行通知书以及原判决书、裁定书和执行通知书、起诉书副本、结案登记表、社区矫正期间表现等文书材料。暂予监外执行社区矫正对象被公安机关、监狱管理机关决定收监执行的，居住地社区矫正机构应当向看守所、监狱移交社区矫正对象在接受矫正期间的表现情况等文书材料。

社区矫正机构收监执行建议书和决定机关收监执行决定书副本，应当同时抄送执行地同级人民检察院和公安机关。

5. 收监执行的追逃

《社区矫正法》第 50 条规定："被裁定撤销缓刑、假释和被决定收监执行的社区矫正对象逃跑的，由公安机关追捕，社区矫正机构、有关单位和个人予以协助。"根据《关于进一步加强社区矫正工作衔接配合管理的意见》的规定，被裁定、决定收监执行的社区矫正对象在逃的，居住地社区矫正机构应当在收到人民法院、公安机关、监狱管理机关的裁定、决定后，立即通知居住地县级公安机关，由其负责实施追捕。撤销缓刑、撤销假释裁定书和对暂予监外执行罪犯收监执行决定书，可以作为公安机关网上追逃依据。公安机关根据案情决定是否实施网上追逃。社区矫正对象脱逃后的追逃工作，由公安机关负责，社区矫正机构只是予以协助。

6. 收监执行的公示

根据 2016 年"两院两部"联合发布的《关于进一步加强社区矫正工作衔接配合管理的意见》的规定，撤销缓刑、撤销假释裁定书或者对暂予监外执行罪犯收监执行决定书，应当在居住地社区矫正机构教育场所公示。但属于未成年或者犯罪的时候不满 18 周岁被判处 5 年有期徒刑以下刑罚的社区矫正对象除外。

（三）逮捕

逮捕是指社区矫正对象被提请撤销缓刑、假释时，具有实施新的犯罪，危害国家安全、公共安全或者社会秩序的现实危险等情形的，社区矫正机构为了控制危险情形的发生，可以在提出撤销缓刑、假释建议的同时，提请人民法院决定对其先行实施逮捕的措施。

1. 逮捕的法律规定

《社区矫正法》第 47 条规定："被提请撤销缓刑、假释的社区矫正对象可能逃跑或者发生社会危险性的，社区矫正机构可以在提出撤销缓刑、假释建议的同时，提请人民法院决定对其予以逮捕。人民法院应当在四十八小时内作出是否逮捕的决定。决定逮捕的，由公安机关执行。逮捕后的羁押期限不得超过三十日。"由此，逮捕是对特定危险情形的先行预防措施。在这一过程中，社区矫正机构具有提请逮捕建议权，决定权属于人民法院，执行权属于公安机关。

2. 逮捕的程序

逮捕属于对危险的应急控制措施，被提请撤销缓刑、假释的社区矫正对象具备应予逮捕情形的，由执行地同级社区矫正机构向原裁判人民法院提出逮捕建议书并附相关证明材料。人民法院收到提请逮捕建议后，作出逮捕决定的，通知执行地公安机关执行，至迟不超过 48 小时。

3. 提请逮捕的条件

依照《社区矫正法实施办法》第 48 条的规定，社区矫正机构提请人民法院决定对矫正对象予以逮捕，必须具有下列情形之一：（1）可能逃跑的；（2）具有危害国家安全、公共安全、社会秩序或者他人人身安全现实危险的；（3）可能对被害人、举报人、控告人或者社区矫正机构工作人员等实施报复行为的；（4）可能实施新的犯罪的。

（四）减刑

1. 社区矫正对象减刑的规定

《社区矫正法》第 33 条规定："社区矫正对象符合刑法规定的减刑条件的，社区矫正机构应当向社区矫正执行地的中级以上人民法院提出减刑建议，并将减刑建议书抄送同级人民检察院。人民法院应当在收到社区矫正机构的减刑建议书后三十日内作出裁定，并将裁定书送达社区矫正机构，同时抄送人民检察院、公安机关。"

社区矫正对象中管制犯、暂予监外执行犯和假释犯的减刑，提请社区矫正对象减刑建议的主体是执行地县级社区矫正机构，社区矫正对象是否予以减刑的裁定机关是社区矫正执行地的中级以上人民法院，需要提交的减刑材料包括减刑建议书和其他相关证明材料。

关于缓刑犯的减刑规定，2016 年 9 月 19 日最高人民法院发布的《关于办理减刑、假释案件具体应用法律若干问题的规定》第 18 条规定："被判处拘役或者三年以下有期徒刑，并宣告缓刑的罪犯，一般不适用减刑。前款规定的罪犯在缓刑考验期内有重大立功表现的，可以参照刑法第七十八条的规定予以减刑，同时应当依法缩减其缓刑考验期。缩减后，拘役的缓刑考验期限不得少于二个月，有期徒刑的缓刑考验期限不得少于一年。"由此可以看出对缓刑犯减刑的要求相对比较严格。

2. 社区矫正对象减刑的程序

《社区矫正法实施办法》第 42 条规定："社区矫正对象符合法定减刑条件的，由执行地县级社区矫正机构提出减刑建议书并附相关证据材料，报经地（市）社区矫正机构审核同意后，由地（市）社区矫正机构提请执行地的中级人民法院裁定。依法应由高级人民法院裁定的减刑案件，由执行地县级社区矫正机构提出减刑建议书并附相关证据材料，逐级上报省级社区矫正机构审核同意后，由省级社区矫正机构提请执行地的高级人民法院裁定。人民法院应当自收到减刑建议书和相关证明材料之日起三十日内依法裁定。社区矫正机构减刑建议书和人民法院减刑裁定书副本，应当同时抄送社区矫正对象执行地同级人民检察院、公安机关及罪犯原服刑或者接收其档案的监狱。"

实践中，社区矫正对象的减刑程序包括以下三个步骤：

第一步，县级社区矫正机构根据社区矫正对象确有悔改或者立功、重大立功表现的具体事实，填写《社区矫正对象减刑建议书》和《提请减刑审核表》，连同其他材料报送地（市）级社区矫正机构。

第二步，地（市）级社区矫正机构进行审核，认为符合法定减刑条件的，在《提请减刑建议审核书》上签署意见，向中级人民法院提请减刑，并移送下列材料：《社区矫正对象减刑建议书》；终审人民法院的裁判文书、执行通知书、历次减刑裁定书的复印件；社区矫正对象确有悔改或者立功、重大立功表现的具体事实的书面证明材料；奖惩审批表等；其他根据案件的审理需要移送的材料。

第三步，将社区矫正机构减刑建议书和人民法院减刑裁定书副本，同时抄送社区矫正执行地同级人民检察院和公安机关。

（五）脱管处理

1. 脱管的概念

根据 2016 年“两院两部”联合发布的《关于进一步加强社区矫正工作衔接配合管理的意见》的规定，社区矫正对象在社区矫正期间脱离居住地社区矫正机构的监督管理下落不明，或者虽能查找到其下落但拒绝接受监督管理的，属于脱管。这一规定明确界定了脱管的概念，统一了对社区矫正对象脱管的认定标准。

2. 脱管的法律和规范性文件的规定

《社区矫正法》第 30 条规定：“社区矫正对象失去联系的，社区矫正机构应当立即组织查找，公安机关等有关单位和人员应当予以配合协助。查找到社区矫正对象后，应当区别情形依法作出处理。”《社区矫正法实施办法》第 38 条规定：“发现社区矫正对象失去联系的，社区矫正机构应当立即组织查找，可以采取通信联络、信息化核查、实地查访等方式查找，查找时要做好记录，固定证据。查找不到的，社区矫正机构应当及时通知公安机关，公安机关应当协助查找。社区矫正机构应当及时将组织查找的情况通报人民检察院。查找到社区矫正对象后，社区矫正机构应当根据其脱离监管的情形，给予相应处置。虽能查找到社区矫正对象下落但其拒绝接受监督管理的，社区矫正机构应当视情节依法提请公安机关予以治安管理处罚，或者依法提请撤销缓刑、撤销假释、对暂予监外执行的收监执行。”

从职责上来看，社区矫正机构只是组织查找，只有社区矫正对象下落不明或者虽能查找到其下落但拒绝接受监督管理，社区矫正机构才行使撤销缓刑、撤销假释或者对暂予监外执行的提请权。

对于脱管的查找和处理，《关于进一步加强社区矫正工作衔接配合管理的意见》规定，居住地社区矫正机构发现社区矫正对象脱管，应当及时采取联系本人、其家属亲友，走访有关单位和人员等方式组织追查，做好记录，并由县级社区矫正机构视情形依法给予警告、提请治安管理处罚、提请撤销缓刑、撤销假释或者对暂予监外执行的提请收监执行。一般说来，由于法律文书没有按规定送达县级社区矫正机构导致社区矫正对象脱管并发生再犯罪的，相关经办人应承担责任。如果是县级社区矫正机构收到法律文书但发现社区矫正对象未在规定时间内报到的，应当及时组织查找，并书面通报原关押监狱、决定机关及居住地公安机关、人民检察院。因未通报或组织查找不及时导致社区矫正对象脱管的，社区矫正工作人员应当承担责任。如果由于监狱、人民法院、公安机关等未按规定送达法律文书导致社区矫正对象脱管，案件经办人应承担责任。

在实际工作中，不同机构的权限不同，行使的方式也不同。一是报告的义务。司法所发现社区矫正对象脱离监管，应当立即报告县级社区矫正机构，受委托行使社区矫正管理权的司法所具有向委托人报告的义务。二是社区矫正管理主体的查找职责。县级社区矫正机构发现社区矫正对象脱管的，应当及时采取联系本人、其家属亲友，走访有关单位和人员等方式组织查找，公安机关应当配合协助。三是查找的程序要求。查找时要做好记录，固定证据，为后续工作做准备。四是行使提请权。社区矫正机构视情节依法提请撤销缓刑、撤销假释或者对暂予监外执行的提请收监执行。

（六）漏管及其处理

根据2016年“两院两部”联合发布的《关于进一步加强社区矫正工作衔接配合管理的意见》的规定，人民法院、公安机关、社区矫正机构在社区矫正对象交付接收工作中衔接脱节，或者社区矫正对象逃避监管、未按规定时间期限报到，造成没有及时执行社区矫正的，属于漏管。这一规定明确了漏管的概念，统一了对社区矫正对象漏管的认定标准。

对于漏管的查找和处理，《关于进一步加强社区矫正工作衔接配合管理的意见》规定，居住地社区矫正机构发现社区矫正对象漏管，应当及时组织查找，并由居住地县级社区矫正机构通知有关人民法院、公安机关、监狱、居住地县级人民检察院。社区矫正对象逃避监管、不按规定时间期限报到导致漏管的，居住地县级社区矫正机构应当给予警告；符合收监执行条件的，依法提出撤销缓刑、撤销假释或者对暂予监外执行收监执行的建议。这一规定明确了发现社区矫正对象漏管之后，社区矫正机构等有关部门应采取的处置措施，以及对社区矫正对象不按时报到导致漏管的处罚责任。同时，社区矫正对象居住地县级社区矫正机构依法应当接收社区矫正对象而未接收的，应当及时纠正，造成漏管的，应当承担相应责任。

（七）追逃

《社区矫正法》第50条规定：“被裁定撤销缓刑、假释和被决定收监执行的社区矫正对象逃跑的，由公安机关追捕，社区矫正机构、有关单位和个人予以协助。”由此可以看出，追逃的责任主体是公安机关，社区矫正机构、有关单位和个人只是协助。依照《社区矫正法实施办法》第51条的规定，撤销缓刑、撤销假释的裁定和收监执行的决定生效后，社区矫正对象下落不明的，就可以认定为在逃。对于在逃的社区矫正对象，由执行地县级公安机关负责追捕。同时，撤销缓刑、撤销假释裁定书和对暂予监外执行罪犯收监执行决定书，可以作为公安机关追逃依据。

第四节　未成年犯的社区矫正管理

在我国，未成年犯的社区矫正，是指已年满14周岁未满18周岁的、符合社区矫正条件的未成年罪犯被置于社区内，由专门的国家机关在相关社会团体、民间组织及社会志愿者的协助下，在判决、裁定或决定确定的期限内，矫正其犯罪心理和行为恶习，并促使其顺利回归社会的非监禁刑罚的执行活动。

一、对未成年犯实行社区矫正的方针

2012年1月10日“两院两部”联合发布的《社区矫正实施办法》第33条规定：对未成年人实施社区矫正，应当遵循教育、感化、挽救的方针。这一方针是我国未成年司法制度在社区矫正中的延续和深化。2020年10月27日修正的《中华人民共和国未成年人保护法》和2020年12月26日修订的《中华人民共和国预防未成年人犯罪法》，都体现了对未成年人“实行教育、感化、挽救”的精神。2019年12月28日通过的《社区矫正法》第七章（共7条）对未成年社区矫正对象的管理问题进行了特别规定。

首先，对未成年犯社区矫正中的教育，是一种特殊的矫正教育。在教育目的、教育内容、教育方式等方面都有自身的特殊性。在教育目的上是既矫正人，又造就人；在矫正内容上，重点在于矫正其犯罪心理和行为恶习；矫正教育的方式，是在强制的条件下，以教育为主、惩罚为辅。同时，要遵循未成年犯矫正教育的规律、原则和方法。

其次，要体现“感化”教育。所谓“感化”，是指社区矫正工作参与者有意识地用善意的劝导和有益的行动去影响、感染未成年社区矫正对象，促使其思想和行为按照期望的目标转化的矫正教育活动。感化注重的是以情感人、以情动人，赢得对方的信任，产生共情效果，进而接受社区矫正工作者的观点、信念，被社区矫正工作者同化。

最后，要以“挽救”为主。“挽救”的意思是指通过充分的教育、感化工作，使未成年社区矫正对象得到救助。这是未成年犯社区矫正工作的着眼点和根本目的。

在这一方针中，“教育、感化、挽救”构成了一个有机的整体，三者相互联系，相互依存，相互渗透，不可分割。其中，教育是基础，居于社区矫正工作的首要地位，起主导作用，贯穿于未成年犯社区矫正工作的始终；感化是态度和方法，是社区矫正工作的重要方法和政策体现；挽救是教育和感化的目的，是社区矫正工作的出发点和归宿，是这一方针的精神实质。

二、对未成年犯实行社区矫正的原则

（一）教育为主、惩罚为辅的原则

“坚持教育为主、惩罚为辅的原则”是我国对未成年违法犯罪人员实施矫正活动所遵循的行动准则。这一原则的贯彻执行是由未成年社区矫正对象的特殊性决定的。首先，从未成年人自身来看，14～18岁是青少年生理和心理迅速变化的时期，生理发育速度加快，但心理发育相对滞后，社会经验不足，辨别是非能力不强，自我控制能力和挫折承受能力较差，容易受不良影响误入歧途。因此，未成年人的主观恶性较小，社会危害性也相对较轻，相应的刑罚也理应趋于轻缓。其次，家庭、学校、社会对未成年社区矫正对象的犯罪也负有责任。家长的溺爱或苛刻都会让未成年人产生逆反心理；学校过分关注学习成绩而忽视心理沟通，造成一部分成绩差的学生游离于或在心理上游离于学校与社会之间；社会上不良影视作品的引导、他人的教唆，促使这些未成年人沾染不良习气，最终走上犯罪的道路。未成年社区矫正对象固然应为自己的犯罪承担相应的责任，但家庭、学校和社会也负有不可推卸的责任，应当给予未成年社区矫正对象应有的宽容。

在社区矫正过程中，“教育为主”是贯穿未成年社区矫正对象社区矫正的主导思想，是矫正教育的核心价值。为此，对未成年社区矫正对象的社区矫正须提供必要帮助，包括对未成年社区矫正对象的心理辅导、职业培训、生活扶助等，结合未成年社区矫正对象的心理、生理特点和实际需要，定期开展形式多样、生动活泼的思想、法治、社会公德等方面的教育，培养未成年社区矫正对象高尚的情操，塑造健康的、适合现代社会需求的人格，提高未成年社区矫正对象的社会适应性和社会竞争力。“惩罚为辅”主要是体现法律的威慑力，在社区矫正中主要是强化对未成年社区矫正对象的监督管理与考察评估。“毫无惩罚意义的矫正项目，可能因无法体现国家的伦理否定和谴责而导致法秩序的紊乱，还可能使那些精于计算的虞犯踏上犯罪的行程。”① 对未成年社区矫正对象而言，监督管理体现为社区矫正制度上的“可控性”，不能由于片面强调矫正教育而使未成年社区矫正对象的社区矫正流于形式，甚至处于失控状态。考察评估则是对未成年社区矫正对象社区矫正质量的跟踪与评估。跟踪与评估的过程，在无形中对未成年社区矫正对象施加了一定的压力，对其日常行为起到了控制和约束作用。

（二）区别对待原则

未成年社区矫正对象除了具有普遍性的特点之外，他们的生理、心理以及成长环境都具有特殊性。在社区矫正工作中，掌握未成年社区矫正对象的特点，关注矫正相关环节，实施分类管理和个性化教育，才能提升矫正实效，减少和预防重新犯罪。按照《社区矫正法》的规定，对未成年社区矫正对象的区别对待，主要包括两方面：一是对未成年社区矫正对象的社区矫正应当与成年人分别进行，运用特殊的社会资源，教育与预防并举，以便采取适合未成年社区矫正对象的方式和方法，实行有针对性的矫正教育。同时还要采取积极措施，保障未成年社区矫正对象的就业、就学，以及解决解矫之后未成年社区矫正对象与社会相互接纳的问题。二是放宽适用社区矫正的法定条件。《社区矫正法》规定，未成年社区矫正对象在社区矫正期间年满 18 周岁的，继续按照未成年人社区矫正有关规定执行。

区别对待原则是一切从实际出发原则在未成年人社区矫正中的具体应用，要求我们既要关注未成年社区矫正对象在矫正教育中的共性问题，更要关注未成年社区矫正对象所具有的个性问题，特别是要善于针对不同问题，运用不同的策略加以解决。

（三）权益特别保护原则

尊重和保护未成年社区矫正对象的合法权益，是我们应遵循的基本原则。在这一大

---

① 何显兵. 论社区矫正的根据 [J]. 广西政法管理干部学院学报，2005（2）：30－33，38.

原则指导下，我们在对未成年社区矫正对象的矫正教育中，要针对未成年社区矫正对象的生理、心理特点，对其法定权益实行特别保护，尤其要特别保护其人格尊严。根据《社区矫正法》的规定，未成年社区矫正对象的权益保护，主要体现在两个方面：一是对未成年社区矫正对象给予身份保护，其矫正宣告不公开进行。二是对未成年社区矫正对象给予身份保护，其矫正档案保密。这在一定程度上确立了对未成年社区矫正对象身份和档案保密原则。这一原则的实施，不仅有利于未成年社区矫正对象的矫正教育，而且为未成年社区矫正对象将来回归社会，顺利适应社会生活打下了良好的基础。

（四）综合利用社会资源原则

社会、家庭和学校是未成年社区矫正对象联系较为密切的资源，尤其是家庭和学校，与其他社会资源相比，具有无可比拟的优越性。它们把社会的意识和行为规范传授给未成年社区矫正对象，促进了未成年社区矫正对象个性的再社会化作用，因此具有社会性；它们与未成年社区矫正对象联系密切，且时间较长，因而具有长期性和稳定性；不同的未成年社区矫正对象和不同的家庭成员、学校里的老师和同学，其生活经历、思想意识、知识丰富程度等不同，从而使影响和受影响的两个方面都呈现出个别性；家庭成员和学校师生与未成年社区矫正对象朝夕相处，共同生活，对未成年社区矫正对象的个性最为熟悉和了解，容易产生情感共鸣，能够增加矫正作用的深刻性。

三、对未成年犯实行社区矫正的特别措施

未成年社区矫正对象的社区矫正工作综合性强，涉及刑罚执行、治安管理、社区管理、群众工作等诸多层面，需要有关部门相互配合、相互支持，切实发挥职能部门整体协调一致的优势开展工作，需要家庭、学校和全社会共同建立起挽救未成年社区矫正对象的配套体系，并推动社区矫正工作向更深层次发展。《社区矫正法》对未成年社区矫正对象的社区矫正工作，作出了专门规定。

（一）矫正工作人员的特别要求

《社区矫正法》第 52 条第 2 款和第 3 款规定："社区矫正机构为未成年社区矫正对象确定矫正小组，应当吸收熟悉未成年人身心特点的人员参加。对未成年人的社区矫正，应当与成年人分别进行。"因为熟悉青少年成长特点的专业人员能够把握未成年社区矫正对象的特征，具有青少年工作的专业理念，能够深入了解未成年社区矫正对象的成长经历、家庭背景、朋辈关系等方面的情况，并结合未成年社区矫正对象的个性特征，全面剖析其犯因性问题，有针对性地制订个案矫正计划、明确矫正的工作目标，确保未成年社区矫正对象的个案矫正工作更加准确、适当，使个案矫正计划循序渐进地对未成年社区矫正对象的各类失范行为进行治疗，以达到治病救人、预防重犯的目的。

（二）监督管理措施的特别要求

《社区矫正法》第 52 条第 1 款规定："社区矫正机构应当根据未成年社区矫正对象的

年龄、心理特点、发育需要、成长经历、犯罪原因、家庭监护教育条件等情况，采取针对性的矫正措施。”未成年社区矫正对象在接受社区矫正后，普遍存在自卑心理和逆反心理，在行为上往往表现为抵触性、不稳定性、被动性的特征，同时，又渴望社会、亲人和社区群众的宽容、尊重和理解。基于未成年社区矫正对象的心理和行为特征，对未成年社区矫正对象的监督管理主要是促进其适应社会，认知其所犯罪行及犯罪行为的社会危害性，在此基础上对其进行社区矫正相关知识和制度规定方面的教育，帮助其明确如何接受社区矫正并服从矫正组织的监督管理。在方式上以思想感化为主，通过发放学习资料、个别谈话与辅导、电话交流、走访等方式实施。监督管理中要尊重未成年社区矫正对象的人格尊严，建立相互之间的信任关系，为矫正工作的进一步开展打下扎实的基础。

（三）矫正教育的特别要求

《社区矫正法》第 55 条规定：“对未完成义务教育的未成年社区矫正对象，社区矫正机构应当通知并配合教育部门为其完成义务教育提供条件。未成年社区矫正对象的监护人应当依法保证其按时入学接受并完成义务教育。”因此，对未成年社区矫正对象的矫正教育要针对其对文化知识、职业技能、法律知识的需求较高，受周围环境的影响大，存在心理不稳定等情况，综合运用个别教育、集体教育和社会帮教等教育形式，通过法制教育、文化教育、劳动养成教育、心理健康教育等矫正未成年社区矫正对象的犯罪心理和恶习，培养健康心理，增强法律意识，提高道德、文化水平和生存能力。同时，充分利用社会资源，增强教育效果，通过举办法制教育课堂、提供文化知识和职业技能培训、提供心理咨询、提供就业机会等多种方式来实现。

（四）对监护人的特别要求

《社区矫正法》第 53 条规定：“未成年社区矫正对象的监护人应当履行监护责任，承担抚养、管教等义务。监护人怠于履行监护职责的，社区矫正机构应当督促、教育其履行监护责任。监护人拒不履行监护职责的，通知有关部门依法作出处理。”未成年矫正对象的社会化，是“一个人获得自己的人格和学会参与社会或群体方法的社会互动过程”①。因为“未成年”，其“获得”与“学会”具有典型的依附性，监护人的参与和引导具有主导作用。未成年社区矫正对象犯罪的犯因性问题往往是其社会化进程中存在着某种偏差和障碍。因此，我们可以说监护人对未成年社区矫正对象的犯罪负有不可推卸的责任。正因为如此，在未成年社区矫正对象的矫正教育过程中，强制监护人能动地参与至关重要。首先，监护人有义务监督管教和矫正教育未成年社区矫正对象，这一义务是法定的，具有强制性。其次，基于亲权的利益关联，监护人有抚养未成年社区矫正对象的义务。

对于监护人的资格问题，一般是以法定监护人为履行职责的主体。在特定情况下，由于法定监护人不能履行职责，或者履行职责会损害未成年社区矫正对象的利益等法定

---

① 戴维·波普诺. 社会学［M］. 李强，等译. 北京：中国人民大学出版社，2007：142.

情形，可以剥夺其监护权，为未成年社区矫正对象寻找、指定监护人。这些人应该是具备教育、心理、社会和法律知识的成年人且热心青少年教育工作，有较强的责任心。他们可以是志愿工作者，也可以是专业矫正工作者，他们以自身的言行举止去影响未成年矫正对象，去关心爱护未成年社区矫正对象，去指导未成年社区矫正对象如何应对社会生活，以利于未成年社区矫正对象的再社会化。

第五节 解矫管理

社区矫正的解矫管理是指由于社区矫正对象的社区矫正期限届满，或者由于法定事由社区矫正归于终止或消灭的行为。《社区矫正法》第 44 条规定：“社区矫正对象矫正期满或者被赦免的，社区矫正机构应当向社区矫正对象发放解除社区矫正证明书，并通知社区矫正决定机关、所在地的人民检察院、公安机关。”

解矫管理是社区矫正工作的最后一个管理环节，主要包括对符合矫正解除、终止条件的社区矫正对象按照程序为其办理解除、终止的手续，并与安置帮教工作相衔接。

社区矫正对象矫正的解除，是指社区矫正对象因矫正期限届满或因暂予监外执行条件消失而引起的一种刑事执行的解除。

一、社区矫正解除的情形

（一）社区矫正期限届满

依照《社区矫正法》第 44 条的规定，社区矫正对象矫正期满，社区矫正机构应当对社区矫正对象解除社区矫正。《社区矫正法实施办法》第 53 条第 1 款规定：“社区矫正对象矫正期限届满，且在社区矫正期间没有应当撤销缓刑、撤销假释或者暂予监外执行收监情形的，社区矫正机构依法办理解除矫正手续。”

据此，社区矫正对象矫正解除的情形之一就是社区矫正期限届满。

（二）暂予监外执行条件消失

暂予监外执行的条件消失，是指符合暂予监外执行客观条件或法定情形消失。

暂予监外执行是依照法律规定暂时采用不予关押的方式执行原判刑罚，当暂予监外执行的条件消失后，不宜继续实施社区矫正，所以社区矫正解除。

暂予监外执行的条件消失后，刑期届满的，由人民法院、监狱、公安机关依法为其办理刑满释放手续。

（三）社区矫正对象被赦免

这是一种特定形态的解除社区矫正的情形。根据《社区矫正法》第 44 条的规定，社区矫正对象被赦免的，社区矫正机构应当对社区矫正对象解除社区矫正。

（四）社区矫正终止

社区矫正终止主要是指社区矫正对象在社区矫正期间因出现法定事由而使刑事执行终止。社区矫正终止的法定事由主要有死亡、被决定收监（所）执行或者被判处监禁刑罚的。

《社区矫正法》第 45 条规定：“社区矫正对象被裁定撤销缓刑、假释，被决定收监执行，或者社区矫正对象死亡的，社区矫正终止。”

（五）羁押终止

《社区矫正法》第 32 条规定：“社区矫正对象有被依法决定拘留、强制隔离戒毒、采取刑事强制措施等限制人身自由情形的，有关机关应当及时通知社区矫正机构。”同时，根据《社区矫正法实施办法》的规定，社区矫正对象被依法决定行政拘留、司法拘留、强制隔离戒毒等或者因涉嫌犯新罪、发现判决宣告前还有其他罪没有判决被采取强制措施的，要根据不同情况作出处理，具体情形主要有：一是社区矫正对象被行政拘留、司法拘留、强制隔离戒毒等行政处罚或者采取刑事强制措施期间，没有应当撤销缓刑、撤销假释或者暂予监外执行收监执行情形的，如矫正期满，社区矫正机构依法对其解除社区矫正。二是人民法院、公安机关、监狱管理机关依法作出对其撤销缓刑、撤销假释的裁定或者收监执行决定的，执行地县级社区矫正机构应当将人民法院、公安机关、监狱管理机关的裁定书、决定书送交作出上述决定的机关，由有关部门依法收监执行刑罚。

社区矫正对象被行政拘留、司法拘留、强制隔离戒毒等行政处罚或者采取刑事强制措施期间，没有应当撤销缓刑、撤销假释或者暂予监外执行收监执行情形的，矫正期未满应如何处理，目前的法律法规和规范性文件均未作出规定。我们认为，社区矫正对象被行政拘留、司法拘留、强制隔离戒毒等行政处罚或者采取刑事强制措施期间，其措施要“重于社区矫正”，因此，社区矫正机构应依照“重罪吸收轻罪的原则”，将上述期间计算在社区矫正期间内。上述措施期满后未收监执行的，应当继续执行社区矫正的剩余期限。

二、社区矫正起止期限的计算

根据法律规定，不同类型的社区矫正对象其矫正期限的计算也不同，管制、缓刑、假释、暂予监外执行四类社区矫正对象的矫正期限如下：

（1）被判处管制的社区矫正对象，其矫正期限与管制的期限相同，矫正期从判决执行之日起计算，期限届满宣布执行期满，解除管制。

（2）被宣告缓刑的社区矫正对象，其矫正期限与缓刑考验期限相同，矫正期从判决确定之日起计算，期限届满宣布缓刑考验期满，原判刑罚不再执行。

（3）被裁定假释的社区矫正对象，其矫正期限与假释考验期限相同，矫正期从假释之日起计算，期限届满宣布假释考验期满，原判刑罚执行完毕。

（4）被裁定暂予监外执行的社区矫正对象，其矫正期限与暂予监外执行的期限相同，人民法院决定的，其矫正期从暂予监外执行决定生效之日起计算；公安机关、监狱管理机关决定的，其矫正期从出监所之日起计算，刑期届满的，由监狱、公安机关依法为其办理刑满释放手续。

管制、缓刑、假释的社区矫正对象矫正期限届满，或者暂予监外执行的社区矫正对象，社区矫正期间届满，社区矫正机构必须依法按期解除矫正。

上述情形因为减刑而缩减矫正期限的，缩减后的矫正期限届满，也必须依法解除社区矫正。

三、矫正解除的程序

（一）做好解除矫正前的准备工作

根据《社区矫正法实施办法》第53条第2款的规定，社区矫正对象一般应当在社区矫正期满30日前，作出个人总结，执行地县级社区矫正机构应当根据其在接受社区矫正期间的表现等情况作出书面鉴定，与安置帮教工作部门妥善做好衔接工作。

在实务中，司法所应当对矫正期满的社区矫正对象进行解除矫正前的谈话，巩固教育矫正效果，并督促社区矫正对象写出个人书面总结，司法所根据其在矫正期间的表现、考核结果、社区意见等情况作出书面鉴定，填写《社区矫正期满鉴定表》。

（二）制发解除矫正文书

根据《社区矫正法实施办法》第53条第3款的规定，执行地县级社区矫正机构应当向社区矫正对象发放解除社区矫正证明书，并书面通知社区矫正决定机关，同时抄送执行地县级人民检察院和公安机关。

管制、缓刑、假释人员社区矫正期限届满当日，人民法院决定暂予监外执行罪犯刑期届满当日，司法所制作《解除社区矫正宣告书》；县（市、区）司法行政机关应制作《解除社区矫正证明书》，上联存档，同时将上联复印件送达司法所，下联由司法所在解除社区矫正宣告后发放给社区矫正对象。同时制作《解除社区矫正通知书》，第一联县级司法行政机关存档，第二联送原作出裁判、决定的人民法院，第三联送执行地人民检察院，第四联送执行地公安机关。

（三）公开进行解除宣告

根据《社区矫正法实施办法》第54条第1款的规定，社区矫正对象矫正期满，执行地县级社区矫正机构或受委托的司法所可以组织解除矫正宣告。解除宣告应当庄重、严肃，由社区矫正机构或司法所社区矫正工作人员主持，矫正小组成员及其他相关人员到场，按照程序进行，参加人员包括有关部门、基层组织、群众代表、社区矫正对象所在单位有关人员、社区矫正对象的家庭成员或者监护人、保证人等，可邀请法官、检察官和公安警察参加解矫宣告。对未成年社区矫正对象的宣告不公开进行。

解除宣告的内容应当具体明确。解矫宣告包括以下内容：（1）宣读对社区矫正对象的鉴定意见；（2）宣布社区矫正期限届满，依法解除社区矫正；（3）对判处管制的，宣布执行期满，解除管制；对宣告缓刑的，宣布缓刑考验期满，原判刑罚不再执行；对裁定假释的，宣布考验期满，原判刑罚执行完毕。

（四）通知有关部门

社区矫正对象期满解除矫正的，县级社区矫正机构要书面通知决定机关，送达《解除社区矫正通知书》，同时抄送县级人民检察院和公安机关。

（五）做好与安置帮教的衔接工作

社区矫正机构或司法所要向社区矫正对象告知安置帮教有关规定，并与安置帮教部门提前沟通情况，及时转交相关材料，妥善做好交接，努力实现社区矫正与安置帮教的无缝对接。

四、解矫教育

（一）解矫教育的概念

解矫教育是社区矫正机构对处于解矫前的社区矫正对象进行的，以适应社会生活为主题的，带有总结性、补课性的专项教育活动。它是教育矫正的最后一个环节，是针对即将解矫的社区矫正对象如何正确适应社会生活、防止重新违法犯罪而进行的强化措施。解矫教育时间通常为矫正期限届满前1个月。

解矫教育的目的是辅导社区矫正对象做好自我鉴定；结合社区矫正对象的自我鉴定，引导社区矫正对象巩固教育成果，增强社会责任意识；根据社区矫正对象解矫后的社会交往、就学、就业、创业及生活、工作需求，进一步强化社会关系修复、职业技能培训、就业创业辅导及生活工作方向引导，助推其全面融入社会。

（二）解矫教育的内容

解矫教育主要包括以下内容：

1. 期满总结教育

期满总结教育是指辅导社区矫正对象回顾、总结接受社区矫正以来的思想转变、矫正表现、矫正效果等情况，进一步认识不足，明确方向。社区矫正机构或司法所应当在矫正期限届满前，指导社区矫正对象进行自我总结，填写《社区矫正期满鉴定表》。开展期满总结教育是为了教育引导社区矫正对象客观地总结过去取得的成绩和存在的问题，巩固矫正成果。在总结教育过程中，要教育社区矫正对象克服“松口气”的思想，消除浮躁心态，要求他们客观全面地总结教育矫正过程。社区矫正对象在自我总结过程中，要坚持实事求是原则，不能夸大也不能缩小，更不得杜撰。社区矫正对象总结矫正生活主要运用对比法和启发法。所谓对比法，就是引导社区矫正对象进行自我矫正前后的对比，自己与同犯的矫正相对比，在比较中发现自己的进步和存在的各种不足。启发法，就是通过与社区矫正对象个别谈话和组织社区矫正对象的矫正总结座谈汇报会，启发社区矫正对象做好总结。

2. 适应社会教育

适应社会教育主要指社区矫正对象如何顺利实现社会角色的转变。角色是对群体或社会中具有一定身份的人的行为期待。[①] 社会赋予不同社会角色以不同的期望。违法犯罪行为使社区矫正对象的社会地位被贬降，被赋予“犯罪人员”“罪犯”“坏人”等社会角色，社会对他们的角色期望是认罪悔罪、遵规守纪，但大多数社区矫正对象希望通过努力，改变社会赋予的角色，重获社会地位。解矫后，社区矫正对象由罪犯的角色转变为自由公民，社会要求他们遵纪守法，不再违法犯罪。这就要求社区矫正机构在解矫过程中进行必要的教育，如加强守法意识教育，帮助社区矫正对象确立自己的理想，教育他们正确看待生活中的挫折，学会处理人际关系紧张等社会排斥现象。

除上述内容外，社区矫正机构还应当注意以下方面的问题：

第一，加强心理辅导。通过期满前心理测试，了解社区矫正对象矫正初期和结束时的心理变化情况，肯定积极成果，提示仍然存在的不足，给出抑扬良方，鼓励社区矫正对象做好正式回归社会的心理准备工作。

第二，安置帮教衔接教育。对于即将解矫的社区矫正对象，告知安置帮教工作的性质及相关工作内容，引导其鼓足工作、生活信心，全面开始创造新的生活，坚决摒弃错误观点及不良心理、行为习性；放下包袱，一路向前向上，绝不重蹈覆辙；有困难、有疑惑及时与安置帮教部门沟通，请求帮助。

（三）解矫教育的组织实施

1. 组织撰写个人总结

依据《社区矫正法实施办法》第 53 条的规定，社区矫正对象一般应当在矫正期满 30 日前，作出个人总结，执行地县级社区矫正机构应当根据其在接受社区矫正期间的表现等情况作出书面鉴定，依照法定程序终止社区矫正。由此，社区矫正工作人员应当督促和指导社区矫正对象在矫正期满前 30 日内完成个人总结。矫正总结主要包括“矫正收获”“存在问题”“今后打算”等方面，对自身的思想观念、遵纪守法、接受管理、参加教育与社区服务等方面进行梳理总结。

2. 梳理矫正情况

社区矫正工作人员应当对即将解矫的社区矫正对象在矫正期间的情况进行全面调查，并对其矫正情况作出客观分析。社区矫正工作人员通过查阅社区矫正对象的执行档案与工作档案，如考核奖惩材料、思想汇报、教育矫正记录、走访记录等，了解社区矫正对象的日常表现。此外，社区矫正工作人员可以通过个别谈话的方式，让社区矫正对象自述矫正体会，以达到对档案材料的印证。

3. 提出希望要求

在社区矫正对象提交书面总结后，执行地县级社区矫正机构或受委托的司法所应当会同矫正小组成员及其他相关人员参加的评议会，对社区矫正对象的社区矫正情况进行

① 戴维·波普诺．社会学［M］．李强，等译．北京：中国人民大学出版社，2007：97.

综合评议。

社区矫正期满评议会的基本程序为：社区矫正对象回顾总结自身矫正情况；执行地县级社区矫正机构或受委托的司法所责任人结合社区矫正对象的实际表现进行讲评，并介绍奖惩考核等方面的有关情况；与会的执行地县级社区矫正机构或受委托的司法所对社区矫正对象的矫正表现进行评议；社区矫正对象对评议提出的意见或要求进行表态，执行地县级社区矫正机构或受委托的司法所矫正责任人对评议情况进行小结，在此基础上形成明确的评议结果并当场宣读；执行地县级社区矫正机构或受委托的司法所对社区矫正对象提出希望和要求。

典型案例

无视规定私自外出　社区矫正对象被戴上电子定位手环

社区矫正是具有中国特色的非监禁刑事执行制度，对判处管制、宣告缓刑、假释和暂予监外执行的罪犯依法实行社区矫正，目的在于通过监督管理和教育帮扶，促进社区矫正对象顺利融入社会，成为守法公民，给犯罪情节较轻者一个改过自新、重归社会的机会。但此举并不等于无限的行动自由，总有些人不珍惜这个机会，无视相关规定，私自外出。

永仁县司法局对社区矫正对象何×在社区矫正期间不按规定报告活动情况，且3次无故不请假外出依法给予警告，同时佩戴电子定位手环。

【案情】

社矫期间3次离开居住地

何×因犯危险驾驶罪，被永仁县人民法院判处拘役3个月，缓期4个月执行。在永仁县莲池乡莲池司法所接受社区矫正期间，何×多次不按社区矫正对象管理规定报告情况，3次未经执行机关批准，离开居住地前往四川。

社区矫正监管工作人员发现情况后，及时对何×进行电话劝诫，何×仍以外出务工为由，拒绝按时返回居住地。

为查明何×未经批准外出原因，永仁县人民检察院、县公安局、县司法局等相关部门及时组成联合调查组，深入何×社区矫正执行地的司法所、村（居）委会及村民小组开展调查核实，详细了解其在社区矫正以来的实际表现，并到何×家进行家访，对何×进行训诫谈话。联合调查组对何×自认为“为了务工离开居住地的行为很正常，不需要报告司法所批准、监管”的错误认识进行了严肃的批评教育，并矫正了其错误行为。

【处理】

警告并佩戴电子定位手环

永仁县人民检察院经审查认为，何×在社区矫正期间多次不按规定汇报当日活动情况，3次未经批准擅自外出，其行为违反了《社区矫正法》《社区矫正法实施办法》的有关规定，建议永仁县司法局对其进行警告处理。之后，永仁县司法局依照有关规定，对何×给予警告，同时要求其佩戴电子定位手环。

【释法】

社矫对象拒不报告可使用电子定位装置

社区矫正是与监禁刑罚执行相对应的一种非监禁刑罚执行方式。《社区矫正法》第23条规定："社区矫正对象在社区矫正期间应当遵守法律、行政法规，履行判决、裁定、暂予监外执行决定等法律文书确定的义务，遵守国务院司法行政部门关于报告、会客、外出、迁居、保外就医等监管规定，服从社区矫正机构的管理。"

该法第28条规定："社区矫正机构根据社区矫正对象的表现，依照有关规定对其实施考核奖惩。社区矫正对象认罪悔罪、遵守法律法规、服从监督管理、接受教育表现突出的，应当给予表扬。社区矫正对象违反法律法规或者监督管理规定的，应当视情节依法给予训诫、警告、提请公安机关予以治安管理处罚，或者依法提请撤销缓刑、撤销假释、对暂予监外执行的收监执行。"

该法第29条规定，社区矫正对象有下列情形之一的，经县级司法行政部门负责人批准，可以使用电子定位装置，加强监管：违反人民法院禁止令的；无正当理由，未经批准离开所居住的市、县的；拒不按照规定报告自己的活动情况，被给予警告的；违反监督管理规定，被给予治安管理处罚的；拟提请撤销缓刑、假释或暂予监外执行收监执行的。"

使用电子定位装置的期限不得超过3个月。对于不需要继续使用的，应及时解除；对于期限届满后，经过评估仍有必要继续使用的，经过批准，期限可以延长，每次不得超过3个月。

《社区矫正法实施办法》第35条规定，社区矫正对象具有下列情形之一的，执行地县级社区矫正机构应当给予警告：违反人民法院禁止令，情节轻微的；不按规定时间报到或接受社区矫正期间脱离监管，超过十日的；违反关于报告、会客、外出、迁居等规定，情节较重的；保外就医的社区矫正对象无正当理由不按时提交病情复查情况，经教育仍不改正的；受到社区矫正机构两次训诫，仍不改正的；其他违反监督管理规定，情节较重的。

检察官提醒，社区矫正对象在社区矫正期间要严格遵守社区矫正相关规定，约束自己的言行，遵纪守法，真诚悔罪。对无视法律心存侥幸或者监管难度较大的社区矫正对象，司法所在加强日常监管的同时，要根据其违反的事实和情节，及时依法予以处理。

引例分析

1. 付×所在地的县级社区矫正机构在为付×办理报到接收手续时，应完成以下工作任务：(1) 在付×报到当日查验法律文书，核实付×身份、住址等基本信息，核验无误后为付×办理登记接收手续。(2) 采集付×的基本身份信息、指纹信息、法律文书等信息，拍摄付×免冠电子照片，录入"社区矫正对象信息管理系统"。制作《社区矫正对象基本信息表》一式两份，一份存入社区矫正执行档案，一份转递司法所。(3) 办理边控报备手续。(4) 通报相关国家机关。县级社区矫正机构填写《社区矫正对象报到情况通知单》，送原判人民法院、居住地人民检察院、居住地公安机关。(5) 委托并通知司法所。通知司法所做好接收付×的准备，告知付×3日内到指定的司法所报到。

被指定的司法所在付×来报到时应办理以下手续：(1) 做好登记接收工作。(2) 将付×的基本信息输入社区矫正对象信息管理系统。(3) 开展入矫的首次谈话教育。(4) 完成入矫宣告。

2. 付×进入社区矫正后，社区矫正机构应依法严格按照法律法规和社区矫正制度的规定对其开展监督管理和教育帮扶。如：报告、会客、外出、迁居等监督管理规定以及开展法治、道德、心理等教育。

3. 鉴于付×在社区矫正期间关闭定位手机，脱管时间长达一个多月，社区矫正机构应根据《社区矫正法实施办法》第38条的规定，提出撤销缓刑的建议；根据《社区矫正法》第29条的规定，为付×佩戴电子定位装置，加强监督管理。

思考练习

1. 社区矫正机构如何为社区矫正对象办理接收手续？
2. 如何对社区矫正对象进行日常的监督管理？
3. 对社区矫正对象的执法管理包含哪些内容？
4. 使用电子定位装置有哪些规定？
5. 社区矫正对象解除矫正的条件和程序是什么？
6. 对未成年社区矫正对象有哪些特别的规定？
7. 如何认定社区矫正的执行地？

第九章　矫正教育的基本内容

学习目标

1. 掌握形势政策、法律与道德教育的基本内容；
2. 掌握社会适应性训练与指导的内容与方法。

引入案例

文××是一名社区矫正对象，只有初中文化程度，没有固定的职业，在社区矫正期间，他想学习一门专业技能，但是又不知道学什么好，前来求助社区矫正工作人员。

问题：

社区矫正工作人员应怎样为其提供帮助？

矫正教育的基本内容直接关系到社区矫正工作的开展，直接影响着矫正教育工作计划的制订和实施。因此，只有深入研究矫正教育的基本内容，才能制定出切实可行的矫正方案，才能使矫正教育工作规范有序。

第一节　矫正教育概述

社区矫正机构应当采用培训、讲座、参观、参加社会活动等多种形式，对社区矫正对象进行形势政策教育、法治教育、公民道德教育以及其他方面的教育。《社区矫正法》第 36 条规定："社区矫正机构根据需要，对社区矫正对象进行法治、道德等教育，增强其法治观念，提高其道德素质和悔罪意识。对社区矫正对象的教育应当根据其个体特征、日常表现等实际情况，充分考虑其工作和生活情况，因人施教。”由此，对社区矫正对象规范有序地开展形势政策教育、法律教育与道德教育是矫正教育的常规教育内容，其中，形势政策教育是先导，法律教育与道德教育是中心。

一、矫正教育的基本原则

对社区矫正对象的矫正教育活动，是一个多元主体参与、多种举措并举、形式和内容多样的活动，贯穿于社区矫正整个过程，因此，在矫正教育过程中，必须遵守一定的原则，才能够规范矫正教育工作。

（一）个别教育与集体教育相结合的原则

个别教育是在尊重社区矫正对象的基础上，依据社区矫正对象的犯罪原因、文化程度、个性特征、个体需求、思想特点和现实表现等不同情况，开展的有目的、有针对性的教育活动，具有针对性、灵活性、沟通性的特点。集体教育是指社区矫正机构针对社区矫正对象普遍存在的共性问题所进行的教育活动，具有规范性、权威性的特点。坚持针对社区矫正对象的心理特征开展个性教育，同时针对社区矫正对象的共同心理特征和犯因性问题开展多种形式的集体教育，两者的有机结合，才能真正使矫正教育工作有质的提升。

（二）思想道德教育与心理健康教育相结合的原则

在坚持法律法规、文化知识、专业技能教育的同时，思想道德教育是转化改造社区矫正对象的根本，也是矫正教育的主要内容。同时，社区矫正对象的心理健康教育和完善人格培育更为重要。因此，思想道德教育应和社区矫正对象的心理健康教育、心理咨询和心理治疗等紧密结合，消除社区矫正对象的犯罪心理和消极心理因素，形成守法心理和良性心理因素，以利于回归社会和融入社会。

（三）强制教育与自我教育相结合的原则

强制教育是社区矫正机构依据法律法规的要求，对社区矫正对象激进型的、系统的、正规的矫正教育活动，具有法定性、规范性、系统性、计划性特征。自我教育是在社区矫正中，社区矫正对象通过自我犯因性问题分析、自我认知、自我调节，调动自身的主观能动性，发挥自身潜能，促使自身成长的教育活动。矫正教育既是一种在法律法规规范下的强制教育活动，也是需要社区矫正对象自我教育的教育活动。强制教育是外在的灌输，自我教育能充分发挥矫正对象内在的主观能动性，二者的有机结合，才能发挥最佳效果。

（四）专职教育与社会教育相结合的原则

依照《社区矫正法》的规定，社区矫正工作者是对社区矫正对象实施矫正教育的执行主体，是专职矫正教育人员，对矫正教育全过程进行统筹规划，制定矫正方案，确定阶段矫正目标。而社会力量参与矫正教育活动则是社会教育，主要包括与社区矫正机构达成合作关系的专业机构、社区组织和社会志愿者等，为社区矫正对象提供专业领域矫正教育服务。社会教育是社区矫正的主要教育形式，是充分运用社会教育资源、提升社区矫正教育质量的重要举措。专职教育和社会教育的有机结合，使矫正教育活动形成一个有机的整体，满足社区矫正对象的需要。

二、矫正教育的常规教育内容

（一）形势与政策教育

形势与政策教育是社区矫正对象思想政治教育的重要内容，也是社区矫正工作中思想政治教育的重要组成部分，是对社区矫正对象进行形势与政策教育的主渠道、主阵地，也是每个社区矫正对象必须接受的教育活动，在社区矫正对象思想政治教育中担负着重要使命，具有不可替代的重要作用。

形势与政策教育以马克思列宁主义、毛泽东思想、邓小平理论、“三个代表”重要思想、科学发展观和习近平新时代中国特色社会主义思想为指导，着重进行党的基本理论、基本路线、基本纲领和基本经验教育；进行我国改革开放和社会主义现代化建设的形势、任务和发展成就教育；进行党和国家重大方针政策、重大活动和重大改革措施教育；进行当前国际形势与国际关系的状况、发展趋势和我国的对外政策，世界重大事件及我国政府的原则立场教育；进行马克思主义形势观、政策观教育。

对社区矫正对象而言，形势与政策教育的核心是政治教育，主要包括：一是政治思想上的“五个认同”，即认同党的领导、认同伟大祖国、认同中华民族、认同中华文化、认同中国特色社会主义。二是思想观念上树立正确的历史观、民族观、国家观、文化观、宗教观，减少对立和仇视，减少反社会情绪。

形势与政策教育的目的在于帮助社区矫正对象了解社会形势，适应社会生活，消除思想疑虑，增强回归社会、与社会相融合的信心。

对社区矫正对象进行形势与政策教育，要坚持与时俱进和以人为本的原则。与时俱进原则是指要根据时代变革和社会进步的发展需要，努力研究社区矫正对象所面临的社会现实，探索新规律，总结新方法，对社区矫正对象形势与政策教育的内容实现理论创新、方法创新，把握时代发展的脉搏，符合时代的价值追求。以人为本的原则是指要从社区矫正对象的自身情况和特点出发，针对他们回归社会的实际需要，科学地安排教育内容，选择生动活泼的教育形式，体现人文关怀，调动社区矫正对象的学习积极性。

（二）法律教育

党的二十大报告指出：“弘扬社会主义法治精神，传承中华优秀传统法律文化，引导全体人民做社会主义法治的忠实崇尚者、自觉遵守者、坚定捍卫者。”社区矫正对象作为公民，对其进行法律教育，是自觉遵守法律的基础。

1. 法律教育的概念

法律是一种社会规范，其含义有广义和狭义两种：广义的法律是指国家机关制定或认可的一切规范性文件、判例和习惯；狭义的法律是指有立法权的国家机关依照立法程序制定和颁布的规范性文件。我国的法律，其广义范围包括：法律、行政法规、地方性法规、自治条例、单行条例以及国务院部门规章和地方政府规章；其狭义范围仅指行使国家立法权的全国人民代表大会和全国人民代表大会常务委员会制定的法律。由全国人民代表大会和全国人民代表大会常务委员会制定的法律包括宪法和其他法律。其中宪法具有最高的法律效力，一切法律、行政法规、地方性法规、自治条例和单行条例、规章都不得同宪法相抵触。法律的效力高于行政法规、地方性法规、规章。

法律教育是指社区矫正机构按照社会主义法治国家的要求，对社区矫正对象进行的以法律法规为主要内容的，有目的、有计划的系统性教育活动。通过教育，使社区矫正对象学习法律知识，树立法治观念，产生法律意识，形成守法心理。

2. 法律教育的主要内容

(1) 基本法律知识教育。其中包括宪法、刑事法律、民事法律、行政法律及一般法律常识等。如公民的基本权利和义务、法律对公民行为的禁止性规定、违法与犯罪行为的界限等。

(2) 认罪服法教育。这是社区矫正过程中必须解决的问题，也是社区矫正对象接受矫正教育的基础。认罪教育首先是社区矫正对象要承认自己的犯罪事实，认识到犯罪给社会、国家、家庭及自己带来的危害，寻找自己走上犯罪的犯因性问题。服法教育是指社区矫正对象要服从法院的判决，自愿接受社区矫正，主动接受社区矫正机构和社区矫正工作者的监督管理和矫正教育。

(3) 社区矫正相关的法律法规教育。这主要是指与社区矫正对象联系比较密切的有关社区矫正的法律法规，包括《刑法》《刑事诉讼法》《监狱法》《暂予监外执行规定》《人民检察院刑事诉讼规则》《关于办理减刑、假释案件具体应用法律的规定》《社区矫正法》《社区矫正法实施办法》等。

(4) 遵守法律的教育。这包括公民依法行使权利和履行义务、怎样成为一个守法公民等内容，使社区矫正对象能以法律规范自觉引导和约束自己的行为，以法律规定支配和调节自己的行为。

(5) 运用法律维护公民权益的教育。这包括当受到不法侵害时，运用法律维护公民的合法权益以及法律咨询、法律援助等内容。

(三) 道德教育

1. 道德教育的概念

党的二十大报告指出："提高全社会文明程度。实施公民道德建设工程，弘扬中华传统美德，加强家庭家教家风建设""推动明大德、守公德、严私德，提高人民道德水准和文明素养""在全社会弘扬劳动精神、奋斗精神、奉献精神、创造精神、勤俭节约精神，培育时代新风新貌"。道德教育是对社区矫正对象教育的重要内容。

道德是调整人与人之间及个人和社会之间关系的一种行为规范的总和。它是"依靠社会舆论和人的内心信念来维持的、调整人们相互关系的行为规范”。道德渗透于社会政治的、经济的、法律的、思想文化的一切社会关系之中，贯穿于社会生活的一切范畴和实践活动。

道德教育是社区矫正机构按照社会主义时期公民道德规范的要求，对社区矫正对象进行的以《新时代公民道德建设实施纲要》为主要内容的一种有目的、有计划的系统性教育活动。通过教育活动，使社区矫正对象形成道德观念，养成遵守社会道德的行为习惯。

2. 道德教育的主要内容

社区矫正机构开展道德教育，可以根据2019年10月27日中共中央、国务院印发的《新时代公民道德建设实施纲要》的要求，通过各种形式和各种载体进行。要把社会公德、职业道德、家庭美德、个人品德建设作为道德建设的着力点。推动践行以文明礼貌、助人为乐、爱护公物、保护环境、遵纪守法为主要内容的社会公德，鼓励人们在社会上做一个好公民；推动践行以爱岗敬业、诚实守信、办事公道、热情服务、奉献社会为主要内容的职业道德，鼓励人们在工作中做一个好建设者；推动践行以尊老爱幼、男女平等、夫妻和睦、勤俭持家、邻里互助为主要内容的家庭美德，鼓励人们在家庭里做一个好成员；推动践行以爱国奉献、明礼遵规、勤劳善良、宽厚正直、自强自律为主要内容的个人品德，鼓励人们在日常生活中养成好品行。

社区矫正机构开展道德教育，要抓住以下重点：第一，理想信念教育。理想信念指导人生方向，引领道德追求。第二，社会主义核心价值观的培育和践行教育。社会主义核心价值观是当代中国精神的集中体现，是凝聚中国力量的思想道德基础。要将社会主义核心价值观要求融入社区矫正对象的日常生活，从细节入手，从小事着手，从实处下手。第三，中华传统美德教育。社区矫正工作者要充分发掘中华优秀传统文化经典、历史遗存、文物古迹承载的丰厚道德资源，弘扬古圣先贤、民族英雄、志士仁人的嘉言懿行，让中华文化基因更好植根于社区矫正对象的思想意识和道德观念。通过深入阐述中华优秀传统文化蕴含的讲仁爱、重民本、守诚信、崇正义、尚和合、求大同等思想理念，深入挖掘自强不息、敬业乐群、扶正扬善、扶危济困、见义勇为、孝老爱亲等传统美德，丰富社区矫正对象的精神世界。第四，弘扬民族精神和时代精神的教育。社区矫正工作者应大力倡导解放思想、实事求是、与时俱进、求真务实的理念，倡导“幸福源自奋斗”“成功在于奉献”“平凡孕育伟大”的理念，弘扬改革开放精神、劳动精神、劳模精神、工匠精神、优秀企业家精神、科学家精神，通过先锋模范的宣讲等形式，使全体社区矫正对象重回昂扬向上、奋发有为的精神状态。

三、矫正教育的方法

对社区矫正对象矫正教育的方法很多，这里介绍几种常用的方法。

（一）分类教育法

分类教育是指社区矫正机构在对不同类型的社区矫正对象分管分教的基础上，根据不同类型社区矫正对象的特点，选择不同的教育内容，进行有针对性的矫正教育活动。按照不同的标准，社区矫正对象可以分为不同的类型。依据社区矫正对象的法律类型，可分为被判处管制、宣告缓刑、假释和暂予监外执行四类罪犯；依据罪错类型的标准，社区矫正对象主要可分为暴力型、物欲型、性欲型、过失型、情感情绪型等。不同类型的社区矫正对象矫正教育的重点内容是不同的。社区矫正工作者应当根据有关规定，针对不同类型的社区矫正对象采取不同的具体管理教育措施，确保社区矫正工作的有序进行。对不同罪错类型的社区矫正对象，要根据其犯罪动因、价值取向、心理定式等方面的差异，分类采取不同的教育方法。暴力型罪犯认知方式偏激，性情粗野，情绪易激动，争强好胜，对其应强化行为训练，提高其自控力，运用心理治疗技术解决其心理问题；物欲型罪犯好逸恶劳，贪财图利，应重点教育其树立正确的劳动观念，强化劳动意识，改善需求结构；性欲型罪犯性欲强烈，自控能力差，要重点进行性心理、性道德及性犯罪法律知识的教育，组织健康的业余生活，培养健康的兴趣爱好。只有分类教育，矫正教育才有针对性。

（二）个别化教育法

个别化教育的具体方法①：一是个别谈话法，是指社区矫正工作人员针对社区矫正对象个别的、特殊的问题，进行单独谈话的方法。个别谈话法包括约谈式谈话和接谈式谈话。二是个别感化法，是指社区矫正工作人员在对社区矫正对象的个别教育中，以真情实意、满腔热情去影响和感染社区矫正对象，以促使其思想和行为向好的方面转化的一种方法。三是个别训练法，是社区矫正工作人员在对社区矫正对象个别教育中布置一定任务，要求社区矫正对象按照相应的规定，参加诸如公益活动、职业技能培训等，增强社会责任心，形成良好思想和行为习惯的方法。四是个别评价法，是指社区矫正工作人员通过对社区矫正对象在社区矫正中的表现给予一定的评价，对社区矫正对象进行教育的方法。

（三）集体教育法

集体教育法主要有：一是集体讲授法，是指社区矫正工作人员用语言向社区矫正对象口头传授知识的方法。二是讨论法，是指在社区矫正工作人员的组织下，按照一定的要求，社区矫正对象就某些问题发表自己的意见，相互启发，共同提高思想认识的方法。三是榜样示范法，是以英模、道德楷模、先进人物等人的先进事迹、思想意识、情感和行为作为社区矫正对象的学习榜样和行为目标，对社区矫正对象开展的一种集体教育方法。

（四）心理教育法

在具体工作中，常用的心理教育方法有：一是自我设问法。通过自己提问，自己回答，寻找产生沮丧症的原因。一旦找到并能作出答复，就有可能突然醒悟，得以解脱。

---

① 王雪峰. 罪犯教育理论专题研究［M］. 北京：法律出版社，2014：211－220.

二是元气恢复疗法。其原理就是“行动产生情绪”。具体来说，在心情特别沉闷时，为了驱散它，就要爽快行事，行动要有自信，不要愁眉不展，要挺胸、扬眉、谈笑风生，考虑振奋人心的事，提起精神，驱散心头沉闷，直到恢复元气。三是自我调整法。在社区矫正中发现社区矫正对象常因思考方法不对，学习、工作以及生活方式不良而屡遭挫折，感到沮丧，因而让矫正对象对自己的思考方法、行为习惯和生活方式进行适当调整，以使自己适应变化的环境，也能有效地治愈沮丧症。四是色彩疗法。当一个社区矫正对象感到沮丧时，他会觉得眼前一片灰暗。色彩疗法对患沮丧症的社区矫正对象可以起到心理松弛的作用，有利于控制沮丧情绪。

第二节　行为矫正

社区矫正对象是因其行为触犯法律而受到法律处罚的。这种违法行为或犯罪行为不是天生的，而是后天习得的，是矫正对象个体与社会环境、社会文化交互作用产生的。对社区矫正对象的违法行为或犯罪行为进行矫正是社区矫正的内容之一。此外，一些社区矫正对象在违法或犯罪行为形成过程中，还具有一些行为恶习，这也属于社区矫正的范围。在社区矫正过程中，社区矫正对象还需要养成良好的行为习惯。因此，行为矫正在社区矫正活动中具有重要的作用。

一、行为矫正的概念、分类及特点

（一）行为矫正的概念

行为矫正，通常指的是依据学习原理处理行为问题，从而引起行为改变的一系列客观而系统的方法。对社区矫正对象的行为矫正是社区矫正机关依据有关法规，运用行为管理的科学知识，有针对性、有目的地矫治社区矫正对象的违法行为、犯罪行为以及一些行为恶习，使其养成良好的行为习惯的活动。

（二）行为矫正的分类

本书依据行为的表现形式，将社区矫正对象行为矫正分为以下四类：

（1）一般越轨行为，是指违反一定社会的行为准则、价值观念或道德规范，为社会公众所否定的行为。一般越轨行为主要包括：一是不适当行为，即违反特定场合的特定管理规则，但对社会并无重要损害的行为。此种行为虽会引起众人的不满，但通常不会受到正式惩罚。二是自毁行为，即违反社会规范的自我毁坏或自我毁灭的行为，诸如吸毒、酗酒、自杀等。三是不道德行为，指违反人们共同生活及其行为准则的行为，此种行为通常会受到舆论的谴责。四是反社会行为，指对他人与社会造成损害以至造成破坏但构不成犯罪的行为。

（2）违法行为，是指违反了社会管理的行政法律和法规、行政规章制度，情节轻微，构不成犯罪的行为。

（3）行为障碍，是指由于心理疾患所产生的严重影响社会生活，或者对社会产生危害的变态行为。这主要指人的知觉、思维、情感、智力、意念及人格等心理因素的异常表现，也指因精神疾病、心理变态导致的违反社会规范的行为。在心理学中，行为障碍也称心理变态、心理异常、心理障碍等。其实，这些概念之间的含义是有区别的。变态或接近变态的表现形式有多种，可根据不同的标准或其严重程度进行分类。按心理过程或症状的不同，行为障碍可分为感觉障碍、知觉障碍、注意障碍、记忆障碍、思维障碍、情感障碍、意志障碍、行为障碍、意识障碍、智力障碍、人格障碍等。

（4）犯罪行为，指违反刑事法规而应受刑事处罚的行为，它与反社会行为同属最严重的越轨行为，但并不是所有的反社会行为都构成犯罪行为，只有那些触犯刑法的反社会行为才是犯罪。

对社区矫正对象的行为矫正是社区矫正工作者依据有关法规，运用行为管理的科学知识，有针对性、有目的地矫治社区矫正对象的违法行为、越轨行为、犯罪行为以及一些行为恶习，使其养成良好的行为习惯的活动。

（三）行为矫正的特点

1. 合法性

行为矫正是对社区矫正对象的犯罪行为、违法行为、越轨行为、行为恶习等实施的矫正活动，要求必须遵循法律法规和社区矫正制度的规定开展，对社区矫正对象的行为进行限制和约束，不得超越法律的规定，要尊重和保障社区矫正对象的合法权益。这是行为矫正正当性的前提和基础，任何超越法律法规的规定所实施的矫正方法、矫正措施和矫正项目都是非法的。

2. 规范性

规范性是指行为矫正的标准、规则、原则等对社区矫正对象的生活和行为所具有的某种主导意义。以人为本，尊重社区矫正对象的人格是行为矫正的基本理念，只有在此前提下才能开展行为矫正活动。这就要求在行为矫正活动中，对社区矫正对象开展的行为矫正，必须遵守心理测验、心理咨询、心理矫正等的技术规范、行为规范和规则。

3. 被动性

在矫正教育过程中，社区矫正工作者依法矫治社区矫正对象的违法行为、犯罪行为以及一些行为恶习，规范其行为习惯，使其养成良好的行为举止，这一过程是依法强制进行的。在行为矫正过程中，社区矫正对象的行为受到约束，在法律的强制下不得不接受行为矫正。因此，社区矫正对象在行为矫正过程中表现出来的行为是一种被动性活动，具有被动性的特点。一旦无人监督，可能会故态复萌。只有在养成良好的行为习惯后，这种被动性才能逐渐消失。

4. 长期性

社区矫正对象的违法行为、犯罪行为及行为恶习是在个体因素与社会环境交互作用下，经过长期演变逐渐形成的。对其违法行为、犯罪行为及行为恶习进行矫正需要较长的时间，尤其是一些恶习较深的社区矫正对象的行为矫正所需要的时间更长。此外，对社区矫正对象进行行为矫正还要使其养成良好的行为习惯，这就更加需要时间来使社区矫正对象学习、巩固良好的行为习惯。

二、行为矫正的内容

行为矫正的理论基础：一是根据行为学习的理论，经由条件作用过程，改变个体已有的不当行为或者矫治不良的习惯，而令个体获得健康生活；二是采用认知学习理论，用以改变个体的态度、观念、思想等较复杂的心理历程，从而达到改变某种不良行为的目的。具体来说，如果要对个体开展行为矫正，必然包含四个方面的内容：观察、测量和评估个体当前可观察到的行为模式；确定环境中的先前事件和行为发生之后的结果；建立新的行为目标；通过控制所确定的先前事件和行为结果，促进新行为的学习或者改变当前的行为。针对社区矫正对象的行为矫正，主要应包括以下具体内容。

（一）文明礼貌行为矫正

这主要是针对社区矫正对象粗野的言语、野蛮的行为，目的是使其养成文明的言谈举止。这是因为一些社区矫正对象在其犯罪行为、违法行为、越轨行为等形成过程中，逐渐养成一些行为恶习，表现之一就是言语粗野、行为野蛮。对其言语和行为的社区矫正就是通过持久的行为规范，使其逐渐养成在言谈中习惯使用文明语言，在举止上习惯礼让他人、尊重他人，以文明礼貌为荣，使社区矫正对象的文明礼貌行为自觉化。主要要求：一是社区矫正对象着装容貌美观大方的外在形象美，二是社区矫正对象文明礼貌和谐相处的言行美，三是社区矫正对象品德高尚精神饱满的内在美。通过文明礼貌教育制度文化的建设和实施，转化并形成浓厚的社区矫正“礼仪”文化，塑造社区矫正对象的形象美、语言美、行为美。

（二）助人为乐行为矫正

这主要是针对社区矫正对象损人利己的行为，通过矫正使社区矫正对象养成助人为乐的行为习惯。这是因为一些社区矫正对象在其极端个人主义思想的支配下，逐渐形成了一些损人利己的行为习惯。这些损人利己的行为习惯既是其违法犯罪思想的外在表现，也是其违法犯罪行为的组成部分之一。对社区矫正对象的损人利己行为进行矫正，使其逐渐养成帮助他人解决困难，助人为乐的行为习惯是行为矫正的内容之一。助人为乐行为矫正的总目标：一是社区矫正对象在自己与他人、集体、社会利益相冲突时，在对他人、集体、社会的存在和发展具有更大意义的时刻能够无私利他、牺牲自我；二是社区矫正对象在利益一致时能够为己利他，并且使为己利他的助人行为超过他行为总和的一半。培育社区矫正对象助人为乐精神就是要培养社区矫正对象在对社会的道德风气起正向影响作用的情境下，在日常行为中总能奉行为己利他的助人为乐精神基本目标，甚至达到无私助人的最高目标。

（三）爱护公物行为矫正

社区矫正对象爱护公物行为矫正是指社区矫正对象通过个人修养的自我完善，以自我约束为前提，对公共财物自觉地维护和保持其正常使用功能的行为矫正活动。主要是通过爱护公物教育逐渐培养社区矫正对象的生活习惯，是社区矫正工作中矫正教育的主要目标。在社区矫正对象群体中，不遵守社会公德，破坏公物是一些社区矫正对象具有的行为恶习之一。对社区矫正对象进行社会公德教育，使其认识到保护社会公共财产是每个公民的义务之一，并逐渐养成爱护公物的行为习惯，自觉地履行公民爱护公物的义务。

（四）遵纪守法行为矫正

这主要是针对社区矫正对象的不遵纪守法的行为，通过矫正使之养成遵守法律、自觉维护公共秩序的行为习惯。社区矫正对象行为的违法性是其本质特征。社区矫正对象具有的不遵纪守法行为是行为矫正的主要内容之一，对社区矫正对象的日常行为进行规范，使其逐渐形成自觉遵守法律、自觉维护公共秩序的行为习惯，对每个社区矫正对象都具有极其重要的意义。

（五）行为障碍或疾病的行为治疗

社区矫正对象行为障碍是各种心理过程障碍的结果，可由各种原因产生，通常按其表现分为精神运动性抑制与精神运动性兴奋两类。人的行为大部分是受意志控制的自主行为，小部分是不受意志控制的不自主行为；大部分是学习来的习惯性行为，小部分是与生俱来的本能性行为，但人的本能行为（如饮食行为、性行为）也受思想影响。行为障碍可见于各种疾病，可为功能性或器质性。但许多行为障碍无特异性。许多行为障碍与思维、言语、情感等障碍有紧密联系。

三、行为矫正措施

对社区矫正对象不良行为与恶习的矫正是一项非常艰巨的任务，必须经过长期的、艰苦的教育、训练与养成过程。这主要是因为，行为是受思想支配而表现出来的活动。因此，对社区矫正对象不良行为的矫正，首先必须转变他们的思想、观念。行为习惯，是人们在长期的学习、工作与生活中反复练习而巩固下来的行为方式。社区矫正对象的不良行为是在长期的不良生活环境中养成的，并已经成为习惯了，因此，要使他们的不良行为习惯转变成为好的行为习惯，必须要把艰苦的、耐心的转化工作和优良行为习惯的训练结合起来。对社区矫正对象不良行为习惯的矫正措施如下。

（一）强制性的矫正措施

对社区矫正对象实行强制性矫正措施，一方面是因为社区矫正对象不能自觉地遵守法律和纪律，不能自己管理自己，不能自觉地改掉恶习，所以必须在强制的条件下进行矫正工作；另一方面是因为社区矫正对象的行为具有危害性和破坏性，不采取强制措施，就不能规范他们的行为，就会给社区矫正工作造成混乱和危害。因此，对社区矫正对象不良行为习惯的矫正，必须采取强制措施严格管理。

1. 建立严密的组织，培养其组织性

建立严密的组织的主要目的，是要培养组织性、纪律性，培养组织观念、纪律观念，矫正无政府主义、分散主义、小集团主义和个人主义思想，矫正违法乱纪的恶习。

严格管理，主要是建立社区矫正对象和社区矫正工作者两种不同性质的组织管理体系。对社区矫正对象的组织管理体系，主要是依照法律法规的规定，建立组织管理体系，即按社区矫正对象的性别、年龄、罪错性质，分别管理和矫正；根据教育、公益活动和社会生活的不同需要，建立学习、劳动、生活组织；根据社区矫正对象在社区矫正期间的表现，分为好、中、差三等，实行分级管理的制度等。对社区矫正工作者的组织管理，主要是建立社区矫正工作者直接管理的监督制度。

建立两种不同性质的组织管理体系，一方面对社区矫正对象建立严密的组织管理体系，不仅使社区矫正对象的活动都有组织、有秩序地进行，使他们的学习、生活、活动形成规律，从而培养社区矫正对象良好的行为习惯和组织纪律观念。另一方面对社区矫正工作者建立严密的组织管理体系，培养社区矫正工作者严谨的工作作风、认真负责的工作态度，目的是不仅建立正常的工作秩序，保证工作任务的完成，而且给社区矫正对象树立榜样，发挥教育者以身示教的作用。

2. 建立严格的纪律，规范其行为

所谓严格的纪律，就是将社区矫正对象的一切活动都限制在规章制度和纪律所允许的条件下。建立严格纪律的主要目的：一是使社区矫正对象每天的生活都有科学的安排，有规律地进行；二是使社区矫正对象的言行都有一定的准则约束。同时，也是使管理工作都依照制度和纪律规定办事，要法治，不要人治，防止社区矫正工作的随意性。这就是说，严格的纪律，不仅是用来矫治社区矫正对象的不良行为，同时也是规范社区矫正工作、约束社区矫正工作者的措施。通过严格的制度与纪律，培养社区矫正对象遵纪守法观念，同时也是使社区矫正工作者养成依法办事、照章办事的习惯，增强纪律性，防止随意性，养成执法守法观念和严于律己的品德。

（二）文明行为与民主精神培育

依法治理、加强文明建设，是社区矫正管理工作的重要原则。依法治理，主要是依照法律法规及司法行政部门规定的原则与要求办事，做到科学、民主、文明。按照规定，社区矫正机构要实行民主管理，让社区矫正对象过一定的民主生活，定期召开民主管理会议，依照法律规定，保证社区矫正对象的权利和义务，让他们享有充分的学习权利、劳动权利、休息权利，保护他们人格尊严不受侵犯的权利。

社区矫正机构的管理工作是很重要的文明建设工作，也是养成教育工作。因此，在管理工作中，必须把严格管理同民主管理结合起来，把惩罚与保障合法权益结合起来，把严格教育同说服教育结合起来。

（三）社区矫正工作者以身示范

社区矫正工作者也是教育工作者，为人师表。教育工作者的神圣职责是不仅要言传，而且要以身示范。

从教育学的角度来看，教育者的身教胜于言传，因为教育者的模范行动是具体的、现实的，是受教育者看得见的、最可信的。所以，对社区矫正对象的感染力，是言传所不及的。言传只能是书本上的知识和道理，从理论到现实，还要经过实践的过程。要让社区矫正对象相信理论，并按照理论指出的方向去做，还要有实践的过程，也就是从思想到行动还有一段距离。所以，历来教育家都特别重视教育工作者的示范作用，特别强调教育者要首先受教育。在社区矫正中，社区矫正对象的思想、行为转化质量的优劣，在一定程度上是社区矫正工作者对其影响的结果。所以，社区矫正机构把提高社区矫正工作者的思想政治素质、文化素质、业务工作水平和管理工作水平，作为转化工作的重要一环。

在从严管理的方针指导下，制定严格的社区矫正工作者的管理制度和纪律，做到令行禁止。不准社区矫正对象做的，社区矫正工作者首先不做，用自身的模范行为示范，进行潜移默化、耳濡目染的感化。同时，社区矫正工作者自己的模范行为是取得社区矫正对象的信任，受到社区矫正对象尊重的重要条件，只有能以身示范，充分发挥“为人师表”的表率作用，才会在社区矫正对象心目中树立威信。自身的教育才有说服力，才有感染力，因此，社区矫正工作者的模范行为，成为社区矫正机构培养社区矫正对象文明行为与良好的生活习惯的重要举措。

第三节　社会适应性训练与指导

社区矫正机构应当协调有关部门和单位，为社区矫正对象提供职业培训和就业指导，为符合条件的社区矫正对象提供最低生活保障，为社区矫正对象遇到的其他问题提供指导和帮助。依照《社区矫正法》的规定，对社区矫正对象的社会适应性训练与指导主要包括：一是对社区矫正对象的就业就学帮扶。第 37 条规定：“社区矫正机构可以协调有关部门和单位，依法对就业困难的社区矫正对象开展职业技能培训、就业指导，帮助社区矫正对象中的在校学生完成学业。”二是对社区矫正对象的继续教育帮扶。第 38 条规定：“居民委员会、村民委员会可以引导志愿者和社区群众，利用社区资源，采取多种形式，对有特殊困难的社区矫正对象进行必要的教育帮扶。”三是对帮助社区矫正对象的企业事业单位、社会组织的政策支持。第 41 条规定：“国家鼓励企业事业单位、社会组织为社区矫正对象提供就业岗位和职业技能培训。招用符合条件的社区矫正对象的企业，按照规定享受国家优惠政策。”四是对社区矫正对象的社会救助。第 43 条规定：“社区矫正对象可以按照国家有关规定申请社会救助、参加社会保险、获得法律援助，社区矫正机构应当给予必要的协助。”

由此，开展职业培训和就业指导等矫正教育活动，既是矫正教育的手段，也是对社区矫正对象进行社会适应性训练、提高社会适应能力的重要组成部分。

一、社会态度教育

社会适应是指个体为适应社会环境而改变自己的态度或行为习惯的过程。[①] 因此，社会适应性训练与指导首先是社会态度教育。社会态度又被称为态度，是指主体对外界事物一贯的、稳定的心理准备状态或一定的行为倾向。

（一）社会态度的特点

（1）内隐性。态度本身是无法直接测定的，必须从个人的行为或与行为有关的语言行为表现间接推断出来，测定态度需要一定的中间变量。

（2）方向性。态度总是具有赞成或反对的方向特点，并具有程度的差异，有时反映出态度的极端性，有时则反映出态度的中性。

（3）统一性。构成态度的认识、情感和行为倾向三种成分彼此协调，是一个统一的整体。

（4）复杂性。在一定条件下，个体并不是经常表现出与内心态度相一致的外部行为。

（5）稳定性。在一定时期内，态度保持着相对稳定的倾向。

由此，我们可以看到，矫正对象的社会态度不是先天形成的，而是后天习得的，通过努力是可以改变的。

（二）社会态度的功能

德国心理学家 D. 卡茨从需要满足的角度，认为态度具有以下四种功能：

（1）适应功能。个体具有从外部环境获得奖励，避免惩罚的需要，而态度使人具有满足这种需要的功能。

（2）价值表现功能。态度可以明确地显示自我的价值，具有积极的表现功能。

（3）自我防御功能。态度既可以拒绝引起焦虑的外部事件，又可以调节内部冲动。

（4）知识功能。态度可以作为理解环境的一种手段，作为判断的标准或理解的参考系。

所以，社会态度是社区矫正对象外在行为的决定因素，它决定着社区矫正对象对信息的选择与加工，对社会刺激的认知和情绪体验。我们通过教育使社区矫正对象对社会现实、社会情境、社会信息、社会问题以及社会矛盾等有一个客观的认识，能够理性地处理社会矛盾和纠纷，避免由于偏激的处理方法使矛盾激化。

二、职业培训

（一）职业培训的特征

职业培训是社区矫正工作实现社区矫正对象与社会重新融合，增强社会适应性、提

---

① 王秉中．罪犯教育学［M］．北京：群众出版社，2003：96.

高就业竞争力的重要形式。现代科学技术的发展，使人们在职业上有了更大的选择范围，同时也对从事某一职业的人员提出更高的职业技能要求。社区矫正对象中的大多数人由于与社会的隔离而不具有一技之长，或者原先所具有的职业技能已不适应社会发展的需要，需要重新学习、整合社会需求的职业技能，因此，应对其进行职业培训。即使曾经具有一技之长的社区矫正对象也应对其进行职业培训，以使其在回归社会后，具有更熟练、更多样的职业技术。司法部《司法行政机关社区矫正工作暂行办法》及各省、自治区、直辖市制定的规范性文件，都对社区矫正对象的职业培训问题作出了明文规定。

社区矫正中的职业培训是指对社区矫正对象进行的以职业技能为内容，有计划、有目的的系统性矫正教育活动。对社区矫正对象进行的职业培训具有以下特点。

1. 培训内容的丰富性

由于社区矫正对象的个体情况千差万别，社会上的职业种类十分繁多，所以对社区矫正对象职业培训的内容也十分丰富，但从总体上看可分为以下几个部分：

（1）第一产业范围内的职业培训内容。主要包括：农业中的种植业、养殖业。种植业如粮食种植、蔬菜种植、花卉种植、林木种植、草地种植等；养殖业如家禽养殖、水产养殖等。

（2）第二产业范围内的职业培训内容。主要包括：工业中的机械制造、原料加工等；采掘业中的各种技术工种等。

（3）第三产业范围内的职业培训内容。主要包括：修理业，如家电修理、家庭物品修理、汽车修理、摩托车修理等；餐饮业，如厨师培训、糕点制作等；服务业，如家政服务等；装修业，如住宅装修等。

上述职业培训的内容中，属于第三产业范围内的职业适用的范围最广。目前第三产业在我国处于蓬勃发展阶段，随着我国经济的发展、社会的进步，第三产业在其发展过程中，将会创造更多的就业机会，容纳更多的社会劳动力。因此，就目前社区矫正职业培训的内容而言，适合社区矫正对象的第三产业范围内的职业培训应当是职业培训的发展方向。

2. 培训方式的社会性

由于对社区矫正对象的职业培训包含的种类较多，范围较广，所以仅依靠社区矫正机关自身的力量和人员显然是难以做到的，必须在社区矫正机关的组织下，动员社会上的力量共同参与对社区矫正对象的职业培训。具体方式包括：（1）社区矫正机构与社会力量联合进行职业培训；（2）社区矫正机构直接开办各种职业培训班，聘请社会志愿者进行职业培训；（3）由社区矫正机构作为中介，介绍社区矫正对象到社会上的相关培训部门进行培训；（4）作为对社区矫正对象的公力救济形式，由政府出资或在政府设立的培训机构进行培训。

此外，职业培训的社会性还表现为，对社区矫正对象进行的职业培训中所选择的职业必须是易于在社会上谋求的职业或者是社区矫正对象回归社会后易于从事的职业。

3. 培训形式的多样性

社区矫正对象是一个松散型社会群体，其人员的组成十分复杂。每个社区矫正对象的个人经历、家庭情况不同，其兴趣、爱好也不同，同时，居住的地域环境及经济发展的差异，导致社区矫正对象对职业技能的要求也不一样。因此，每个社区矫正对象所乐于从事的职业以及适宜从事的职业，依据个人条件及所处社会环境条件的要求而存在着较大的区别。对社区矫正对象进行的职业培训就必须充分考虑这一情况而灵活进行，不能千篇一律，也不能不考虑社区矫正对象个人的实际情况。所以，对社区矫正对象的职业培训具有形式多样性的特点。从产业分类上可分为：第一产业范围内的职业培训；第二产业范围内的职业培训；第三产业范围内的职业培训。从城乡职业分类上可分为：适宜在大城市从事的职业培训；适宜在中小城市从事的职业培训；适宜在乡镇、农村地区从事的职业培训。至于社区矫正对象个体适宜什么样的培训，要因地因人因社会需要而灵活掌握。

4. 培训目的的特定性

对社区矫正对象进行的职业培训是使其回归社会后做到自谋职业、自食其力，增强社会适应性和在社会生活中的竞争能力，最终成为守法公民，不再继续违法犯罪，为社会安全、稳定提供保障。与社会上的职业培训不同的是，对社区矫正对象的职业培训具有预防和减少重新违法犯罪的目的。对社区矫正对象的职业培训不仅将社区矫正对象由一个违法者或犯罪者变成为一个具有一定劳动技能或职业技术的建设者，更重要的是这些社区矫正对象通过职业培训，具有新的劳动技能或职业技术，回归社会后能够自食其力，不再重蹈覆辙，从而实现社区矫正的目的。

（二）职业培训的要求

为了充分发挥职业培训对社区矫正对象的作用，在职业培训活动中应遵循以下要求。

1. 以社区矫正机构的组织和引导为主体

对社区矫正对象的职业培训是一项系统的庞大的社会工程，它涉及社会机构的诸多部门，其内容直接涉及社会上各种行为或职业的知识，因此，单凭社区矫正机构自身的力量是难以完成这一任务的，需要动员社会各界力量共同参与对社区矫正对象的职业技术培训活动。只有与社会上的相关部门联合进行，才能实现对社区矫正对象职业培训的目的。但是，这也并不意味着社区矫正机构可以把职业培训的责任推给社会。对社区矫正对象的职业培训必须以社区矫正机构的组织和引导为主体进行，即社区矫正机构负责社区矫正对象职业培训过程中的组织、协调、管理等各项工作，并承担相应的责任。

2. 根据社会需求状况进行针对性培训

对社区矫正对象的职业培训不仅要考虑社区矫正对象的个人情况，还要考虑社会就业状况，更要考虑我国目前因产业结构的变化而带来的对人力资源需求的影响，否则就会出现对社区矫正对象进行的职业培训成效降低，社区矫正对象所掌握的职业技术在社会上因前景不看好而难以就业的现象。

3. 职业培训活动必须按照职业要求规范进行

对社区矫正对象的职业培训在社区矫正机构的主导下，通过相关部门和机构的合作，严格按照国家有关部门规定的教学时间、课程设置、实习内容进行，不得随意更改或减少培训内容，更不能为了应付有关部门检查而弄虚作假。对社区矫正对象所进行的某项职业培训结束后，要及时组织社区矫正对象参加国家有关部门组织的职业资格考试或职业等级认定，使其获得国家承认的职业资格证书或技术等级证书。

（三）职业培训模式

对社区矫正对象的职业培训，主要采取委托培训、自主培训、联合培训、自费培训等方式进行。社区矫正对象通常在下列机构进行培训：职业训练中心；技工学校；职业高中、中等专业学校等职业学校以及职业培训机构等。

在社区矫正过程中，各地对社区矫正对象的职业培训进行了广泛的实践探索和形式创新，归纳起来大致有以下六种模式：[①]

1. 建立就业与职业培训基地模式

社区矫正机构与社会单位合作或者投入专项基金建立就业培训基地，在公益活动过程中培训职业技能，从而实现就业。

2. 定点学校、插班培训模式

社区矫正机构与培训单位合作，由社区矫正对象各自选择参加培训单位针对社会开办的职业培训。

3. 集中办班培训模式

成立专门的培训班，定期对社区矫正对象进行职业培训。

4. 定向安置培训模式

与社会单位合作，根据用人单位的实际需要，对社区矫正对象进行各种技能的专项培训，然后由用人单位无条件进行安置。

5. 强化就业指导模式

社区矫正机构针对就业市场复杂多样化的特点，对社区矫正对象进行专门的就业指导，从就业形势、就业心理、就业保障、就业政策等方面进行教育指导，使社区矫正对象树立正确的就业观念。

6. 优惠政策促进就业模式

由政府出台优惠政策，对吸纳社区矫正对象就业的企业给予税费减免等优惠政策。

（四）职业培训的作用

职业培训是社区矫正的重要组成部分之一，它在社区矫正过程中发挥着以下作用。

1. 对社区矫正对象提高就业竞争能力的作用

在现代社会条件下，传统社会的分工形态被打破。现代化企业对社会生产的分工越来越细，人力资源市场对劳动者素质提出了更高的要求。尤其在中国加入世界贸易组织后，随着社会人口流动的加快和国际合作的增强，人力资源市场的竞争更加激烈。对社区矫正对象进行职业培训，使其掌握一项或几项谋生技能，可以使社区矫正对象回归社会后具有较强的就业竞争能力。一些社区矫正对象由于法律规定的原因而不能再从事原来的职业，可以选择适宜自己从事的职业。

---

① 荣容，肖君拥. 社区矫正的理论与制度［M］. 北京：中国民主法制出版社，2007：219－221.

2. 对社区矫正对象重返社会并与社会重新融合的作用

通过对社区矫正对象进行法律和道德教育、文化知识教育，社区矫正对象逐步转变自己的认知、态度和行为方式，否定自己过去的违法犯罪行为。在转变自己的认知、态度和行为方式的基础上，社区矫正对象开始树立重返社会并与社会重新融合的信念。但是，面对社会的迅速发展，社区矫正对象仅有重返社会并与社会重新融合的信念是不够的，必须解决其回归社会后的生存问题。通过职业培训，社区矫正对象掌握了一项或几项谋生技能，可以不再为回归社会后的社会适应和社会生存而担忧。社区矫正对象掌握的职业技术种类越多，所学习的职业技术越为社会所需求，其重返社会并与社会重新融合的信心就越强。

3. 预防和减少社区矫正对象再违法犯罪的作用

社区矫正对象回归社会后再违法犯罪是世界各国共同面临的社会问题。社区矫正对象再违法犯罪的原因是多方面的，其中一个重要原因就是回归社会后不能自谋生计，做不到自食其力。通过职业培训，社区矫正对象学习、掌握了一定的职业技术，回归社会后能够找到适宜自己的职业，做到自食其力，就可以不再为生计而困惑。即使是一些对自己违法犯罪行为认识尚没有完全转变的社区矫正对象，也会因回归社会后有一个适宜自己的职业而不再铤而走险、再违法犯罪了。

三、就业指导

就业指导可分为狭义和广义两大类。狭义的就业指导，是给要求就业的劳动者传递就业信息，做劳动者和用人单位沟通的桥梁。广义的就业指导，则包括预测要求就业的劳动力资源，社会需求量，汇集、传递就业信息，培养劳动技能，组织人力资源市场以及推荐、介绍、组织招聘等与就业有关的综合性社会咨询、服务活动。社区矫正中的就业指导除了广义的就业指导外，还应包括就业政策导向，以及与之相应的思想教育工作。

（一）就业指导的主要任务

（1）帮助社区矫正对象充分了解自己的个性特点，例如个人的爱好、性格、知识、能力等，从而使其对自己有全面、理性的认识。

（2）帮助社区矫正对象了解社会不同职业的岗位要求，例如职业的分类、岗位的内容、岗位的知识和能力要求等。

（3）帮助社区矫正对象根据自身的个性特点选择适合自己的职业，也就是通常我们所说的实现人职相配，从而完成社区矫正对象的择业任务。

随着我国就业形势的日趋严峻和市场竞争的日益激烈，对社区矫正对象就业的各种压力势必越来越大，若要在就业竞争中取胜，拥有一定的技能是非常必要的。

（二）就业指导的主要内容

1. 信息指导

信息指导是就业指导的基础，社区矫正机构和相关部门只有收集和掌握了广泛的社会需求信息，才能为社区矫正对象创造尽可能多的就业机会，也才有可能对社区矫正对象进行就业指导。

2. 思想指导

思想指导是就业指导的中心，其内涵有：一是帮助社区矫正对象树立正确的择业标准；二是帮助社区矫正对象确立高尚的求职道德；三是帮助社区矫正对象选择正确的择业道路。

3. 求职技术指导

求职技术指导是就业指导的基本内容之一。一般来讲，面临就业选择的社区矫正对象普遍思想准备不足，在供需见面时比较拘谨，甚至手足无措，因此而错失良机。还有一些社区矫正对象不清楚各项有关的政策规定，不了解自己有哪些权利和义务，更不知道应该如何行使自己应有的权利。至于具体的招聘应聘程序，如个人表格的填写、资料的整理和准备，面对用人单位如何介绍自己，以及应有的礼仪和言谈举止，也需要进行指导。这样，可以避免由于不按时到会、介绍不着边际、资料不得要领、言语不当、衣冠不整、手续不全等技术原因造成的求职障碍。

四、社会生活指导

社会生活指导是指社区矫正机构为了让社区矫正对象融入社会，增强社会适应能力，指导其掌握和运用一定的生活技巧、生活方式，树立正确的社会生活观念和态度，形成健康、科学的生活方式，提高其社会适应能力的矫正活动。

（一）生活方式优化教育

生活方式优化教育是让社区矫正对象懂得不同生活方式与心理健康的关系，了解社区矫正对象不良生活方式的具体表现及其改变方法，培养健康的生活方式。健康生活方式的培养是指宣传健康生活理念，改掉对健康有害的生活方式，是保证健康的身体和心理，营造美丽人生的重要途径。让社区矫正对象健康地去经营他们的心理和生活，培养正确的人生观和价值观，达到自我实现的高级需要。

在社区矫正中，我们首先要让社区矫正对象掌握健康的理念和认识，学会并实践健康的生活方式，有计划地去经营自己的健康人生，让社区矫正对象将自己的健康当作人生的起点和事业去营造，让他们明白管理并用心地去呵护自己的健康就是对自己负责、对家庭负责，也是对社会负责。只有拥有了健康的体魄和心灵，才能创造财富，才能实现价值。

（二）婚姻家庭关系指导

家庭是社会的细胞，是每个人社会生活的依托和归宿。很多社区矫正对象在社区矫正中面对的首要问题，就是正确处理婚姻家庭关系。因为在很多社区矫正对象的社会生活中，婚姻家庭关系是连接个人生活和社会运行的中介。婚姻家庭关系指导是社区矫正机构运用社会学、心理学等学科的理论和方法，以家庭为中心，对社区矫正对象进行的以如何处理婚姻关系和解决家庭矛盾，维护家庭完整为目的的教育活动。

（三）人际关系适应辅导

心理学认为，人类的心理适应最主要的在于人际关系的适应，个体的心理健康在很大程度上有赖于个体对人际关系的适应。良好的人际关系使人获得安全感、归属感，给人精神上的愉悦和满足，促进心理健康；不良的人际关系使人感到压抑和紧张，承受孤独与寂寞，身心健康将受到损害。社区矫正对象在社区矫正中处于一种渴求交往、渴求理解的心理发展期，对其进行人际关系适应辅导正是为了满足社区矫正对象的心理需要，帮助社区矫正对象发展良好的人际交往能力，调适其人际交往偏差和心理问题，优化其人际关系以促进其心理健康发展。

在社区矫正初期，社区矫正对象最易产生的问题就是社区矫正适应，尤其是人际关系适应。因此，对社区矫正对象进行人际关系适应辅导，是帮助社区矫正对象正视现实、了解自我、增强适应能力的重要手段。通过人际关系适应辅导，了解并帮助解决社区矫正对象的实际问题，调查并处理社区矫正对象的特殊行为问题，指导社区矫正对象正确处理人际关系，促进积极的社会交往等。这是社区矫正对象避免并克服心理问题和心理障碍产生的有效途径。

（四）社会角色教育

社会角色是指与人们的某种社会地位、身份相一致的一整套权利、义务的规范与行为模式，它是人们对具有特定身份的人的行为期望，它构成社会群体或组织的基础。具体说来，它包括以下四方面含义：角色是社会地位的外在表现；角色是人们的一整套权利、义务的规范和行为模式；角色是人们对于处在特定地位上的人的行为的期待；角色是社会群体或社会组织的基础。

对社区矫正对象的社会角色教育主要有：一是角色权利和角色义务教育。角色权利是社区矫正对象在社会生活中所享有的权利和利益。角色义务是社区矫正对象在社会生活中应尽的社会责任，包括社区矫正对象在社会生活中“必须做什么”和“不能做什么”两个方面。二是角色规范教育。角色规范是指社区矫正对象在享受权利和履行义务过程中必须遵循的行为规范或准则。如法律、法规、制度、纪律等。三是角色冲突教育。社区矫正对象在社会生活中可以同时扮演多个角色，有时会发生角色冲突。社会、家庭、交往对象等对社区矫正对象在社会生活中的不同角色提出不同的甚至矛盾的要求，社区矫正对象不能同时满足所有这些角色要求。四是角色期望教育。社会公众对社区矫正对象的角色期望不是一成不变的，是随着时代而变化的。社区矫正对象顺从于刻板的角色是身心失调的重要原因之一。社区矫正对象经常考虑个人扮演不同社会角色的方式，有助于保持身心健康。

依照《社区矫正法》和司法部《司法行政机关社区矫正工作暂行办法》的规定，对社区矫正对象矫正教育的内容，还包括公益活动、个别教育、心理健康教育等。

第四节 中华优秀传统文化教育

党的二十大报告指出："坚守中华文化立场，提炼展示中华文明的精神标识和文化精髓，加快构建中国话语和中国叙事体系，讲好中国故事、传播好中国声音，展现可信、可爱、可敬的中国形象。"社区矫正对象的矫正教育也不例外。当前，犯罪结构、思想道德、教育改造环境已经发生重大变化，传承和弘扬中华优秀传统文化正当其时。中华优秀传统文化介入社区矫正对象教育领域既是对中华优秀传统文化及其现实价值审视思考的结果，也是出于我国矫正教育社区矫正对象的需要。

一、中华优秀传统文化在矫正教育中的价值

（一）中华优秀传统文化是矫正教育内容的重要素材与资源

中华优秀传统文化不仅博大精深，而且对中华民族的影响极为深远，对每一个中国人的影响也是深入骨髓，影响着我们的生活方式、学习方式、思维方式和行为习惯，这也成为优秀传统文化教育容易入脑入心、落地生根的最大优势。从中华优秀传统文化对道德品质的要求来看："仁者爱人"的思想能够坚定信仰、"自强不息"的精神可以强化意志、"改过自新"的宽容可以优化个人品德、"注重孝道"的品行可以优化家庭美德、"止于至善"的追求可以优化社会公德。温馨丰富的饮食文化，八段锦、五禽戏、太极拳等传统养生文化，"以和为贵""家和万事兴""三思而后行"的人际交往文化，"书山有路勤为径，学海无涯苦作舟""三人行，必有我师"等学习方式，"中庸""思辨"等思维方式，"慎独""勿以善小而不为，勿以恶小而为之"等行为习惯，都是社区矫正对象接受中华优秀传统文化教育的宝藏，值得我们去好好挖掘和传承。

（二）传承中华民族的优秀传统文化

文化传承对任何一个主权国家来讲都是至关重要的。对于社区矫正对象的矫正教育而言，有必要对他们进行中华优秀传统文化教育。对于监狱而言，为了充分发挥中华优秀传统文化的教育作用，应该将其作为矫正教育的一大重点，让更多社区矫正对象能够积极加入中华优秀传统文化的学习中，使中华优良传统文化发挥应有的作用。特别是在如何看待人生价值这一严峻课题上，许多社区矫正对象的处世态度就是游戏人生，认为人生虚无。但是我们需要深知，国家的灵魂就是传统文化，因此也产生了伟大的民族精神，如果社区矫正对象能够积极投入到中华优秀传统文化的探索和学习中，不论是对于社区矫正对象个体能力的提高还是对社会的发展进步，都将会产生极大的推进作用。

（三）培养社区矫正对象对中华民族的自信心和自豪感

爱祖国的璀璨文化以及大好河山都是爱国主义的体现。我国拥有着几千年的历史，

它之所以能够生存发展至今，其中一大关键就在于民族凝聚力，这也激发了不同时代人们敢于拼搏、勇于斗争的强大力量，其始终作为一大精神支柱隐藏在每个中国人的内心深处。改革开放之后，科技进步，经济增长，社会主义所提倡的价值正在这种多元化的思潮中逐渐被冲击。在这一背景条件下，如果在社区矫正对象矫正教育中有效融合中华优秀传统文化，就能够有效抵御不良思想的冲击。因此，社区矫正机构要高度重视中华优秀传统文化教育，要针对不同社区矫正对象群体积极开展相关主题教育活动，培养社区矫正对象的民族自信心和自豪感。

（四）促进社区矫正对象的自我重塑与改造

在社区矫正期间，对社区矫正对象进行矫正教育不仅是对自由的限制，更是对社区矫正对象思想的净化与重塑的过程。任何形式的矫正教育一定要有文化的土壤来滋润。中华优秀传统文化可以从道德品质、思维方式两个方面来规范社区矫正对象的行为习惯，不断完善人格，教化育人。当然这个过程是从量变到质变的，社区矫正对象只有从内心认罪悔罪，才可能从行动上真正改过。社区矫正对象的犯因性问题无论是因为文化冲突还是因为道德沦丧，归根结底还是思想上、道德上或者心理上的错误认知，只有提高他们的文化素质、道德认识水平、道德判断水平、道德意识，才能使他们养成正确的道德行为。中华优秀传统文化正是解决社区矫正对象犯因性问题的有效途径。同时，社区矫正是按照法律法规、行政规章和制度规则运行的，属于刚性管理，如果在运行中有不被认同、不被接受、不被理解的抵触情绪，就会导致执行效率下降，这个时候就需要发挥柔性教育的优势，中华优秀传统文化以源远流长、耳濡目染的优势根植于人们血脉之中，自然可以轻而易举地获得认同，极大地提升改造效果，降低管理成本。

二、中华优秀传统文化教育的目标

在实施过程中，既要看到社区矫正对象身上存在的消极的、落后的因素，也要看到潜伏的积极的、进步的因素；在引导社区矫正对象知过改过、认罪悔罪、改变恶习的同时，也要引导社区矫正对象向更高层次的人生目标前进。

（一）促进社区矫正对象认罪悔罪

通过中华优秀传统文化的熏染和教化，让社区矫正对象知耻向善，使其对自己的犯罪有一个清醒、明确的认识，能从思想上剖析自己违法犯罪的缘由，认清犯罪危害，真心认罪悔罪，真诚接受教育和改造，重塑品格，重建诚信。

（二）帮助社区矫正对象克服消极情绪

在社区矫正中，社区矫正对象往往背负较大的身心压力，成为心理问题较多的群体。学习中华优秀传统文化，能使得社区矫正对象心有所寄、志有所托，能调剂其精神文化生活，从而减轻社区矫正对象因刑罚惩罚造成的痛苦，帮助其克服消极情绪，安心接受社区矫正。

(三)帮助社区矫正对象矫正其不良品行

社区矫正对象大多道德意识较差、法律观念淡薄、规范意识缺乏、言行逾矩。中华优秀传统文化中的礼敬、孝悌、克己、修为等思想，可以帮助社区矫正对象矫正其不良品行，养成合乎社会规范的行为习惯。

(四)帮助社区矫正对象重塑道德观念

在社区矫正对象的犯因性问题中，“究其原因是道德教育‘缺位’导致道德认知欠缺”[①]。“中国传统文化在总体性质上是一种道德文化”[②]。中华优秀传统文化中蕴含着丰富的道德理念和规范。通过向社区矫正对象灌输中华优秀传统文化的正能量，用中华优秀传统文化所蕴含的道理、智慧触及他们的灵魂，能使他们正确评价与判断自己人生观、价值观扭曲和道德沦丧的原因，帮助他们树立正确的人生观和价值观。很多社区矫正对象在接触了中华优秀传统文化教育后纷纷表示，如果自己早接触到这些内容，懂得为人处世的道理，就肯定不会走上违法犯罪的道路。

三、中华优秀传统文化教育的内容

中华优秀传统文化引入社区矫正领域，要有效提取优秀内容，可通过器物文化树威、行为文化塑形、制度文化立规、精神文化润心，充实社区矫正内涵。

(一)家国情怀教育

家国情怀是社区矫正对象个体蕴含的对自己国家和人民的深厚情感，表现为对自己国家富强和人民幸福的理想追求，体现了对本国的高度认同感、使命感及责任感。它以爱国主义为核心，既体现出对国家和民族的深情大爱，还体现出一种以国为家、心怀天下的主人翁意识，一种自觉促进国家发展的使命感，为人民谋幸福的责任感。简而言之，要从主体意识和民族精神两方面对社区矫正对象进行教育。

第一，家国同构的主体意识教育。家国同构的思想强调把家庭情感上升到国家情感的高度，并以家庭为单位，逐步上升到国家的合理性建构，形成家庭和国家相统一，主要体现以国为家、主人翁意识等核心思想。推进家国同构的主体意识教育，一是加强社区矫正对象以国为家的观念教育，引导社区矫正对象正确处理家与国之间的关系，强化社区矫正对象对国家和家庭关系的理解，激发社区矫正对象的爱国情感，增强对国家的认同，从而形成正确的家国观念。引导社区矫正对象坚定忠贞爱国的信念，具备“先天下之忧而忧，后天下之乐而乐”的忧患意识，以及“天下兴亡，匹夫有责”的家国情怀。这些都是忠贞爱国的生动体现，是提振社区矫正对象爱国主义精神和向心力的重要

---

① 焦迎娜，苏春景. 未成年犯罪人的道德之殇及其重建之路：以品格教育为切入点 [J]. 预防青少年犯罪研究，2018 (2).

② 傅永聚，马士远. 国学高端教程 [M]. 北京：中国社会出版社，2016：377.

资源。二是加强社区矫正对象主人翁意识教育，引导社区矫正对象主动关心家国大事，培育主体意识，激发他们的主动性和积极性，使其明白自身在社会中的主体地位，以及担负实现中国梦的责任感和使命感。

第二，自强不息的民族精神教育。开展自强不息的民族精神教育，一是坚守民族独立自强教育，引导社区矫正对象系统了解中华民族独立自强的奋斗历程，使其从中深入学习和领悟独立自强的民族精神，培育其自觉坚守民族独立自强的理想信念。二是为实现中国梦的奋斗教育。社区矫正机构开展民族精神教育时，社区矫正工作者要通过民族发展史上的经典事例，层层递进地引导社区矫正对象认识中华民族在取得辉煌成就背后所付出的巨大努力和艰辛奋斗历史，增强为实现中国梦而奋力拼搏的信心。自强不息的进取精神是中华优秀传统文化的精神内核，以自强不息的民族精神对社区矫正对象进行教育，利于社区矫正对象在社区矫正中面对各种困境和挫折时，能够始终保持积极向上、奋发有为的斗志。

（二）社会关爱教育

社会关爱是指个人高度关注自身所处的群体、所生存的环境以及所属的社会关系，体现为个体对他人、对社会、对自然的关爱。新的历史条件下，对社区矫正对象开展社会关爱教育要深入挖掘社会关爱思想所蕴含的精华，引导他们正确处理个人与社会、他人、自然间的关系，学会关爱社会、理解他人、尊重自然，培育集体主义精神。

推己及人的关爱他人教育。中华优秀传统文化向来强调以伦理道德协调人们之间的利益关系，主张“以和为贵”。开展推己及人的关爱他人教育，一是加强仁者爱人观念教育，儒家的忠恕之道构成了人们正确处理人际关系的准则。引导社区矫正对象尊重他人，将心比心，学会换位思考，用自己的仁爱之心推测他人的想法和感受，以善心为出发点正确处理人与人之间的利益关系，形成宽容仁爱的社会情怀。二是加强和谐人际观念教育，中华优秀传统文化关于人际关系方面向来主张“礼之用，和为贵”，提倡和谐共处、仁者爱人，强调博爱、推己及人，即便有争议，也要彼此保留意见，寻求共同之处。以此引导社区矫正对象树立真诚待人的思想意识，使其在人际交往中始终保持诚实守信、互助互爱的原则，真心实意对人，在坚持“和为贵”原则的基础上，站在他人角度思考问题，力争求同存异。

天人合一的关爱自然教育。天人合一思想要求人们要崇尚自然，尊重自然发展规律，对自然持友好的态度，在对待自然万物时要遵循道德伦理，与自然和谐共生。开展天人合一的关爱自然教育，一是加强保护自然的观念教育，保护自然是我们对待人与自然关系时应坚守的原则。以此引导社区矫正对象深刻了解当前生态环境状况，让他们认识并尊重自然规律。“师法自然”和“天人和谐，不以人灭天”等思想，有利于引导社区矫正对象树立保护自然的观念，增强维护生态平衡的意识。二是加强可持续发展观教育，引导社区矫正对象形成保护自然的道德观念。天人合一思想中的“子钓而不纲，弋不射宿”和“数罟不入洿池，鱼鳖不可胜食也”等，是中华优秀传统文化中向往人与自然可持续发展智慧的生动写照，对加强可持续发展观教育具有重要意义。

（三）道德修养教育

国无德不兴，人无德不立。道德修养是指一种个人在一定理想人格的指引下对自身思想和行为在道德层面进行自我锻炼，以此达到某种道德境界的活动形式。社区矫正机构要积极推崇道德修养中蕴含的理念和方法，引导社区矫正对象感悟其精华，形成适合社区矫正对象个体发展的道德品格，增强道德教育水平，通过重义轻利的价值观念教育、修齐治平的理想信念教育，加强社区矫正对象道德修养教育。

第一，重义轻利的价值观念教育。“重义轻利”是儒家伦理思想的重要内容，“君子喻于义，小人喻于利”体现了儒家倡导以义为先、见利思义，是人们处世之道的行为准则。推进重义轻利的价值观念教育，一是加强先义后利的价值取向教育，引导社区矫正对象正确处理义与利的关系，树立以义为先的思想，使其在面临利益冲突时能以集体利益为重。在日常生活中出现义与利相矛盾现象时，引导社区矫正对象能在保持大义的前提下，实现利益的最大化。二是加强正确处理理与欲的关系教育。理与欲的关系在当下社会中集中体现为精神追求与物质享受的关系。引导社区矫正对象正确对待二者的关系，是社区矫正机构开展矫正教育的重要内容。引导社区矫正对象在以理性追求为先的前提下，合理关注自身的感性欲望，正确对待物质享受，在满足基本物质生存需要的基础上，树立更高层次的精神追求。

第二，修齐治平的理想信念教育。修齐治平是指修身、齐家、治国、平天下，指个体先从提高自身修养的基本之德逐步上升为齐家的中德上，再上升到治国平天下的大德上，最后实现以一己之力治国平天下的理想过程。引导社区矫正对象立足国家和世界发展的高度树立远大理想，培育他们为实现理想不懈奋斗的决心。修齐治平的理想信念主张从修身做起，才能在实现自我的基础上作出更大贡献，引导社区矫正对象通过“格物”“致知”“诚意”“正心”“修身”的方式进行个人修养建设，不断使自身的人格得到提炼和升华。

四、中华优秀传统文化教育的方法

利用中华优秀传统文化矫正教育社区矫正对象，要根据实际情况，不断充实更新内容，创新丰富方式方法，综合进行正面强力灌输、舆论宣传引导、体验启发深化、道德考核强化、社会支持系统建立，多种方法综合运用、多管齐下，对社区矫正对象开展情境教育、面对面教育、艺术教育、视频教育和活动教育。

（一）正面强力灌输

对社区矫正对象开展中华优秀传统文化教育，在方式上要开展系统性的集体教育，把中华优秀传统文化全方位融入社区矫正对象的思想道德教育、文化知识教育、艺术体育教育、改造实践教育各环节，贯穿于改造的各领域，从而确保优秀传统文化的教育质量。

（二）舆论宣传引导

思想的高地，正确的东西不去占领，错误的东西就会乘虚而入。社区矫正环境对社区矫正对象起着潜移默化的熏陶作用，意识形态领域必须被强大的正能量所占领。社区矫正引入中华优秀传统文化，要通过在社区矫正机构的不同场所，打造系统化的中华优秀传统文化环境，通过电视、广播、报纸、橱窗、宣传栏、黑板报等多平台，营造浓厚的文化氛围，使社区矫正对象所处的社区矫正环境处处浸润传统文化灵气、沉积传统人文底蕴，从而潜移默化影响社区矫正对象的思想。

（三）体验启发深化

第一，开展体验式教育。必要的程序和仪式感有巨大的感染力。在中华优秀传统文化中，礼是以一定的仪轨形式培养人的仁、义、礼、智等内在品格的活动。礼，对于社区矫正对象教育同样具有十分重要的意义，爱国爱家爱社会、悔过向善塑新生等内容都可以通过设定一定的仪式，对社区矫正对象进行体验式矫正，这些仪式包括升国旗仪式、入矫仪式、悔罪仪式、感恩仪式、解矫仪式等，以此强化社区矫正对象的国家观念、悔罪意识、感恩之心、敬人之念。其作用就是利用社区矫正对象亲身体验，通过不断强化、重复的方式增强“正体验”认同、“负体验”反省，帮助社区矫正对象矫正消极心理、不良行为和自身恶习。

第二，内省矫正。内省矫正是一种根植于中华传统文化的内省式的悟性矫正方法，继承了传统文化的“修身”精髓，注重引导社区矫正对象躬亲自省、换位思考、调整认知、看清事实，形成更加客观的认知思维模式。内省矫正的主体内容与中国古代的“打坐修行”“闭关修行”“面壁思过”“辟谷”，儒家的“存心养性”，释家的“明心见性”，道家的“修心练性”极为类似；内省矫正的“扪心自问”脱胎于《论语》中曾子所说的“吾日三省吾身，为人谋而不忠乎？与朋友交而不信乎？传不习乎？”通过系统回顾与深入反思，让社区矫正对象深刻地进行内心觉察，进而产生负罪感和愧疚感，使得社区矫正对象内心深处的人性良知被唤醒、感恩向善的种子被激活。

（四）道德考核强化

将德行教育考核标准与日常行为规范的落实紧密结合，以行为规范教育促进道德规范养成，以培养良好道德养成来维护社区矫正秩序。可结合学习进程进行道德量化活动，对社区矫正对象学习中华优秀传统文化后的日常行为进行量化考核，将社区矫正对象的意念修养、容言修养和行为修养结合起来纳入社区矫正对象的日常行为过程中，将正能量多元文化融入矫正教育的攻心、塑品、立德、做人等实际中去，让社区矫正对象真正做到学以致用。

（五）社会支持系统建立

在对社区矫正对象实施中华优秀传统文化教育中，必须要建立相应的社会支持系统。第一，加强顶层设计。中共中央办公厅、国务院办公厅颁布了《关于实施中华优秀传统文化传承发展工程的意见》，教育部出台了《完善中华优秀传统文化教育指导纲要》，司法部出台了《教育改造工作规定》。依据这些，各省（自治区、直辖市）社区矫正管理局需出台实施方案，各地出台相关具体实施。由此形成自上而下一体化推动的大格局，构建起全方位、立体化地引入中华优秀传统文化实施体系，全面推进社区矫正引入中华优秀传统文化工程。第二，充分引入社会文化资源。社区矫正机构引入中华优秀传统文化，要与社会文化主管部门、文化机构、社会团体建立协作关系，构建社会力量参与社区矫正的机制，开展多种形式的活动，整合文化资源形成合力。

五、中华优秀传统文化教育应注意的事项

第一，赋予中华优秀传统文化时代价值。在继承发展中华优秀传统文化中，不同的内容在不同时期和社会环境下有不同的时代内涵和价值。在当下应用于矫正教育社区矫正对象时，“道”指的是遵循客观规律；“君”指的是国家；“节”指的是操守；“恕”指的是包容和宽容；“忠”不是古代的愚忠，而是要提高社区矫正的自觉，明确政治改造目标，思想上、情感上“五认同”[①]，感激、感恩党和政府，忠于宪法，遵守法律，个人修为上讲究忠实；“勇毅”指的是教育社区矫正对象要勇于决裂旧我，正确对待社区矫正中的挫折，持之以恒地走积极改造之路；“修己”指的是教育社区矫正对象要加强自我内心的真正改造。

第二，因人施教，强调个性化教育。社区矫正对象是一个成分复杂的集合体，运用中华优秀传统文化对他们进行教育要因人施教。因人施教包括三个方面的含义：一是针对个性问题进行教育。“一把钥匙开一把锁”，要根据每个社区矫正对象个体的犯因性问题、个性特点、认知水平等，进行有针对性的个别教育。二是按照犯罪类型进行的分类教育。对财产犯罪的社区矫正对象的教育，主要是矫正教育其扭曲的价值观，教育其“君子爱财取之有道”；对道德认知水平低的社区矫正对象主要是进行道德认识和判断能力的教育。很多社区矫正对象走上犯罪道路，有思想道德方面的原因，也有自身的好逸恶劳、缺少谋生技能的原因。这就要求在矫正教育社区矫正对象时，不能单纯地只是对社区矫正对象进行道德的说教，还应该加强勤劳、奋斗等优良品质的教育，改变他们的懒惰、不劳而获等思想，这样才能使他们回归社会后有安身立命的根本。三是有针对性地进行有的放矢的教育。矫正教育社区矫正对象的难题有很多种，除了认知能力缺乏、道德观扭曲等因素外，对前途的迷茫和悲观、消沉的心理也是重要原因。因此，矫正教育社区矫正对象除了通过引入中华优秀传统文化重塑他们的道德以外，还要破除其“心中的枷锁”，燃起他们的重生信心和希望。

第三，讲求矫正教育实效。对社区矫正对象实施中华优秀传统文化教育，要力避生硬灌输和说教的方式，要力求新颖、直接，寓深刻道理于活泼形式中。比如，设计鲜明

---

① 司法部监狱管理局，司法部预防犯罪研究所．“五大改造”研究与探索［M］．北京：中国法制出版社，2019：13.

的主题，突出重点，这样能迅速抓住社区矫正对象的眼球，给人耳目一新的感觉；对联是民众喜闻乐见的文化载体，节日期间利用对联对社区矫正对象进行传统文化教育，简单易学、易于接受。这样的矫正教育既能激发社区矫正对象学习的积极性，也能有效提高矫正教育的效果。

典型案例

兰溪市司法局对社区矫正对象赵×开展教育帮扶

【社区矫正对象基本情况】

社区矫正对象赵×，女，汉族，2000 年 4 月出生，中专文化，未婚，户籍地与居住地均为浙江省兰溪市。因犯帮助信息网络犯罪活动罪被判处有期徒刑 7 个月，缓刑 1 年。2023 年 8 月 29 日，赵×到兰溪市司法局报到，由受委托司法所负责对其进行日常监督管理与教育帮扶。

【对社区矫正对象依法实施教育帮扶情况】

（一）依法接收入矫，开展认罪服法和法治、道德、政策教育。执行地司法所接收社区矫正对象赵×后，就社区矫正相关规定进行了宣读和讲解，告知其社区矫正期间的权利和义务，强调了违反社区矫正法律法规的后果，要求其在矫正期间严格遵守各项规定，服从监督管理，并成立了由司法所工作人员、社区工作人员、社区民警等组成的矫正小组，对赵×开展初期矫正。

（二）科学制定矫正方案，开展个别谈话、心理健康辅导等帮扶。矫正对象赵×犯罪事实清楚，受到法律制裁后一直不愿面对现实，认为自己并无主观恶意，只是将银行卡借给他人使用。同时，赵×性格内向，与家中父母亲密度一般，没有要好的朋友，社会支持系统薄弱，入矫后和司法所工作人员交流较少，表示精神压力比较大，晚上经常睡不着觉。了解到赵×存在的问题和困难后，司法所将监督管理和心理疏导相结合，制定了个性化的矫正方案，帮助其增强法治观念，树立正确的价值观，提高心理调适能力，顺利度过社区矫正期。

1. 每周入户走访，开展谈话教育。由于矫正对象赵×对社区矫正工作不够了解，有一定防备心理，司法所工作人员坚持每周入户走访，关心其工作、生活、家庭等近况，慢慢让其对工作人员建立信任关系，主动开口交流。随后，司法所工作人员对赵×耐心讲解“法治、道德、政策”等内容，动之以情、晓之以理，告知其行为已给多名被害人造成经济损失，作为成年人必须承担相应责任，引导其正确认识自己的罪错，提高法治意识，端正对社区矫正的态度。

2. 结合家庭力量，增强矫正效果。司法所工作人员多次与赵×父母沟通，引导其多关心和鼓励女儿，营造包容和谐的家庭关系，让赵×感受到家庭的温暖和支持。同时，邀请赵×父母参加司法所组织的心理讲座，鼓励赵×父母学习家庭支撑技能，促进家庭成员之间的沟通和理解，改善家庭关系。

3. 一对一心理辅导，建立矫正信心。针对赵×心理问题，司法所工作人员一边对她进行心理疏导，鼓励她树立生活的信心，一边为其申请心理辅导，多次安排专业心理咨询师为赵×上门进行心理辅导。心理咨询师通过专业的引导，帮助赵×了解自己心理困惑，掌握心理调适技能。经过司法所工作人员和心理咨询师的共同努力，赵×的精神状态有了很大变化，个性开朗了许多，从刚开始的不愿与人交流，到后来主动敞开心扉，分享自己的生活经历，有问题会主动与司法所工作人员沟通，也能积极参与司法所开展的活动。

（三）矫正效果。通过多次入户走访、个别谈话和心理干预，赵×思想行为都发生了明显改变，不仅对其犯罪行为有了正确认识，负面心理情绪也得到了明显改善，重新恢复了自信的生活状态，与家庭关系也融洽了许多。目前赵×工作顺利，生活稳定，表示要积极配合司法所的监督管理，争取顺利完成社区矫正。

【案例注释】

《社区矫正法》第 24 条规定，社区矫正机构应当根据裁判内容和社区矫正对象的性别、年龄、心理特点、健康状况、犯罪原因、犯罪类型、犯罪情节、悔罪表现等情况，制定有针对性的矫正方案，实现分类管理、个别化矫正。矫正方案应当根据社区矫正对象的表现等情况相应调整。本案例中，社区矫正机构充分考虑社区矫正对象的个性和存在的困难，根据实际情况制定个性化的矫正方案，让社区矫正对象感受到来自社会、家庭的关爱，帮助其纠正错误观念。运用心理辅导，及时解开社区矫正对象的心理困惑，为其提供心理调适方法。实施宽严相济政策，既要明确社区矫正期间的法律法规，又要给予社区矫正对象尊重和关怀，让其体会到党和政府的温暖，安心接受矫正。

引例分析

社区矫正工作人员至少可从以下几个方面为其提供帮助：一是根据文××的现有情况，帮助其进行自我分析，依据他本人的兴趣爱好、职业个性特征等，对其进行职业定位；二是制订切实可行的行动计划；三是依据国家政策，与相关职业培训机构进行对接，使文××接受培训；四是培训结业后，对文××进行就业指导。

思考练习

1. 矫正教育的基本原则有哪些?
2. 社会适应性训练与指导的技巧有哪些?

第十章 社区矫正风险管理与控制

学习目标

1. 熟悉社区矫正风险理论与模式；
2. 掌握社区矫正风险管理与控制的主要措施；
3. 掌握社区矫正突发事件产生的主要原因及应对措施。

引入案例

张××是一名刚刚到任的基层司法所所长，需要制定社区矫正工作突发事件的工作预案。

问题：

他应该注意哪些问题？

社区矫正风险具有不确定性，因而社区矫正风险管控是一个典型的“决策于未知之中”的领域。从社区矫正的实务操作层面看，社区矫正风险管控的维度包括正式的管控和非正式的管控两个方面。正式的管控包括依据现有的法律法规、行政规章、决定、命令、规范性文件等刚性规定实施强制性的风险管控；非正式的管控主要是指运用社区矫正的工作准则、社会文化、道德伦理等柔性规范，通过外在的潜移默化的影响和自我约束来实现风险管控。

第一节 风险管控理论及模式

经过四十多年的改革开放，我国社会形态和社会结构发生了很大变化，伴随着经济的发展，社会问题也日益复杂化。以风险管控为主导思想的社区矫正新思想进入了人们的视野。《社区矫正法》和《社区矫正法实施办法》对于社区矫正的风险管控规定了调查评估、禁止令执行、电子定位、训诫、警告、提请公安机关予以治安管理处罚，依法提请撤销缓刑、撤销假释、对暂予监外执行的收监执行、逮捕等行政管理和刑事执行措施。

一、风险管控理论和新刑罚学理论

建立在风险社会理论基础上的新刑罚学理论是美国学者费莱与西蒙 20 世纪末提出的具有实证基础的理论。风险社会理论认为，在现代社会里，各种社会风险占据主导地位，对人们的生存和发展构成严重的威胁，因此，社会良性运行的目标是对社会风险的管理、控制和预防。社会犯罪现象是社会治理必须面对的极端人为风险。在此基础上，以风险管控为核心的风险管控主义成为应对犯罪风险的理论流派。在我国，主要以中央司法警官学院的翟中东教授和东南大学的李川教授为代表，大力倡导社区矫正价值追求的风险管控主义。

（一）新刑罚学的主张

新刑罚学主张者认为："根据'少数犯罪分子对多数犯罪负责'的现象，即占全部犯罪分子比例中很小部分的犯罪分子实施了全部犯罪中的大部分犯罪，特别是犯罪危害结果严重、犯罪手段恶劣的犯罪。这些犯罪分子是全社会中的高度危险犯罪分子（简称'高危犯'）。犯罪控制应当指向这些'高危犯'。犯罪控制指向这些'高危犯'可以产生事半功倍的效果。刑罚的主要目的在于对源于罪犯的危险进行管理，即危险评估与危险控制，而不是惩罚威慑罪犯，或者矫正罪犯。"①

（二）风险刑罚学的主张

李川教授在《基于风险管控的社区矫正制度研究》一书中，先后使用了"风险管控刑罚学""风险刑罚学""风险管控新刑罚学""新刑罚学""风险管理刑罚学"② 等概念，他认为风险社会理论是研究当前社会问题的一种新范式，社区矫正应立足风险管控的理念来建构我国的社区矫正制度。"放眼世界社区矫正的发展趋势，其制度理念早在风险

① 翟中东．社区性刑罚的崛起与社区矫正的新模式：国际的视角［M］．北京：中国政法大学出版社，2013：47－48.

② 李川．基于风险管控的社区矫正制度研究［M］．南京：东南大学出版社，2017：4，11，56，57.

社会时代特征和风险控制刑事政策新趋向的影响下，走向了风险管控统摄下兼顾救济、矫治和管理的多元架构。”① 他认为社区矫正的风险管控是新的行刑目标。

在社区矫正制度建构理论上，“新刑罚学通过考察当时的时代特征，提出了以风险管控为核心的新的刑罚视角和观点预设，认为刑罚既不是为了惩罚也不是为了改造，而是为了分辨与管控社会的具体风险，防范犯罪人风险向实害的转换。”② “刑罚并非如传统理论所认识的那样是针对个人的惩罚或改造，而是通过对犯罪风险的抽象评估归纳出依据犯罪风险类型和程度而采取的对危险人口的集中管理和控制措施。”③ 因此，“风险管控”的新刑罚理念要求从量刑到行刑的整个过程都必须围绕着对犯罪人的风险管理为核心展开，犯罪风险管理和控制成为新的社区矫正目标，对社区矫正对象采取处处设防、处处监督的质疑态度，通过对社区矫正对象的提前预防和严格管理，控制不可预测的犯罪风险的发生。

在社区矫正制度建构实践上，社区矫正制度从风险管控的逻辑出发，对传统社区矫正制度以风险管控为核心进行设计和升级，社区矫正中风险评估、矫正模式、矫正措施都要以风险管控为标准进行分析，形成符合风险管控理念的系统性社区矫正新制度，使现有的社区矫正模式转换为风险控制模式。

在社区矫正制度建设的内涵上，体现在社区矫正过程的三个方面：“受管理主义决定之风险控制的即时预防内涵、受效益主义决定之风险控制的精算司法内涵以及受修复主义决定之风险控制的秩序恢复内涵。”④ 在这里，即时预防、精算司法、秩序恢复，是针对社区矫正中的现实风险、直接风险和社会撕裂风险而采取的不同风险层次的管理和控制。

李川教授主张，风险管控作为社区矫正逻辑展开的前提，风险管理刑罚学首先设计和发展出了一套风险分析和评价理论，用于明确风险判断，以在这种风险判断的基础上进一步预防风险。这种风险的分析评价体系是建立在“少数人犯了大多数的罪”和风险“大数法则”基础之上，参考保险学和会计精算学中风险管理评估的方式，在刑罚体系内设立标准化和规范化的犯罪人风险评估机制来确立犯罪的具体风险。这样风险管控的刑罚理论就实现了从传统人身危险为核心的概念体系向社会风险为核心的概念体系的转换：将原本依靠主观个别判断的人身危险性通过风险这一因素抽象标准化为可以科学判断区分的社会风险评估指标体系，以在此基础上设立科学合理的管控措施⑤。

综上所述，风险管控主义认为，在风险管控框架下，社区矫正中的刑罚只是风险管控的合法性依据，没有法律对社区矫正对象犯罪事实的认定和法院的依法判决，任何权力部门都不能对任何人作出社会危险成员的价值判断，更谈不上张贴“危险分子”的标签和据以实施风险管控。而矫正教育只是实现风险管控的手段或者途径。在这里有一个理论假设：社区矫正对象存在危害社会的风险，是社会成员中实施重新犯罪的高危人

① 李川. 基于风险管控的社区矫正制度研究［M］. 南京：东南大学出版社，2017：2.

② 同①57.

③ 同①4.

④ 同①10.

⑤ 同①57.

群，是社会安全的重点防控对象。

二、社区矫正风险管控的模式

翟中东教授认为，社区矫正的风险管控模式是“危险管理＋项目矫正＋恢复性司法”[①] 的有机融合。李川教授认为，社区矫正的风险管控模式包括监督管控、规范矫治和正义修复。社区矫正的监督管控是对应于社区矫正对象所存在的现实风险而设置；社区矫正的规范矫治要控制社区矫正对象的直接风险；社区矫正的正义修复理念是防范犯罪行为所带来的社会秩序的撕裂风险。依照社区矫正所面对的风险类别和性质，社区矫正所存在的风险可分为潜在风险、现实风险和未来风险三大类，由此，社区矫正的风险管控模式也由三个阶段构成。

（一）潜在风险评估

这是社区矫正的前置程序，其核心在于通过社区矫正对象的“已然之罪”，挖掘、做实社区矫正对象仍处在“活跃期”的犯因性因素，为社区矫正的现实风险管控提供科学的依据。

从社区矫正层面来说，潜在风险评估是对社区矫正对象在“已然之罪”基础上所存在的社会风险因素的客观判断和主观推理。潜在风险管控的依据就是充分应用现代社会科学的评估手段，对社区矫正对象的各项指标进行定性定量的测量和研判，准确地定位社区矫正对象所存在的犯因性因素，并对这些犯因性因素进行评估，依据其在社区矫正对象身上的“活跃度”，分层次地排列出主次位序，作为潜在风险管控的指标体系。

从社区矫正对象层面来说，潜在风险评估是使社区矫正对象对社会价值观念的重新领悟。实践证明，在社会化过程中，大多数社区矫正对象都存在着社会化的缺陷或者社会化不完全，特别是在社会观念的认知上，出现了严重的问题，导致其违背社会规范和法律规范，成为社会的违规者，或者说是法律上的犯罪者，受到了社会谴责和法律的惩罚。但是有一点必须说明，在每一个社区矫正对象身上良好的社会品性和劣质的犯因性因素是并存的，并不因为受到法律的惩罚，良好的社会品性和劣质的犯因性因素就消失殆尽。这就要求我们在对社区矫正对象进行社区矫正之前要进行科学、规范的评估，使其良好的社会品性发扬光大，成为人性起航的基点；而劣质的犯因性因素必须被挖掘和充分认知，这是对社区矫正对象自身潜在风险管控的基础。没有充分地认知和领悟，就不能有效地管理和控制。

从社区矫正所揭示的逻辑结构看，风险管控主义主导下的社区矫正已经产生了哲学转型。“社区矫正开始着重风险的评估与直接管控，处遇技术逻辑从个人责任追究与人身危险矫治转变为犯罪人风险标定与分级监管。这标志着集体主义和管理主义的新刑罚学的诞生。”[②]

---

① 翟中东．中国社区矫正制度的建构与立法问题［M］．北京：中国人民公安大学出版社，2017：79．

② 李川．基于风险管控的社区矫正制度研究［M］．南京：东南大学出版社，2017：11．

（二）现实风险管控

社会公众对社会安全的需求和担忧，要求在社区矫正过程中对社区矫正对象的现实风险进行控制。一方面通过监督、干预、扶助等手段，使社区矫正对象危害社会的意识、行为泯灭于未然之中；另一方面通过社区矫正对象自我行为的改变，使其社会合规性、法律规范性固化和升华。按照翟中东教授的观点，现实风险控制的实现主要是由三个模块构成，即“认罪悔罪＋危险管理＋项目矫正”①，从而形成了社区矫正的现代模式框架——“危险管理＋项目矫正＋恢复性司法”②。这一风险控制模式，使社区矫正的整个架构设计都处于风险管控的主导思想之下，无论是惩罚还是矫正，都成为风险管控之下的次级举措，这就规避了社区矫正是执行刑罚还是矫正教育的属性之争。同时，这一风险控制模式使社区矫正既满足了社会公众对社会安全的需求，也彰显了法律的公平正义，更在安全的控制环境中实现社区矫正对象的矫正教育。正如有学者所认为的“出于对风险社会中犯罪风险的不确定性和高发性的防范，管理主义要求风险控制必须满足尽可能早和尽可能快的需求，对犯罪人矫正中的当下犯罪需求实行前置控制和过程控制”③。社区矫正的风险控制理应成为犯罪治理的重要手段。

（三）未来风险预测

在李川教授的风险控制视域中，引入了风险控制的效益主义观点：“出于对风险进行有效管理的需求，风险控制被要求特别注重采纳那些可以花费尽可能少的成本就能够实现良好风险管控的矫正手段，以最小的成本实现最大化的风险管控，体现效益主义的属性。”④ 在这里，无论是现实风险管控还是未来风险管控，都无须考量预防犯罪的社会效果和控制效益之间的科学的平衡。一方面坚信风险与效益是相互关联的，犯罪风险是可以理性分析和预测的。“犯罪行为变为可以根据日常生活中的输入变量进行风险与效益计算的输出结果，因此，犯罪不再是反常的、偶然的，犯罪风险成为可以理性分析和预测的对象，包括刑罚处遇在内的犯罪治理重点不应再是道德报应、公平正义或罪犯矫正，而是犯罪风险的管理控制。”⑤ 另一方面，李川教授引入了“精算司法”理念，“将保险学和管理学意义上的精算方法引入司法矫正领域：依据经济学的基本原理，运用现代数学、统计学、金融学及法学等各种科学有效的方法，对各种矫正中未来的风险进行分析、评估和管理，从而对各种矫正方法和手段的风险控制能力和成本进行综合科学统计和分析，从中选择形成最能有效节约成本且能控制即时风险的矫正方案组合。矫正本身成为一门可以计算的科学，也只有通过精算司法矫正才能符合风险控制的要求”⑥。因此，对未来风险的预测是基于现实风险管控下，通过技术手段对社区矫

---

① 翟中东．中国社区矫正制度的建构与立法问题［M］．北京：中国人民公安大学出版社，2017：6.

② 同①79.

③ 同①68.

④ 李川．基于风险管控的社区矫正制度研究［M］．南京：东南大学出版社，2017：69.

⑤ 同④11.

⑥ 同④70.

正对象的现实表现的测量，考核犯因性因素在社区矫正对象思维体系中的地位，对其回归社会后的“未然之罪”被激活的概率进行“精细计算”，进而跟踪管控，实现社会安全的目的。一方面警示社区矫正对象对自我犯因性因素的有效自控和抑制；另一方面重新建构社区矫正对象的价值体系和社会关系，使社区矫正对象有可能发生的“未然之罪”的犯因性因素“冬眠”于深层次意识之中，甚至通过矫正的技术手段使之“永不唤醒”。

三、风险评估的二元机制

风险管控框架下的社区矫正，为追求社会风险有效管控的目的，在风险管控实现的途径上采取了风险评估的二元机制：一是防控型风险评估，即基于监督管理机能的风险评估，“评估出发点是集体主义视野下的社会风险标定需求”①；二是矫治型风险评估，即基于规范矫正机能的风险评估，“风险评估出发点是个体视角下的人格可矫正性判断”②。防控型风险评估和矫治型风险评估在社区矫正中具有完全不同的定位。

从风险评估性质来看，防控型风险评估考量的是社区矫正对象所存在的社会侵害风险，试图通过对社区矫正对象的隔离来管控即时风险，实现风险安全管理机能；矫治型风险评估则是出于对社区矫正对象未来的个体再犯风险的认知，通过对社区矫正对象人身危险性评估，激活对社区矫正对象的矫治教育机能，实现长远风险管控。

从风险评估目的来看，防控型风险评估是针对社会风险安全管理，试图通过评估，强化对社区矫正对象的外在控制；而矫治型风险评估是针对社区矫正对象的人身危险性评估，试图通过评估，强化对社区矫正对象的矫正教育机能，这是对社区矫正对象的内在改造过程。

从风险评估的内涵来看，防控型风险评估“所强调的服务目标不再是内在矫正犯罪人，而是通过评估犯罪人的社会危险等级用以确定外在对其恰当的防范控制手段，因此，这种风险评估是一种确保对罪犯有效监督管制以维护社会安全的防控性风险评估”③。它奉行的是隔离主义的刑罚目的观，以社会安全为出发点，核心在于通过对社区矫正对象的外在社会危险性判断，表征出社区矫正对象外在社会风险性的等级，实现对社区矫正对象的外在控制，其理论基础是风险社会学和社会统计学。

矫治型风险评估“所认知的风险评估是一种着眼于罪犯改善成效和长远风险防控的矫治型风险评估”④。它奉行的是矫治主义刑罚目的观，以规范矫治为出发点，核心在于通过对社区矫正对象的人身可矫性判断，剖析和认知社区矫正对象的内在犯罪人格，通过合理的矫正教育措施，实现对社区矫正对象危险人格的内在改造，其理论基础是认知科学和心理学人格形成机制。

---

① 李川．基于风险管控的社区矫正制度研究［M］．南京：东南大学出版社，2017：134－135．
② 同①135．
③ 同①141．
④ 同①138．

第二节　社区矫正风险管理与控制技术

一、社区矫正中的风险

（一）风险的概念

在社区矫正中，风险通常是指个人实施新的违法犯罪行为的可能性。在社区矫正执行中控制犯罪人的危险性，尽可能地避免他们对社会和他人造成新的危害，这是社区矫正管理的基本任务。

（二）风险的一般特征

1. 社区矫正风险具有普遍性

社区矫正风险的普遍性表现在：一是社区矫正风险是一种社会性的危险状态，对社会安全构成了一定程度的威胁。二是社区矫正风险是社区矫正管理过程中的一种普遍存在的现象，是社区矫正工作中需要重点管控的问题。三是对于社区矫正风险的认识和关注，应置于国家整体安全的视角来看待，社区矫正安全是和整个社会安全、自身生存环境安全、维护社会秩序等紧密相关的，而不仅仅是社区矫正工作方面的问题。

2. 社区矫正风险的人为性

相对于传统社会的以自然灾害风险为主导的风险来源，社区矫正风险主要是内生的，是由现实社会原因和人为原因导致的风险，其中，占主导地位的是由社会环境中存在的“刺激源”的激活，从而诱发社区矫正风险的发生，因此，社区矫正风险是典型的“被制造出来的风险”，是社区矫正中所存在的各种矛盾在社区矫正过程中的集中体现。

3. 社区矫正风险具有复合性

从形态来看，社区矫正风险是个别风险、人为风险、全局性风险、社会利益风险、文化风险、道德风险等多种风险的复合体。这里的个别风险主要是指矫正对象个体的违法犯罪所存在的潜在风险和现实风险。人为风险是指社区矫正风险主要是人为制造而产生出来的，自然产生的风险相对较少。全局性风险则是指目前社区矫正工作所存在的合法性危机，在诸多方面存在法律依据不足、以政策代替法律的现象。社会利益风险是指随着我国社会转型的逐步完成、社会结构的变化等所产生的社会利益分配差距，导致社会不同阶层的矛盾在社区矫正中的反映。文化风险则是现代社会对传统文化的冲击，致使外来文化形成对传统文化的替代，从而产生价值观念的变化。道德风险和文化风险紧密相关，外来文化对传统文化的冲击，导致依赖传统道德规范所建构的人文伦理“大厦”坍塌，自我约束力降低。所有这些风险既有独特性，又相互交织在一起，呈现出复合性特征。

4. 社区矫正风险具有现代性

社区矫正风险的现代性是和现代社会的发展紧密联结的。一是社区矫正本身就是现代社会行刑方式文明进步的体现，是现代社会所产生的新型刑罚制度，因此所产生的风险也必然具有现代性特质。二是社区矫正风险和传统监禁矫正风险相比，超越了传统监禁矫正的时空界限，潜藏于社区之中，这是对传统风险应对方式的挑战，也是对现代风险应对方式的拷问。三是现代社会形态打破了相对“稳定”的社会生活结构，具有快速的“流动”性，社区矫正风险的发生也随之发生了变化，甚至在常态工作中无法确定，所以社区矫正风险无法运用现代科学技术的计算程序、常规标准等进行计算，从而对有效管控和把握它增加了难度。四是社会公众对现代社会安全和秩序的需求越来越高，对社区矫正风险的心理感知越来越敏感。

5. 社区矫正风险具有不确定性

社区矫正风险的不确定性包括：一是社区矫正风险产生的不确定性。社区矫正安全是整个社会系统能够保持良性运行和协调发展的组成部分，社区矫正风险是社会安全控制中基础性的、深层次的、结构性的潜在危害因素，一旦发生会对社会的安全运行和健康发展构成严重的威胁，甚至转变为公共危机事件。二是社会损失的不确定性。社区矫正风险是由于矫正对象个体或矫正对象群体的反社会行为所引起的社区矫正失序和社区矫正混乱的可能性，所产生的社会损失是以风险种类、风险规模、风险程度等来衡量的。

二、社区矫正风险管理技术

(一)社区矫正风险管理概述

社区矫正中的风险管理就是根据社区矫正对象的危险程度分配矫正资源、落实管理措施的活动。

为了提高风险管理的成效，避免社区矫正对象对社会秩序和公民安全构成威胁，首先，要有针对性地、合理地配置矫正管理资源。对于风险高的社区矫正对象配置更多的矫正资源，对于风险小的社区矫正对象配置相对少的矫正资源。当然，社区矫正决定机关在判决、裁定或决定适用社区矫正之前就要加强对犯罪人或罪犯的风险测评，要控制那些风险大的犯罪人或罪犯进入社区，以更好地保障社区安全。其次，在行为控制和思想观念的转变上落实管理措施，逐步实现风险控制从强制到自制的转变。对高风险社区矫正对象要强化监管措施，限制其行动，使其难以进行犯罪行为的活动。但监督管理的功能是有限的，所以，要通过助人自助的理念和方法帮助社区矫正对象解决其存在的各种问题，恢复其社会功能，逐步消除引发社区矫正对象犯罪的诱因。

(二)社区矫正风险管理的措施

根据我国社区矫正的实践和国外社区矫正风险管理的经验，社区矫正风险管理的措施可以归纳为以下几个方面。

1. 分类管理

行刑个别化是现代刑事执行的重要原则。社区矫正的分类管理是这一原则的重要体现，其核心是实行区别对待、个性处遇，集中体现了个别预防的思想。

为了提高对社区矫正对象风险管理的针对性和有效性，在进行社区矫正之前，首先要对社区矫正对象的危险性进行测评，根据测评结果划分风险等级，再按照风险等级落实相应的监督管理措施。社区矫正机构和社区矫正工作人员对不同风险等级的社区矫正对象落实不同的监督强度、接触形式、汇报次数等管理措施，使社区矫正对象所具有的风险与监管措施相适应，实行分级分类管理。

实践中，我国对社区矫正对象风险程度的测评，有的是套用监狱的计分考核办法，有的是采用国外的做法，有的甚至还采用那种基于直觉、猜测的测评方法。因此，我国迫切需要建立一套适合我国国情的社区矫正对象风险程度测评的科学手段和机制。

结合我国司法实践中常见的需求类型，社区矫正对象可分为以下几类：①

第一，认知行为类矫正需求者。这类社区矫正对象往往存在一定程度的心理障碍，存在认知及行为上的问题，因此要强调从心理上对其进行矫治。通过群体或一对一的心理咨询，关注社区矫正对象的积极行为和自尊，逐步促进社区矫正对象改变认知，促进其思维更为理性，人格更为健全，进而改变行为方式，顺利回归社会。

第二，社会交往技能类矫正需求者。这类社区矫正对象往往社会交往观念陈旧、社会交往能力差，所以在人际交往、社会关系处理上存在问题。要通过专业的训练帮助社区矫正对象提高社会交往能力，以使其在社会上生存发展，降低重新犯罪率等。

第三，情绪控制类矫正需求者。这类矫正需求者往往是暴力犯罪者。应当通过专业辅导、心理测量与矫正，关注心理缺陷，引导社区矫正对象提升自我控制能力。

第四，家庭沟通类矫正需求者。这类矫正需求者的重点是青少年。青少年犯罪背后，往往存在家庭问题。因此，要通过改变家庭内的相互关系，让青少年感受到家庭的温暖，进而改善青少年的行为问题。

第五，生活能力帮助类矫正需求者。这类矫正需求者往往又可分为以下几类：一是基本生存需求。比如，在监狱服刑多年的假释人员，年龄偏大，没有家庭或家庭关系不好，自身无一技之长。社区矫正机构应采取多种方法解决其生存问题，比如协助其申请最低生活保障、申领失业保险金、申请公租房或廉租房等保障性住房等。对于患有艾滋病的社区矫正对象，要协调疾病防控机构提供其基本的医疗条件等。二是就业促进需求。此类社区矫正对象受教育程度较低，缺乏自身生活技能，职场竞争力差。因此，社区矫正机构要协调人力资源社会保障部门对其进行就业指导，组织其参加职业技能培训，帮助其提高就业能力等。三是教育发展需求。此类社区矫正对象可继续细分为基本教育需求和特殊教育需求等。对该类社区矫正对象则需要与教育部门沟通，协助未成年人完成九年制义务教育、协助聋哑社区矫正对象学习哑语等基本沟通手段等。四是其他需求者。如戒除毒品或酒精控制类需求者。

总之，只要是社区矫正对象真实存在的需求，在有利于防控风险的原则下，都可以通过分类管理的方式，以社区矫正机构安排“必选”矫正项目＋社区矫正对象“自选”矫正项目的形式进行，为每位社区矫正对象量身定制矫正套餐，真正实现社区矫正对象

① 谢燕. 社区矫正危险控制新论［D］. 暨南大学，2015.

的个性化矫治，最终达到协助其回归社会的目的。

2. 跟进管理

跟进管理是指在对社区矫正对象进行风险管理的过程中，社区矫正工作者必须对社区矫正对象进行阶段性的随访，并对随访期间出现危险程度的变动情况作出一定程度的处理和回应的活动。如果发现社区矫正对象在某一风险等级之下顺利地度过了一段监管时间，并且在此期间完全遵守了监管规定，那么，就应该把监管等级降低一个级别，同时修改矫正方案、调整矫正措施，以鼓励社区矫正对象向更好的方向转变。反之，如果发现社区矫正对象在某一风险等级之下违反了监管条件，那么，就应该把监管等级提高一个级别。对社区矫正对象实施更加严格的监督控制，同时要修订矫正方案、完善矫正措施。通过跟进管理可以把风险管理的阶段性和过程性有效地统一起来，形成一种灵活的反应机制，以针对社区矫正对象不同程度的违规行为采取相应的反应措施，帮助社区矫正对象得到更合适和更有效的矫正监管和服务，以不断促进和巩固矫正教育所获得的效果。

3. 个案管理

从多年的实践来看，要想高效地进行风险管理，必须重视对社区矫正对象实行个案管理。

个案管理的第一步要求对社区矫正对象进行风险评估或需要测评。首先，根据社区矫正对象具有的风险因素，评估其危险程度，对社区矫正对象进行风险等级分类，为落实分类管理做准备。其次，社区矫正工作人员在开展矫正工作之前就要通过开展调查研究、资料收集等手段来考察社区矫正对象静态和动态的风险因素，诸如风俗习惯、历史遗传、反社会的态度、周围的朋友、性格、前科、家庭、教育背景和工作情况等，从中识别出一些犯罪需要的因素，并对每个社区矫正对象的需要因素进行评估，从而对社区矫正对象进行需要分类。在综合考察社区矫正对象的危险性和需要情况的基础上，对社区矫正对象作出准确的风险、需要分类，这样可以保证对社区矫正对象给予有针对性的、相适宜的监管和帮助。总之，通过对风险、需求、敏感度以及专业性的判断，是我们对社区矫正对象进行科学分类、降低风险因素的关键策略。

个案管理的第二步要求制定监管个案。根据对社区矫正对象的风险或需要，因人而异地设计监管个案，设定科学的矫正项目，采用不同的监管策略。这是进行风险管理的重要环节。在监管个案中，不仅要写明社区矫正对象的风险等级或需要等级，而且要写明对社区矫正对象实施的监管等级、种类、内容以及监管目标等，以赋予监管个案个性化的特征。同时，随着矫正进程的不断推进，还要视社区矫正对象的变化发展情况适时调整监管个案，以不断提高风险管理的实效性。

个案管理的第三步要求科学设定矫正工作量。监管个案的制定贯彻了区别对待、因人施教（管）的原则。随着社区矫正规模的扩大，案件的风险差异也会增大，相应的监管不同个案所付出的时间和精力肯定会存在较大的差异，如果再采取过去社区矫正试行期间的方法来确定工作量就有失合理性。因此，在个案监管中，我们应借鉴国外的经验，以对社区矫正对象的分类结果为基础，综合考虑社区矫正对象的风险程度、矫正时间以及矫正工作者的监管能力等因素，根据在每个不同类型的社区矫正对象身上花费的时间量为基础来确定每名矫正工作人员的案件数量。

以上三个步骤作为个案管理的准备阶段，可以使社区矫正机构中所有工作人员的监管工作标准化。在此之后，才进入个案管理的实施阶段。应当注意的是，个案管理的实施过程是一个静态和动态相结合的过程，一个监管方案不可能一成不变，在矫正过程中应跟随社区矫正对象自身变化发展的情况适时对监管方案进行调整，才能使个案管理不断得到优化。

4. 强化奖惩①

为了通过奖励先进、惩罚后进的行为来达到激励社区矫正对象接受矫正、维护社会安全的目的，对社区矫正对象的奖惩是十分必要的。强化奖惩也是实施监督管理，进行危险控制的重要手段。

一方面，要建立奖励制度。心理学的研究表明，奖励的效果要优于惩罚。应当设计必要的奖励制度，使尽可能多的社区矫正对象受到肯定和表扬，激发他们遵纪守法、服从管理、主动接受矫正的积极性。如奖励可以分为表扬和减刑。对认真遵守社区矫正管理规定、积极参加公益活动，表现突出的可以给予表扬。由于社区矫正本身就已体现了从宽处理的精神，因此，对社区矫正期间的减刑应当从严掌握。另一方面，要设立多层次的惩罚措施。

三、社区矫正的风险控制技术

（一）社区矫正风险控制概述

关于风险控制的概念很多。将“风险预测”“风险评估”与“风险管理”“风险控制”相较，“预测”与“评估”的外延较窄，其本身就属于管理或控制的一部分，“管理”和“控制”不仅将社区矫正过程前后，各种发生危险的结果和可能性涵盖了，并且还包括一系列的对策和处置措施，内涵更为丰富。再将“管理”和“控制”相较，《现代汉语词典》对于“管理”一词的解释为：“负责某项工作使顺利进行；保管和料理；照管并约束（人和动物）。”对于“控制”一词的解释为：“掌握住不使任意活动或越出范围；使处于自己的占有管理或影响之下。”“管理”侧重于前期工作和日常行为，“控制”则侧重于对危险的预警与具体对策及行动。二者都体现社区矫正的刑事执行性特征，有利于区分刑事执行与一般社会管理，区分对社区矫正对象和一般社会成员的不同约束。但风险管理更侧重于日常的常规工作和常规措施，风险控制侧重于对危险的针对性工作与应对性措施。

（二）社区矫正风险控制的措施

1. 建立健全风险预测制度

风险预测是指按照法定条件，通过审前社会调查，确定拟被社区矫正的矫正对象、拟假释或被暂予监外执行的罪犯的各种信息，综合分析后对其人身危险性进行预测，进

---

① 谢燕. 社区矫正危险控制新论［D］. 暨南大学，2015.

而决定是否对被告人、罪犯适用社区矫正的制度。[①] 审前社会调查是风险预测制度的核心，是指“对罪犯的人身危险性和再犯可能性以及是否具备有效的矫正条件进行综合评估”。[②] 我国现行的风险预测制度集中体现于对审前调查的规定。《刑法修正案（八）》首次确立了审前社会调查的法律地位。《社区矫正法》和《社区矫正法实施办法》将审前调查制度具体化，进一步明确了审前社会调查的主体、程序和内容。

在司法实践中，审前社会调查在立法、制度设计方面存在一些问题，影响了风险预测制度效果的发挥。一是调查内容不全面，仅停留在个人信息和社区意见的层次上，关注的是社区矫正对象的现实表现和个案本身，缺乏对社区矫正对象的人格特征、矫正难度和人身危险性的预测，对制定个性化的矫正措施缺乏指导意义，起不到刑事执行个别化的效果。二是调查程序不明确。现行审前调查程序并未明确规定调查的时限，也并未明确其是否计入审限。在司法实践中，可能被判处缓刑的案件往往适用简易程序，留给审前社会调查的时间较短，难以达到应有的效果。三是调查范围不合理。现行的审前调查程序只是规定了对拟适用社区矫正的被告人、罪犯，需要调查其所居住社区影响的，可以进行调查。由此看出，审前调查的范围完全由各地委托机关依据自己的主观经验来判断，自由裁量空间较大，容易导致对该罪犯社区矫正执行困难。四是调查结论的法律地位模糊。根据现行法律规定，在拟适用社区矫正时，有关机关尽管可以委托县级司法行政机关进行调查评估，但对于提交给委托机关的调查结论，并没有规定其法律地位。

总之，我国的审前调查制度在司法实践中并未起到应有的作用，很好地达到对拟适用社区矫正对象进行风险预测的目的，必须从制度上加以改进完善。

2. 建立健全风险评估制度

风险评估[③]是指在社区矫正过程中，通过一定的技术手段，针对社区矫正对象的基本情况、社会关系、矫治环境等各方面的信息进行调查研究，对评估罪犯重新犯罪或实施其他犯罪的可能性进行评估（包括实施暴力、脱逃的可能）。风险评估是进行风险管理的基础。

风险评估在风险控制体系中占有举足轻重的地位，其评估的准确程度直接影响风险控制的效果。构建我国的风险评估制度，应做好以下几点：一是以统计学为基础建立量化的危险评估方法。世界各国多采用统计性评估方法，通过设计信度与效度较高的风险评估工具达到量化风险的目的。我国应尽快明确采用以统计学为基础的量化风险评估方法。二是应尽快研发全国统一的风险评估工具和平台。可以借鉴国外的先进经验，对国外使用较为成熟、信度与效度较高的风险评估工具结合我国社区矫正近年来的发展成果进行本土化改造，尽快研发设计一套全国统一的风险评估工具，在保持较高信度与效度的前提下，提高风险评估工具的可操作性。

3. 统筹规范社区矫正工作信息化建设

我国自开展社区矫正试点以来，各地社区矫正机构相继研发了“社区矫正工作信息

---

① 谢燕. 社区矫正危险控制新论［D］. 暨南大学，2015.

② 周文庆. 社区矫正审前社会调查制度研究［D］. 上海交通大学，2012.

③ 冯卫国，于阳. 论社区矫正风险评估［J］. 济南：山东警官学院学报，2012 (2)：71.

管理系统”，利用电子信息远程传递、技术定位、工作统计数据填报自动生成等信息化手段，实现了省级与各市县区社区矫正机构及基层司法所之间的社区矫正联网办公，传统的社区矫正工作管理方式正在逐渐发生变化，社区矫正工作信息化建设取得了很大的成绩。但这一变化在当前形势下是远远不够的，在具体操作中还存在许多问题，例如，监管力度欠缺；基础信息不全；公安、检察院、法院、司法行政、民政等部门缺乏信息共享；信息化建设碎片化、分散化，缺乏顶层设计和统筹规划等。

近年来社区矫正对象数量不断增加，基层社区矫正管理部门人员不足、工作量骤增，工作压力变大。随着我国城市建设的发展，流动人口和人户分离现象日益突出。社区矫正执行过程中的监管很难实现真正意义上的动态管理，资料衔接不及时、脱管漏管带来的风险不断加大。风险控制对于信息化建设的渴求不是紧跟时代的亦步亦趋，而是来自现实问题的步步紧逼。统筹规划信息化建设是实现风险控制的必由之路。一是要树立与时俱进的思想观念。社区矫正信息化建设是一个长期、持续、动态的过程，必须紧跟科技创新的步伐，在使用中不断优化完善，坚决克服一劳永逸的思想。二是要加强统筹规划和顶层设计。省直及中央国家机关要加强顶层设计，及时将基层司法实践中的先进做法加以总结推广，避免重复浪费和多头建设，体现法律执行的统一性。三是要加强信息化管理平台建设，例如社区矫正管理与监控平台、重新犯罪信息平台等。平台建设应当与公安、法院、检察院、民政等部门共享，实现社区矫正工作关键信息的互联互通。

4. 队伍专业化建设是风险控制质量的重要保障

队伍专业化建设决定着风险控制质量的好坏。社区矫正作为刑事执行方式的发展趋势，日益得到人们的认可，但目前队伍建设专业化的需求却没有引起足够的重视。社区矫正工作人员、社会工作者、社区矫正志愿者是当前常见的社区矫正人力资源配置模式。但在实践中，往往存在社区矫正工作人员压力过大、专业水平不够、社会组织和志愿者介入不足等现象。

社区矫正的风险控制本身是社会性的系统工程。不仅涉及法学、社会学、统计学、心理学等多个学科，还涉及教育、就业、社会保障等多个机构。因此，走专业化建设之路是提高矫正质量、减少风险的必由之路。建立与市场经济相适应的开放式思维方式，向市场购买对社区矫正对象的职业技能培训服务，向心理咨询机构购买心理健康服务，向社工机构购买社工服务，将专业化贯穿于社区矫正的各个环节。

第三节　社区矫正突发事件处置技术

《社区矫正法实施办法》第 52 条规定：“社区矫正机构应当建立突发事件处置机制，发现社区矫正对象非正常死亡、涉嫌实施犯罪、参与群体性事件的，应当立即与公安机关等有关部门协调联动、妥善处置，并将有关情况及时报告上一级社区矫正机构，同时通报执行地人民检察院。”社区矫正对象作为社会的特殊人群，是治安突发事件的高危人群、易发人群。社区矫正突发事件是指突然发生，造成或者可能造成社会危害，需要采取应急处置措施予以应对的涉及社区矫正对象的事件。充分认识社区矫正突发事件的突发性、复杂性、紧迫性和严重性，研究社区矫正突发事件的规律，科学制定预案，有利于社区矫正工作的顺利开展，有利于社会的安全稳定。

一、社区矫正突发事件产生的主要原因

社区矫正突发事件涉及已经或可能发生社区矫正对象脱管失控、非正常死亡、实施犯罪、参与群体性事件，正在或可能发生行凶、闹事、纵火、抢劫、绑架等严重危及人身、财产安全的暴力犯罪的，以要挟或制造重大社会影响为目的而实施或准备实施自杀、自焚、自残等行为的，挟持人质或对他人实施暴力行为的，严重扰乱公共秩序、妨碍公务以及其他违法犯罪活动等。

社区矫正突发事件的发生既有偶然性，又有必然性。其导火索往往是偶然的，某些矛盾长期积累而导致井喷效应则是必然的。社区矫正突发事件的产生主要有以下原因。

（一）社会客观因素容易诱发突发事件

社会转型、社会变迁给人们带来的价值观念、思维方式、行为习惯、心理、情感等方面的变化，使社区矫正对象因无所适从而显得茫然无助，最终心理失衡、行为失范；当地治安状况差，原先的犯罪诱因依然存在，造成社区矫正对象犯罪人格未得到根本的改变；家庭和社会关爱不力，矫正教育、社会帮扶工作相对滞后，社会偏见长期存在，社区矫正对象精神无依、生活窘迫、就业困难，弃旧图新的愿望难以实现等社会客观因素增加了群体性、突发性事件的诱发因素。

（二）特殊对象的个人主观因素容易诱发突发事件

社区矫正对象个人的生活期望值过高，又无技术特长，缺乏谋生手段，很难找到合适的工作和获得稳定的经济收入。在入不敷出的情形下，个人期望不能实现时，容易导致心理失衡、行为失控。社区矫正对象之所以违法犯罪，主要原因在于文化素质低、法律意识淡薄、自身综合素质差，他们对社会好的方面不容易发现和接受，对不良社会现象却很敏感且容易接纳，一旦有社会违法犯罪人员引诱、威逼，就可能导致治安突发事件。个别社区矫正对象缺乏家庭关爱，在遭受社会歧视时，容易刺激其个人性格中恶的一面，往往导致失去理智、一时冲动，产生突发事件。

（三）重大自然灾害等容易诱发突发事件

因不可抗力、其他重大突发事件的处置、重大自然灾害的发生和其他重大突发事件等情况的发生，导致社区矫正对象生产生活发生重大变故，思想产生重大波动，往往也能诱发社区矫正突发事件。

二、处理突发事件中存在的主要问题

（一）社区矫正工作人员短缺

社区矫正人员严重不足，负责对突发事件的信息收集、处理和突发事件的平息、处

置的工作人员短缺，造成了突发事件处置不得力或不到位，加大了突发事件的处理难度，更加剧了突发事件的不可控性。

（二）处理突发事件工作经费短缺

社区矫正突发事件处置没有专项经费是一个普遍存在的现象。各级社区矫正机构作为社区矫正突发事件一线指挥部，因经费短缺而缺乏必要处理突发事件的设施、设备，从而造成对突发事件无法正常进行处置。

（三）强制性措施缺失

司法行政部门作为社区矫正突发事件处置一线，法律法规没有赋予其强制执法权。社区矫正工作虽然已定位是刑事执行活动，但是，在实践中执行的一些制度、规定却缺失最重要的强制措施，造成了突发事件处置手段和方法的缺失。由于社区矫正突发事件处置缺失强制措施，加大了突发事件处置难度。

三、社区矫正突发事件应急处置技术

社区矫正机构应当建立突发事件处置机制，发现社区矫正对象非正常死亡、实施犯罪、参与群体性事件的，应当立即与公安机关等有关部门协调联动、妥善处置，并将有关情况及时报告上一级社区矫正机构，同时通报执行地人民检察院。

（一）建立健全组织机构，完善应急预案

在社区矫正突发事件处置中，社区矫正机构要加强领导，落实人员，应成立社区矫正突发事件领导小组和领导小组办公室，把政府、法院、检察院、公安、司法局（所）、社区干部等相关部门人员纳入进来，协同应对、联合处置。其主要职责为：一是对突发事件应急处置工作实施统一领导、统一协调；二是确定应对突发事件重大决策和指导意见；三是组织编制、修改突发事件应急预案；四是开展突发事件处置工作的组织指挥；五是当突发事件超出处置能力时，依程序请求上级支援并根据需要提请上级启动更高层次的应急预案；六是决定和部署应急工作重大事项；七是分析总结突发事件应对工作。

应急预案是处置突发事件的预先方案或者说是指导性文件，关系到整个突发事件处理能否顺利进行和有效开展，而突发事件的不确定性、风险性又决定了预案不是一成不变的。因此，应对突发事件就要在充分收集基础信息和资料的基础上，适时调整充实预案，组织有关人员认真学习，熟悉突发事件的处置程序和对策，组织演练，总结经验，不断提高社区矫正工作人员处置突发事件的能力。

（二）加强信息收集研判，完善预警机制

社区矫正机构平时应加强对社区矫正对象工作、生活、家庭、社交等相关方面信息收集，完善社区矫正对象档案、资料，依照“见人见档、一人一档、人档相符”的原则逐一建档立卡，在处理突发事件时才能够有的放矢地做好决策。

加强对社区基层的指导，及时收集社区矫正对象动态信息，掌握社区矫正对象的思想动态和行为动向，建立完善的家庭、社区、公安、司法四位一体的预警机制：一是建立风险预警机制，对社区矫正工作突发事件发生的可能性、条件等进行分析评估，提出预防对策，加强信息收集研判工作，对可能引发的突发事件及时作出预警。二是建立信息排查机制，对重点社区矫正对象、重点区域和敏感时段可能出现的问题进行分析排查。三是建立应急处置机制，严格落实值班制度，畅通信息渠道，确保发生突发事件时能及时赶到现场，开展应急处置工作。

（三）强化部门协调配合，规范处置程序

由公、检、法、司、社区联合组成一线处突指挥部，强化部门协调配合，对社区矫正突发事件依法、快速、高效处置。一是公安机关作为社区矫正处突的执法主体的身份不变，在处突过程中会同司法、社区工作人员对突发事件进行现场管控，控制现场态势，对社区矫正对象触犯矫正管理规定的，依法及时处理。二是司法行政部门负责社区矫正突发事件现场的组织协调和信息提供。司法行政部门要全面了解突发事件的发展状况，加强法院、检察院、公安机关、社区等职能部门之间的联系，负责应急信息的接收和核实，指挥、协调应急事件的处置。突发性事件中社区矫正对象有违反法律规定的、构成重新犯罪的，司法行政部门要会同法院为公安机关依法处理提供法律保障。三是人民法院应依法加快对突发事件中违法社区矫正对象的审判，快速平息事态。四是人民检察院应正确行使法律监督职能，加强执法监督，完善监督程序，发现社区矫正突发事件工作中不符合法律、政策规定的问题，及时提出检察建议。五是社区部门要在处理社区矫正突发事件中发挥主力军作用，充分利用对所辖区域熟悉的先天优势，积极配合公、检、法、社区矫正机构各部门处置突发事件，为处突提供情报、信息支持，提出处置建议，提供后勤保障。

（四）提升执法人员素质，强化处置能力

社区矫正突发事件处置是一门专业、复杂、系统的工程，对执法人员提出了很高的要求，只有不断提高执法人员自身素质，强化各种处突能力，才能做好社区矫正处突工作。一是要通过开展各类学习、培训，强化法律意识、服务意识和责任意识，要抓好行政执法人员的法律知识和业务知识的培训，提高严格执法、规范执法、文明执法的能力和水平。二是要抓好行政执法人员职业道德纪律教育，使之牢固树立依法行政、热情服务理念，不缺位、不越位、不错位，履职尽责，文明执法。三是要对处突中遇到的难点、热点问题，组织执法人员进行专题培训和专题讨论、分析，通过有针对性的“分类分批分层次”业务知识培训，提高队伍的专业素质。

（五）加强社会资源利用，灵活处置方法

社区矫正突发事件要充分运用社会力量进行解决，加强与社区、家庭、社区矫正对象的联系，在处突过程中强化沟通，采纳意见，做好决策，灵活运用处置手段。一是摸清社区矫正对象的社会关系网。只有在平时将社区矫正对象社交圈子、社会关系理清，

才能在处置突发事件时找到解决办法、突破口。二是加大对社区矫正对象身边人的普法宣传。司法部门要结合每年普法宣传，邀请对社区矫正对象有影响的人参加到法律宣传中，强化其知法、守法的观念，邀请他们协助司法部门做好社区矫正对象日常思想稳控和矫正帮扶工作。三是突发事件发生时，做好与社区矫正对象人际关系的沟通协调。社区矫正对象人际关系中的人有很多是矫正对象的家人、朋友，他们对社区矫正对象有很大影响力，加强与他们沟通协调，邀请他们参与到社区矫正对象突发事件处置工作中，能使处置更加灵活、高效。

典型案例

社矫对象冒名顶替车祸司机　自食其果锒铛入狱

郑×，江山本地人，2021 年 10 月 14 日因犯偷越国境罪被江山市人民法院判处有期徒刑 7 个月，缓刑 1 年，并处罚金 1 000 元，社区矫正期限自 2021 年 10 月 26 日起至 2022 年 10 月 25 日止，社区矫正执行地为浙江省江山市。

2021 年 10 月 29 日，郑×来江山市司法局办理了入矫报到手续，开始接受社区矫正，接着，司法局和司法所工作人员分别对其进行了入矫教育，明确了社区矫正相关规定，接受社区矫正期间享有的权利和应履行的义务等。

2022 年 2 月 25 日 12 时许，郑×的朋友驾驶机动车在江山市上余镇与他人驾驶的机动车发生交通事故，因郑×的朋友无机动车驾驶证，遂逃离现场，逃离后联系了郑×到事故现场冒名顶替，郑×便向到现场处理事故的交警谎称发生事故的车辆是其驾驶的。后在事故处理过程中，郑×被对方驾驶员认出不是发生事故当天驾驶车辆的驾驶员，郑×的行为已构成提供虚假证言，2022 年 5 月 31 日，江山市公安局决定给予郑×行政拘留 7 日，并处罚金 300 元的行政处罚（行政拘留暂缓执行）。

2022 年 5 月 17 日，江山市司法局根据《刑法》第 77 条、《社区矫正法》第 28 条、《社区矫正法实施办法》第 46 条、《浙江省社区矫正对象考核奖惩办法（试行）》第 47 条和第 51 条之规定，向江山市人民法院提请了撤销缓刑建议书，建议对社区矫正对象郑×撤销缓刑，执行原判刑罚。

2022 年 6 月 8 日，原判机关江山市人民法院对郑×作出了撤销缓刑 1 年的执行部分，收监执行原判有期徒刑 7 个月的裁定。

郑×的收监案例也引发了我们的深思：郑×接受社区矫正的时间还不太长，其对自己社区矫正对象的角色代入感也不强烈，因朋友义气和侥幸心理，不加以深思就从事了触犯行政法规的活动，而没有考虑到因此自己需要付出的惨痛代价，最终自食恶果锒铛入狱，此案例也给接受社区矫正时间不长的社区矫正对象敲响了警钟。

引例分析

张××作为一名基层司法所所长，是辖区社区矫正工作的具体实施者，处于社区矫正工作的前沿和一线。制定社区矫正工作突发事件的工作预案，加强风险管控，防范和正确应对各种突发事件是其职责所在。他应该注意从风险管理理论和模式中汲取经验，按照分类管理、跟进管理、个案管理等要点做好具体应对措施，点、线、面结合，把各种突发事件的管控和应对措施体现在工作预案中。

思考练习

1. 社区矫正风险管理的常见措施有哪些?
2. 社区矫正风险控制的措施有哪些?
3. 社区矫正突发事件产生的主要原因是什么?如何建立应急预案?

第十一章　社区矫正评估技术

学习目标

1. 理解社区矫正评估的含义和功能，掌握社区矫正评估的类型；
2. 了解社区矫正评估的目的和作用；
3. 掌握社区矫正评估的内容和方法。

引入案例

张×，男，59 岁，2008 年 11 月因绑架罪被判处有期徒刑 12 年，2013 年患继发性肺结核和糖尿病，申请暂予监外执行（保外就医），2015 年 1 月至 2017 年 11 月由派出所管辖；自 2017 年 11 月起，作为社区矫正对象移交司法所进行日常管理。张某身材高大，行动缓慢；注意力容易分散，思维表达能力开始有减退的迹象；说话声音比较大，容易激动，脾气比较倔强、暴躁和冲动。

问题：

1. 社区矫正工作中需要对张某做哪些评估工作?
2. 社区矫正评估工作能够在张某社区矫正过程中发挥怎样的作用?

社区矫正评估是整个矫正过程的重要工作环节，是一种将科学研究方法运用于社区矫正实际工作，并以有效推进社区矫正工作实践为目的的科学研究活动。《社区矫正法实施办法》第 21 条和第 22 条提到社区矫正工作中的综合评估工作，关系到社区矫正对象的分类管理和矫正方案制定。本章根据社区矫正工作中的评估需求，借鉴已有的研究成果，结合我国社区矫正工作实际，对社区矫正评估技术进行阐述。

第一节　社区矫正评估技术概述

一、社区矫正评估的含义

社区矫正评估，是指在社区矫正机关的统一组织和管理下，根据既定的指标体系，对社区矫正的风险、需要、能力和效果等进行测量和评价，并将测评结果用于指导社区矫正实践的专门活动。

(一)测量与评定

评估源于人们理性地认识与自身相关事物的欲望，其目的是更有效地实现自己的目标。通过评估，能够把事物的客观属性和人们的主观判断联系起来，使人们更科学地认识事物，更有效地实现人类既定的发展目标。

评估活动包括测量和评定两个主要方面。测量是利用合适的工具，确定某个给定对象在某个给定属性上的量的程序或过程。作为测量结果的量通常用数值表示。该数值是在一个给定的量纲或尺度系统下，由属性的量和测量单位的比值决定的。评定是在实践活动中根据一定的标准对特定对象进行估价的过程，是在测量基础上作出的，因而是一种主观的判断。

(二)社区矫正评估的实质

社区矫正评估是整个矫正过程的重要工作之一，是一种将科学研究方法运用于社区矫正工作实务，并以有效推进社区矫正工作实践为目的的科学研究活动。虽然社区矫正评估研究包含了一些理论性研究，但就总体而言，它基本上属于应用技术范畴。因此，对社区矫正评估的实质属性，可以从以下两个方面加以剖析。[①]

1. *科学的研究活动*

相对于一般的社区矫正工作实务，社区矫正评估是一种科学研究。所谓科学研究，是指研究人员运用科学方法去收集资料、分析资料，并发现事物之间内在联系的过程。科学研究旨在发现规律和有效地运用规律。在科学研究中，研究人员以科学的态度，运用学术共同体公认的、经过实践检验行之有效的方法去收集和分析相关资料，从而得出对研究对象的真理性认识。社区矫正评估也是如此。社区矫正工作是科学的矫正活动，其科学性首先来自对社区矫正对象需求的客观细致的了解和矫正方法的科学选择。在选定了社区矫正的方式以后，就要科学地制定矫正方案。社区矫正工作者必须全面考虑开展社区矫正工作所涉及的重要因素，考虑和确定开展社区矫正所需的各种资源，并合理配置资源，以保证实现社区矫正工作的目标。

---

① 顾东辉. 社会工作评估 [M]. 北京：高等教育出版社，2009：5.

可以说，不管是社区矫正对象的选定、对社区矫正对象需求的了解，还是对矫正方案的设计及对矫正效果的客观评价，都是社区矫正工作者和相关研究人员以一定的科学知识为基础，运用科学方法进行的科学研究。没有科学的评估研究，就难以理性而有效地开展社区矫正工作。

2. 社区矫正实践的组成部分

社区矫正评估以促进良好的社区矫正工作为目的，是做好社区矫正工作的有机组成部分。这包含两层基本含义：第一，社区矫正评估基本上是应用取向的，科学的社区矫正评估会对社区矫正工作实践产生正确的指导作用。第二，社区矫正评估与社区矫正工作实务密切地联系和交织在一起，以致难以清楚地将它们划清界限和分离。社区矫正对象的矫治工作是社区矫正实践的重要环节。社区矫正工作者与社区矫正对象的合作与互动、外部环境的变化，都可能会对实现既定目标的矫治活动提出新的要求，要继续进行有效的矫治活动，就要研究当前的新情况，并作出新应对，这就要进行评估。这种持续矫治和持续评估的交织，使得在社区矫正工作实践中很难将评估和矫治活动分开。如果我们没有对社区矫正对象状况及需求进行科学评估，就不能制定良好的矫治策略，并选择科学的方法去实施有效的矫治活动。同样，没有对社区矫正工作过程的科学评估，一项复杂的改造人的活动也不会自然而然地达到预期效果。因此，社区矫正评估实际上是社区矫正工作的活动，它已成为社区矫正工作实务的有机组成部分。

二、社区矫正评估的类型和功能

（一）社区矫正评估的类型

关于社区矫正评估的类型，按照不同的分类标准，可以进行不同的分类。事实上，采用何种划分方法基本上取决于学者和实务工作者的个人取向。狄小华教授曾依据社区矫正评估的现状进行了以下分类①：

1. 按评估的目的进行分类

根据评估目的的不同，社区矫正评估可以分为风险评估、需要评估、能力评估与效果评估。

（1）社区矫正风险评估。

社区矫正风险评估，是指社区矫正机构运用科学的方法，对拟采用非监禁刑而投入社区矫正的社区矫正对象或已经确定进行社区矫正的社区矫正对象，对其人格上存在的实施犯罪行为以及其他严重违法和社会越轨行为的危险倾向的有无及大小所作的评价和预测。

由于这种评估的实质是对社区矫正对象人身危险性的评估，因此，还可以称之为人身危险性评估。人身危险性评估虽然以行为人的犯罪倾向性人格为基础，但犯罪倾向性人格的形成、具有犯罪倾向性人格的人是否犯罪、何时犯罪，以及这种倾向性人格将如

① 狄小华. 社区矫正评估研究 [J]. 政法学刊，2007 (6).

何变化，都与其生活的环境密切相关，因此，社区矫正风险评估不仅是对社区矫正对象人格的评估，还需要对影响社区矫正对象再犯的环境因素进行评价。

(2) 社区矫正需要评估。

需要作为一种短缺的状态，是一个人行为的原动力。准确了解并切实掌握社区矫正对象的需要，才能进行有针对性的管理与矫正。社区矫正需要评估，又称矫正动力评估，是指根据社区矫正工作安全、矫正等目标，对社区矫正对象存在的影响、矫正工作目标实现的内外因素所进行的评价。这里的需要既包括社区矫正对象现实存在的需要，也包括通过矫正工作让社区矫正对象将矫正的目标要求内化为自己的需要。

(3) 社区矫正能力评估。

社区矫正能力评估是指对社区矫正机构及其工作人员，利用自身的资源，以及组织、动员社会资源，对社区矫正对象进行管理、矫正，以控制、降低社区矫正对象的人身风险，并促进社区矫正对象适应正常社会生活的能力进行的评价。社区矫正能力关系到对社区矫正对象人身风险的控制能力，因此，也构成风险评估的因素。

(4) 社区矫正效果评估。

矫正风险评估、需要评估服务于矫正工作的针对性和有效性，而矫正效果本身同样需要进行科学的评价。社区矫正效果评估又称社区矫正质量评估，是指根据社区矫正需要进行评估，对社区矫正对象采取的管理、矫正措施产生的实际效果所作的评价。矫正效果其实就是矫正能力满足矫正需要的结果。矫正效果评估既涉及对具体矫正措施有效性的评价，又涉及社区矫正对象改善状况的评估，还涉及对社区矫正机构及社区矫正工作人员工作成效的评价；既可以是阶段性的效果评估，也可以是对社区矫正对象矫正期满后总的矫正效果评估。

社区矫正风险评估、需要评估、能力评估和效果评估既相互区别，又相互联系，共同构成了社区矫正完整的评估体系。风险评估首先起着帮助确定对象是否适宜进行社区矫正的作用，因而是最基础的评估环节。对适宜进行社区矫正的对象，风险评估也具有通过区分风险等级，进一步帮助确定矫正需要的作用。而矫正需要评估、能力评估的结果，也常构成风险评估的依据。当然，矫正需要的评估还包括对社区矫正对象恶习深浅、自身求变动力等更广泛的内容。对矫正能力的评估，通常以满足矫正需要的能力为依据。社区矫正机构及其社区工作人员满足矫正需要的能力越强，则矫正的效果就越好。在这一体系中，每一种评估都具有独立性，即每一种评估都可以单独使用，并为一定的目的服务，但社区矫正评估综合目的的实现，必须综合应用这一评估体系。

风险评估虽然可以预测社区矫正对象人身风险的大小，但是并不能仅仅以此决定社区矫正对象是否可以进入社区矫正，还需要考虑社区矫正对象的能力大小等因素。同样，单纯依据社区矫正对象的人身风险大小而将其区分为不同管理等级，并不能完全解决管理、教育与矫治的针对性问题，还需要对其进行需要评估。

2. 按评估的时间进行分类

按评估时间的不同，社区矫正评估可以分为诊断性评估、阶段性评估和总结性评估。

（1）诊断性评估。

诊断性评估，是指在社区矫正活动开始之前，对社区矫正对象的人格特征、成长经历、家庭背景、社会关系、犯罪行为等状况进行的评价和预测。诊断性评估是进行社区矫正效果评估的参照标准。社区矫正效果如何，不能完全按照统一的标准，而要与其最初的状况相比较。同时，诊断性评估也是最初制定社区矫正方案的依据。

（2）阶段性评估。

阶段性评估，是指社区矫正活动开始至结束，对社区矫正的相关因素进行的评估。对阶段性评估的评价要参照诊断性评估的结果，这样才能更充分地显示出社区矫正活动的效果。同时，阶段性评估也是修订社区矫正方案的依据。

（3）总结性评估。

总结性评估，是指社区矫正活动结束之前，对社区矫正的相关因素进行的评价和预测。总结性评估既是对个体社区矫正活动的总结性评价，又对其他社区矫正对象的矫正活动具有指导性。同时，总结性评估也是在对社区矫正对象解除社区矫正后，判断是否需要采取其他措施的依据。

（二）社区矫正评估的功能

1. 促进功能

社区矫正的价值追求是社区矫正对象良好的改造效果。在开放的社区条件下进行社区矫正活动，要求社区矫正工作必须针对复杂化的、多变的情境和任务开展工作。要有效地进行社区矫正工作，从社区矫正对象的确定开始就要进行科学的评估，并选择和确定进一步开展社区矫正的内容、方法和步骤。可以毫不夸张地说，在现实的社区矫正工作过程中，想当然地、经验主义地去应对复杂的、变动的社区矫正需求，绝不可能取得令人满意的矫正效果。实际上，社区矫正评估是一项贯穿于社区矫正活动全程的活动，科学的评估会积极地促进社区矫正工作的开展，进而在总体上提升社区矫正工作的效果。

2. 社会交代功能

随着管理主义思潮的蔓延，20 世纪 90 年代以来公共服务和社会服务已进入“交代的时代”。社区矫正工作是一项严肃的非监禁刑事执行活动，它必须向有关方面证明自己的效果和效率，社区矫正工作要用事实来说明自己在改造罪犯、预防犯罪方面的社会贡献。作为社会资源的使用者和分配者，社区矫正工作要对工作的有效性和效率作出说明，而这些说明必须以矫正效果、“投入一产出”的效益为事实根据，其方法就是社区矫正工作评估。

3. 导向功能

所谓导向，就是指导矫正工作朝着社区矫正目标所规定的方向发展。社区矫正评估的标准是社区矫正目标的具体化。运用这些标准评估社区矫正对象，就可以使社区矫正工作者明确社区矫正工作的目标的差异，适当地设置阶梯性的社区矫正目标，制约与引导社区矫正工作进程，逐步地实现社区矫正目标。

4. 发展功能

社区矫正工作需要不断发展和创新，社区矫正工作者也需要不断成长，这是由矫正任务的复杂性、变动性和不断发展的社区矫正需求所决定的。社区矫正工作者要增强自己的工作能力有多种渠道和方法，比如，继续教育、经验交流、强化实践等。然而，要有自知之明并有针对性地学习和改进工作，一个有效措施就是进行社区矫正工作评估。

社区矫正工作评估以客观态度和科学方法为基础。科学的评估能理性地展示和分析社区矫正工作，发现其不足，社区矫正工作者才能不断完善自己。当评估结果指出社区矫正工作的成绩时，社区矫正工作者则会将以往的工作经验上升为理论，进而增进自信心和自豪感，这也会促进社区矫正工作者的自我发展。总之，社区矫正评估因其科学性、客观性、理性和反思性而有利于社区矫正工作者的成长发展。

三、社区矫正评估的目的和作用

社区矫正评估作为社区矫正实践的有机组成部分，其目的是指导社区矫正实践。社区矫正评估具有以下作用[①]。

（一）增强社区矫正的安全性

在社区接受矫正教育的社区矫正对象之所以仍然可以生活在原来的社区，是因为他们不具有人身危险性，或虽然具有一定的人身危险性，但社区矫正机构有能力通过风险控制，确保他们不再继续危害社会。社区矫正对象如果在社区接受矫正期间重新犯罪，不仅面临接受法律惩罚和入狱服刑的风险，更为重要的是社区将会因为司法机关适用或执行刑罚不当而再次遭受危害。因此，人们必须采取措施尽可能地降低社区矫正对象的重新犯罪风险，以确保刑罚功能的实现。那么，怎样才能降低社区矫正的安全风险呢？途径主要有两条，即增强风险评估能力与风险管理能力，而高效的风险管理由于必须以科学的风险评估为前提，因此，建立科学的社区矫正评估机制也就成了增强社区矫正安全性的基础环节。

（二）增强矫治工作的实效性

就社区矫正对象的情况来看，虽然他们的法定身份是罪犯，但由于他们的生活经历、犯罪经历等各不相同，因此，矫正工作中教育和心理矫治方案有很大的差异。从教育和心理矫治的目标来看，对社区矫正对象的矫治，既可能是疾病趋向的，也可能是问题趋向的，还可能是发展趋向的。人们习惯于将社区矫正对象看作有这样或那样问题的人，对他们的矫治，如同医生看病，关键在于准确及时地作出科学的评估，然后才能对症下药，取得良好的矫治效果。那么，怎样才能对社区矫正对象作出科学的评估呢？我们认为必须运用现代科学技术成果，建立适合社区矫正对象的评估体系。而评估指标体系综合运用测验、预测量表和面谈等综合评估措施，可以对社区矫正对象的问题及其类型、严重程度等及时作出比较准确的评估，而在此评估基础上制定的针对性矫治措施，促进矫治工作的针对性，提高矫治工作的实际效果。

---

① 连春亮. 社区矫正理论与实务［M］. 北京：法律出版社，2015：346.

（三）增强奖惩考核的激励性

社区矫正对象的个体情况及所处的环境都处于不断变化之中，因此，并非一次评估就可以一劳永逸，评估应当是动态性的，不仅每次评估要充分考虑各种因素的相互作用关系，而且一个社区矫正对象可根据变化的情况进行多次评估。前后评估结论的比较，不仅可以及时发现问题和已经变化了的情况，适时调整矫治方案与矫治措施，而且可以较为准确地评价矫治工作效果与矫治对象发生的变化，并根据这些科学的评估结论，及时实施奖励与惩罚，以激发社区矫正工作者的工作积极性和社区矫正对象接受矫正的主动性。

社区矫正评估是科学认识社区矫正对象，正确确定社区矫正对象的必经途径，是理性处理社区矫正对象问题，科学矫治社区矫正对象的必要前提，是人道对待社区矫正对象，进行人性化管理与矫治的必要保证。

第二节 社区矫正评估的内容和方法

一、社区矫正评估的内容

（一）社区矫正效果评估

社区矫正效果评估是指有关人员运用科学的评估方法对社区矫正工作的实际效果进行评价的活动。[①] 社区矫正效果评估有利于社区矫正工作绩效的量化、执法过程的监督及社区矫正制度优势的体现。

1. 社区矫正措施效果评估

社区矫正工作的工作目标就是减少和预防再犯罪。具体来说，减少和预防再犯罪就是要逐步消除或者减轻社区矫正对象本身存在的犯罪因素，如对法律的无知、对家庭的漠视、经济基础薄弱和错误的价值观等。这是社区矫正工作对于社区矫正对象的直接作用。因此，社区矫正措施效果评估首先需要的评估的就是社区各项措施对社区矫正对象的影响。

社区矫正效果评估的对象是社区矫正工作中实施的各种管理工作，包含社区矫正项目的设置与内容评估；在社区矫正工作中开展的监督管理、教育改造项目、社区矫正对象的帮助和服务项目等在设置上是否与社区矫正工作目标符合，是否与我国社区矫正制度符合等；社区矫正项目内容评估主要针对该项目是否能达到预设矫正目标、项目实施效果怎样等。

2. 社区矫正成本评估

相对于监狱执行刑罚的监禁刑，社区矫正鉴于其开放型的监管模式，在监管设施投

---

① 吴宗宪. 社区矫正导论［M］. 北京：中国人民大学出版社，2011：390.

入、执法人员配置和执法装备费用等方面具有先天的成本优势。社区矫正成本是与社区矫正投入和结果产出两者直接相关的，在评估时不能只考虑投入。一般社区矫正成本包括：社区矫正基本设施的费用计算、矫正项目的费用计算、工作人员的工资及补贴、社区矫正管理的相关费用等。[①]

3. 社区矫正相关人员感受评估

社区矫正工作归根结底是由人来做的，也是对人进行的矫正教育和转化，利用的是社区人群，最终的工作目标也是为了社会的整体安全，因此，社区矫正的推进与社区矫正相关人员的感受密不可分。

（1）对社区矫正工作者的感受评估。

社区矫正工作者也多是社区矫正工作中的管理者、矫正项目的实施者。对社区矫正工作者的感受评估能够了解社区矫正运行中项目设置、工作程序、部门协调与资料利用方面的情况，一方面可以了解工作人员的工作需求，另一方面为社区矫正运作提供改进和完善的参考信息。

（2）对社会公众的感受评估。

对社会公众的法治宣传教育则是社区矫正制度的独特效果。由于社区矫正是将罪犯置于社区中，并在社区干部和居民的参与下进行，同时，社区矫正对象的社区服务也在社会公众的视野下进行，因此，社会公众对社区矫正的认可和支持具有重要意义。需要通过评估来把握公众的态度，一方面可以改进社区矫正的工作，另一方面对公众的模糊认识给予解释、澄清和引导。否则，没有公众的认可和支持，不利于社区矫正的发展和推进。

（3）对犯罪受害人的感受评估。

社区矫正的一个重要功能是通过评估犯罪受害人的感受，找到使犯罪受害人对犯罪分子给予谅解和宽容的方法和路径，恢复被犯罪所破坏的社区诚信关系。犯罪被害人感受评估可以说是侧面对社区矫正工作的评价。

（4）对社区矫正对象的感受评估。

社区矫正对象在社区矫正中的感受评估，能较好体现出社区矫正所设定的预期目标是否能实现的问题，同时也可以反映出社区矫正管理机构和工作人员的工作质量以及社区居民对社区矫正对象的态度。对社区矫正对象的感受的评估可以作为改进和完善社区矫正工作的一个重要途径。

4. 社区矫正效果评估指标体系

社区矫正效果评估指标体系指的是若干个相互联系的统计指标所组成的有机体。一个完整的指标体系，除了有系统的项目指标外，还必须科学地确定每一项目指标在体系中所占的比重。[②]

我国有学者立足于我国社区矫正工作的现状，从矫正措施效果、社区矫正成本与社会公众态度三个主要维度尝试设计了包含明确指标、拥有合理权重的社区矫正工作实施

---

① 武玉红. 社区矫正管理模式研究 [M]. 北京：中国法制出版社，2011：10.

② 刘诗嘉. 社区矫正评估对象的选择：一种刑事司法评估方法的运用 [J]. 中国刑事法杂志，2005 (3).

效果评估指标体系[①]，该指标体系包括一级指标、二级指标和三级指标（见表 11－1）。

表 11－1　社区矫正工作实施效果评估指标体系

评估目标	一级指标	二级指标	三级指标
社区矫正工作实施效果评估	矫正措施效果	监督管理	再犯罪率
			行政拘留（司法拘留）率
			警告处罚率
			轻微违规处罚率
			“两项理由”之外请假外出审批率
			公安机关违法信息通报率
			人民法院、监狱、公安机关调查评估采信率
		教育矫正	教育学习、公益活动情况
			司法所特色教育开展情况
			法律测试达标率变化情况
			文化知识测试达标率变化情况
			再犯罪风险测试达标率变化情况
			道德修养测试达标率变化情况
		帮困扶助	临时救助开展率
			最低生活保障落实率
			残疾人补助落实率
			心理帮助开展率
			就业技能培训率
			工作岗位推荐成功率
	社区矫正成本	直接成本	工作人员工作福利支出
			硬件设施投入支出
			社区矫正运营支出
			购买社会服务支出
		间接成本	社区矫正对象家庭损失
			社区矫正对象单位损失
			社区矫正对象被实施社区矫正对社会造成的损失
	社会公众态度	认知情况	村居基层组织对社区矫正对象信息掌握情况
			社区居民对社区矫正制度了解情况
			社区居民对社区矫正对象犯罪信息掌握情况
			居民支持社区矫正对象共同参与活动情况
		支持情况	社会公众对社区矫正制度的支持情况
			参与矫正小组情况
			村居基层组织配合社区矫正调查评估情况
			社会力量参与社区矫正情况
		参与情况	村居基层组织参与社区服务情况
			村居基层组织支持教育学习情况

① 王震宏. 社区矫正效果评估指标体系研究［D］. 浙江大学，2018.

通过该指标体系可以帮助我们了解社区矫正效果评估在具体工作中的应用。在评估工作中还需要每个三级指标都有具体的指标说明和指标数据来源（见表 11－2），最后根据重要度计算结果对社区矫正效果评估指标体系进行赋分就能得到一个量化的评估结果。

表 11－2　指标说明及数据来源

三级指标	指标说明	指标数据来源
居民支持社区矫正对象共同参与活动情况	社区普通居民支持社区矫正对象与他们共同参与社区活动或乡村活动的比例	社区居民（村民）调查表、座谈会记录
社会公众对社区矫正制度的支持情况	社区普通居民了解社区矫正制度的基本情况后，支持国家开展社区矫正的比例	社区居民（村民）调查表、座谈会记录
参与矫正小组情况	社区综治干部进入社区矫正对象矫正小组并积极参与小组活动的社区矫正对象占社区矫正对象总数的比例	社区矫正对象档案、社区矫正管理平台数据
村居基层组织配合社区矫正调查评估情况	村居社区综治干部积极参加社区矫正调查评估，如实填写村居社区意见并及时在调查评估材料上盖章确认的案件占该村居社区调查评估总案件的比例	社区矫正对象档案，社区矫正管理平台数据、调查评估案卷材料

（二）社区矫正对象人身危险性评估

1. 人身危险性评估的意义

社区矫正对象人身危险性评估是指运用科学的方法对社区矫正对象人身危险性程度和再犯可能性所作的评价和预测。具体是指对其人格上存在的实施犯罪行为以及其他严重违法和社会越轨行为的危险倾向的有无及大小所作的评价和预测。

对社区矫正对象进行危险性评估意义重大。首先，可以方便社区矫正机构对社区矫正对象进行分类矫正。社区矫正机构可以根据评估结果对人身危险性较大的社区矫正对象采取相对严格的监管措施，对人身危险性较小的社区矫正对象采取相对较宽松的监管措施，这样可以实现资源的优化配置，也有利于对社区矫正对象的矫正。其次，有利于矫正效果的检验。对于不同人身危险性的社区矫正对象进行分类矫正，如果社区矫正对象经过矫正教育后人身危险性程度却升高，就证明相应的矫正措施并没有达到预期效果，需要调整。

2. 人身危险性评估的类型

对社区矫正对象的人身危险性评估按照时间顺序可以分为以下三种类型：

（1）入矫前的人身危险性评估。它为社区矫正决定机关作出是否实施社区矫正提供依据，并为进入社区矫正后的分类管理、个性化教育和心理矫正等打下基础。

（2）入矫后的人身危险性评估，又称中期评估，主要是对社区矫正对象接受管理、教育、改造等动态情况进行测评，再次评估重犯风险，以调整矫正方案、提高矫正效果。评估既是对社区矫正对象管理处遇转化的根据，也是修订矫正教育方案的依据。

（3）解矫前的人身危险性评估。这是在社区矫正期结束阶段对社区矫正对象的人身危险性进行的评估。它是解除社区矫正后是否采取其他手段进一步帮教或社会关注的根据，也是评价整个矫正方案是否有效的依据。

3. 人身危险性评估的工具

美国等国家比较重视对罪犯的人身危险性评估，开发出了一系列的量化评估工具①。这些人身危险性评估问卷主要有：美国《弗吉尼亚州罪犯危险评估表》《威斯康星危险评价工具》《宾夕法尼亚州危险评估工具》；加拿大《监督等级调查表》（LSI）和《重新犯罪统计信息表》（SIR－R1）；英国《罪犯评估系统》（OASys）；瑞士联邦危险评估工具等。通过对国外评估量表的分析，可看出各国均比较重视心理因素对罪犯再犯评估的重要作用。美、英等国家的风险评估技术相对成熟，评估因素选取有代表性，评估因素个数适当，值得借鉴。

目前，我国社区矫正对象人身危险性评估制度的可操作性和实际效果有待提高，适合我国国情的社区矫正对象人身危险性评估量表还比较匮乏，多借鉴已有针对监狱罪犯人身危险性评估开发的量表，如：江苏监狱系统开发的《重新犯罪预测简评表》（CX）和《人身危险性检测表》（RW），黄兴瑞教授的《再犯可能性评估表》，以及由我国司法部监狱管理局主持、司法部预防犯罪研究所等共同研制的《中国罪犯心理评估系统》。

（三）社区矫正对象心理评估

随着社区矫正工作的专业化水平不断提高，社区矫正对象的心理评估工作开展得越来越广泛。社区矫正对象心理评估主要完成两方面的工作：一是对社区矫正对象心理状态是否正常的鉴别评估；二是为不同心理需求的社区矫正对象安排不同的社区矫正项目。

1. 社区矫正对象心理状态正常与否的鉴别评估

社区矫正心理矫治工作主要针对的是心理状态正常的社区矫正对象，如果评估鉴别出社区矫正对象有心理异常状态，要及时安排其到专业的精神治疗机构进行进一步诊断及治疗。通常可以通过与社区矫正对象的观察和访谈对其异常心理状态进行以下鉴别：

（1）平时表现。这包括意识状态、仪态、接触和注意等情况。意识状态是否清楚是鉴别诊断的重要前提。边谈话，边观察社区矫正对象的注意力，注意力能否集中或易转移，对问题能否理解，应答速度、定向和记忆有无改变等，并结合表情作出判断。

（2）感知觉评估。这主要是观察社区矫正对象有无错觉、幻觉与感知综合障碍，可采用直接询问方式。如问“你是否经常听到有人在说你什么?”“你看见过什么人或特殊的形象吗?”“有否闻到某种特殊的气味?”等。

（3）思维障碍的评估。通过谈话了解思维形式与内容障碍，主要观察有无特殊思维形式障碍、妄想、强迫观念等。

（4）情感的评估。既要观察外部表情，又要询问内心体验，特别要注意观察社区矫正对象的眼神和面部表情。如凝视无神，谈话时注意力不集中、心不在焉、东张西望；或注意力涣散、易淡漠、空笑、强制性哭笑等。

① 王超，冯卫国. 中美罪犯矫正效能差异实证研究［J]. 辽宁大学学报（哲学社会科学版），2017（1).

(5) 意志和行为的评估。通过谈话了解社区矫正对象的意志是否正常，如问“你对今后有何打算？有何要求?”等。观察有无动作增多或减少、奇异动作、蜡样屈曲、抗拒症、木僵状态，甚至紧张综合征等。

(6) 自知力的评估。心理正常状态的社区矫正对象通常能认识到自己的不适，主动叙述自己的问题，寻求帮助，即有自知力。心理异常状态的社区矫正对象会有精神病性障碍患者的表现，伴随丧失了对精神病态的认识和批判能力，否认自己有精神障碍，甚至拒绝治疗，即无自知力。

2. 心理评估工具

目前，社区矫正中运用较多的心理评估工具大致有智力测验、人格测验以及心理评定量表。

(1) 智力测验。目前常用量表有：吴天敏修订的中国比内-西蒙量表，龚耀先等人修订的韦氏成人智力量表 (WAIS-RC)、中国-韦氏幼儿智力量表 (C-WYCSI)，林传鼎等人修订的韦氏儿童智力量表 (WISC-CR)，张厚粲主持修订的瑞文标准型推理测验 (SPM)，李丹等修订的联合型瑞文测验 (CRT) 等。这类测验可以了解社区矫正对象智力方面的特点。

(2) 人格测验。目前应用较多的有：艾森克人格问卷 (EPQ)，卡特尔 16 人格因素问卷 (16PF)，人格诊断问卷 (PDQ) 以及明尼苏达多项人格调查表 (MMPI) 等。人格测验有助于评估工作者对社区矫正对象人格特征的了解，以便于对其问题有更深入的理解，并可针对性地开展咨询与心理治疗工作。

(3) 心理评定量表。主要包括精神病评定量表、躁狂状态评定量表、抑郁量表、焦虑量表、恐怖量表等。这类量表用法及评分简便，多用于鉴别社区矫正对象心理状态正常与否，并可反映病情的演变。

二、社区矫正评估方法

社区矫正评估需要运用科学的方法，对现有的工作进行全面的和客观的分析，科学的方法包括定性的方法和定量的方法两种类型。定性的方法主要包括阅卷法、犯罪事实判断法、观察法、会谈法、问卷调查法等。定量的方法主要有数据分析法、心理测量法等。在实际的评估操作中，需要结合不同的评估对象和评估目标采取适当的评估方法。下面介绍在社区矫正评估实践中较常采用的四种方法。

(一) 阅卷法

阅卷法也称资料法，通过审阅社区矫正对象的案卷，了解其基本情况、犯罪事实、主观恶性程度、罪名、犯罪情节、犯罪手段、社会危害后果、刑种、刑期、社区矫正起止日期、入矫前的表现、人际关系、人格特点等，以此来初步进行相关评估的一种方法。

(二) 观察法

观察法是指通过感官或借助于一定的科学仪器等对他人或自身的行为进行有目的、

有计划的观察，获得相应资料，并在此基础上作出评定和判断的方法。

1. 观察法的种类

观察法可以根据具体的观察目的、内容和手段等的不同区分为不同的类型。根据观察途径的不同，观察法可以分为直接观察法和间接观察法（如通过摄像、录像设备等）；根据研究者是否参与社区矫正对象活动，观察法可以分为自然观察法与控制观察法。控制观察法是指研究者在观察过程中对研究对象进行某种程度的干预和控制，以便更好地研究和理解现象。研究者通过控制变量、随机分组等手段，使得不同组别之间的差异可以归因于特定的因素。这种方法适用于需要控制其他变量干扰的情况，例如实验研究。控制观察法的优点是能够更准确地确定因果关系，缺点是可能存在人为干预的局限性，以及实验环境与真实情况之间的差异。

2. 观察的主要内容

行为观察的主要内容因目的而异，一般包括以下几个方面：仪表，即穿戴、举止、表情；身体外观，即胖瘦、高矮、畸形及其他特殊体形；人际沟通风格，如大方或尴尬、主动或被动、易接触或不易接触；言语，包括表达能力、流畅性、中肯、简洁、赘述；动作，如过少、适度、过度、怪异动作、刻板动作；在交往中表现出的兴趣、爱好、对人对己的态度；感知、理解和判断能力；在困难情境中的应付方式等。

特别要强调的是，观察法的一个重要特点就是收集非言语信息，对与非言语沟通有关的所有方面都应给予足够的重视。会话中有意的手势、动作、身体姿势、面部表情等，以及无意的言语模式，如音调的抑扬顿挫和语速变化等特征，都表达了与语词相同或不同的信息。这些信息提供了心理评估的重要线索。

（三）会谈法

会谈法又称访谈法或晤谈法，从广义上来说，就是通过评估者和社区矫正对象的谈话，来收集个案材料或了解某些人、某些事或某些行为及态度等的一种方法。

1. 结构化会谈

结构化会谈也称标准化会谈，是由评估者按所需资料的要求，编制出详细的会谈主题或大纲，会谈过程中按照同样的措辞和顺序向每一个社区矫正对象询问同样的问题，要求矫正对象按所提问题逐一回答。

2. 非结构化会谈

非结构化会谈也称自由式会谈，这种会谈预先无须确定会谈的主题或大纲，评估者可以根据自己的判断探索各种与会谈目的相关的话题，让社区矫正对象自然而然地说出他想说的话。非结构化会谈的优点在于方法上比较灵活，可以使社区矫正对象在谈话中不知不觉地、较无戒心地吐露出一些内心的真情实意，从而使评估者获得一些比较深层的对诊断较有意义的资料。如果评估者控制不当，非结构化会谈容易偏离主题，因而对经验不足的评估者来说较难把握。

（四）心理测验法

心理测验作为心理学的研究方法之一，始于欧洲，19 世纪传入中国，引起我国心理学家与临床工作者的关注。无论是进行临床诊断、判定疗效，还是进行心理咨询和心理治疗，都必须以心理测验为基础。因此，社区矫正工作者有必要了解心理测量的理论和技术。

三、社区矫正评估方案

一般来讲，社区矫正评估方案内容包括以下方面[①]：

（一）评估主体

社区矫正评估是人们对于社区矫正实践活动的了解、测度和评价活动，从事社区矫正评估的人或机构是社区矫正评估的主体。在社区矫正评估实践中，评估的主体主要有社区矫正机构、专家学者、社区组织、社区志愿者、社区居民以及社区矫正对象。

社区矫正机构是整个评估活动的组织者和管理者。它具体负责组织、聘请专家学者，组织动员社区组织及人员，审查评估方案，管理及公布评估结果等。

专家学者是评估活动的主要实施者。专家学者不仅有丰富而系统的科学理论知识，而且掌握着最新的科技方法。由专家学者制定评估方案，可以最大限度地保证整个评估过程的科学性和可行性。

社区组织、社区志愿者、社区居民、社区矫正对象的亲友等是社区矫正评估活动的重要参与者。他们对社区矫正对象的心理、行为及转化情况有更为深刻和细致的了解。因此，只有积极吸收他们参与社区矫正评估，才能使评估结果更大程度地反映真实情况。

社区矫正评估活动主要是围绕社区矫正对象的思想、心理和行为表现进行的，因此，社区矫正对象本身就是社区矫正评估的主体。

当然，除了上述人员以外，社区矫正评估的主体应该还包括相关上级机关和第三方或专业机构。

相关上级机关的评估主要是指对社区矫正工作有管理权、检查权的政府部门对社区矫正工作进行的评估。

第三方独立机构或专业机构评估是由与社区矫正工作无关的机构对社区矫正进行评估。这种评估一般由专门评估机构或特别组成的专家组实施，具有相对独立、科学和客观的特点，并具有较强的公信力。专门评估机构是在该行业中有资质的比较专业的调查、研究和评估机构。特别组成的专家组则受特定的委托开展评估，有时专家组相对独立成为第三方评估，有时被委托的程度更大一些。

（二）评估对象

社区矫正评估的对象主要包括社区矫正对象、社区矫正活动、社区矫正工作者和社区矫正机构。

对社区矫正对象进行的评估，主要围绕社区矫正对象的人身风险、矫正需要等进行。

---

① 连春亮. 社区矫正理论与实务［M］，北京：法律出版社，2015：348.

社区矫正活动的评估包括矫正方案的选择评估、矫正措施的效果评估、矫正过程的评估等。

社区矫正工作者和社区矫正机构也可以成为评估的对象。对社区矫正工作者的评估可以是资质、能力评估，比如受教育及专业训练背景、拥有的专业资格以及以往的工作经验等，也可以是对其现行工作的评估。对社区矫正工作机构进行评估，主要是评估其岗位设置的合理性和必要性、人员配备、硬件设施等的情况。

（三）评估目标

评估目标应该包括三个方面的内容：一是结果目标。即通过评估要解决什么问题？解决到什么程度？只是要了解一般情况，还是要探究因果关系？是做学术性探讨，还是要提出对策性建议？等等。二是结果形式目标。即评估结果用什么形式表现出来，是撰写单一的评估报告，还是与其他内容一起汇集成册？三是社会作用目标。即这次评估究竟起什么样的社会作用？是供有关方面做决策参考，还是要影响社会舆论？等等。

（四）评估方法

没有科学的、与评估对象相适应的评估方法，就不可能有科学的评估结果。不能进行科学评估就会使评估失去意义，更严重者会误导社区矫正工作，甚至将其引入歧途。

评估方法由信息载体和信息内容组成。评估首先要获得有关评估对象的信息，信息载体是指用什么形式去获取信息，比如，问卷、访谈、观察等。信息内容指上述言语符合评估所需的意义。社区矫正评估要选择能获得丰富内容的信息载体去收集信息，以保证评估的科学性和有效性。

典型案例

滨州市一社区矫正对象暴力抗拒日常监管被撤销缓刑

[社区矫正对象基本情况]

张×，男，1971年出生，汉族，初中文化，滨州惠民县人。2015年11月23日，因容留他人吸毒罪被惠民县人民法院判处有期徒刑1年6个月，缓刑2年，缓刑考验期限自2015年12月8日起至2017年12月7日止，在惠民县司法局某司法所接受社区矫正。

【案情经过】

在社区矫正期间，张×因私自离开居住地以及违反信息化核查有关规定，先后被惠民县司法局给予2次警告处分，在接到第2次警告处分的决定书后，张×带着2人闯进司法所，指着司法所所长的鼻子说“你给我等着”，并试图殴打所长，在现场多名工作人员的阻拦下，未能得逞。之后，张×脱离监管15天，司法所依法提请并经县司法局批准，对张×给予了第三次警告。张×在深夜打电话威胁司法所所长妻子：“我知道你儿子在哪个幼儿园，告诉××所长，有些人不是他能管的！”鉴于张×在被给予三次警告后，还威胁、恐吓工作人员，不思悔改，经县司法局研究决定，依法对其提请收监执行。

【案件结果】

2016年5月31日，惠民县人民法院裁定对张×撤销缓刑，收监执行原判有期徒刑1年6个月。

引例分析

1. 案例中张×由在监服刑人员被保外就医，转为社区矫正对象，需要社区矫正机构对其制定个人化的评估方案。通过分析其犯罪事实与人格特点，在社区矫正工作中可使用观察法、会谈法和心理测验法，着重对其进行人身危险性评估与心理评估。针对其目前身体状况，可在不同的社区矫正阶段通过调查走访对社区矫正效果进行过程性评估。

2. 通过对张×社区矫正评估工作的开展，有利于我们保证社区矫正工作的安全性，提升社区矫正的实效性，有针对性地为其制定矫正方案，采取适合张×的矫正方法，帮助其顺利度过矫正期，防止其重新犯罪，使其顺利度过晚年生活。

思考练习

1. 社区矫正评估的实质是什么？
2. 社区矫正评估的功能有哪些？
3. 简述社区矫正评估的主要方法。
4. 尝试针对本章的引入案例设计社区矫正评估方案。

第十二章　个案矫正

学习目标

1. 掌握个案矫正的性质；
2. 掌握个案矫正的基本要求；
3. 掌握个案矫正的各种技术；
4. 理解个案矫正的特点。

引入案例

社区矫正对象王××，脾气暴躁，容易情绪激动。某天因小事和人发生争执，把对方打成轻伤一级，被判处有期徒刑2年，缓期执行3年。接受社区矫正后，王××对自己的犯罪感到后悔，想改掉自己的暴躁脾气，向社区矫正工作者求助。

问题：

社区矫正工作者应对王××选择什么样的矫正项目？

个案矫正是社区矫正的主要手段，也是社区矫正的优势和特色，突出表现在其有针对性的矫治方案和矫正项目。因此，个案矫正是矫正教育工作的主要形式之一。

第一节　个案矫正概述

一、个案矫正的特点

对社区矫正对象进行个案矫正，是指基于刑事个别化原则，社区矫正机构依据矫正对象产生犯罪的不同问题（犯因性问题），采用有针对性的治疗、调适、干预和教育等技术，达到特定矫正目的的专门活动。具体说来，个案矫正是指社区矫正机构以社区为依托，由社区矫正工作者对被判处管制、宣告缓刑、裁定假释和决定暂予监外执行的犯罪人，根据他们存在的不同的引发犯罪的或可能引发再次犯罪的心理和环境问题所制定的有针对性的治疗、干预、调适和教育方案，并把方案付诸实施的活动。

个案矫正具有以下特点。

（一）个案矫正的环境是社区

社区是和一定区域相联系的社会生活的共同体。它的核心要素是有一套相互配合的、适应社区生活的制度和相应管理机构；一套相对完备的生活服务设施；基于一定的经济、社会发展水平和历史文化传统的社区文化、生活方式，以及与之相连的社区成员对所属社区在情感上和心理上的认同感和归属感。① 目前我国社区矫正中的社区，城市是以由若干个居民委员会构成的街道为基本社区，农村是以若干个村民委员会构成的乡镇为基本社区。社区矫正对象个案矫正是将矫正对象置于社区，在对其人身自由进行一定程度的限制的前提下进行的。

（二）个案矫正关系向自愿建立发展

目前，我国社区矫正仍是在一定强制的前提下建立的非自愿与服务的关系。从社区矫正的性质和西方国家社区矫正的实践看，对社区矫正对象进行人身危险性评估和社区矫正对象愿意接受社区矫正，是社区矫正关系建立的基础。我国在社区矫正试点期间，一些试点省市也开始试行人民法院对社区矫正对象进行危险性评估，社区矫正对象自愿接受社区矫正，从而决定社区矫正对象是否进入社区进行矫正的模式。自我性的矫正，是社区矫正对象接受矫正的动力源。只有在矫正关系中，使社区矫正对象具有自我性，才能使其积极参与、配合和实践。同样，在以权力压力为唯一动力源下的矫正也是危险的，亦会使人性发展受到阻碍。“必须让囚犯提高自己的自信，让他们相信自己能够重新获得外界的尊重，以上述情感激发他们弃旧图新的愿望；如果不对上述情感加以疏导，它们可能会使这些人变得更坏。”② 缺乏自我性的矫正，其弊端是不言而喻的。以自愿为基础建立社区矫正对象个案矫正关系，将是我国社区矫正发展的方向。

（三）个案矫正具有非监禁化处遇的特性

社区矫正的外在表征是将社区矫正对象置于社区进行矫正教育，通过必要的监督限制社区矫正对象人身自由，其基本属性是作为监禁的替代措施和非监禁刑的非监禁化处遇。随着我国社区矫正理论研究的深入和积极的实践探求，以及相关法律的构建和完善，作为监禁的替代措施和非监禁刑的非监禁化处遇亦将是我国社区矫正的合理定性。

---

① 鲁洁．教育社会学［M］．2版．北京：人民教育出版社，2001：329－330．

② 切萨雷·龙勃罗梭．犯罪人论［M］．黄风，译．北京：中国法制出版社，2000：352．

（四）个案矫正主体具有专门性和特定性

社区矫正工作者是社区矫正机构中的专职社会工作者。接受矫正的主体，即社区矫正对象是被依法判处管制、宣告缓刑、裁定假释、决定暂予监外执行的罪犯。随着我国刑罚制度的日趋现代化，行刑理念的变革，司法体制的改革，通过法律设置专门的社区矫正机构完善社区矫正项目，将是我国社会主义法律制度和体系改革与发展的一项重要任务。主体的专门性和特定性亦是社区矫正对象个案矫正的特点之一。

二、个案矫正的性质

个案矫正属社会工作的范畴。从其性质上说应属于个案社会工作方法。个案社会工作是社会工作三大方法之一，是由专业社会工作者通过直接的、面对面的沟通方式，运用专业人员和社会的专业知识和技术，对个人或家庭提供心理调适和环境改善等方面的支持和服务。其目的在于协助个人和家庭充分认识自身拥有的资源和潜能，增进社区矫正对象适应和解决困难的能力，从而达到个人或家庭的良好状态。

社区矫正对象个案矫正是一种特定的以社会工作的基本理论为基础，吸收心理学技术的以人为对象的活动。因此，社区矫正对象个案矫正与个案社会工作同样具有服务、救助、帮助等基本属性。

把社区矫正对象的个案矫正工作归为社会工作的范畴，其理由如下。

（一）认识对象的相同性

有效的矫正必须是认识到社区矫正对象为什么会实施犯罪行为，在什么样的情景下实施的犯罪。“社会工作者必须对如下这一点有清晰的认识，即他们应该如何系统地去评估、测量或者描述案主的特征及其各种各样的生活问题。”① 社区矫正工作和社会工作一样，都是以人的行为为研究基础，通过对人的行为分析、解释和概念化，寻求影响人的行为问题，并以此为基础进行回应式的活动。

（二）目标的相同性

“处遇上的个别化是以犯罪人重返社会为目的的，这里的重返社会就是再社会化。”②“再社会化是指改变原已习得的价值标准和行为规范，建立新的价值标准和行为规范，确立新的生活目标的过程。”③ 再社会化同样属于人的社会化过程，“其目标是人的改造，而不是人的形成”④。社区矫正对象的再社会化，实质上就是社区矫正对象在多样化的背景中，能有效地回应生理、心理和社会需要。“社会功能是社会工作者在人类发展取向上的一个主要侧重点。社会功能采用个人-环境视角，该视角认为要使社会中的个体有

---

① 乔斯·B. 阿什福德，克雷格·温斯顿·雷克劳尔，凯西·L. 洛蒂. 人类行为与社会环境：生物学、心理学与社会学视角［M］. 王宏亮，李艳红，林虹，译. 北京：中国人民大学出版社，2005：13.

② 陈兴良. 刑法的价值构造［M］. 北京：中国人民大学出版社，1998：482.

③④ 周晓虹. 现代社会心理学［M］. 上海：上海人民出版社，1997：161.

效发挥功能，人类共同的需求必须被满足。”“社会工作中的人类行为通常被视为人们对资源和环境的适应。”人类行为是人类满足生物、心理和社会需要的有效反应。这种反应的能力即适应。社会工作“即着重使那些包括社会功能在内的问题有所好转”①。显然，完善人类的社会功能，促进人类发展，是社会工作的目的之一。

（三）任务的相同性

预防是社区矫正工作的重要任务。它包括在社区矫正中对社区矫正对象刚出现的某种问题或影响安全和秩序的行为倾向前的预防；对社区矫正对象因社区矫正中的各种变量影响，已产生某种可能导致其行凶、自杀或其他严重违规行为的问题，且问题已相当严重前的预防；对已知的社区矫正对象所产生犯罪的问题，且该问题可能导致重新犯罪进行预防。预防科学已成为社会工作实践中一个关键的组成部分。许多社会工作者参与初级预防、二级预防和三级预防。初级预防指的是在问题或情况刚刚出现的时候就采取行动。它包括在一个心理的或社会的失调、疾病或问题产生之前所运用的各种干预方法。二级预防的目标是在问题变得严重或无可救药之前尽早地进行预防。三级预防指的是根据预防障碍或者伤害——即已知问题的已知后果——来减少问题的负面后果或者降低复杂性。② 显然，它们的预防任务具有相当的一致性。

（四）属性的相同性

社区矫正机构作为国家机构之一，具有公共用品的天然属性。公共用品的属性，即指它的服务具有公共性，为社会也为社区矫正对象提供服务。社区矫正对象的矫正工作具有国家福利性，表现为社区矫正机构的行政福利性。这种福利性的内容既包括为公众提供安全和秩序的福利，也包括为社区矫正对象提供各种资源，帮助社区矫正对象顺利回归社会。社区矫正对象矫正教育的福利性表现为社区矫正机构用知识对社区矫正对象实施矫正教育，使社区矫正机构由单纯的惩罚管理转为矫正人的专门场所。矫正的福利性，使得社区矫正工作成为现代社区矫正机构的基本职能和责任。社会工作起源于个人的慈善事业，发展为一种由政府或私人社团举办的服务事业。福利和服务可以说是社会工作的基本属性和特点，这已成为社会工作理论和实践的共识。

（五）方法的相同性

个别化矫正的产生和发展表明了以多维的系统视角认识社区矫正对象的犯罪原因，并以开放的系统选择与个性化的犯罪原因相对应的一种或数种理论和技术，对社区矫正对象进行矫正教育，即综合矫正模式。这已成为现代矫正机构实施矫正的发展趋势。同样，现代社会工作在认识人类行为和社会环境时，也广泛采用多维的系统视角和个案的方法对人的行为进行干预。“为了理解一个人的总体功能，社会工作者应对人的生活和

---

① 乔斯·B. 阿什福德，克雷格·温斯顿·雷克劳尔，凯西·L. 洛蒂. 人类行为与社会环境：生物学、心理学与社会学视角［M］. 王宏亮，李艳红，林虹，译. 北京：中国人民大学出版社，2005：3.

② 同①31－32.

经历的所有方面作出评价。对各个主要的维度及其潜在功能采取一种假设方法会有所裨益……当你选择一种假设作为解释个人行为的途径时，那么假设也应帮助你选择一种恰当的干预方法。”①

在我国，影响人们把个案矫正工作纳入社会工作领域的主要因素是矫正关系的建立。基于犯罪是阶级对立关系的哲学上的本质认识和矫正在刑事执行中的嵌入，因此强制是矫正关系的本质属性。社会工作尤其是个案社会工作关系的建立，是以社区矫正对象的自愿为前提和基础的。仅有压力源是无法获得有效矫正的。这是因为，人类行为总是在其动机的驱动下进行的。无论社区矫正对象是基于自由、物质、精神还是其他需要的满足，只有其形成矫正的内驱力，才能自觉地接受矫正和达到有效矫正。

我国在社区矫正工作中，开始探索社区矫正机构提出矫正意见、社区矫正对象自愿接受矫正和法院在此基础上作出相应刑事判决的模式。刑事和解亦在我国刑事司法实践中开始试用。这无疑突破了传统的司法理念，为建立以“信任”和“自我”为基础的矫正关系提供了实践支撑。

三、个案矫正的基本要求

（一）自助与助人相结合

自助与助人相结合是由个案矫正的本质和功能决定的。社区矫正对象个案矫正不是社区矫正机构及其社区矫正工作者、志愿者等直接替社区矫正对象解决引发或可能引发犯罪的犯因性问题，而是通过和社区矫正对象一起寻求改善或消除问题的途径和方法，使社区矫正对象自主决定并按矫正方案自觉行动，促进其身心健康，增强其社会适应能力，改变不良行为。自助是社区矫正对象个案矫正的本质特征之一。引发或可能引发社区矫正对象犯罪的犯因性问题，是由社区矫正对象在生命历程和社会生活中的各种变量引起的，受个人情感和心理因素的支配，具有个性主体化的特征，因而不能由别人包办代替。社区矫正机构能直接解决引发社区矫正对象犯罪的犯因性问题，但是无法从根本上消除引发犯罪的内在根源。强制矫正是必要的，但自决和自觉接受矫正则是实现使社区矫正对象成为守法公民这一目标的重要内在因素。同样，只有在社区矫正对象自决和自觉的前提下，才能激发社区矫正对象内在的解决问题的潜能，从根本上消除引发或可能引发其犯罪的犯因性问题。自助是获得社区矫正对象个案矫正成功必备的条件。

助人是社区矫正对象个案矫正的另一个重要本质特征，也是个案矫正的重要功能之一。社区矫正对象之所以会犯罪，往往是因为其在社会生活中，生理、心理或环境等方面存在先天或后天的疾病、心理失调或对环境的不适等问题。因此，社区矫正机构应当通过建立起专业的职业化矫正工作者队伍，建立相应的制度、物质、精神等支持系统，在社区矫正对象自觉、自愿的前提和基础上，通过提供相应的资源、方法和技术，治疗其疾病，矫正其心理，改善其生活环境，从而改变他们的生活态度、行为方式或心理动

① 乔斯·B. 阿什福德，克雷格·温斯顿·雷克劳尔，凯西·L. 洛蒂. 人类行为与社会环境：生物学、心理学与社会学视角［M］. 王宏亮，李艳红，林虹，译. 北京：中国人民大学出版社，2005：35-39.

机，强化社会生活适应能力，促进再社会化。实践表明，这些措施和活动只能短暂缓解社区矫正对象引发犯罪的问题，或仅能缓解社区矫正对象在社区矫正期间一时的心理危机。如果将社区矫正对象的心理危机转化为提高自身认知水平和增强自身社会生活能力的愿望，进而进行相应的能动行动，无疑将有助于社区矫正对象从根本上解决心理危机，并由此达到消除引发其犯罪的犯因性问题，预防其产生新的可能引发犯罪的犯因性问题。社区矫正对象个案矫正是一项“授人以渔”的活动。

（二）专业化与社会化相结合

个案矫正是一项专业化工作。这种专业化首先是由社区矫正对象个案矫正的科学性和技术性决定的。社区矫正对象个案矫正是以法学、犯罪学、监狱学、社区矫正理论、心理学、教育学、伦理学、社会学和社会工作方法理论等学科知识以及技术、方法为基础的一项开放性活动。这就要求社区矫正机构必须建立起一支受过良好专业教育和培训的队伍。只有建立起一支专业化和职业化的社区矫正工作者队伍，才能使社区矫正工作者在特有的职业道德的规范下，运用专业知识和技术，以社区矫正对象为中心，为社区矫正对象提供专业的矫正服务，实现矫正的目标。其次，这种专业化是由社区矫正机构的职能决定的。社区矫正机构是矫治社区矫正对象的专门机构。个案矫正工作者不仅是社区矫正机构的代表，更是依法履行矫正职能的工作者，在社区矫正工作中具有特定的角色和职责。这决定了个案矫正工作者具有特定的职业性。最后，这种专业化是由个案矫正关系决定的。个案矫正关系不是一种私人关系，而是一种专业关系。个案矫正工作者与社区矫正对象之间的矫正关系是为达到使社区矫正对象成为守法公民这一特定目标而形成的专业关系。这种专业关系体现在关系的建立只是实现目标的手段而不是目的，一旦目标达到且社区矫正对象解矫，关系即告结束。同时，社区矫正对象个案矫正关系也不同于其他个案工作关系，它尽管也强调社区矫正对象的自愿是建立关系的基础，但社区矫正的法律关系决定了个案矫正关系具有特定的法律性特征。因此，建立起一支专业化和职业化的社区矫正工作者队伍，是实现矫正目标的保障。

社区矫正机构矫正资源的有限性和法治要求下的权力边界的有限性，客观上要求社区矫正对象个案矫正还必须重视社会化。要提高社区矫正对象个案矫正的有效性，必须建立起有效的社会支持系统，为社区矫正机构的个案矫正提供必要的资源。受社区矫正机构权力边界的限制，社区矫正机构不能直接改变社区矫正对象个案矫正的外部环境，因而需要一定的国家福利机关、社会福利机构或团体给予必要的支持。社区矫正机构不能直接在宏观方面改变社会的大环境，就必须要由国家的专门机关通过立法加以改变，为社区矫正对象个案矫正创造良好的制度环境支持。在个案矫正中，社区矫正对象家庭支持也是不可缺少的，社区矫正对象家庭的情感接纳和精神支持对社区矫正对象自愿和自觉接受矫正具有积极的促进意义。建立一支个案矫正志愿者队伍，为社区矫正对象个案矫正提供必要的人员支持，是拓展矫正资源的重要途径，也是社会宽容、接纳和保护社区矫正对象以及社会对现行刑事法律认同的重要表征，更是反映国家政治文明尤其是刑事法律制度文明的重要参照点。

社区矫正对象个案矫正的专业化是社区矫正机构为社会提供有效公共服务的重要表

现，体现了国家福利性。个案矫正的社会化，是司法开放和司法权向社会回归，实现社会资源网络为国家司法的支持和认同。社区矫正对象个案矫正既重视专业化，又重视社会化，实现专业化和社会化的有机结合，是现代刑事法律制度和矫正制度发展的总趋势。

（三）信任和尊重并重

在社区矫正工作之初，社区矫正对象往往并非自愿接受矫正服务。因为，社区矫正机构的矫正活动总是以社区矫正对象放弃为主要内容的，诸如放弃原有的行为习惯、放弃原有的价值观等。但是，自愿是建立良好个案矫正关系的基础。因此，社区矫正对象的信任是建立良好的矫正关系的必要条件。没有社区矫正对象的信任，就不可能有社区矫正对象的自愿。信任是建立良好矫正关系和获得有效矫正的重要策略之一。

在现实中，许多社区矫正机构的社区矫正工作者常抱怨为社区矫正对象做了很多有利于其向善的事，可他们总不领情，似乎矫正关系的对立性成为内在的不可克服的本质属性。对立的矫正关系是难以产生有效的矫正效果的。假如社区矫正对象是病人，如果病人不信任医生而不愿接受治疗的话，那么任何治疗都难以保证其疗效。信任是社区矫正对象对社区矫正机构的矫正目的、矫正效果、矫正意义、矫正的社会价值以及矫正工作者的矫正能力有明晰的了解认识，并对矫正效果的未来前景充满积极的期待。要让社区矫正对象信任，就要求社区矫正机构的社区矫正工作者在矫正关系建立前，向社区矫正对象客观解释矫正的目的、效果、意义和价值，并对矫正效果充满自信。社区矫正工作者在分析沟通中须保持价值中立，用相关理论客观概述社区矫正对象存在的引发或可能引发犯罪的犯因性问题；对了解到的社区矫正对象的隐私保密，并作为职业操守向社区矫正对象予以说明。概括地说，社区矫正工作者最大限度地防止矫正关系的权力游戏化，才能取得社区矫正对象的信任，从而建立起以自愿为基础的良好的矫正关系，获得有效的矫正效果。

尊重社区矫正对象，也是建立良好矫正关系和获得有效矫正的一项重要策略之一。尊重社区矫正对象，就是在矫正过程中尊重社区矫正对象的人格，保障和维护社区矫正对象的权利；在关系建立时要尊重社区矫正对象的自主自决性；在分析沟通中要注重社区矫正对象个人对问题的看法和感受；在矫正技术和方法的确定中，要让社区矫正对象参与讨论和选择；在矫正方案的制定中，不仅要让社区矫正对象参与，而且要让社区矫正对象自主决定阶段性矫正作业和阶段性矫正目标；在矫正过程中，要用激励的策略激发社区矫正对象的主观能动性。

尊重社区矫正对象，总是与社区矫正对象的信任密切联系在一起的。没有社区矫正工作者对社区矫正对象的尊重，就不可能有社区矫正对象的信任。因此，在个案矫正活动中，必须既注重对社区矫正对象的信任，又注重对社区矫正对象的尊重。

（四）个别与综合并重

个案矫正是行刑个别化原则的具体体现。在个案矫正中，必须承认社区矫正对象的个体差异性，即承认社区矫正对象在生命历程、社会生活经历、犯罪史和引发犯罪的犯因性问题等方面的差异，基于差异性为社区矫正对象选择适当的矫正技术和方法，量体裁衣地制定和实施矫正方案。

“行为是个人与环境之间互动的结果，一个人的生物构成会以一定的形式限制他对环境的反应能力。不能仅靠单个因素来解释一个行为反应的原因。多种因素在复杂的系统中通过互动产生了特定的行为。”[①] 因此，在承认和注重差异性的同时，还必须注重社区矫正对象个案矫正的综合性。这要求在沟通分析中，要全面了解社区矫正对象的生命历程、社会生活经历和犯罪史等，以多维度的综合分析视角认识引发或可能引发社区矫正对象犯罪的问题及产生问题的各种因素；在矫正方案的制定、实施和效果评价时，必须立足人的全面发展的视野，满足社区矫正对象的全面素质的提高和发展。这是实现使社区矫正对象成为守法公民矫正目标的最可靠的保证。

个案矫正注重差异性，不是一种头痛医头、脚痛医脚式的矫正，而是建立在综合分析、治疗、调适、干预、教育和评价基础上的个别化活动。在个案矫正中，既要注重个别又要注重综合。

第二节 个案矫正技术

个案矫正技术的种类很多，依照不同的标准，可分为不同的技术。这里主要介绍分类技术、沟通技术、介入技术（情感介入技术、认知介入技术、干预介入技术）、跟进技术等。

一、分类技术

（一）分类的概念和目的

分类有不同的定义。1950 年荷兰海牙国际刑法及监狱会议决议，对分类定义为：“分类这一用语，在欧洲语言中，意味着首先按年龄、性别、前科、精神状态等因素的不同将犯罪人分别集中关押在特殊的监狱内，然后再在各监狱内将犯人细分成各种小组。”[②] 美国矫正协会将分类定义为：是一种给予社区矫正对象不同的矫正活动分配，以提供最有效的、适应社区矫正对象需要的矫正活动的方式。这里我们对分类定义为：依据一定的标准和目的，对社区矫正对象进行划分归类，给予相应执行刑罚、监督管理、矫正教育、危机干预和社会救助的活动。

分类本身既是一种矫正活动，也是一种处遇方式，其目的是通过科学的分类，维护社区的安全和秩序，合理配置监督管理资源和矫正教育资源，节约刑罚和矫正成本，提

---

① 乔斯·B. 阿什福德，克雷格·温斯顿·雷克劳尔，凯西·L. 洛蒂. 人类行为与社会环境：生物学、心理学与社会学视角［M］. 王宏亮，李艳红，林虹，译. 北京：中国人民大学出版社，2005：34.

② 张金桑，于广胜. 中国监狱现代分类制度理论与实践研究［M］. 北京：金城出版社，2001：50.

高刑罚和矫正工作效率，最大限度地维护监管秩序和社会的安全稳定。

（二）分类标准

分类标准是分类的核心，决定着分类的科学性，也是分类的关键技术性问题。从分类的历史发展来看，由于理论的不同，分类标准也不同。

现代分类制度经历了一个创立、探索和发展的过程。在不同的阶段有许多不同的分类观点和理论，也提出了不同的分类标准。分类标准作为现代分类制度的重要内容，大体上经历了由简单到多样、由定性到定量、由一维单一分类到综合多元分类体系的发展过程。

（三）定性分类技术

定性分类技术是按预设的主观标准对社区矫正对象进行分类。常见的社区矫正对象定性分类，诸如按社区矫正对象的年龄、性别所进行的分类，按罪行的性质进行的分类，按社区矫正机构的矫正工作者对社区矫正对象的主观评价所进行的分类等。

（四）定量分类技术

定量分类技术是指采用可量化的客观分类工具，诸如心理量表、人身危险性评分表等，通过对社区矫正对象进行检测或评分，依据检测的结果，对社区矫正对象进行分类。定量分类方法的主要步骤是：首先解决分类变量的范围问题，即选择分类变量的范围。这一步必须明确分类理论原则和分类目标、排除无关变量的范围、剔除无效变量和防止使用过多的分类变量。其次是建构分类。注意选择适当的分类方法、选择类型相似的系数。再次是分类的内在实用性检验。内容包括分类类型的内在同质性、分类技术、可靠性和内在一致性、材料的运用等。最后是分类体系的外在实用性检验。[①] 定量分类方法中，比较典型的如美国赫伯特・C. 奎伊创立的成年犯内部管理体系中的分类方法。他采用基本分类工具——矫正适应量表和生活史量表，对社区矫正对象进行量化分类。通过量表的分值把矫正对象分出侵略-心理病态型、情境反应类型、不适-隶属类型、依赖型和精神病患者焦虑类型，并对每一类型社区矫正对象的行为特征进行描述。

（五）定量与定性结合的分类技术

现代社区矫正对象分类是一个多目的、多标准的分类体系，因而仅采用定性或定量的分类方法，不能满足对社区矫正对象的关押、管理和矫正的需要，必须依据不同的目的、标准，采用定性和定量相结合的分类方法。诸如按矫正对象的年龄、性别，在对社区矫正对象进行定性分类的基础上，同时采用人身危险性评分表进行定量分类；在管理上可采用按罪行的性质对社区矫正对象进行定性分类管理的同时，采用赫伯特・C. 奎伊的量化分类方法，对社区矫正对象做进一步的分类。在矫正分类中，可对社区矫正对象的现实表现进行计分量化分类，同时由矫正工作者对社区矫正对象的矫正效果作出定性

---

① 张金桑，于广胜. 中国监狱现代分类制度理论与实践研究［M］. 北京：金城出版社，2001：77.

评价分类。一个科学的分类体系必须采用定性与定量相结合的分类方法，才能充分发挥分类的功能，达到分类的不同目的。

（六）活力分类的技术

（1）评议。这主要由具有心理学、社会工作理论、教育学、犯罪学等不同知识的矫正工作者，分别采用不同的专业知识，对社区矫正对象的犯罪情况、人身危险性、矫正难易情况、矫正效果等进行主观分析、评价和讨论，决定给予社区矫正对象不同的管理级别和处遇等级，并据此进行管理和处遇分类。

（2）检测评价。这主要是采用明尼苏达多项人格量表、艾森克人格量表、人身危险性检测表、矫正难易评价表、高危行为评价表、自杀检测表等，对矫正对象进行检测评价，对社区矫正对象进行管理和处遇分类。

（3）观察记载。矫正工作者对社区矫正对象在社区矫正期间的行为表现进行观察和记载，概括其行为的相同或相似性，即行为特征，据此进行管理分类，同时按行为特征给予不同的行为矫正和处遇，或通过对社区矫正对象一定时间的现实表现进行观察和记载，进行主观分析评价，依据评价结论进行分类和给予社区矫正对象不同的处遇。

（4）调查。调查的方法主要用于管理分类。一般通过对社区矫正对象的犯罪状态、违法犯罪史、社会化情况等进行走访、函调、面谈、阅档等具体方法，收集相关资料，进行主观分析，撰写出具有管理分类结论性的调查报告，对社区矫正对象进行管理分类。

（5）综合。这主要是通过主观与客观相结合、定性与定量相结合的综合分析评价的方法，对社区矫正对象进行管理和处遇分类。在管理分类中，一般采用相关心理量表，矫正适应量表和生活史量表，人身危险性和矫正难易程度检测表，自杀、高危行为评价表等，对社区矫正对象进行测量或检测，并结合分类调查的情况，对社区矫正对象进行综合分析评价和分类。在处遇分类中，采用心理量表测量、专家主观评议和观察记载等方法，对社区矫正对象的矫正效果进行综合分析评价后给予相应的分类。

二、沟通技术

（一）沟通的概念

沟通是人际交往中必不可少的一种方式和手段，是人际交往中信息传递和交流的过程。就沟通的方式而言，有一对一的沟通（个别谈话）、一对多的沟通（集体教育）、多对一的沟通（帮助会）、多人相互之间的沟通（座谈会、讨论会等）；就沟通的载体而言，有口头、书面、肢体语言；就沟通的途径而言，有面对面的、电话、网络、电视、广播等各种途径。个案矫正中的沟通，是指社区矫正工作者与社区矫正对象之间的信息、情感、需要、态度、价值观等要素的传递、反馈、交流、相互影响的互动过程。

（二）建立沟通关系的技术

有效的矫正必须要有一个良好的矫正关系，而良好的矫正关系是建立在一个具有良好的沟通关系的基础上的。同样，一个有效的沟通必须有一个良好的关系，只有在良好的沟通关系氛围中，沟通的双方才有沟通的愿望、兴趣，才能较好地表述、传递和相互交流，才能心平气和地理解、认同和接受彼此的情感、态度、思想和相关信息。没有良好的沟通关系，甚至关系紧张、冲突、矛盾，彼此反感、戒备、抵触和敌对，沟通的双方就会筛选、误解沟通中的各种信息。同样的信息在不同的沟通关系中，会有根本不同的理解，带来完全不同的效果，甚至导致矫正不能。因此，建立良好的沟通关系是一项十分重要的沟通技术。建立沟通关系的技术具体包括承认接纳、尊重、共情、积极关注。

1. 承认接纳

社区矫正对象个案矫正关系与其他个案社会工作关系的一个重要区别就是非自愿性。这种非自愿性主要表现为社区矫正对象是在法律强制要求下接受矫正机构的矫正服务，同时矫正服务往往又是以社区矫正对象必须放弃以前的行为习惯为内容的。因此，矫正工作者在初次与社区矫正对象接触和面谈时，往往遇到的是一个充满敌意、对立、怨恨等情绪的社区矫正对象。矫正工作者要和他们建立起良好的沟通关系，进而形成良好的矫正关系，促使他们积极改变，是一项非常艰巨的任务。对社区矫正对象进行矫正是矫正机构和矫正工作者的职能和责任。矫正工作者面对非自愿的社区矫正对象，要建立良好的沟通关系，就必须要接近社区矫正对象，进而建立起良好的矫正关系。矫正工作者首次与社区矫正对象接触和面谈时，就应采用承认接纳的技术。

承认接纳是指矫正工作者把社区矫正对象作为一个有独立意志和权利、受到尊重的人来接受，承认其有独特的个性、气质、观念、态度等。当然，承认接纳不是要求矫正工作者赞同。“赞同是一种价值判断，而接纳是中性的，既不表示同意，也不表示反对。”[①] 承认接纳实际上就是矫正工作者要持一种包容的态度，去包容矫正对象的感受、想法、优缺点、积极和消极的情绪、建设性和破坏性的态度和行为等。矫正工作者承认接纳的态度可以创造一种和谐的、自由的和轻松的气氛，缓解社区矫正对象的敌意、对立、抵触、紧张等情绪，使社区矫正对象能畅所欲言，坦诚地披露个人的观点和看法，说出问题。

承认接纳是矫正工作者的一种“价值无涉”的态度。但这种态度往往需要矫正工作者的行动来表明和证明，从而达到与社区矫正对象建立起良好的沟通关系的目的。

2. 尊重

一名合格的医生不会歧视自己的病人，不会因病人的地位、身份、学识、财产状况来做不同的诊断。同样，作为矫正工作者面对矫正对象人性中的消极、阴暗、龌龊、扭曲、丑陋和危机，面对其背离主流文化和道德的各种价值观、人生观、世界观等，尽管会不认同、不同意，但要深刻认识到：许许多多的负面的东西在社区矫正对象身上发生，应该有其必然的规律，有其自然的轨迹，在他们身上发生是正常的，是完全可以理解的。尊重社区矫正对象的意义在于，可以给社区矫正对象创造一个安全、温暖的氛围，这样的氛围使其可以最大限度地放开自己，可以使他们感受到自己被尊重、被接

---

① 翟进，张曙. 个案社会工作［M］. 北京：社会科学文献出版社，2001：121.

纳，获得一种自我价值感。尊重意味着把社区矫正对象作为有思想感情、有内心体验、有生活追求和独特性与自主性的人去对待。美国著名的心理学家卡尔·罗杰斯认为：使人格产生建设性改变的关键性条件之一是无条件地尊重。沟通中双方一般根据对对方了解的程度决定是否透露自己的情感和要求。社区矫正工作者与社区矫正对象在沟通的过程中，如果使社区矫正对象感到社区矫正工作者居高临下地矫正他们，大多数情况下社区矫正对象会因感到压力而拒绝与社区矫正工作者深入地交流。

社区矫正工作者要做到对社区矫正对象恰到好处的尊重。第一，要转变观念。社区矫正工作者要在实际的工作中和日常的行动中，践行现代行刑的矫正理念，坚持改造人的根本宗旨不动摇，始终以人为本，实行人性化管理和矫正。第二，对社区矫正对象要以礼相待。社区矫正工作者要严格规范自己的行为和语言，在与社区矫正对象的接触中，不歧视、不羞辱、不嘲笑、不迁怒、不贬损，严格按照国家和社区矫正机构规定的职业规范操作，“言必中矩，行不离仪”，以职业规范操守严格约束自己。第三，尊重要以真诚和客观为基础。“精诚所至，金石为开”，社区矫正工作者要对社区矫正对象有真诚的态度，并要通过各种方式让社区矫正对象感受到这种真诚。这是对社区矫正对象尊重的一个非常重要的内容。对社区矫正对象的尊重从某种程度上也是对社区矫正工作者自己的尊重。但是，尊重并不是对社区矫正对象没有原则，没有是非，一味地姑息迁就。对社区矫正对象的各种不正确思想、言语、行为，不健康的心理等，表示理解，只是说明承认这种事实，认识到这种现象存在的事实逻辑，并不是表示认同，更不能回避和掩饰。否则，就失去了社区矫正工作者最起码的原则和立场。对社区矫正对象各种消极的、负面的、错误的言行，一旦发现，社区矫正工作者都不能听之任之，都要以真诚的态度、恰当的方式予以指出，并帮助社区矫正对象分析原因，促使其予以全面改正。

3. 共情

共情是指社区矫正工作者运用沟通技巧，准确全面地理解、感受、体验、把握并反馈社区矫正对象内心的感受、体验、情绪、情感等心理和思想的一种技能。它包括三个方面的含义：社区矫正工作者借助社区矫正对象在沟通中反馈的各种信息，深入对方内心去体验他的情感、思维；借助知识、经验，把握社区矫正对象的体验与他的经历和其违法犯罪之间的联系，更好地理解社区矫正对象的心理特点、人格特质、行为倾向、思维模式，更好地把握其违法犯罪的渐变过程、发展轨迹、恶习程度、思想趋向等；利用沟通技巧，把自己对他的理解、情感、体验、想法反馈给社区矫正对象，以影响对方并取得反馈。共情在社区矫正工作者与社区矫正对象的沟通中具有非常重要的意义：能够使社区矫正对象感到自己被理解、被接受、被关心和关注，可以有效地解除社区矫正对象的观望、怀疑、防御、戒备等各种有碍于沟通的心理阻碍；能够在最短的时间内，缩短与矫正对象的心理距离；能够取得社区矫正对象的信任、信赖和心理归属，从而为建立良好的沟通关系奠定坚实的基础。如果在沟通交流中缺乏共情，就会使沟通变得困难重重。这主要表现为：一是社区矫正对象感到失望，认为社区矫正工作者对自己不了解、不关心，从而对社区矫正工作者、对社区矫正机构产生冷漠、敌意等各种负面消极情绪，由此封闭、隐蔽自己的思想情感，减少甚至停止自我表达。二是会使社区矫正对象感到受伤害，由于缺乏共情，社区矫正工作者没有进入社区矫正对象的参照框架，过多地立足于自己，在沟通中面对社区矫正对象的错综繁复的问题，必然会表现为不耐烦，甚至批评和指责，使社区矫正对象受到伤害，影响社区矫正对象接受矫正的信心。三是自我悔悟、自我探索是社区矫正对象成长、进步的必要步骤，缺乏共情，对社区矫正对象的体验、感悟、探索不加注意，就会影响社区矫正对象的自我探索。缺乏共情，社区矫正工作者就不能真正了解和掌握社区矫正对象的问题和需要，因而作出的反应也常常缺乏针对性，影响对社区矫正对象的矫正。

4. 积极关注

积极关注是对社区矫正对象的言语和行动的积极面给予关注、强化，从而使其拥有正向的价值观。积极关注往往能帮助社区矫正对象走出自己的阴暗心理和负面评价，全面地认识自己，看到自己的长处、光明面和对未来的希望，从而树立矫正信心，消除迷茫。这涉及对人的基本认识和基本情感。人本主义心理学也一贯强调人是可以改变的。社区矫正工作者必须牢固树立一种观念，即社区矫正对象是可以改变的，每名社区矫正对象身上都有这样或那样的长处和优点，都存在着一种积极向上的成长动力，通过自己的努力和外界的帮助都可以比现在更好。

三、介入技术

（一）情感介入技术

处理社区矫正对象的情感问题是社区矫正工作者在矫正服务中所面临的重要问题。处理好社区矫正对象的情感，有助于社区矫正对象形成正确的价值观、人生观、道德观，形成健康的心理，增强矫正信心，提高解决犯因性问题的能力，促进社区矫正目标的实现。在社区矫正对象情感介入上，主要采用两种技术：一是宣泄，建立宣泄室，让社区矫正对象在矫正中所遇到的不良情感有一个合适的宣泄场所和宣泄对象，并学会采用宣泄的方法处理个人的情感；二是倾诉，社区矫正工作者要营造一个良好的、安全的和开放的氛围，引导社区矫正对象诉说他过去的经历以及内心的情感，帮助其学会如何处理情感问题。

（二）认知介入技术

大多数社区矫正对象犯罪的一个重要原因，是由于其认知水平低下、认知结构错误、自我对话扭曲。提高社区矫正对象的认知水平，重构其认知结构和改善其自我对话，使其不良行为发生内在的根本性改变，是个案矫正的重要任务，也是实现矫正根本目标的前提。矫正工作者在对社区矫正对象进行认知介入服务时，首先必须让社区矫正对象明了其低下的认知水平、错误的认知结构和扭曲的自我对话对他的犯罪所产生的作用和影响。其次要帮助社区矫正对象认识到他的犯罪是那些错误的人生观、价值观、道德观等内在信念以及相应的思维模式下的必然结果，并指明这些错误的思维模式给他带来的危害，让他明白提高他的认知水平、重构认知结构和思维模式，将能给他带来哪些积极的意义。再次是帮助社区矫正对象改善自我对话。最后是帮助社区矫正对象在他的认知方面有所改善时，学会自我表扬，激发其信心和勇气。

（三）干预介入技术

在社区矫正期间，社区矫正对象也会突遇各种困难、困惑，使其处于危机状态。如果社区矫正工作者不及时对社区矫正对象所面临的危机进行必要的干预介入，将会影响矫正工作的顺利进行和社区的安全与秩序，给社区矫正对象自己、他人和社会造成不应有的危害。在社区矫正对象面临危机时，矫正工作者应将危机干预置于当前优先的矫正服务。危机干预的步骤是：确定问题；保证安全、给予支持、提出并验证可变通的应对方式；制订计划；得到承诺，采取积极的应对方式。[①] 在危机干预中，评估社区矫正对象及其危机境遇是关键。检查的方面主要包括：评估危机的严重程度，社区矫正对象的思维方式、情感、情绪体验和行为方式，危机的持续时间和死亡的可能性；了解社区矫正对象的背景资料及其能动性；评价社区矫正对象的自身能力、应付机制，以及有关的支持系统。倾听是危机干预的基本技术，具体包括积极参与、同情、关心、理解和接纳等。干预技术包括非指导性、安全性和指导性策略，要考虑个体差异与安全性，与处于危机中的社区矫正对象共同找出和验证可供选择的变通应付方式，帮助其计划和保证付诸行动，合理地利用其他有关机构。

四、跟进技术

社区矫正对象个案矫正的跟进，是指结案后为巩固矫正效果和维持社区矫正对象的自我矫正，而对社区矫正对象所进行的后继性回访服务。社区矫正对象个案矫正跟进是结案后的矫正服务工作，是矫正工作的继续，也是社会综合治理的重要组成部分，其目标依然是使社区矫正对象成为守法公民。

（一）跟进的方式

社区矫正工作者介入方式的不当，往往会引起社区矫正对象及其家庭的反感，从而拒绝接受跟进服务。因此，社区矫正工作者必须选择适当的跟进服务方式。社区矫正工作者在采用具体的跟进服务方式时，必须遵循因人而异和因时、因事、因情景而异的原则。跟进方式主要有以下几种。

1. 回访

回访是指社区矫正工作者按预先约定的时间，与正在矫正的或已解除矫正的社区矫正对象在约定的地点或他们的家中进行面谈。

2. 电话

对于已解除社区矫正的社区矫正对象，如果有条件，社区矫正工作者可按约定的时间与他们进行电话交谈。

---

① B E GILLAND，R K JAMES. 危机干预策略［M］. 肖水源，等译. 北京：中国轻工业出版社，2000：35.

3. 走访

对于已解除社区矫正的社区矫正对象，为了更全面地了解他们的情况，检查矫正效果的巩固状况，整合跟进服务所需要的社会资源，社区矫正工作者可以对政府有关机关、基层组织、社会团体或个人进行走访。

（二）跟进服务的策略

1. 约定

社区矫正工作者在制定矫正方案时，应就结案后的跟进问题与社区矫正对象进行讨论和协商，达成共识。在讨论时，应向社区矫正对象说明跟进的原因，让社区矫正对象充分了解和认识到跟进服务的作用和意义，在心理上有所准备，不至于将来结案后产生抗拒心理，从而自愿接受跟进服务，并使跟进服务成为矫正的自然组成部分。在结案时，社区矫正工作者应再次向社区矫正对象说明，并就跟进服务的时间、方式等和社区矫正对象进行详细明确的约定。

2. 适时

跟进服务在次数上不宜过多过频，时间不宜过长。次数过多过频容易使社区矫正对象厌烦而产生抗拒，同时会增加工作量而影响其他矫正工作。跟进时间过长，则会使矫正工作失去主次之分，失去原有的作用和意义。跟进的时间应集中在结案后的六个月内，最长在一年之内；在次数上，应以一个月一次为宜。在结案的初期可适当增加跟进的次数。因为这一时期是检验和巩固矫正效果、评价矫正效果的最佳时间。

3. 适宜

跟进服务的方式和内容要适宜。如果是采用回访、电话或信件的方式进行跟进服务，在面谈或交流时不必过于正式，应创造一个轻松的氛围。面谈或交流的话题应主要围绕社区矫正对象的学习、生活和工作的现状进行，也可以就矫正前和矫正后的对比为话题。在面谈或交流时，要表现出矫正工作者的真诚关怀态度，对矫正对象遇到的困难要给予积极的帮助、指导和建议，并能获得明显的成效。对超越社区矫正机构和社区矫正工作者权力和责任范围的要求，可以采用转介的方式解决。

4. 协调

对结案后仍在社区矫正机构接受矫正的社区矫正对象，应把跟进服务与社区矫正机构的管理、教育、处遇制度和激励机制结合起来。通过有效管理、教育、处遇制度和激励机制，促进服务的品质，进一步巩固矫正的效果。结案后，如果社区矫正对象已解除社区矫正，跟进服务应与社会支持系统相协调，与安置帮教工作相结合，纳入社会综合治理工作，从而达到进一步巩固矫正效果和预防犯罪的目的。

典型案例

让无力者有力　让悲观者前行

【社区矫正对象基本情况】

社区矫正对象吴××，女，汉族，1994 年 3 月出生，户籍地和居住地均为金华市开发区。因犯诈骗罪于2019年1月29日被舟山市中级人民法院判处有期徒刑3年，缓刑3年6个月，缓刑考验期自2019年8月29日至2023年2月28日止。缓刑期间，由执行地司法所负责吴××社区矫正期间的监督管理和教育帮扶工作。

【对社区矫正对象依法实施教育帮扶情况】

一、加强心理辅导，增进身心健康

入矫初期，吴××到司法所报到时情绪低落，眼神游离。据了解，吴××为弃婴，从小缺失母爱，与年迈的养父相依为命，性格自卑、敏感，极度缺乏安全感。高中毕业后与丈夫李××一同进入某资本公司上班，可没想到此公司是诈骗公司。吴××认为自己美好的人生还未开启就被毁了，本就自卑的吴××觉得自己在他人面前抬不起头。加上原生家庭的不幸、经济压力大等多方面因素，吴××长期处于焦虑自卑情绪中。司法所针对吴××的犯罪原因、个性及心理特征、生活环境、悔罪表现及再犯罪风险评估等进行综合评估，制定了个性化矫正方案。一是加强谈话教育，帮助其增强自信心。在谈话过程中营造轻松、平等的谈话氛围，让其感受到尊重与信任。司法所工作人员担心吴××因经济压力过大产生消极情绪，鼓励吴××与丈夫李××积极就业。二是加强心理辅导频率，帮助其舒缓心理压力。在经济与家庭的双重压力下，吴××每晚失眠，为了重塑其健康的身心，司法所邀请心理咨询专家定期与吴××进行交流，指导其正确认识自我、加强自我调节，合理释放压力，以积极健康的心态去面对身边的人和事。本着保密、尊重、接纳、关心的原则，心理咨询专家多次与吴××沟通、交流后，渐渐打开了吴××的心扉，调整了吴××的心理状态。

二、强化守法观念，提高法律素养

吴××文化水平不高，法律意识淡薄。司法所围绕法律意识淡薄这一关键点，确定工作重点。一是帮助其遵法，在入矫初期向其下达明确学法任务。司法所组织吴××系统学习刑法、社区矫正法等法律法规，让其明白不遵守规定所承担的严重后果，督促其端正心态，遵守各项监督管理规定。二是帮助其学法，利用实地查访的时机对其精准普法。引导吴××与丈夫李××多阅读法律书籍，多观看法治类电视节目，培养法治思维，拓宽法治视野。三是帮助其学法用法，组织吴××参加形式多样的普法活动。吴××原本性格内敛、举止拘谨，不善于与人交流，在参与司法所组织的一系列普法活动后，吴××性格逐渐开朗起来，法律意识逐步提升。能将学到的法律知识共享给家人朋友们，让吴××收获了获得感和成就感。

三、坚持个别矫正，彰显人文关怀

吴××与丈夫李××在2021年生育一子，夫妻两人均在同个司法所进行社区矫正，家中孩子无人照顾。司法所针对此情况，分批开展教育学习及公益活动，吴××与丈夫错开时间参加教育学习及公益活动，保证了吴××既在教育学习会上学到了法律知识，家中孩子也有人照料。在春节期间，吴××提出想请假外出到养父家探亲，司法所表示支持，并建议她在空余时间多关心家庭成员，共同构建和睦的家庭氛围。司法所在实地查访时发现其住处适合开店，积极帮助联系市场监管等部门，在司法所工作人员的鼓励和帮助下，吴××与丈夫李××在自家楼下开张经营小卖部，每日的经营收入能满足其一家三口的基本生活开销，有效解决了生活困难。吴××与丈夫李××两人在社区矫正期间相互监督、共同进步，均能遵守社区矫正各项监督管理规定。现吴××丈夫李××已于2022年8月顺利期满解矫，吴××对未来的生活充满期待和向往。社区矫正期间，司法所按要求定期走访，对吴××开展心理评估和再犯罪评估，及时安排心理咨询和心理危机干预，鼓励其消除消极情绪，克服心理障碍，重拾对生活的热情，帮助其融入社会。

【案例注解】

《社区矫正法》第24条规定，社区矫正机构应当根据裁判内容和社区矫正对象的性别、年龄、心理特点、健康状况、犯罪原因、犯罪类型、犯罪情节、悔罪表现等情况，制定有针对性的矫正方案，实现分类管理、个别化矫正。矫正方案应当根据社区矫正对象的表现等情况相应调整。

执行地司法所依据社区矫正法对吴××制定了个别化精准矫正方案并严格加以实施，给予关心帮助和心理辅导，取得了良好的矫正效果。

引例分析

在社区矫正中，个案矫正是最为有效的矫正技术，要求依据社区矫正对象的犯因性问题，寻求具有针对性的矫正项目，并制定个案矫正方案。在王××的个案矫正中，由于王××脾气暴躁，容易情绪激动，情绪的自我控制能力差，因此，社区矫正工作者应依据王××的情绪特征，选择情绪控制类矫正项目，制定个案矫正方案。

思考练习

1. 个案矫正的性质是什么？
2. 在个案矫正中，有哪些基本要求？
3. 熟悉个案矫正中的各种技术，并模拟编制个案矫正方案。

第十三章　心理矫治技术

学习目标

1. 了解社区矫正工作中心理矫治的对象、任务和原则；
2. 掌握个体心理矫治关系建立技术，了解个体心理矫治疗愈技术，领悟和体会个体心理矫治的结案技术；
3. 了解团体心理矫治的特点和发展阶段，掌握团体凝聚和建设技术，能够独立、熟练完成几项不同的团体建设技术；领悟和体会对话式团体带领技术。

引入案例

胡×，男，1976年出生，已婚，中专文化程度，中级汽车维修技师，2014年12月在高速路上意外撞死他人并驾车逃逸，后投案自首。因犯交通肇事罪被判处有期徒刑3年，缓刑4年。社区矫正期自2015年4月至2019年4月。

胡×身体健康，犯案前家庭环境良好，是家中唯一的儿子，从小到大都很优秀、老实，几乎没犯过什么错误。被判交通肇事罪后，胡×的生活发生了很大的改变，失去了原来的工作，为赔偿死者欠下高额债务，自信心和自尊心受到了打击，认为自己是一个很失败的人并一直处在自责中，觉得对不起家人。胡×虽然在家人的帮助下努力调适自己的情绪并通过努力工作转移生活压力，但是犯罪突发事件带来的心理压力和标签意识仍然存在。胡×觉得很难过、很自卑、很悲观。

问题：

1. 社区矫正对象胡×主要存在哪方面的问题？
2. 需要采用什么技术来解决胡×社区矫正中的主要问题？

心理矫治技术是社区矫正工作中的一种重要工作方法。当前，心理矫治技术以哲学、心理学、社会学、刑法学等学科的相关知识和理论为基础，经过心理咨询与治疗领域各种方法流派的实践，一些实务技术已经形成了比较成熟的运行模式，其工作过程是在刑罚执行的基础上，将心理学中心理辅导与咨询的方法引入和运用到社区矫正的工作中。

第一节　心理矫治的对象、任务和原则

一、心理矫治工作的对象和任务

（一）心理矫治的对象

什么样的社区矫正对象需要心理矫治呢？一些社区矫正工作者对心理矫治的对象认识很模糊，这主要关系到对心理正常与否的理解。在正常心理与异常心理的鉴别评估中，如果将心理正常的人比作白色，精神病患者比作黑色，那么，在白色与黑色之间存在一个很大的中间区域——灰色区，大多数人都散落在这一灰色区域内。其中包括由于各种原因而产生的心理冲突与障碍者以及更严重一些的人格异常者。这些问题不同程度地干扰了自己和他人的正常学习、工作和生活。灰色区可进一步划分为浅灰色与深灰色两个区域。处于浅灰色区域的人是有心理问题者，但是其人格结构相对完整，主要表现为主观感觉自己的心理、行为不适而无人格障碍，例如各种一般性心理问题和神经症人格。处于深灰色区的人其心理问题相对比较严重，人格结构有某些缺陷，主要表现在人格特征与正常人存在较大差异，且对自己心理问题的自我觉察能力较差，如各种人格障碍。因此，心理矫治的对象是处于“浅灰色”和部分“深灰色”的人群。

（二）心理矫治的任务

概括地说，心理矫治的任务是帮助需要心理矫治的社区矫正对象发现和处理心理问题及内心冲突，帮助他们更全面地认识自我与社会，启发他们发现曾被忽视的情感体验，逐渐改变消极的应对方式，形成新的人生经验或提高社会适应能力。

二、心理矫治的工作原则

心理矫治的原则是矫治工作的规律概括和经验总结，它是社区矫正对象心理矫治过程中的一般要求，对实际工作具有指导意义。这些原则主要有以下几个。[①]

（一）保密原则

保密原则是心理矫治工作中最为重要的原则，它要求心理矫治工作者要尊重和尽可能地保护来访社区矫正对象的隐私，需要明确地甚至反复地说明和解释，使之明晰保密

---

① 杨凤池. 咨询心理学［M］. 3版. 北京：人民卫生出版社，2018：10－11.

原则的具体使用方式。这既是建立和维持心理矫治信任关系的前提，也是心理矫治活动顺利开展的基础。但是保密原则并不是无限度、无条件的。有两种情况可以突破不公开当事人身份的原则：一是有明显自杀意图者，应与有关人士联系，尽可能加以挽救；二是存在伤害性人格障碍或精神病患者，为避免他人受到伤害，也应做好一些预防工作。

（二）助人自助原则

心理矫治帮助来访者的根本目标是促进来访者成长、自强自立，使之能够自己面对和处理个人生活中的各种问题。矫治工作者应该相信社区矫正对象不仅有获得心理健康的愿望，而且本身就具有获得健康的能力。因此，矫正工作者应该在心理矫治过程中更多地启发、调动社区矫正对象自身的积极性、创造性，激发社区矫正对象主动投入心理自助的过程，而不是将社区矫正对象看作一个被动的服务对象。

（三）价值观中立原则

价值观中立原则要求矫治工作者尽量不干预社区矫正对象的价值观。具体说来，是指在心理矫治过程中，心理矫治工作者要尊重社区矫正对象的价值观，不要轻易地以自己的价值准则对矫正对象的行为进行武断、任意的价值判断，并且迫使社区矫正对象接受自己的观点和态度。矫正工作者在进行价值判断时，可以遵循具有相对普遍意义的原则：尊重人的生命，尊重真理，尊重自由和自主，信守诺言和义务，关心弱者、无助者，关心人的成长和发展，不让他人遭到损害，维护人的尊严和平等，懂得感恩和回报，尊重人的自由。

（四）尊重原则

首先，矫治工作者要尊重来访的社区矫正对象，理解和接纳社区矫正对象。理解和接纳社区矫正对象是指矫治工作者应当能够体会社区矫正对象的精神世界，就好像体验自己的精神世界一样，进而真诚地接纳对方，保持宽容的态度，而不应该对他们持歧视、排斥态度，要摒弃对这一群体的消极刻板印象。其次，矫治工作者要尊重社区矫正对象的人格尊严，尊重社区矫正对象的真实问题，平等地对待。无论社区矫正对象过去的行为对社会和他人造成了多大的危害，进入社区矫正阶段后，他们也只是一个需要矫正治疗的个体。尊重事实的客观性，觉察出真实的问题所在，深刻理解社区矫正对象获得个人发展及改善生活水平的权利和机会，在此基础上为他们提供适当的资源，满足其生存和发展的需要。

第二节　个体心理矫治技术

个体心理矫治工作，要求矫治工作者承认每个社区矫正对象在生理上、心理上和社会环境上的独特性，将每个个案都视为独特的个体，要特别重视每个社区矫正对象的个人问题和特殊性。个体心理矫治技术相信社区矫正对象对本身所遭遇的问题有自己独特的感受和想法，矫正工作者要主动了解社区矫正对象独特的内心感受，探究问题产生的独特原因，进而制定有差别的矫正方案，达到因人施“矫”的工作效果。

一、个体心理矫治关系建立技术

在心理矫治中，矫治工作者与社区矫正对象必须建立起信任、真诚、接纳的咨访关系，这是心理咨询的起始点和基础，这种关系有助于矫治工作者真实了解社区矫正对象的情况，准确确定咨询目标并有效达到目标。对社区矫正对象而言，基于这种积极的关系，才会与矫治工作者积极合作，对心理矫治抱有热情和信心，从而有助于提高心理矫治效果。

（一）倾听技术

在心理矫治中，所谓“倾听”社区矫正对象的谈话，不仅仅是一听了之，而是要求借助言语的引导，真正“听”出社区矫正对象所讲述的事实、所体验的感情、所持有的观念等。这种特殊的引导，或者说对于这类话语的恰当运用，就是我们这里所要谈的注意倾听的技巧。①

心理矫治的过程首先是一个倾听的过程，倾听既是矫治工作者职业理念的体现，也是矫治工作者矫治技能的展现，是矫治工作者的基本功，也是建立良好矫治关系的基本要求。矫治工作者通过自己的言语和非言语行为向社区矫正对象传达一个信息：我对你的叙述很有兴趣，表示理解和接纳。矫治工作者只有做到良好的倾听，才能获取关键信息，为准确的评估与诊断奠定基础，进而找到干预的切入点和方法；良好的倾听也可以表达对社区矫正对象的尊重，有利于建立与维持良好的矫治关系，促进社区矫正对象的表达，使之在比较宽松和信任的氛围下诉说自己的问题及宣泄情绪，探索解决的方法，实现自我发展与成长。

倾听并非仅仅是用耳朵听，更重要的是用心去听，要理解社区矫正对象所表达的内容和情感，设身处地地去感受，并对其所传达的内容和情感采取一种尊重、接纳和理解的态度。倾听不仅在听，还要有参与，要有适当的反应，这种反应既可以是言语的，如“嗯”“啊”“哦”等语气词，或“请继续”“然后呢”等简短语句，一是鼓励社区矫正对象继续表达，二是显示矫治工作者对社区矫正对象的表达感兴趣；也可以使用非言语的反应，如点头、微笑、注视、身体向社区矫正对象前倾等。倾听在本质上是一种对人的态度，对他人关怀、接纳、尊重和理解的态度，甚至是人际互动的一种价值取向。矫治工作者的这种人性态度和价值取向在矫治互动中对社区矫正对象也会起到榜样示范的作用。

实训设计：倾听训练

三人为一组，分别扮演矫治工作者、社区矫正对象、观察员。扮演社区矫正对象的

① 曲燕．心理咨询的理论与实务［M］．北京：中央编译出版社，2018：101．

同学表达自己，扮演矫治工作者的同学先专注地听，再把自己听到的内容复述给对方，如果有不正确的，扮演社区矫正对象的同学就纠正或澄清。练习结束后，观察员对矫治工作者倾听的深度和敏感性进行点评。

（二）共情技术

共情，又称为共感、同感、同理心、同情、通情达理、投情、移情、神入、感情移入等。心理学家罗杰斯认为，共情是指体验别人的内心世界，就“好像”那是自己的内心世界一样，但又绝未失去“好像”这一品质（能力）。[①]

对于“共情”有一个特别形象的比喻：“把自己的脚放入别人的鞋子里。”具体说来，共情有三方面的含义，对应三个技术要领：第一，矫治工作者借助于社区矫正对象的言谈举止去深入对方的内心世界来体验他的情感和思维；第二，矫治工作者借助于自己的知识和经验，把握社区矫正对象的体验，结合社区矫正对象的经历和人格之间的联系，更好地理解社区矫正对象问题的实质；第三，矫治工作者运用咨询技巧，把自己的共情传达给对方，以影响对方并取得反馈。

共情较难训练，是因为它不单纯是一种技巧和技术，还是一种对人的态度，是一种人性观，对人类的悲悯情怀，对他人和自我的良好洞察，以及收放自如的换位思考。从某种意义上说，低水平的共情是可以通过训练提高的，而高水平的共情大多通过个人成长和体验获得。低水平共情通常表现为运用倾听技巧，尝试理解社区矫正对象的内心体验并试图让对方感觉好一些。高水平共情，在准确理解社区矫正对象内心感受的基础上，探寻这些感受背后的情绪、观点和事实，能够推进矫治过程。通过共情可以表达社区矫正对象在叙述过程中隐含的甚至自己都不清楚的感觉和想法，可以帮助社区矫正对象更好地了解自己未知的或者想逃避的东西。

实训设计：通过案例体验无共情、低水平共情和高水平共情

案例一：社区矫正对象：“我妻子死了，我的人生也完了。孤零零一个人，我真不知怎么活下去。”无共情：“千万别这么想，看开些，一切都会好的（日常朋友间的典型反应，忽略了社区矫正对象的感受，对未来的空洞保证只会使社区矫正对象感到对方口不应心，离自己很远）。”低水平共情：“的确，这对你是个沉重打击（情感映照虽模糊，但所指向的方向是正确的）。”高水平共情：“你妻子去世就像你生活中的情感支柱倒塌了。没有了妻子，你感到孤独、茫然和无助（准确体会和确认社区矫正对象的感受，并反馈了自己的共情）。”

实训设计：通过案例进行共情训练

四人一组，分别扮演社区矫正对象、矫治工作者 1（无共情）、矫治工作者 2（低水

① 杨凤池．咨询心理学［M］．3版．北京：人民卫生出版社，2018：59－65．

平共情）和矫治工作者3（高水平共情）。第一阶段按照案例进行模拟，结束后分享感受；第二阶段社区矫正对象自由表达一段自己的故事，由矫治工作者现场进行共情练习。

社区矫正对象：“我跟父母讲我终于找到了一个人，我很喜欢她，而且准备跟她结婚。结果他们听了后只是淡淡地说要我把这些先放一放，不要影响了学业。”

矫治工作者1：“你应该理解你父母，他们也是为你好。”

矫治工作者2：“父母似乎只看重你的学业，这让你很失望。”

矫治工作者3：“找到一个对你而言如此重要的人，你满怀期待地希望父母也能分享你的喜悦，但他们轻描淡写的态度让你非常失望，你感觉似乎他们并不关心你的幸福。”

二、个体心理矫治中的疗愈技术

通过倾听、共情等技术的使用，矫治工作者和社区矫正对象建立了相互信任的矫治关系，也较全面地收集了社区矫正对象的求助需求和意愿，矫治工作者在进一步进行指导和帮助时，就需要了解和掌握一些个体心理矫治工作中具有疗愈功能的技术及其工作原理。

（一）精神分析理论与疗愈技术①

1. 潜意识理论与疗愈技术

弗洛伊德提出的潜意识理论是精神分析理论的基石。他把人的心理分为潜意识、前意识和意识三个部分。意识指人能知觉到的东西，是人当前注意到的心理活动、感知外界的各种刺激，是与语言（符号系统）有关的部分心理活动。意识活动是遵循现实原则来行事的，也就是说，只有合乎社会规范和道德标准的各种观念才能进入意识界。潜意识有两层含义：一是指人们对自己的一些行为的真正原因和动机不能意识到；二是指人们在清醒的意识下面还有一个潜在进行着的心理活动。潜意识的内容中包含那些为人类社会、伦理道德所不容许的、原始的、目无法纪的动物性本能冲动，以及幼年期的经验、被压抑的欲望和动机等。

在潜意识理论的基础上，正常人的大部分心理活动是在潜意识里进行的，大部分的日常行为是受潜意识驱动的，它是人类心理活动的原动力所在，遵循的是享乐原则，不顾及社会的道德规范、法律等的约束。有心理问题的人存在潜意识活动的内容、观念、欲望无法进入意识，在潜意识层面的冲突，如果能够被意识化，得到满足，就会解决存在于潜意识层面的心理问题。

2. 人格结构理论与疗愈技术

弗洛伊德将人格结构分为本我、自我和超我。本我是与生俱来的动物式的活动，本我中的需求产生时，个体要求立即满足，从而支配人的行为。比如，婴儿感到饥饿时立

---

① 杨凤池. 咨询心理学[M]. 3版. 北京：人民卫生出版社，2018：19-22.

即要求吮奶，绝不考虑母亲有无困难。弗洛伊德称本我中的基本需求为“生之本能”，它的成分是人类的基本需求，比如摄食、饮水、性等这些基本生理需要。“生之本能”是促进个体求生活动的内在力量，这种内在力量被称为“力必多”。本我内除了由基本需要形成的“生之本能”之外，也包括攻击与破坏两种原始性的冲动，这种冲动称为“死之本能”。自我是现实化的本能，自我服从于现实的原则，配合现实和超我的要求，延迟转移或缓慢释放本我的能量，对本我的欲望给予适当的满足。超我是道德化了的自我，它是长期社会生活过程中，将社会规范、道德观念等内化的结果，类似于人们通常讲的良心、理性等，为人格的最高形式和最文明的部分，多属于意识。超我中有两个重要的组成部分：一个是自我理想，另一个是良心。当本我、自我和超我关系协调，人格则表现出健康状态，三者关系冲突，就会产生心理疾病，因此促使三者关系协调平衡是疗愈的关键。

3. 焦虑及自我防御机制理论与疗愈技术

在人格发展过程中，本我、自我、超我之间产生冲突时，个体就可能产生焦虑。弗洛伊德描述了三种类型的焦虑：现实性焦虑、神经性焦虑和道德性焦虑。例如一个歹徒追赶我们，引起的是现实性焦虑，因为恐惧来自外部世界。相反，神经性焦虑和道德性焦虑是由个体内部的威胁造成的，当个体担心不能控制自己的情感或本能而作出将会引来权威者惩罚的事情时，神经性焦虑就会出现；当个体担心会违反父母或社会的标准时，道德性焦虑就会出现。焦虑会使自我感受到危险的逼近，这时自我就要采取行动。

为了使自我能够应对焦虑，这时就需要建立防御机制。无论是健康人、神经症或者精神病患者，都在无意识地运用心理防御机制。当自我心理防御机制启用恰当时，它能帮助我们减少压力、增强适应能力。但是，如果被过多地使用，就成了病态，而个体也就发展出一种回避现实的风格。较为常见的自我防御机制有压抑、否认、反向形成、投射、置换、升华、合理化、退行与认同等。通过对焦虑及自我防御机制的识别和觉察，有利于社区矫正对象潜意识意识化与“三我”人格结构的平衡协调。

4. 性心理发展阶段理论与疗愈技术

弗洛伊德把性作为潜意识的核心问题，他认为潜意识中被压抑的欲望可归结为人的性欲冲动，人的性本能是一切本能中最基本的东西，是人的行为的唯一重要动机。人成长的不同时期，“力必多”附着的部位是不一样的。按照这个理论，人的心理发展被分为五个时期：

(1) 口唇期 (0～1 岁)。这一时期婴儿原始欲望的满足，主要是靠口腔部位的吸吮、咀嚼、吞咽等活动来完成的。婴儿的快乐也多来自口腔的活动，如果这一时期口腔的活动受到限制，就会给将来的生活带来不良影响。成年人中有些人被称为“口腔性格者”，可能就是口唇期发展不顺利导致的，他们在行为上主要表现为贪吃、酗酒、吸烟、咬指甲等，甚至有些性格的表现，如自卑、依赖及洁癖等也被认为是口腔性格的特征。

(2) 肛门期 (1～3 岁)。这一时期原始欲望的满足主要靠排泄和控制大小便时所产生的刺激快感而获得满足。这个时期是对婴幼儿进行卫生习惯训练的关键时期。如果管制得过严，也会给将来的生活带来不良影响。成年人中有些人表现出冷酷、顽固、刚愎自用、吝啬等，被弗洛伊德称为“肛门性格”，可能就是这一时期发展不顺利的结果。

（3）性器期（3～6岁）。这一时期原始欲望的满足主要集中于性器官的部位。此时，幼儿喜欢触摸自己的性器官，幼儿在这个时期已经可以辨别男女性别，并且以父母中的异性作为自己的“性爱”对象，于是男孩以自己父亲为竞争对手而爱恋自己的母亲，这种现象被称为恋母情结，又称俄狄浦斯情结。同理，女孩以自己的母亲为竞争对手而爱恋自己的父亲的现象，被称为恋父情结。

（4）潜伏期（6～12岁、13岁）。6岁以上的儿童，兴趣扩大，注意力由对自己的身体和父母的感情转变到周围的事物，因此原始的欲望呈现出潜伏状态。这一时期的男女儿童之间，在情感上比以前疏远，团体活动多呈现男女分离的趋势。

（5）青春期以后，两性期、青春期的开始时间，男性一般在13岁左右，女性一般在12岁左右。此时，个体的性器官逐渐成熟，生理与心理上所显示的特征，使两性差异开始显著。在这个时期以后，性的需求转向相似年龄的异性，并且有了两性生活的理想，有了婚姻家庭的意识。

根据弗洛伊德的精神分析理论，每个人在早期发展阶段中都会出现问题，因为冲突和固着是不可避免的，不适宜行为是普遍和必然的。异常症状不仅取决于冲突和固着首先发生的那个心理性欲阶段，还取决于在这一阶段中为了应付随冲突而起的焦虑所采用的防御机制。焦虑的程度由自我、本我和超我的斗争决定。长期的警觉和防御使自我的力量衰退，而允许“力必多”退行到早年的固着点，导致孩子气、自恋或者道德败坏等。在极端情况下还可能失去控制本我的能力，导致精神病的产生。精神分析治疗通常会采用自由联想、解释、释梦、移情分析、阻抗分析等技术，帮助人们把无意识的内容变为意识，让人们深刻领悟痛苦的原因，并鼓励人们把新的领悟用于日常生活体验中。精神分析理论用于心理咨询与治疗的目标是：将无意识的内容带进意识；增强自我的力量，使个体的行为更立足于现实，而不是受本能的驱使或非理性内疚的影响。

（二）焦点解决短期心理矫治技术

20世纪后期至当前，后现代思潮对诸多心理学理论的发展及当代心理咨询实践有着深远影响，焦点解决短期心理矫治是后现代主义的心理矫治中最有影响力的咨询技术之一。①

1. 焦点解决短期心理矫治技术的基本观点

（1）事出并非一定有原因。

有些问题是存在明显的原因的，即有些问题是有正向功能的。但是，并不是什么事情的发生都有一定的原因或明确的因果关系，这就要求我们不能把时间浪费在探讨复杂而可能无意义的原因上。例如，一对夫妻因沟通不良、天天吵架而前来求助。先生说：“关系不好都是老婆太挑剔。”太太说：“由于先生常常忽略我，才会挑剔。”这种探究问题原因的讨论常会陷入是鸡生蛋还是蛋生鸡的逻辑矛盾中，最后反而使解决问题的可能瘫痪了。焦点解决短期心理矫治主要是关注“可以做什么让问题不再继续下去”，来代替“问题发生的原因到底是什么”。这时，矫治工作者和社区矫正对象都会找准自己的

---

① 杨凤池．咨询心理学［M］．3版．北京：人民卫生出版社，2018：43－46.

位置而致力于目标的达成。焦点解决短期心理矫治就是专注问题解决的过程，而不是探索原因的过程，也就有可能在不探究问题原因的情形中成功地解决了问题。

（2）从正向的意义出发，并由“例外”带来问题的解决。

焦点解决短期心理矫治理论认为，一个人的思考方向会影响其思考的内容，进而影响其对问题解决的决策及效能。所以，这个理论非常强调人的正向力量，而不是去看缺陷；强调人的成功经验，而不是失败；强调人的可能性，而不是限制。即个体越把焦点放在正向、已有的成功解决方法并迁移到类似情境中，则越能使其改变并朝向预期的方向发生。“例外”常常可以作为问题解决的指引，比如争吵的夫妻总有不争吵的时刻。矫治工作者在矫治的过程中就要帮助他们发现什么状况下不会争吵，这就提供了解决问题的线索，使得他们去发现自己的资源和自己改变问题的能力，进而实现问题的解决。

（3）由小到大的“雪球效应”。

不要小看那些小小的改变，我们都明白“水滴石穿”的故事。这是一种基于系统观的考虑，即只要持续小改变，就会累积成大的改变，就好比“雪球效应”，从山上下来的小雪球会越滚越大，势不可当。这种“雪球效应”在矫治中尤其重要，从小的改变着手，事情比较容易成功。成功的经验可以使矫正对象产生信心和力量去处理更困难的问题，进而带动整个系统的改变。例如，夫妻二人经常争吵不断，互不相让。在矫治的过程中，若发现一方能够不批评对方，就不会争吵，于是就从不批评开始练习，小的改变最终带来的是夫妻双方能够一步一步地沟通，改善了彼此间的关系。

（4）社区矫正对象是自己问题的专家，并且拥有解决自身问题所需的能力。

意义与经验是交互建构的，改变对于不同的个体，意义是不同的。人们生活的意义是通过与环境的交互作用而形成的。当经验改变时，意义也会改变，这就说明社区矫正对象有其处理问题的独特方式和丰富的资源。社区矫正对象清楚如何改变自己的经验世界，也就是说，相信社区矫正对象本身具备所有改变现状的资源。在焦点解决矫治中，矫治工作者的重要工作是协助社区矫正对象自己去设定改变的目标，把社区矫正对象视为解决他自己问题的专家。

（5）合作与沟通是解决问题的关键。

在心理矫治这种特殊的关系中，因为社区矫正对象是自愿并带着合作愿望前来矫治的，矫治工作者应该相信与社区矫正对象之间的合作是必然的。前面说过，社区矫正对象是自己问题的专家，而矫治工作者是解决问题过程的专家，二人的合作，就会使得问题迎刃而解。

2. 焦点解决短期心理矫治的基本技术

（1）一般化技术。

告诉社区矫正对象很多人都是这样，所遇到的问题是发展过程中常见的、暂时性困境，而不是病态的、变态的、无法控制的灾难，借此使社区矫正对象降低恐惧感，这样他们就会更接纳自己的困难。一般化技术的作用在于去除社区矫正对象运用的诊断性字眼并表达出其他人也会遇到类似的问题，促使社区矫正对象用平常心看待问题。

（2）振奋性引导。

以一种兴奋、喜悦的声调、动作、表情或语言来表示，借此传达出矫治工作者支持与鼓励的信息。当社区矫正对象有所行动、改变与解决问题时或社区矫正对象根据例外架构找到一些过去曾经有过的成功经验时，常见的振奋性引导如："你当时是怎么决定要去做……的?""你是怎么告诉自己去跨出这一大步的?""你是怎么计划去克服这个难关的?"这样做的作用是引导社区矫正对象思考当时自己如何决定要如此做的，从而助长社区矫正对象的自主性与责任感，并为自己的改变高兴。同时，此种问法强调社区矫正对象自己决定作出尝试，并同时暗示他还可以再去做一次。

（3）赞美。

当社区矫正对象提到一种例外、一点小小的改变，矫治工作者可理解说："这太棒了!"这样正向的赞美可以协助降低社区矫正对象对改变的忧虑，也使社区矫正对象更多地开发个人资源，促使他找到更多的例外及更多的可能性。

（4）量表技术。

利用数值的评量，如 0～10，协助社区矫正对象将他的观察、印象和预测以比较具体的方式加以描述。例如，让社区矫正对象评估心理矫治以前的状况："在一个从 0～10 的量表上，如果 0 表示非常不好，而 10 表示非常好，你对自己的现状打多少分?"再如使用量表技术评估改变的动机："在一个 0～10 的量表上，0 表示你一点也不想探索解决问题的方法，只想坐着等一些改变发生，10 表示非常愿意探索解决问题的方法，那么你觉得你现在的位置在哪里?"使用量表技术能够使描述更加具体化，协助社区矫正对象以直觉的方式表达出他对过去经验的观察并评量未来的可能性。

三、个体心理矫治结案技术

社区矫正对象个案矫正结案时，矫正工作者的任务可归结为妥善处理结案反应。社区矫正对象个案矫正结案的重要技术是结案反应处理技术。[①]

结案是一个转折性事件，意味着矫治工作者与社区矫正对象以心理矫治为目标形成的矫治关系的结束，结案工作阶段也有其特定的任务和内容。结案阶段的工作主要集中在对整个辅导过程的回顾和总结，矫正工作者通过结案要帮助社区矫正对象巩固已经取得的改变成果，增强他们独立面对问题的能力和信心，使其保持良好的心态，将工作成果转化为社区矫正对象的实际行动。良好的结案技巧可以使矫治关系的结束过程进行得更顺利。

（一）结案评估技术

除了社区矫正对象由于个人原因提出的矫治关系中断，结束个体矫治关系是由于社区矫正对象和矫治工作者认为已经达到了矫治的目标，或者至少社区矫正对象的进步足以能够更好地应对生活时，矫治关系就可以终止了。那么，如何评估矫治关系已经可以结案呢？一般来说，社区矫正对象求助症状减轻、健康，个人及社会功能得到改进，公众健康和安全威胁减少等相关描述能够预估矫治关系到了可以结束的阶段。尼考尔茨等

① 杨凤池．咨询心理学［M］．3 版．北京：人民卫生出版社，2018：87－90.

提出“变化认知评定尺度”，作为判断咨询效果及终结咨询的指标，包括：（1）来访者的症状、症状解消的程度；（2）来访者对自身行动的理解程度；（3）来访者对人生的思考、情绪变化的程度；（4）来访者对自身重要的问题认识变化的程度。以上由矫治工作者与社区矫正对象相互确认，达成共识之后，可以决定心理矫治的结束。

（二）矫治效果评估技术

在结案阶段，矫正工作者需要针对社区矫正对象的问题、解决方法和目标成效做最后的评估。矫正工作者可以通过展示图表来说明工作成效，与社区矫正对象分享主观感受，并作为评估依据。除此之外，对于未完全解决的问题，矫正工作者也需要进一步协助社区矫正对象认清问题的性质和原因。同时，还可以提供机会使社区矫正对象来表达其对矫正工作及工作者的评价，通过矫正对象的反馈，矫正工作者得以了解社区矫正对象的问题是否得到解决，能否用心理辅导过程中学到的方法去解决现实问题，这也提供了是否需要改善矫正服务效能的信息。

在结案阶段，矫正工作者可以就干预措施的有效性和是否达到心理矫治目标进行评估。矫治效果的评定应着重考虑下述三个方面：（1）社区矫正对象的满意度，即社区矫正对象对矫治工作者心理矫治过程及全部结果的满意程度。（2）社区矫正对象的自我心理功能是否足以应对现实生活和需求。（3）矫治过程的人力和时间成本是否超过了预期，是否采用了合适的心理矫治技术，还有什么更好的技术可以使用和参考。

（三）矫治效果巩固技术

在结案阶段，咨询师所面临的最大挑战是，利用这一阶段的心理矫治使社区矫正对象受益最大化。这一阶段的目的包括巩固和保持已经取得的效果，处理因结束咨询带来的分离焦虑与依赖的矛盾，并将有效的应对方式应用于日常生活，使之普遍化。可以使用过程回顾技术，即帮助社区矫正对象回顾自己的问题、解决问题所采取的行动和步骤，结合工作目标和实施方案，与社区矫正对象进行一次全面的总结，协助他们回顾整个辅导过程，进一步了解问题的前因后果，对于社区矫正对象的积极表现，给予积极的鼓励和表扬，强化正确的思维和积极的行动。也可以使用效果巩固技术，即因矫治关系即将终止而导致问题症状重新出现，矫治工作者需处理好与社区矫正对象的分离焦虑问题，以合适的方式结束心理矫治。因此，在心理矫治结束阶段将心理矫治效果进行内归因，有助于心理矫治效果的维持和强化。

第三节　团体心理矫治技术

团体心理矫治技术是在团体水平上使用心理矫治技术对社区矫正对象心理问题进行干预的技术。考虑到当前我国开展社区矫正的各级机构普遍存在着工作人员少、工作量大、缺乏心理学专业知识背景等情况，本部分内容的团体心理矫治技术，是介于团体辅导与团体咨询之间水平的心理矫治方法和技术，是通过团体内人际交互作用，促使个体在交往中通过观察、学习、体验，认识自我、探讨自我、接纳自我，调整、改善与他人的关系，学习新的态度与行为方式，以发展良好适应的助人过程。针对社区矫正对象普遍存在的抑郁、焦虑、内疚、自责、愤愤不平、委屈等不良情绪，团体心理矫治相对于个体心理矫治覆盖面广、矫治效率高、感染力强、矫治效果易于巩固，特别有助于改善人际适应能力，具有与个体心理矫治不同的矫治原理和技术。同时，团体心理矫治一方面深化了社区矫正对象集体心理教育的成果，另一方面团体活动过程有助于甄选出需要进行深入、长期个体心理咨询与治疗过程的矫正对象。

一、团体心理矫治概述

（一）团体心理矫治的特点

在本质上，社区矫正团体心理矫治是一种直接的助人方法或手段，也是一种工作过程。在对象上，团体心理矫治的主要对象是由各种罪因的社区矫正对象所组成的团体成员。在过程上，团体心理矫治是带领者与团体成员以及团体成员之间面对面的互动过程。在功能上，满足社区矫正对象发展性和情感性需求，帮助社区矫正对象发展自我心理功能和再社会化、解决情绪问题、寻找自我价值等方面的功能。在目的上，帮助社区矫正对象从团体中获得适当的内省觉察和人际经验，改变不良生活现状，培养其良好的社会适应能力，促进其身心健康，使其能顺利通过矫正回归正常生活。

（二）团体心理矫治的设置

一个团体的组成“至少要有三个人，因为第三个人及更多的人所带来的问题和压力通常不会发生在两个人中”[①]。该定义给出了团体心理矫治过程所需的最少人数，并且根据团体动力学，将团体区别于两人的关系（例如个体咨询或婚姻）。由于三人以上团体中的互动变得更复杂，团体交流更难被密切关注，团体更难控制，因此，团体心理矫治的人数一般不超过 12 人，一旦人数超过 12 人，心理矫治的氛围和影响会变得不那么明显。通常认为，有效的小团体规模是 5～12 名成员。小团体合适的规模应该是“足够大到能为互动提供充分机会，足够小到让每个人卷入并且感受‘团体’”[②]。若根据社区矫正对象年龄段划分，建议团体规模如下：15 岁～18 岁未成年社区矫正对象 6～8 名成员；成年社区矫正对象 8～12 名成员。

（三）社区矫正中团体的类型

从社区矫正对象身份来说，团体心理矫治工作的团体是一个同质团体，但从社区矫正对象个人特质、个人经历或遭遇问题来看，又可以视其为异质团体。同质和异质是相对于某些指标而言的，具体在团体心理矫治工作中还应根据矫治目标和社区矫正对象进

① 詹姆斯·P. 特罗泽. 咨询师与团体：理论、培训与实践［M］. 邵瑾，冯愉涵，周子涵，等译. 北京：机械工业出版社，2017：19.

② 同①20.

行区分。

就团体目标而言，社区矫正团体心理矫治的团体类型可以归为带有情感支持性质的成长性团体。成长性团体由希望体验置身于团体中的成员或者希望对自我探索的成员组成。成长性团体为每个成员提供探索与发展个人目标以及更好地理解自我与他人的机会。它的目标包括生活风格的改变，对自身与他人的更好的认识；改善人际沟通以及对价值观的评估。团体矫治工作者在营造友好、分享与倾听的群体氛围上起着重要作用，而且在成长团体中随着成员所暴露的不同问题，将会出现大量的咨询与辅导工作。支持性质则体现在团体中支持性的场动力，团体成员交流思想和感受，帮助彼此检验某些问题和忧虑。

就团体成员的固定程度而言，可根据团体心理矫治目标与具体情况选择封闭式团体或开放式团体。

（四）团体心理矫治的发展阶段①

1. 开始阶段

团体的开始阶段，通常是整个团体成败的关键环节，也是最困难和具有挑战性的时期。在此阶段，团体存在不确定性，缺乏团体认同感，由此加剧了社区矫正对象的不安全感。社区矫正对象已有的生活经验也影响着团体成员之间关系的建立，害怕失败、害怕受伤害等心理因素会增加团体成员之间的距离。团体成员常因担心自己的言行不被他人接受而小心翼翼，有时团体可能会出现沉默尴尬的气氛，成员彼此不信任，讨论流于非人化，集中在解决问题，有人会因无意义的社交式对话而感到沉闷，倾向于谈论别人而不是自己。在这一阶段，成员最强烈的心理需求是获得安全感。矫治工作者的工作任务是协助成员相互间尽快熟悉起来，增进了解，明确团体目标，确立团体规范，建立安全和信任的关系。

2. 过渡阶段

在一个团体能够开始从事有成效的工作之前，通常都会经历一个相当艰难的过渡阶段。在这一阶段，团体成员会面临他们的焦虑、抗拒以及矛盾冲突，而矫治工作者则帮助他们了解如何着手去处理这些问题。在这一阶段，团体主要是以权利与控制的议题为主，矛盾冲突在此时扮演着中心角色。矫治工作者的主要任务是提供鼓励与挑战，使社区矫正对象能面对并且有效地解决他们的冲突和消极情绪，使团体成员彼此间有效地建立成熟关系。

3. 工作阶段

经历了过渡阶段，团体的权力结构会稳定地发展，团体成员之间会成为亲密的同伴关系。工作阶段的特征是探讨重大问题和采取有效行动，以促进理想行为改变。这一阶段也是社区矫正对象需要认识到对自己生活负有责任的时候。此时的团体成员有较大的自主性，彼此之间交流密切，依赖性强，还产生了利益的互惠。

---

① 詹姆斯·P.特罗泽.咨询师与团体：理论、培训与实践[M].邵瑾，冯愉涵，周子涵，等译.北京：机械工业出版社，2017：19.

4. 结束阶段

在最后这个阶段中，如何处理团体发展是非常重要的一个方面。当团体活动到了结束阶段，以前的失落感会再次被唤起，现实的经验再一次被重新界定，并且也会向矫治工作者及社区矫正对象团体成员提出挑战。在团体的最后阶段，社区矫正对象对分离的情感常常采取回避和否定的形式，矫治工作者需要协助社区矫正对象对此进行充分的表露并进行探讨。矫治工作者要使那些有巨大失落感和哀伤情感的社区矫正对象能获得公开讨论的机会；矫治工作者也有责任使社区矫正对象了解团体结束的现实和意义。

二、团体凝聚与建设技术①

（一）团体建设技术

在多种类型的矫正对象团体中，为了吸引团体成员的积极投入和融入，引发和促进成员互动与成长，常常需要专门设计或安排一些团体练习或活动，也就是团体建设活动或技术。一个好的团体建设技术常常可以起到促进团体的作用。

1. 纸笔练习

纸笔练习是团体心理矫治过程中使用最广泛、最便捷、最有效的方法。通过用纸和笔书写的方式表达社区矫正对象的观念和想法，然后在组内分享。要深化对主题的认识和思考，通过分享进一步认识自我和了解他人，有助于话题聚焦。例如“我是谁”“生命线”等团体建设活动都属于纸笔练习。

2. 身体运动

身体运动是通过肢体活动的方式来表达某些主题或思想，是团体心理矫治中常用的方式。它可以用来热身，活跃团体气氛，如“轻柔体操”“呼吸放松”“叩击穴位”等。

3. 接触练习

接触练习是指团体训练需要通过社区矫正对象肢体上的接触来强化彼此的感受。通过肢体接触带来感觉上的刺激，也会增进彼此的沟通和信任，提升团体凝聚力。常用的有“信任跌倒”“盲行”等。此种练习应尊重矫正对象的感受，如不愿意时不应勉强。

4. 美术与工艺绘画

美术与工艺绘画是一种表达自我内心世界的好方法，尤其是创造性的绘画最能表达人的真实自我，通过作品投射出成员的独特人格特质或想法，这有时比语言能更有意义地反映绘画者的情感和想法。“自画像”“家庭树”都属于这一类型。

（二）运用团体建设活动的原则

1. 目标定向的原则

团体习作应该围绕团体目标选择或设计，在组织一个练习前，应清楚地了解运用目的以及引发的后果。矫治工作者在选择和运用团体习作时要考虑一个问题：通过这个练

① 杨凤池. 咨询心理学［M］. 3版. 北京：人民卫生出版社，2018：241－246.

习要得到什么？一些矫治工作者仅仅关注习作的程序和组织，忽视使用习作要达到的目标。

2. 团体定向原则

团体建设活动的运用是为了推动社区矫正对象的互动和团体的发展。设计团体建设活动时要充分考虑到团体发展过程和团体动力状况，考虑到社区矫正对象的特点、活动对社区矫正对象互动的密切程度和对社区矫正对象个人开放程度的要求。

3. 熟练原则

在运用团体建设活动前，矫治工作者应熟悉该项活动。首先须是自己作为成员参加过的习作，对活动过程及个人感受有体验；其次须是自己带领过的团体建设活动，对活动的组织有经验。

4. 参与原则

带领团体建设活动时，矫治工作者应注意到社区矫正对象的个别差异，注意引导所有社区矫正对象参与。如一些纸笔练习，要注意帮助不善文字表达的社区矫正对象；一些身体运动或接触练习，要考虑社区矫正对象不同的身体状况和个人习惯等。

5. 渐进性原则

团体建设活动的安排应注意逻辑性、层次性与衔接性。特别是在结构式团体中，运用的团体建设活动较多，矫治工作者在做团体计划时要根据团体目标认真选择和设计，使不同的习作能成为一个逐渐深化团体关系、提升团体凝聚力、触动成员探讨和反思的结构。

6. 矫治效果原则

运用团体建设活动时，场面会变得较为活跃，看上去好像很热闹，但团体建设活动本身不是目的，而是通过习作发挥心理矫治的作用。矫治工作者要牢记运用团体建设是在“干什么”，练习结束后社区矫正对象之间坦诚的交流和分享是非常重要的一个环节，千万不能忽视。习作安排要给团体分享留有充足的时间，社区矫正对象在团体中就练习中的感受、经验的分享和相互之间的反馈，对个人来说是一个清理、澄清和反思的机会，一动一静，让习作的矫治效能充分产生出来；对团体来说，又是一次增强社区矫正对象之间的联结、提升团体凝聚力的机会。

（三）首次聚会及结构作用

在整个团体的生命历程里，对矫治工作者而言，首次聚会是开始最早的，通常也是最困难、最具挑战性的。很多矫治工作者会花很多精力来设计首次聚会，各类团体首次聚会的目的是一致的——建立团体。首次聚会可以有一个共同的结构。

1. 热身

社区矫正对象首次聚会，互不相识，没有团体归属感。每个社区矫正对象都带着各自生活里的角色走到一起。让这些角色退去，大家感受到一个新的角色——这个团体的社区矫正对象，这是首次聚会的目的。首次聚会的意义很大，有时要用较长的时间。首次聚会通常以游戏的方式进行，不一定是自我介绍、相互认识的游戏，关键在于让大家放掉原来的角色。放掉角色是个判断指标，当看到社区矫正对象都能投入地游戏时，就可以考虑结束了。

2. 矫治工作者介绍

矫治工作者介绍的主要内容包括：矫治工作者自我介绍，简要说明小组目的和内容。社区矫正对象相互认识是每一个团体首次聚会都要做的。开始一切都是要矫治工作者带头，自我介绍对有的社区矫正对象来说是有压力的，矫治工作者先自我介绍非常重要。

3. 社区矫正对象自我介绍

社区矫正对象自我介绍，相互认识，可以用一些趣味性的游戏来进行。看上去这只是一个相互认识的过程，但矫治工作者要意识到，这是团体中社区矫正对象首次自我分享，而自我分享是各类团体中主要的活动，因此，这是初步建立团体亲和关系的重要一环。有些矫治工作者在这个活动的设计上花很多时间、动很多脑筋，但如果忽视了这个目的，反而费力不讨好。

4. 分享对团体的期望与担忧

引导社区矫正对象分享对参加这个团体的期望和担心。对矫治工作者来说，可以了解社区矫正对象对团体的需要，考虑团体下一步怎样发展，计划要不要调整。这时的个人分享又深入了一点，对社区矫正对象来说，能感觉到矫治工作者对团体的重视，还能从别人的分享中感受到大家对团体的重视。这是从初步的亲和关系向建立团体认同、凝聚团体的重要一步。分享过程中，在矫治工作者的引导下，营造出一种相互尊重、接纳、不否定别人的氛围非常重要。

5. 制定团体契约

矫治工作者要引导制定出一些最基本的规范，如尊重、接纳、不否定和批判别人，保密，守时等。此外，还要根据团体成员的具体情况和场地条件提出一些有针对性的规则，如活动中不吸烟、活动中不开手机等。

6. 布置作业与结束

首次布置作业的作用主要在这项活动本身，即让社区矫正对象开始就有这样的经验：聚会只是团体的一种活动，结束后，团体还在，只是各自回到自己的生活中，需要回顾体验团体中的感受和经验。

(四)团体建设活动范例①

表 13－1 是某社区矫正机构环境适应项目的团队建设方案。

表 13－1 环境适应项目的团队建设方案

单元	目标	活动流程
今天我们有缘相逢	团体成员之间初步认识，建立团体凝聚力和信任感，阐明团体契约。	(1) 刮大风。 (2) 松鼠与大树。 (3) 相识接龙。 (4) 滚雪球——连环自我介绍。 (5) 爱心天使。 (6) 盲行。 (7) 形成团体契约。

① 刘邦惠. 社区服刑人员的心理矫治[M]. 北京：科学出版社，2015：145.

续表

单元	目标	活动流程
知你知我	团体成员之间进一步相互了解，并进行自我探索。	（1）播撒爱心祝福。 （2）信任跌倒。 （3）假如我是…… （4）社会关系中的我。 （5）我的素描。
手牵手，一起走	通过活动使团体成员掌握有效的人际交往能力，培养积极的交往意识。	（1）播撒爱心祝福。 （2）众人抬手。 （3）边听边做。 （4）狗仔队。 （5）我的人际互动哲学观。 （6）我的人际圈。
让我们的友谊地久天长	通过活动进一步培养社区矫正对象的沟通能力，学习发展更为牢固的人际关系。	（1）播撒爱心祝福。 （2）解开千千结。 （3）宝贵的“苹果”。 （4）你说我做。 （5）戴高帽。 （6）爱心小天使。 （7）合唱《真心英雄》。

三、对话式团体带领技术

在团体心理矫治技术中，矫治工作者发挥着团队灵魂的作用，矫治工作者对一些核心技术的了解和掌握有利于团体心理矫治的进程和目标达成。①

（一）矫治工作者自我暴露技术

矫治工作者的透明度（自我暴露）与团队成员获得的疗效线性相关：矫治工作者的透明度太多或太少都不利于良好疗效的产生。中庸法则是可行之道，即矫治工作者的自我暴露要有恰当的度。矫治工作者的自我暴露是为了给予团体成员支持、接纳以及鼓励，因此，只需进行选择性的自我暴露即可达成目标。同时需要注意的是，呈现反馈时须遵守的重要原则之一：给予社区矫正对象的反馈应基于个人的感受而不是对他人动机的主观揣测。例如说：“当你这么说时，我感觉被你排斥在外。”而不是说：“你在排斥我。”后一种表达方式经常会挑起对方防御性的态度并使对方停止交流，而前一种表达方式只是说话者将其个人感受和反应讲出来罢了。

（二）此时此地技术

许多社区矫正对象在现实生活中的心理困扰所需要的资料就呈现在“此时此地”的

① 欧文·亚隆. 觉醒与超越：住院病人的团体心理治疗［M］. 李敏，李鸣，译. 北京：人民邮电出版社，2015：105－165.

团体互动中。聚焦于“此时此地”意味着，不过分强调团体成员过去的生活经历或当前的环境因素，而将注意力集中于“此时此地”，可以最大限度地发挥团体治疗的疗效。更多准确而生动的信息，可以通过观察“此时此地”团体成员在团体中的人际互动过程而获得。那些敢于修正不良的人际互动模式并在“此时此地”的团体中尝试新行为的团体成员，最终会将这种改变迁移到自己的现实生活中去。就此而论，“此时此地”可以说是团体治疗的力量之源。

（三）支持技术

支持对所有形式的团体心理矫治都至关重要，除非团体能为其提供及时、明确的支持，否则团体成员会随时由于团体压力、一些负面情绪的浮现等产生退却情绪。因此，从一开始矫治工作者就要给予团体成员支持以消除其焦虑，并把这种支持贯穿于整个过程。矫治工作者必须敏锐地洞察团体成员的内心状态，及时发现团体成员内心细微的变化，审时度势地给予强化支持。这种支持是真正意义上的共情，而非简单的同情和施舍。

（四）冲突处理技术

矫治工作者面对团体中的冲突应采取怎样的冲突管理策略呢？这个问题与前面关于“支持”的讨论出于相同的考虑。人都存在与愤怒相关的严重问题：他们要么通过破坏性的行为来表达愤怒，要么深受愤怒的威胁而压抑这种情感，并因此遭受愤怒内化而产生的躯体病痛、自我怨恨及抑郁等后果的折磨。即使在最好的环境下，愤怒与冲突也会令人产生相当大的不适感。正如经验丰富的临床医生所说：“我们从沉痛的教训中学会，永远不要试图去探索愤怒情感或鼓励愤怒的表达。”但是如果专业的心理健康工作者都不能开放地讨论冲突，那么我们就不应期望有严重困扰的团体成员能做到。

1. 冲突的来源辨析技术

有相当多的社区矫正对象在进入团体治疗时都带有很多愤怒：对自己必须进行团体心理治疗感到愤怒，对自己的失败感到愤怒，对他们认为背叛、抛弃甚至是虐待自己的人感到愤怒，等等。除了这些来自每个团体成员个人的冲突外，治疗团体还必须处理另一类冲突：源自团体成员之间以及团体动力间的愤怒。不管冲突的来源是什么，它对团体造成的影响都是非常严重的。团体成员间的互相信任被侵蚀，团体感觉到不安全，而心理矫治所必需的自我探索也会因此而胎死腹中。陷入冲突中的团体无法实现团体治疗的主要治疗目标之一：让成员在进入团体矫治时获得一种支持性的、愉悦的、建设性的经验，以使其在解矫后社会化程度提高。

2. 冲突的缓解技术

处理冲突需遵循如下重要的矫治指导方针。首先，在小规模的团体成员或短程团体中不适宜诱发团体成员的内在冲突。矫治工作者的工作目标必须是迅速解决冲突，而不是诱发冲突。当团体成员因愤怒情绪而深受困扰时，矫治工作者需要帮助他表达、转换或升华该负面情绪，有时为了帮助团体成员表达这些负面情绪，可以先让他们以最安全的方式把那些烦恼或不快表达出来，也就是说，这种情绪的表达不是针对其他社区矫正对象，而是针对某一主题或某一工作流程问题。例如，矫治工作者可以问："对于本次会谈的步骤或者矫治工作者带领团队的方式，你有什么感觉不好的地方？"由矫治工作者来处理愤怒通常比社区矫正对象来做这个工作要容易得多。当初次提出这类要求时，团体成员并不一定会十分配合，所以在会谈过程中矫治工作者有必要反复询问团体成员们是否感受到了某些不快。

3. 冲突的解决技术

无论如何努力避免，某些团体成员之间的公开冲突都是无法回避的。因此，矫治工作者必须善于解决冲突，不仅要找到方法来结束冲突，而且要尽可能地使在冲突中暴露出来的愤怒转化为建设性的作用。因此，一旦出现冲突迹象，矫治工作者就应果断地采取行动，用下列陈述来改变团体的工作方向："现在让我们暂停几分钟，往后退几步，试着了解团体中刚刚所发生的一些事，谁有什么话要说呢？"矫治工作者也可以这么说："从某种意义上说，谁对谁错、谁输谁赢都不那么重要。真正重要的是，你们可以从这次冲突中学到什么，能不能将此经验应用到你们解矫后的生活中。"有许多方法可以将团体成员间的相互冲突转化成富有建设性的东西。

（五）团体中"问题成员"的应对技术

每个进入团体的社区矫正对象都带着自己无法解决、但迫切需要解决的问题，因此每个社区矫正对象似乎都是"问题成员"。但有些社区矫正对象明显的行为问题会使矫治工作者感到棘手，令其他社区矫正对象感到厌烦，如果处理不当会对其本人及团体带来负面影响。矫治工作者需要采用一些方法和技术处理这些问题行为。

1. 垄断发言的社区矫正对象

有些社区矫正对象在团体内喋喋不休，通过各种方式抢夺发言权，他们会不厌其烦地向团体描述团体外的经历，或者连珠炮似的向其他社区矫正对象提问、建议、发表评论。矫治工作者可以谨慎地带领所有社区矫正对象探索这一现象背后的意义。团体不应该排斥垄断发言者，而是应该不断邀请他进入团体，矫治工作者需要鼓励团体不断给予反馈，帮助垄断发言者自我观察，即不管他多么希望被他人接受和尊重，但事实上他的表现会造成愤怒、拒绝和挫败。这一过程需小心谨慎，不能演变成"批判会"或者让垄断发言者成为众矢之的。

2. 沉默不语的社区矫正对象

有研究显示，投入团体越多、越主动的社区矫正对象收获越大；沉默不语的矫正对象从团体获益较少。有时矫治工作者需要直接与沉默者对话，邀请他加入团体。当然，有时矫治工作者会感到困惑，担心沉默者会依赖于自己的邀请，也担心沉默者会运用这种方式获得注意，进而控制矫治工作者或团体。有一种可行的干预方式是将自己的担心向沉默者坦诚："每当注意到你在团体内沉默时，我有一种纠结，一方面想邀请你说些什么，另一方面又担心你会不会依赖于我的邀请。"还有就是适时地强化沉默者的积极性，即当他摒弃恐惧加入团体时，自己或是邀请其他矫正对象给予沉默者正性强化："看到你今天有些不一样，虽然你有些犹豫和紧张，但是你还是迈出了重要一步。"或是"大家有没有注意到，今天的 A 有些不一样。"

3. 拒绝帮助的抱怨者

拒绝帮助的抱怨者经常在团体内玩一种“是的……但是……”的心理游戏。他往往带着一个个人议题向团体求助，当团体内的社区矫正对象或是矫治工作者给予回应时，他会找各式各样的理由拒绝大家提供的帮助，使得给予帮助的人感到很挫败，而后他会认为：你看，确实没有人可以帮助我。当矫治工作者意识到抱怨者所设下的“陷阱”时，需要小心应对，一方面避免团体因这样的陷阱而陷入一片混乱，另一方面要适时地运用团体让抱怨者对自己的这种模式有所了解。团体是一个特殊的场所，在这里，社区矫正对象最重要的收获之一就是可以观察到自己的行为让别人有何种反应。

总之，为社区矫正对象提供良好的发展环境以及有专业技术层面的团体服务计划，可以确保社区矫正对象能够与他人充分地融合与沟通。矫治工作者可以通过团体向社区矫正对象提供一个维持正向自我概念、自我表达、自我接纳的机会，促进社区矫正对象的自我尊重与人际交往能力发展。

典型案例

社工参与，心法陪伴，守护成长

——潮州市青少年社区矫正对象心理矫治帮扶案例

一、背景介绍

小明（化名），男，25 岁，因犯故意伤害罪被判处有期徒刑 1 年，缓刑 2 年，为潮州市潮安司法局某司法所的社区矫正对象。目前小明已经接受社区矫正 8 个多月，家中排行老二。目前从事电脑行业工作，每个月收入上万元，工资主要用于日常开销和补贴家用等。小明自述遇事容易冲动，脾气比较火爆，初二就辍学了。

由于小明已两次违反社区矫正的相关规定，且对司法所工作人员存在抵触情绪，小明面临收监的情况，对小明的未来极其不利，加上小明犯罪时为未成年人。所以本着教育、感化、挽救原则及维护未成年人的合法权益，潮安司法局某司法所邀请了潮州市“伙伴同行”项目的执行机构启明星社工中心社工及时对其进行心理矫治帮扶服务，感化帮扶小明回归正道。

二、案例分析

启明星社工通过走访、电访及面谈方式，向潮安司法局及某司法所工作人员、服务对象本人了解、评估服务对象的问题需求：

（1）自身法律知识缺乏，存在抱怨情绪。小明因经常上夜班，自身的生物钟与社区矫正期间规定的打卡时间不同，导致出现错失打卡或打卡不及时情况，白天报到时由于睡眠不足容易出现情绪化；加上服务对象对社区矫正期间的规定及相关法律知识存在不清晰的认知，不主动向司法所工作人员询问相关知识，听不进司法所工作人员的教育劝导，对于自己违反规定表示不理解。经过司法所的多次提醒，小明依旧不主动向司法所申请打卡时间变更，导致其与司法所工作人员产生误会，对工作人员存在抵触及抱怨情绪，态度消极。

（2）解决问题能力缺乏，焦虑烦恼情绪扰心。小明主动理解社区矫正相关规定及违法规定后果后，认识到了自身行为不当问题，很是后悔，自己想要作出改变，但不知道该如何做才能解决当前存在的自身问题，他感到很是烦恼和焦虑，求助于社工。

三、服务目标

社工通过前期评估需求，并与小明一同商讨，制订协助小明解决困扰的心理矫治服务计划。

(1) 总体目标。提高小明的法律意识，增强其情绪调节能力和解决自身问题能力，遵守社区矫正期间的相关规定，防止再犯，恢复正常生活。

(2) 具体目标。

1) 与小明建立专业信任服务关系。

2) 普及法律知识，引导小明意识到违反社区矫正规定的严重性及认识到自身行为的不当，缓解抱怨情绪，遵守社区矫正的规定。

3) 引导小明认识到自身存在的问题，协助小明学会与他人沟通并解决自身问题。

4) 跟踪强化意识，提升自我管理能力。

四、理论依据

(1) 心理社会治疗理论是通过直接治疗和间接治疗方法，在服务过程中让服务对象解释和描述自己困扰的产生原因和发展过程，以问题为导向引导服务对象思索对类似事件的恰当处理方式，协助服务对象解决打卡问题，提升问题解决能力。

(2) 认知行为理论是一组通过改变思维、信念和行为的方法来改变不良认知的理论，它是认知理论和行为理论的整合。服务对象未能意识到自己违反社区矫正规定的严重性，未能认识到自身行为的不当，其不良认知会导致行为的偏差。改变服务对象的不良认知有利于其行为的改变。

(3) 相信服务对象本身拥有解决问题的能力，只是服务对象暂时未能察觉自己拥有这些解决问题的能力和成功经验。因此，对于服务对象的打卡问题，其家人或所在司法所均可起到协助与协调的作用，社工在帮扶过程中可帮助服务对象发掘这些潜能并且能善加利用，从而解决问题。

五、服务介入过程

(1) 建立专业关系。心理咨询师和社工与社区矫正对象小明初次见面交谈，与其建立初步的专业信任关系。一开始小明面对社工表示很是疑惑，也存在戒备心理，之后社工运用倾听、同理、支持等面谈技巧，表明社工的角色是关心小明的情况，协助其解决困难的。小明了解情况后才逐渐放下戒备心，并袒露了自己的心声及困扰。

(2) 了解评估需求，制定帮扶计划。心理咨询师和社工通过心理测试法和访谈法评估到小明的需求。小明表示其对于社区矫正的规定不清楚，且自己经常上夜班，导致未及时打卡，被警告后感到烦恼。社工倾听小明的需求后，与其共同制订了具体的心理矫治帮扶计划。

(3) 心理干预，疏导情绪。针对社区矫正对象小明现阶段的抱怨情绪，项目执行机构启明星链接了潮州市心理卫生协会的心理咨询师资源介入。心理咨询师运用专业心理技术及时干预，为其做心理疏导，引导小明说出心里的不舒适，发泄心中的不良情绪。

(4) 链接检察资源，科普法律知识。社工了解到小明的法律意识薄弱问题，便与潮安司法局沟通，为小明提供提升法律意识的途径。考虑到小明犯罪时为未成年人，于是潮安司法局链接了潮安区人民检察院未检办检察官介入，检察官零距离面对面为小明科普法律知识，解答小明的疑惑，促使小明意识到违反社区矫正规定的严重性，有效地增强小明的法治意识，也让小明认识到政府和社会各方都很关心他，促使他重视此事。

(5) 舒缓焦虑情绪，发掘自身潜能。启明星社工通过舒缓小明的焦虑情绪，并借助心理社会治疗理论中的反映沟通动力技术和间接治疗技术，以问题为导向引导小明思索对类似事件的恰当处理方式，同时，社工运用寻解治疗理论引导服务对象相信自身所拥有解决问题的能力，帮助服务对象发掘自身潜能并学会运用来解决问题。

(6) 定期跟进，巩固成效。社工后续每周都会定期关心了解小明的工作、生活及打卡情况，提醒并巩固其按时打卡的成效。同时，社工定期向司法所了解其遵守社区矫正规定的表现。

六、服务成效

在潮安区人民检察院、某司法所和启明星社工中心三方协调帮扶和多方资源整合的介入下，个案帮扶效果良好，成效显著。

(1) 缓解情绪，回归理性。通过心理咨询师介入心理疏导后，小明的情绪由原先的抱怨、抵触趋向稳定，对待事件也逐步回归理性，正视自身问题，他认识到是自身行为的不当，同时也明白政府和社会对他的关爱关心，他向对司法所工作人员真诚地表达了歉意，并愿意接受司法所等部门的教育，主动求助于社工，与社工共同分析事件，探讨解决问题的方法。

(2) 提升法律意识，自主解决打卡问题。通过科普法律知识，小明认识到事态的严重性，知道要遵守相关的规定。通过社工的引导鼓励，小明主动与司法所工作人员沟通，在不违反规定的前提下，根据小明工作的特殊情况，司法所工作人员为其调整了打卡时间，小明主动打卡后截图告知工作人员。同时小明也担忧自己会忘记打卡，社工提醒小明可通过自己设置闹钟或向身边的重要他人求助，从而让小明学会自己思考解决问题，学会自我管理。小明表示未来会积极配合司法所的工作，严格遵守社区矫正的相关规定，遵纪守法，正向思考解决问题，做个好公民，努力赚钱，做对社会有贡献的人。

(3) 坚持4个月准时打卡，遵守社区矫正规定。自介入以来，小明都能按时打卡，遵守相关的社区矫正规定，对工作人员的态度也较好，积极配合司法所的相关工作，遇事也懂得如何和他人沟通，心态积极，生活情绪稳定。小明表示很感谢司法所工作人员及社工。

引例分析

经过分析，胡×自身并不存在较大的社会危险性，但其摆脱不了自己是罪犯的压力，心理上难以承受，并且不轻易倾诉出来，只能凭借努力赚钱养家还债来缓解压力，避开与他人的接触。可以说，罪犯标签、犯罪带来的生活变化对胡×形成了较大的心理压力，如果不能较好地解决，会直接影响社区矫正的效果及其个人生活。

结合本章知识的学习，我们可以使用个体心理矫治技术，通过倾听和共情与胡×建立矫治关系，结合精神分析与短期焦点解决技术帮助胡×疏导心理压力，也可以将与胡×有类似心理问题的社区矫正对象组成团体治疗小组，通过团体心理矫治技术帮助其慢慢走出不良心理状态。

思考练习

1. 如何在社区矫正工作实践中运用心理矫治工作原则？

2. 两人一组练习个体心理矫治关系建立的倾听技术与共情技术。

3. 不同个体心理矫治疗愈技术的适用情况是怎样的？

4. 通过资料查找，收集团体凝聚与建设技术的具体方法，并以小组为单位开展实训。

5. 通过自己的生活体会，讨论和分享对话式团体带领技术的使用方法和感受。

参考文献

1. 吴宗宪. 社区矫正导论［M］. 北京：中国人民大学出版社，2011.

2. 陈兴良. 刑法的启蒙［M］. 北京：法律出版社，2007.

3. 切萨雷·贝卡里亚. 论犯罪与刑罚［M］. 黄风，译. 北京：中国大百科全书出版社，1993.

4. 吴宗宪，陈志海，叶旦生，等. 非监禁刑研究［M］. 北京：中国人民公安大学出版社，2003.

5. 理查德·霍金斯，杰弗里·P. 阿尔珀特. 美国监狱制度［M］. 孙晓雳，林遐，译. 北京：中国人民公安大学出版社，1991.

6. 章恩友. 罪犯心理矫治技术［M］. 北京：中国物价出版社，2002.

7. 吴宗宪. 西方犯罪学史［M］. 北京：中国人民大学出版社，2010.

8. 刘强. 社区矫正制度研究［M］. 北京：法律出版社，2007.

9. 张建明. 社区矫正理论与实务［M］. 北京：中国人民公安大学出版社，2008.

10. 连春亮，张峰. 社区矫正概论［M］. 北京：法律出版社，2006.

11. 郑杭生. 社会学概论新修［M］. 3 版. 北京：中国人民大学出版社，2003.

12. 廖斌，何显兵. 社区建设与犯罪防控. 北京：人民法院出版社，2003.

13. 连春亮，张峰. 罪犯矫正模式论［M］. 北京：群众出版社，2014.

14. 刘强. 美国社区矫正的理论与实务［M］. 北京：中国人民公安大学出版社，2003.

15. 翟中东. 社区性刑罚的崛起与社区矫正的新模式：国际的视角［M］. 北京：中国政法大学出版社，2013.

16. 李川. 基于风险管控的社区矫正制度研究［M］. 南京：东南大学出版社，2017.

17. 连春亮. 第三代囚犯研究：现代监狱矫正教育囚犯的基本策略［M］. 北京：群众出版社，2019.

18. 连春亮. 社区矫正通论［M］. 北京：中国人民公安大学出版社，2021.

19. 黄富献，连春亮. 基层司法行政工作［M］. 北京：中国人民公安大学出版社，2022.

20. 连春亮. 社区矫正教育教程［M］. 北京：中国人民公安大学出版社，2022.

21. 袁理政，连春亮，陈书成. 社区矫正管理教程［M］. 北京：中国人民公安大学出版社，2022.

22. 张峰，连春亮，张志强. 社区矫正学基础理论［M］. 北京：中国人民公安大学出版社，2022.

23. 袁理政，连春亮. 罪犯矫正教育论［M］. 北京：中国人民公安大学出版社，2023.

24. 连春亮，师玮玮，胡悦. 社区矫正心理矫治［M］. 北京：中国人民公安大学出版社，2023.

25. 肖乾利，连春亮. 社区矫正监督管理问题研究［M］. 北京：法律出版社，2023.

26. 连春亮. 罪犯教育改造研究［M］. 北京：中国人民公安大学出版社，2024.